中华人民共和国经济与社会发展研究丛书（1949—2018）编委会

顾 问

杨胜群 （中共中央党史和文献研究院）

章百家 （中共中央党史和文献研究院）

张卓元 （中国社会科学院）

主 编

武 力 （中国社会科学院）

编 委（按姓氏拼音排序）

陈争平 （清华大学）

董香书 （首都经济贸易大学）

段 娟 （中国社会科学院）

郭旭红 （中国矿业大学〈北京〉）

兰日旭 （中央财经大学）

李 扬 （中央财经大学）

肜新春 （中国社会科学院）

申晓勇 （北京理工大学）

王爱云 （中国社会科学院）

王瑞芳 （中国社会科学院）

吴 超 （中国社会科学院）

肖 翔 （中央财经大学）

郁 辉 （山东第一医科大学）

赵云旗 （中国财政科学研究院）

郑有贵 （中国社会科学院）

国家出版基金资助项目
"十三五"国家重点图书出版规划项目
中华人民共和国经济与社会发展研究丛书（1949—2018）
丛书主编：武力

2015年度马克思主义理论研究和建设工程重大项目暨国家社会科学基金重大项目"改革开放历史经验研究（批准号：2015MZD009）"阶段性成果

中国经济体制演变研究

Research on Economic System Evolution of the People's Republic of China

李 扬 武 力 ◎ 著

中国·武汉

图书在版编目(CIP)数据

中国经济体制演变研究/李扬,武力著.—武汉:华中科技大学出版社,2019.6
(中华人民共和国经济与社会发展研究丛书:1949—2018)
ISBN 978-7-5680-5412-6

Ⅰ.①中… Ⅱ.①李… ②武… Ⅲ.①中国经济-经济体制改革-研究-1949—2018 Ⅳ.①F121

中国版本图书馆 CIP 数据核字(2019)第 130062 号

中国经济体制演变研究 李扬 武力 著
Zhongguo Jingji Tizhi Yanbian Yanjiu

策划编辑:周晓方　周清涛
责任编辑:章　红
封面设计:原色设计
责任校对:曾　婷
责任监印:周治超
出版发行:华中科技大学出版社(中国·武汉)　　电话:(027)81321913
　　　　　武汉市东湖新技术开发区华工科技园　　邮编:430223
排　　版:华中科技大学惠友文印中心
印　　刷:湖北新华印务有限公司
开　　本:710mm×1000mm　1/16
印　　张:23　插页:2
字　　数:400 千字
版　　次:2019 年 6 月第 1 版第 1 次印刷
定　　价:189.00 元

本书若有印装质量问题,请向出版社营销中心调换
全国免费服务热线:400-6679-118　竭诚为您服务
版权所有　侵权必究

内容提要
ABSTRACT

新中国经济史是政府与市场共同作用、双轮驱动推进工业化建设的历史。新中国的经济体制几经变革,其根本的内容是政府和市场关系的不断调整。因此,从政府和市场关系的角度入手,可以解释中国经济体制演变的历史逻辑。新中国成立之初,中国采用新民主主义经济制度,在政府主导下由政府和市场协同作用,迅速恢复了国民经济。"一五"计划大规模经济建设开始之后,由于供给严重短缺,迫使中国建立了由政府绝对主导的计划经济体制,从而确保了工业化建设和人民生活得以兼顾。而对于该体制所产生的低效率和官僚主义等弊端,新中国经过曲折探索,在遭受巨大挫折的同时,逐渐认识到在经济建设中,政府与市场二者均不可或缺。改革开放之后,国有企业放权让利改革,与多种经济成分共同发展,使市场调节的范围迅速扩大,也使中国对于经济体制改革目标的认识不断深化,中国经济实现了长期快速增长。党的十八大以来,中国对政府与市场关系的认识进一步深化,强调经济体制改革的核心是处理好政府与市场的关系,要使市场在资源配置中发挥决定性作用,并更好发挥政府的作用。近年来,不仅市场向着更加开放、公平、有序的方向发展,而且政府在战略规划、生态环保、民生建设等众多领域也都发挥着越来越大的作用。政府与市场双轮驱动的中国模式,日益彰显出独特的优势。

总 序
GENERAL PREFACE

早在2013年6月,习近平总书记就指出,历史是最好的教科书,学习党史、国史,是坚持和发展中国特色社会主义、把党和国家各项事业继续推向前进的必修课。这门功课不仅必修,而且必须修好。要继续加强对党史、国史的学习,在对历史的深入思考中做好现实工作,更好走向未来,不断交出坚持和发展中国特色社会主义的合格答卷。党的十八大以来,习近平总书记多次强调要加强历史研究,博古通今,特别是总结中国自己的历史经验。在以习近平同志为核心的党中央领导下,中国特色社会主义进入了新时代。2017年是俄国十月革命胜利100周年;2018年是马克思诞辰200周年和《共产党宣言》发表170周年,同时也是中国改革开放40周年;2019年是中华人民共和国成立70周年;2020年中国完成工业化和全面建成小康社会;2021年是中国共产党成立100周年。这些重要的历史节点,已经引发国内外对中共党史和新中国历史研究的热潮,我们应该早做准备,提前发声、正确发声,讲好中国故事,让中国特色社会主义主旋律占领和引导宣传舆论阵地。

作为专门研究、撰写和宣传中华人民共和国历史的机构,中国社会科学院当代中国研究所、中国经济史学会中国现代经济史专业委员会与华中科技大学出版社一起,从2014年就开始策划出版一套总结新中国经济与社会发展历史经验的学术丛书。经过多次研讨,在2016年5月最终确立了编撰方案和以我为主编的研究写作团队。从2016年7月至今,研究团队与出版社合作,先后召开了7次编写工作会议,讨论研究内容和方法,确定丛书体例,汇报写作进度,讨论写作中遇到的主要问题,听取学术顾问和有关专家的意见,反复讨论大纲、改稿审稿并最终定稿。

这套丛书是以马克思列宁主义、毛泽东思想、邓小平理论、"三个代表"重要思想、科学发展观、习近平新时代中国特色社会主义思想为指导,以中华人民共和国近70年经济与社会发展历史为研究对象的史学论著。这套丛书共14卷,分别从经济体制、工业化、区域经济、农业、水利、国防工业、交通、旅游、财政、金融、外贸、社会建设、医疗卫生和消除贫困14个方面,研究和阐释新中国经济与社会发展的历史和经验。这套丛书从策划到组织团队再到研究撰写专著,前后历时5年,这也充分反映了这套丛书各位作者写作态度的严谨和准备工作的扎实。从14个分卷所涉及的领域和研究重点来看,这些问题都是中共党史和新中国历史,特别是改革开放以来历史研究中的重要问题,有些是非常薄弱的研究环节。因此,作为研究中华人民共和国近70年经济与社会发展的历程和功过得失、总结经验教训的史学论著,这套丛书阐述了新中国成立前后的变化,特别是改革开放前后两个历史时期的关系、改革开放新时期与新时代的关系,这些论述不仅有助于坚定"四个自信"、反对历史虚无主义,而且可以为中国实现"两个一百年"奋斗目标提供历史借鉴,这是这套丛书追求的学术价值和社会效益。

今年是中华人民共和国成立70周年,70年的艰苦奋斗,70年的壮丽辉煌,70年的世界奇迹,70年的经验教训,不是一套丛书可以充分、完整展示的,但是我们作为新中国培养的史学工作者,有责任、有激情去反映它。谨以这套丛书向中华人民共和国成立70周年献礼:祝愿中华民族伟大复兴的中国梦早日实现!祝愿我们伟大的祖国像初升的太阳,光芒万丈,照亮世界,引领人类命运共同体的构建!

中国社会科学院当代中国研究所

武力

2019 年 5 月

前 言
PREFACE

政府与市场的关系,是解读近现代中国经济体制演变的一把钥匙。

1840年以来,实现工业化一直是无数仁人志士、中国历代政府的共同目标。中国的工业化起步较晚,从一开始就在追赶发达国家。在帝国主义主导的国际经济中,中国失去了单纯依靠市场机制完成工业化的机会,必须同时依靠政府与市场的力量,才能在确保国家政治经济独立的前提下实现工业化。而如何正确处理政府和市场关系,合理利用政府与市场各自的优势来构建有利于加速工业化的经济体制,成为近现代中国经济的重要任务。

从晚清到民国,政府几乎一直在工业化中居于主导地位。然而,由于政府软弱无力,既无法抵御外国的经济和政治入侵,又无法统筹协调国内各方利益集团,结果导致市场被国内外垄断资本操控,政府的"有形之手"蜕变为"掠夺之手",政府与市场出现了双重失灵,不仅生产力发展受阻,而且人民生活日益困苦。最终,新民主主义革命推翻了旧制度。

中国共产党领导革命取得了胜利,也由此接过了推动中国工业化的历史使命。中华人民共和国成立之初,中国实行的是公私兼顾的新民主主义经济制度,准备沿着农轻重的产业发展顺序实现工业化。然而,朝鲜战争的爆发使保卫国家安全成为首要任务,为了建立巩固的现代国防,新中国确立了优先发展重工业的工业化战略,并开始了大规模的工业化建设。然而,在生产资料严重短缺的情况下,为了兼顾工业建设和人民生活、社会稳定,政府不得不加强经济体制的计划性,将有限的资源尽可能地集中于工业化建设,资源配置的倾斜也大大加快了社会主义改造的进程,从而使中国在"一五"时期建立了单一公有制的计划经济体制,政府成为经济体制中的绝对主导力量,市场机制退居到非常次要的位置。

计划经济体制自诞生之初，就伴随着低效率的问题。为此，党和政府进行了一系列理论探索与改革实践。然而，由于短缺的根本矛盾尚未解决，中国的工业基础尚未建立，单一公有制的计划经济体制仍然有存在的历史必要性，所以，这一时期的改革内容多为在中央和地方政府之间放权与收权、对公有制的程度提高或降低，虽然在实践中承认了市场调节存在的必然性，但在理论上无法突破单一公有制和计划经济体制。这也正印证了马克思"两个决不会"的著名论断——"无论哪一个社会形态，在它所能容纳的全部生产力发挥出来以前，是决不会灭亡的；而新的更高的生产关系，在它的物质存在条件在旧社会的胎胞里成熟以前，是决不会出现的。"

70年代，中国基本建立了完备的工业体系，国际形势也出现了有利于中国的变化。此时，单一公有制的计划经济体制已经基本完成了历史使命，其低效率的弊端也已经超过其优越性成为矛盾的主要方面，而市场调节也在70年代中后期普遍发展起来。这些都预示着改革开放的条件已经成熟。于是，政府开始向农民和企业放权，中央政府开始向地方政府尤其是沿海经济特区放权，市场调节的范围迅速扩展，个体私营经济随之成长壮大，外资经济持续涌入，商品经济以不可阻挡的势头发展起来，中国的经济体制出现了计划与市场的双轨运行。政府和市场犹如"双轮"，共同驱动中国经济发展。

然而，市场机制的迅速扩张不可避免地冲击了计划经济体制，个体私营经济对公有制也形成了"挤出效应"。转轨时期的体制矛盾，导致经济运行失控，中国经济在80年代中后期出现了通货膨胀和市场乱象。对此，政府的治理整顿措施使经济体制在一定程度上退回到计划经济状态，在迅速治乱的同时，也导致了经济"硬着陆"，并引发了关于经济体制改革的争论。

在争论徘徊中，越来越多的人意识到：改革没有回头路，市场化的趋势不可逆转。1992年，邓小平南方谈话破除了关于改革的疑虑，中国正式确立了建立"社会主义市场经济体制"的改革目标。随后，政府对经济体制进行了大刀阔斧的改革，迅速构建起市场经济体制的基本框架。从此，市场在资源配置中开始发挥基础性作用，尤其是在加入WTO之后，中国市场与世界市场加速融合，市场化与工业化以前所未有的速度发展。在政府与市场的合力推动下，中国经济十余年高速增长，创造了举世瞩目的伟大成就。

但是，改革并未终止，中国的经济体制尚不完善。对于政府与市场的关系、二者的边界，我们的认识仍然比较模糊。这种模糊的关系，对应的是传统的粗放型增长模式，在工业化加速发展阶段，其弊端尚不明显。随着工业化进入后期，中国面临产业结构升级与经济发展方式转型的任务，并且要解决之前由于政府越位、缺位、错位所产生的一系列矛盾，这就要求更加合理地界定二者的关系。对此，党的十八届三中全会提出经济体制改革的核心是正确处理政府和市场的关系，要使市场在资源配置中发挥决定性作用，并更好发挥政府作用。这是基于新中国经济体制改革经验所提出的科学论断，也是当前改革的最大共识。然而，由于改革进入深水区，各种利益关系错综复杂，所以当前的改革更加强调党和政府的顶层设计与改革政策的坚定落实，要以政府的"有形之手"，释放市场的"无形之手"，从而让政府与市场"双轮驱动"的经济体制更加完善，更好地推动中国未来发展。

当前，中国特色社会主义已经进入新时代，这对经济体制改革提出了更高的要求。一方面，我们要向市场放权让利，让市场在资源配置中发挥决定性作用，但放权能否让资源集中于产业结构的转型升级？还是让众多市场主体延续传统的经济发展模式？如何构建有利于创新突破的市场经济体制？这些还需要我们进一步探索。同时，随着政府干预的减少，国内外市场主体经营自由度的提高，我们能否确保国家在财政、金融、产业、粮食、资源等领域的安全？这也值得进一步探索。另一方面，我们要更好发挥政府作用，而随着社会主要矛盾的变化，政府不仅要承担推动经济转型和发展的责任，还要在政治、社会、文化、生态等领域全方位满足人民对美好生活的追求，这无疑需要更大的投入；但改革又要求政府简政放权、降低税费，如何解决这一矛盾？如何实现国家治理体系和治理能力现代化？同时，广义上的政府改革还包括全面从严治党、培养德才兼备的国有企业经理人、平衡中央与地方政府以及地方政府之间的权责利关系，这都需要我们进行深入的改革实践与理论探索。

改革只有进行时，没有完成时。2018年是改革开放40周年，40年来，中国取得了辉煌的发展成就。尽管我们还面临着一些困难和问题，但我们有信心在改革开放中加以克服、加以解决。改革开放永不停步，下一个40年的中国，必定取得让世界瞩目的新成就！

目 录
CONTENTS

第一章　政府主导下政府与市场共同发挥作用的体制（1949—1952）

第一节　旧中国政府与市场的"双重失灵"／1
　　一、"双重失灵"在传统经济部门中的表现　2
　　二、"双重失灵"在现代经济部门中的表现　4
　　三、革命根据地的经济体制　7

第二节　新中国的中央和地方政府经济管理体制／10
　　一、政府主导型经济管理体制建立的原因　10
　　二、中央政府和地方政府的经济管理机构　11
　　三、计划经济体制的初步形成　13
　　四、党对经济工作领导体制的确立　14

第三节　没收官僚资本和确立国营经济领导地位／15
　　一、没收官僚资本，建立社会主义国营企业　15
　　二、掌握金融和商贸，确立国营经济领导地位　18
　　三、国营经济的其他来源　21
　　四、国营企业管理体制的建立　22

第四节　统 一 财 经／23
　　一、统一币制　24
　　二、平抑物价　25
　　三、统一财经　26

第五节　对个体私营经济的管理／29
　　一、对私营工商业的管理方针　29
　　二、打击投机资本　30

三、调整工商业　32

四、"三反""五反"运动和第二次调整工商业　34

第六节　土地改革与乡村党政群组织建设/36

一、土地改革　36

二、供销合作与信用合作事业　39

三、生产互助合作　42

第七节　统制贸易体制的建立/43

一、统制贸易的形成原因　44

二、统制贸易的组织机构　45

三、统制贸易的管理体制　47

第二章　计划经济体制的形成与初步探索（1953—1957）

第一节　民主革命和经济恢复任务完成后的发展战略/49

一、重工业优先：新中国工业化战略的确立　50

二、走向社会主义制度：过渡时期总路线的提出　51

三、走向计划体制："一五"计划的实施　53

第二节　政府和市场的博弈与农产品购销制度的建立/54

一、大规模经济建设与粮食市场的矛盾　55

二、粮食统购统销政策　56

三、油、棉的统购统销政策　58

四、其他农副产品的收购政策　60

第三节　农业合作化及其中政府的作用/61

一、从统购统销到发展农业生产合作社　62

二、农业合作化的发展与高潮　64

第四节　私营工商业的社会主义改造/66

一、工业生产资料（物资）的计划流通体制　66

二、工业消费品的计划流通体制　69

三、私营工商业的社会主义改造　71

四、个体手工业的社会主义改造　73

第五节　与"一五"计划相适应的政府机构和职能调整/74

一、政府机构的设置　75
二、计划经济的微观管理体制　80
三、计划工作的特点与夹缝中的市场调节　82

第三章　改革计划经济体制的第一次探索(1958—1960)

第一节　中共八大前后关于经济体制的探索／84
一、八大前后对经济体制的探索　84
二、1957年经济体制改革的设想　87
三、对八大前后探索的评价　88

第二节　1958年的经济体制改革／90
一、1956年的"反冒进"　90
二、"大跃进"决策的形成　92
三、人民公社化运动的产生　94

第三节　"大跃进"对经济体制的冲击／96
一、地方工业"自成体系"与"权力下放"　97
二、政府和企业组织行为的变化　99
三、"大跃进"对经济体制的冲击　102

第四节　人民公社化运动对经济体制的冲击／104
一、人民公社的特点　104
二、人民公社化运动中的农村经济　105
三、人民公社的初步调整与反复　107
四、人民公社化运动的影响　109

第四章　市场因素的复活与高度集中体制的回归(1961—1965)

第一节　政府管理经济的严重失灵和被迫调整／111
一、政府管理失灵与市场供求紧张　112
二、调整的初步进行　113
三、调整的全面展开与进一步巩固　115

第二节　公有制程度的退缩和市场机制的初步恢复／117
一、农村生产关系的调整　117

二、农村包产到户的尝试　119
　　三、商业体制的调整与自由市场的恢复　121
第三节　高度集中管理体制的恢复和三线建设 / 124
　　一、集中管理体制的初步恢复　124
　　二、集中管理体制的全面恢复　127
　　三、三线建设对经济体制的影响　131
第四节　国营企业改革尝试和试办托拉斯 / 134
　　一、加强国营企业的管理　134
　　二、试行物资按商品流通　135
　　三、试办托拉斯　137
第五节　社会主义教育运动对经济体制的冲击 / 140
　　一、"四清"的提出与初期实践　140
　　二、"四清"运动的全面开展与纠偏　141
　　三、阶级斗争扩大化　142
　　四、"四清"对经济体制的影响　144

第五章　走向混乱的计划经济(1966—1976)

第一节　计划管理机构和运行机制的破坏 / 146
　　一、计划体制的条块矛盾与改革出路　147
　　二、"文革"初期对经济体制和运行的冲击　148
　　三、"文革"中期的经济体制改革　150
　　四、"文革"后期的整顿与冲击　154
第二节　思想理论走向极端 / 158
　　一、极左思想及其对新中国成立以来正确探索的否定　158
　　二、极左思想对经济体制的影响　160
　　三、极左思想对基本经济制度的影响　162
第三节　市场调节的扩大 / 164
　　一、国营企业的物资协作　165
　　二、集体企业的市场行为　166
　　三、若明若暗的集市贸易　170
第四节　对外经济开启封闭大门 / 171
　　一、60年代中国的对外经济交流　171

二、国际形势的积极变化　172
三、新中国第二次大规模技术引进　173
四、对外经济交流的全面展开　174

第六章　市场机制的回归与改革的开始(1976—1984)

第一节　农村的体制改革与市场发育 / 177
　　一、改革开放前的农村经济体制　178
　　二、农村自发改革探索与制度变革　179
　　三、农村市场的发育　182
第二节　城市经济体制改革与市场发育 / 185
　　一、国有企业放权让利改革　186
　　二、集体和个体经济的市场行为　187
　　三、市场调节范围的扩大　189
　　四、改革开放初期的政府调节　190
第三节　经济特区：政府、开放、市场的三重驱动 / 192
　　一、经济特区决策的形成　192
　　二、特区的经济体制　194
　　三、特区对全国经济的影响　197
第四节　对外开放与市场机制的作用扩大 / 202
　　一、中国对外经济战略的转型　203
　　二、外贸体制改革　204
　　三、利用外资的体制机制　206

第七章　市场机制的扩大与经济治理(1984—1992)

第一节　1984年关于商品经济的认识和经济体制改革的决定 / 210
　　一、1984年对商品经济的认识　211
　　二、1984年经济体制改革方案　212
　　三、经济体制改革的主要措施　214
第二节　中共十三大关于加快市场经济导向改革的决策 / 219

一、社会主义初级阶段理论的提出　219
二、对经济体制改革的新认识　221
三、中共十三大之后的改革举措　222

第三节　放权改革中的经济过热和市场管理失控 / 225
一、改革中地方政府和企业行为机制的变化　226
二、宏观经济政策的偏差与转轨中的矛盾　229
三、经济过热与治理整顿　231

第四节　经济治理整顿期间的徘徊与改革探索 / 232
一、经济治理整顿的基本方针　233
二、前期治理整顿的政策措施　233
三、在治理整顿中寻求发展　236
四、在治理整顿中探索改革　238

第八章　市场经济体制的确立（1992—2002）

第一节　建立社会主义市场经济的决策 / 241
一、90年代初的经济形势与邓小平南方谈话　241
二、中共十四大确立社会主义市场经济改革目标　243
三、十四届三中全会的经济体制改革框架　245

第二节　市场经济下宏观调控体制的建立 / 248
一、经济过热与宏观调控的原则　248
二、金融体制改革　250
三、财政体制改革　252
四、亚洲金融危机后的宏观调控　254

第三节　国有经济的改革攻坚与重大突破 / 255
一、国有经济改革的困境解析　256
二、建立现代企业制度　257
三、抓大放小、减员增效　259

第四节　买方市场下的市场建设 / 262
一、产品市场的改革与调控　262
二、金融市场的发展与规制　265
三、劳动力市场的建立与完善　267

第五节　加快政府职能转变 / 269

一、政府机构改革的基本方向　269
二、1993年政府机构改革　270
三、1998年政府机构改革　271

第九章　市场经济体制改革的深入（2003—2012）

第一节　政府、国企和宏观调控方式改革/ 276
　　一、政府机构改革与职能转变　276
　　二、国有企业改革　277
　　三、政府对经济的宏观调控　280
第二节　第一产业的市场化发展与政府扶持/ 281
　　一、"反哺"农业的政策转向　282
　　二、减轻农民负担　282
　　三、政府对农产品市场的直接参与　284
　　四、政府对农产品市场的培育和调节　286
第三节　政府对产品市场的调控和权力收缩/ 287
　　一、产品市场快速发展与政府权力收缩　287
　　二、建立规范的流通体制　292
　　三、政府对产品市场的调控　294
第四节　金融市场的发育和政府调控/ 296
　　一、改革开放初期金融市场的初步形成　296
　　二、间接融资渠道的发展　297
　　三、直接融资市场的发展　299
第五节　对外经济中的政府与市场关系/ 304
　　一、入世后的国内体制调整　305
　　二、应对外来冲击　306
　　三、助力出口与对外投资　308

第十章　加快政府职能转变与市场经济体制完善（2013—2018）

第一节　中共十八大以来对政府和市场关系认识的深化/ 312
　　一、中国经济发展模式的形成　313

二、中国经济发展模式的强化与经济新常态　314
三、转变经济发展方式中政府和市场的作用　316

第二节　政府加大改革的力度和加快改革的速度 / 319
一、全面从严治党　320
二、政府机构改革　322
三、简政放权,转变政府职能　327

第三节　政府对市场的完善与规制 / 330
一、促进市场出清　330
二、加强民生建设　333
三、加强生态建设　336

第四节　政府对经济社会发展的宏观规划 / 338
一、政府对中国发展的时间规划　339
二、政府对中国发展的空间规划　341
三、政府对产业和科技的规划　344

参考文献 / 347

后记 / 350

第一章
政府主导下政府与市场共同发挥作用的体制
（1949—1952）

新中国成立之初采取多种经济成分并存的新民主主义经济制度,在经济方针上实行"公私兼顾、劳资两利",由政府与市场协同作用推进经济恢复和发展。但是,民主革命、抗美援朝及经济建设等多重任务迫使政府不断加强集中管理。在城市经济中,为了平抑物价,结束肆虐多年的通货膨胀,政府确立了国营经济对金融、商贸等经济命脉的主导作用；在农村,政府推动完成土地改革,确立了耕者有其田的土地制度,并针对户均生产资料严重短缺的现实,引导农民走互助合作之路。同时,百废待兴与物资短缺的基本矛盾,也促使政府在工业基础较好的东北地区率先探索建立了物资的计划分配体制。此外,为了根本改变旧中国遗留的对外贸易地位不平等和对外贸易结构不合理问题,新中国建立了统制贸易制度,使原本分散的对外贸易活动统一服从国家意志,服务生产建设。

第一节　旧中国政府与市场的"双重失灵"

新中国在1949年至1952年采取的是政府主导下、由政府和市场共同发挥作用的新民主主义经济体制。这种体制并不是凭空创造出来的,而是国民政府统治时期政府和市场"双重失灵"的经济体制和革命根据地经济体制的成功实践,促使新中国在国民经济恢复时期,自然地采取了这种经济体制。所谓"双重失灵",一方面指市场机制失灵,大地主、大资本家凭借政治权力而占据垄断地位,实行不等价交换以攫取社会财富；另一方面指政府失灵，无法履行保护人身和财产安全、维护公平竞争、调节收入分配、提供公共服务等职能。双重失灵的后果是财富的集中与贫困的积累，矛盾激化并引发革命。

一、"双重失灵"在传统经济部门中的表现

1840年之前，中国的封建经济发展达到了农业文明的最高峰，庞大的清帝国经济建立在种植业和家庭手工业相结合的、自给自足的自然经济基础之上，而这种自然经济处于一种"紧平衡"的状态。雍正时期所进行的"摊丁入亩"改革，使得生育人口的税赋成本大大降低，导致了人口在随后的一百多年里迅速增加，人地矛盾日益加剧。这就使得小农经济的发展方向出现了"内卷化"的趋势：把更多的人力投入到有限的耕地上，通过精耕细作提高单产，而节约劳动的生产工具和技术进步被农业剩余劳动力所替代，农业的边际生产力提高缓慢，有限的产出被增加的人口均分之后，人均产量维持在较低水平，从而陷入"低技术—低产出—低消费—低积累—低技术"的恶性循环，农民不得不依靠家庭手工业增加产出，用有限的农业剩余来换取其他生活必需品。这种低水平的生存状态，在未遭遇大的自然或人为灾害时，尚且能够维持生存。一旦出现天灾人祸或市场环境突变，这种脆弱的平衡就有可能被打破，使农民陷入温饱无着的境地，而旧中国政府和市场的"双重失灵"正是打破这种紧平衡的原因。

政府失灵的首要表现是政府对百姓的赋税加重。鸦片战争之后，清政府为了筹集赔款和弥补鸦片输入的亏损，开始向人民特别是向农民增收新的捐税。从晚清政府到北洋政府，再到民国政府，由于内外环境恶化导致的财政压力和政治混乱，国家及各级政权对农村的财政索取明显加大。在课征正税的同时，各种捐税、附费、摊派、征借又不断增加，且地方政府对这些税费征收的热情要高过正税。以江西为例，1912年水田正税和附税之比为1：0.41，而1932年则变为1：1.03。[1] 地方附税混乱且漫无标准，在国民政府的官方文件中就有体现，1933年蒋介石在致江西等省主席电文中强调："所属各县，筹措地方政费，不遵财部规定标准，各自呈准本省财厅，任意加征，甚或有由县擅自私加，并省厅亦无案可稽者。"[2] 从中央到地方政

---

[1] 王建朗、黄克武主编：《两岸新编中国近代史（民国卷）》，社会科学文献出版社2016年版，第303页。

[2] 王建朗、黄克武主编：《两岸新编中国近代史（民国卷）》，社会科学文献出版社2016年版，第304页。

府,财政的调节功能开始让位于掠夺功能。

和赋税相比,对农民造成更大影响的是政局不靖。中央政府权威软弱,地方军阀和贪官的勒索远远超过捐税负担。1927年,福建岁入1511.6万元,其中军费746.1万元,几乎占一半。① 而军阀混战造成的人口减少和农田、水利基础设施的破坏,则加剧了农业生产的萎缩。到30年代前后,全国农村凋敝,民不聊生。虽然30年代前期,国民党统治区军阀混战停止,农业生产恢复,并在1936年达到历史最好水平,但随即爆发的全面抗战再一次使广大农村耕地缩减,土地荒芜,农业资源和农业生产力受到严重破坏,这些都导致农业劳动生产率徘徊甚至倒退。到1949年,粮食产量比1936年减少近四分之一,平均亩产不到200斤;棉花产量减少近一半;大豆、花生、油菜籽和黄红麻减少一半到三分之二不等;大牲畜和牛羊也大量减少。②

市场失灵对传统经济的影响也同样不可小觑。鸦片战争之后,中国经济开始半殖民地化。外国资本的入侵不仅以市场化的方式瓦解着自然经济,而且通过与封建势力的结合,导致市场失灵,掠夺加剧。一方面,洋货的涌入使得中国在原本整体贫困的情况下,手工业又遭受了重创,中国32个传统手工行业中,有7个在鸦片战争后衰落。③ 以福建为例,这里本是造纸业十分发达的地区,俗谚所谓国内纸张,十之八出自于闽,纸业在闽西经济中占据半壁江山。但洋纸的涌入,对闽纸形成致命打击,出口额逐年减少,有江河日下之势。另一方面,外国资本、中国资本竞相勾结中国的官僚、封建势力,利用原有的商业高利贷剥削中国的农民和手工业者。农民在日益沉重的盘剥下被迫举债,以1932年江西余江、南城、清江、莲花、永修等五县调查为例,五县14227户负债家庭中,因日常家用不足负债的有6111户,因婚丧疾病负债的有4208户,合计占到73%,可见应对基本生活已经成为举债的最主要原因。高利贷盘剥加剧了土地兼并,到二三十年代,约有一半耕地已属于地主所有,相当于其他官田、公有土地和自耕农土地的总和。④ 失地农民的增加使押租、预租、转租和各种附加租等增加租金的形式进一步普遍化,剥削程度更高的帮工佃种制也在近代日益流行。此

---

① 王建朗、黄克武主编:《两岸新编中国近代史(民国卷)》,社会科学文献出版社2016年版,第306页。
② 黄夷主编:《当代中国的农业》,当代中国出版社1992年版,第36页。
③ 许涤新、吴承明主编:《中国资本主义发展史》,人民出版社1985年版。
④ 王玉茹主编:《中国经济史》,高等教育出版社2008年版,第135页。

外,市场失灵还表现为工农业剪刀差,由于操纵农产品价格的市场大多是在交通发达的高层市场,而农产品直接经营者销售农产品多在较低级的基层市场,而且农产品的价格要在高层市场既定价格下向低级市场逐级降低,所以导致层层压价,使农民原本贫困的生活雪上加霜。

农村经济破产,失地农民增加,这在西方近代资本主义发展的早期阶段也曾出现过,如英国的圈地运动。但和西方不同的是,中国的现代工业部门并不发达,对农村剩余劳动力的吸纳有限,又没有美洲那样辽阔的殖民地可供移民。日益贫苦的农民以及他们内心的不公平感日渐积累,使得他们成为新民主主义革命的重要力量。

二、"双重失灵"在现代经济部门中的表现

外国资本的入侵最先导致了市场失灵问题,使中国的现代经济部门在整个近代都处于一种压抑而畸形的发展状态。

外国资本的入侵并非分散地表现在贸易、工业和金融等不同领域,而是通过商业、产业和金融资本的结合,对中国经济进行全方位的操控,其中以金融资本为主力。从19世纪70年代起,中国的金融逐渐受制于外国,以致丧失货币政策自主权。清末,以汇丰为首的外国银行凭借雄厚的资金实力对上海钱庄票号开展票据抵押贷款业务,"近300万两的放款,竟为维持上海市面正常周转所必需的数量",外国银行对银根松紧的控制便决定了上海这一全国经济中心的经济活动能否顺利进行。而银行通过股权控制与外国商业资本密切配合,从而实现对中国出口产品的掠夺性收购。以1879年为例,当年丝茶上市时,外国银行将银根收缩至90万两,这使得丝茶商人无法融到足够资金,丝农、茶农不得不贱价出售产品,而外国银行所控制的洋行则趁机抄底,获取暴利。[①] 受金融资本操控和支持的商业资本,轻而易举地掌握了中国重要出口商品的定价权。而在进口商品方面,外国凭借工业革命一百多年的技术积累,加之歧视性关税、倾销等不公平竞争手段,国货很难与之抗衡。外国资本掌握了金融,就扼住了中国经济的咽喉,以致矿山、铁路、工厂等重要经济部门都被外国资本全面入侵,导致本国资本主义只能在夹缝中艰难发展。

中国的资本主义就是在这种条件下起步的。在市场失灵和本国封建传统的压迫下,中国的资本主义被迫走上了政府主导的国家资本主义道

---

① 参见宋鸿兵:《货币战争3:金融高边疆》,中华工商联合出版社2011年版,第9-11页。

第一章 政府主导下政府与市场共同发挥作用的体制(1949—1952)

路,而这种道路在促进中国近代化的过程中,又进一步加剧了市场和政府的"双重失灵"问题。

晚清时期,列强的坚船利炮、国内的农民起义使清政府的统治危机日益深重,一些开明的官员认为化解危机的关键在于发展近代军事工业,由此开始了"师夷长技以制夷"的洋务运动。这是一场封建制度在自身体制框架内的自救运动,它的发起人是中央大员或地方的实力督抚,资金来源也以军费、关税或其他税收为主,这也就决定了中国的近代工业从起步之初就走上了以"官办"为典型的政府主导道路。由于早期洋务运动开办的多为投资高、周期长甚至没有利润的军事工业,资金周转困难、原材料受制于进口的问题迫使洋务派从19世纪70年代起在经营军事工业的同时,开始兴建轮船、煤矿、金属矿、冶铁、纺织、铁路、电报等近代工业。同时,为了广泛筹集资金,这一时期的经营增加了"官督商办"这种新形式,但在当时的社会条件和背景下兴建的企业,也大都为政府目标服务和被政府控制。整个晚清,这种由政府主导的国家资本主义企业都占据压倒和统治地位。

北洋政府时期,虽然政权软弱、地方割据,但国家资本主义经济却仍在继续发展,并且政府出于财政需要而收回了民间铁路开办权,还增加了官办的矿业、军工等企业。而且这一时期,政府官僚与军阀头目开始以私人名义兴办企业,但这种企业在融资和业务上都享有特权,经营管理权也都掌握在官商一体化的人物手中,从而形成一批上能通天、下能联商,利用行政权力谋取垄断利润的企业。日后饱受国人抨击的"官僚资本"便发端于此,这在加剧市场不公平竞争的同时,使政府的作用也日益由调节向着掠夺蜕变。

国民政府在经济上是一个强势政府,它不仅在形式上统一了全国,而且提出了明确的经济建设纲领,这一纲领被概括为孙中山的"民生"主义,其中带有明显的政府干预色彩。孙中山指出,国家应核定全国地价,现有地价归原主所有,革命后因社会进步所涨地价归国家所有;对农民"缺乏田地沦为佃户者,国家当给以土地,资其耕作";应当节制资本,"银行、铁道、航路之属,由国家经营办理之,使私有资本制度不能操纵国民之生计"。①这是孙中山目睹了国内和国外近代化过程中市场失灵现象后,所提出的带有政府干预色彩的主张。这些主张在一定程度上影响了国民政府的经济政策,并突出体现在这一时期国家资本的不断壮大之上。

---

① 《孙中山选集(下卷)》,人民出版社1956年版,第593-594页。

国民政府时期,国家资本主要从三个方面壮大自我。一是通过国有化、强行入股等方式实现政府对民间资本的控制。例如,1932年,国民政府以213万两白银收购了中国最大的轮船公司轮船招商局约3101万两白银以上的资产①;1935年,以官股强行参股的方式控制了中国银行,以及中国通商、四明、中国实业和广东省银行等实力较强的银行。二是投资成立新的国家资本主义企业,通过国家资源委员会筹划工业建设,投资电力、石油、钢铁、机械、金属矿、煤矿等重工业领域,实现国家对工矿领域的垄断;还由孔祥熙、宋子文等有浓厚政府背景的人出面,联合国内金融机构在1934年成立中国建设银股份有限公司,作为一个联合各金融机构而又高于各金融机构的企业,对各行业进行广泛投资,而当时侵占东北的日本通过调查对该公司定性为"政府的代行机构",表面上虽是"中国人的公司,主导权却在列强"(指英美法等国)②。三是抗战胜利后没收的日伪资产,这些资产除交通运输各部门外,按接收时当地的物价指数初步估算折合战前法币共232456万元,加之战后新成立的企业,国家资本从1945年到1947年增加了20.37倍。③ 表1-1所示为中国近代机器大工业产业资本的估计和比较。

表1-1 中国近代机器大工业产业资本的估计和比较④ (单位:万元)

年份	资本总额	外国资本		本国资本					
		资本额	比重/(%)	资本额合计	比重/(%)	国家资本		民间资本	
						资本额	比重/(%)	资本额	比重/(%)
1894	12155	5406	44.5	6749	55.5	4757	39.1	1992	16.4
1914	178673	102125	57.2	76548	42.8	47807	26.8	28741	16.1
1920	257929	133000	51.6	124929	48.4	66952	26.0	57977	22.5
1936	1355039	927841	68.5	427198	31.5	222454	16.4	204744	15.1

---

① 吴太昌、武力等著:《中国国家资本的历史分析》,中国社会科学出版社2012年版,第215页。

② 吴太昌、武力等著:《中国国家资本的历史分析》,中国社会科学出版社2012年版,第229页。

③ 吴太昌、武力等著:《中国国家资本的历史分析》,中国社会科学出版社2012年版,第237-238页。

④ 吴太昌、武力等著:《中国国家资本的历史分析》,中国社会科学出版社2012年版,第167页。

续表

年份	资本总额	外国资本		本国资本					
		资本额	比重/(%)	资本额合计	比重/(%)	国家资本		民间资本	
						资本额	比重/(%)	资本额	比重/(%)
1948	693228	111650	16.1	581578	83.9	420079	60.6	161499	23.3

说明：1. 1914年"本国资本"中的国家资本数字是1911年的数字，民间资本数字是1913年的数字。

2. 1936年的本国资本额中包括东北地区。

3. 表中统计数字均为产业资本，金融资本、商业资本等数字未计入。

国家资本的空前壮大，起到了发展生产力、增强国力、抵制列强经济和军事侵略的作用。但是，国民政府没有在微观上解决国家资本所带来的市场失灵问题，无论是官方的强行入股、经营中的行政特权，还是后来愈发严重的官僚资本问题，都没能克服，而且正如日本人指出的那样，此时的国家资本背后是欧美列强的操纵，国计民生仍然没有实现自主。更为严重的是，虽然孙中山提出了平均地权的主张，但是国民政府不敢与地主阶级决裂，没能实现"耕者有其田"的土地改革，即便是改良性质的"二五减租"也遭到了国民党内部乡绅集团的顽强抵制，结果只能任由"双重失灵"不断加剧农民的破产与贫困，从而让自身"掘墓人"的队伍日渐壮大。而国民政府在宏观经济调节中的失败，以货币超发来弥补财政赤字，导致恶性通货膨胀，使城市居民的财富被洗劫一空，导致政府彻底失去了民心。

半殖民地半封建的旧中国经济，从一开始就处于市场失灵的境地，而政府在弥补市场失灵的同时，自身也日渐失灵，财富分配日益不均，贫困和社会矛盾不断累积，最终以革命的形式爆发，强行打破了"双重失灵"造成的死局。

三、革命根据地的经济体制

与国统区"双重失灵"相对照的，是中国共产党领导的根据地经济在政府与市场关系方面进行的积极而有成效的探索。

根据地经济有三个主要特点。一是发展水平落后，现代交通、能源和工业几乎没有，农业发展水平也较江南国统区落后，劳动剩余很少；二是布局分散，由于国民党势力的分割、封锁，根据地被迫处于分散的自给自足状态，以农业、手工业和集市贸易为主；三是根据地经济常年处于战争的威胁之下,因而其管理体制和政策出发点均为保证革命战争的需要。

这些特点导致了根据地实行由中国共产党统一领导、各地区分散经营的经济体制,和变革旧生产关系、充分调动一切积极因素发展生产力的经济政策。在体制上,将政治、经济、军事、文化等一切工作,都置于共产党的一元领导之下,党委对经济工作有最后决策权;但针对各地方的不同情况,采取灵活的因地制宜、因时制宜、因部门制宜的办法,对于没有条件集中管理的问题,由各根据地灵活处理。在政策上,根据地与国统区最大的区别在于对阻碍生产力发展的生产关系进行变革,具体表现在土地改革和没收官僚资本两方面。

对于封建土地制度,中国共产党从根本上主张"耕者有其田",而在实践中曾经为了维护抗日民族统一战线而采取过"地主减租减息,农民交租交息"的土地政策,但随着解放战争的推进,中国共产党最终在1948年确立了"依靠贫雇农,团结中农,保护中小工商业者,限制富农,消灭地主阶级,发展农业生产"的土地政策,从而依靠革命手段扭转了旧中国土地兼并、农民破产的趋势,恢复了农村经济的平衡,并激发了农业生产力,使人民解放军获得了源源不断的后勤和兵源补给。

对于国家资本问题,中国共产党的认识经历了一个变化过程。中国共产党赞成孙中山提出的"节制资本"的主张,但最初并未完全主张由国家经营,在1926年共产国际执委会召开的第七次扩大会议中通过的《关于中国形势问题的决议》中,提出了国民革命胜利后,在经济上"于全国国民经济有关的大产业,将要限制私人资本经营",只是在趋势上要"渐渐减少私人资本剥削的程度","渐渐地经过非资本主义的过渡阶段,渐渐地走向社会主义"。[①] 但随着国民党国家资本表现出官僚性、垄断性的危害,中国共产党的态度开始改变。1939年,毛泽东在《中国革命和中国共产党》一文中首次公开提出"新民主主义"的概念,并指出在经济上要"把帝国主义者和汉奸反动派的大资本大企业收归国家经营";1940年,毛泽东在《新民主主义论》中进一步指出,中国经济一定要走"节制资本"和"平均地权"的路,"大银行、大工业、大商业,归这个共和国的国家所有"[②],而国家是无产阶级领导下的新民主主义共和国,因而这时的国营经济是社会主义性质的。随着解放战争胜利推进,毛泽东在1947年明确提出,"没收蒋介石、宋子文、孔

---

① 《六大以前党的历史材料》,人民出版社1980年版,第791页。
② 《毛泽东选集 第二卷》,人民出版社1991年版,第678页。

祥熙、陈立夫为首的垄断资本归新民主主义的国家所有"①。由此可见，中国共产党同样主张要由国家资本来主导经济发展，但资本的经营权应掌握在代表广大人民利益的新民主主义国家手中，而不是以国家的名义被帝国主义和少数官僚集团所掌握。

而对于民族资本，中国共产党早在大革命时期就已经有了比较清醒的认识，认为对于无关全体国民经济的产业，不仅要让给私人资本去经营，还要保证其发展。土地革命战争时期，中国共产党对根据地实行保护、提倡和鼓励发展私营工商业的政策。全面抗战时期，实行确定私人财产所有权、奖励商人投资、提高工业生产等政策，毛泽东在《新民主主义论》中指出，"这个共和国并不没收其他资本主义的私有财产，并不禁止'不能操纵国民生计'的资本主义生产的发展"②；毛泽东还在《论联合政府》中指出："拿资本主义的某种发展去代替外国帝国主义和本国封建主义的压迫，不但是一个进步，而且是一个不可避免的过程。它不但有利于资产阶级，同时也有利于无产阶级，或者说更有利于无产阶级。现在的中国是多了一个外国的帝国主义和一个本国的封建主义，而不是多了一个本国的资本主义，相反的，我们的资本主义是太少了。"③

可见，新民主主义革命时期，中国共产党在坚持党的一元领导体制、坚持废除封建土地所有制和官僚资本垄断的前提下，承认多种经济成分并存并鼓励其发展，这种政策主张被《共同纲领》吸收，从而确立了新民主主义经济的五种经济成分——国营经济、合作社经济、国家资本主义经济、私人资本主义经济和小商品经济，并确立了新中国建设的根本方针，即"公私兼顾、劳资两利、城乡互助、内外交流"，从而达到发展生产、繁荣经济的目的。

中国共产党的经济纲领使中国经济从政府和市场"双重失灵"的泥潭中挣脱出来，通过革命实现了最广大人民的根本利益，顺应了生产力发展的要求，并锻造了一个强大、廉洁而高效的政府，确立了在政府主导下、由政府和市场共同调节经济的原则，使中国经济在随后的几年里迅速恢复。不过，此时中国共产党对于新民主主义经济的认识还有一定局限，突出表现为强调生产关系而忽视了生产力发展水平对生产关系的影响，只在宏观原则上认识到经济应当在政府主导下由政府和市场共同调节，但对具体应当如何处理政府和市场的关系、国有经济和其他经济成分的关系、中央和

---

① 《毛泽东选集　第四卷》，人民出版社1991年版，第1253页。
② 《毛泽东选集　第二卷》，人民出版社1991年版，第678页。
③ 《毛泽东在七大的报告和讲话集》，中央文献出版社1995年版，第54-55页。

地方政府的关系等问题,还缺乏经验。

第二节　新中国的中央和地方政府经济管理体制

政府和市场"双重失灵"所遗留下来的民主革命任务,需要中国共产党和新中国政府继续完成,这使得新中国的经济体制从一开始就具有政府主导性,而中国共产党在民主革命中锻造的党员队伍、积累的建设经验和群众基础,都决定了中国共产党有能力领导政府完成这一历史使命。为此,新中国建立了从中央政府到地方政府的经济管理部门,并确立了中国共产党对政府尤其是对经济工作的领导体制。而为了统筹百废待兴的国民经济恢复工作,政府开始逐步加强国民经济的计划性,并在工业基础较好的东北地区率先建立了计划经济体制。

一、政府主导型经济管理体制建立的原因

新中国的经济体制是对解放区经济体制的继承和发展,它随着民主革命的胜利推进而在全国推广开来,并得到了进一步的发展和强化,其根本特点是政府起主导作用。之所以选择这种经济体制,并不完全是由于政治原因,其背后还有客观的经济原因。

政府主导型经济体制是完成中国工业化的客观需要。在西方国家经济遥遥领先,中国国内物质基础极端落后、市场发育严重滞后的境况下,只有通过政府的主导才能加速实现工业化,这是从晚清统治者到中国共产党的共同观点。只是由于新中国之前的历代政府因软弱无力或贪腐低效而无法清除阻碍工业化的帝国主义和封建主义势力,甚至使国家资本蜕变为官僚资本,政府干预变成了垄断掠夺。中国共产党领导的新民主主义革命反对的是失灵的国民政府,而非政府主导经济发展这一路线方针。相反,中国共产党有信心也有条件主导中国的工业化加速发展,因为通过新民主主义革命,中国共产党确立了绝对的领导权威,打造了一支廉洁高效、富于纪律性和牺牲奉献精神的党员队伍,并获得了最广大人民的真心拥戴。这支队伍将继承近代中国一脉相承的政府主导型发展模式,完成前几代政府所未能完成的工业化任务。

政府主导型经济体制是克服市场失灵的必然要求。旧中国市场失灵的问题并没有随着新中国的成立而自动解决,要纠正市场失灵,就必然要求政府发挥主导作用。经过十多年战乱,新中国面临着生产萎缩、物资短

缺、投机肆虐的问题,中华人民共和国成立前的国统区流行着"农不如工、工不如商、商不如囤、囤不如金"的说法。为了平抑物价,新中国必须以行政力量打击货币投机,通过建立国营商业来掌握流通的主渠道,在全国范围内统一调配物资。为了保证就业,政府也只能通过行政指令来强制国营和私营经济不准随意解雇员工。而在刚刚解放的地区,还存在着官僚资本和封建剥削的土地制度,这更需要强有力的政府来继续完成没收官僚资本、土地改革等民主革命的任务。即使政府纠正了市场失灵,市场机制在中国能起到的作用仍然有限,因为当时的经济仍以小生产者为主,市场分散而狭小,若依靠民间资本的积聚而实现工业化,即便可能,也需要很长的时间,所以需要政府通过多种手段来促进全国统一市场的形成,并以国营资本来主导资本积累,从而加速构建完整的现代经济体系。

二、中央政府和地方政府的经济管理机构

政府对经济的管理职权,在《共同纲领》中得到了明确规定:"中央人民政府应争取早日制定恢复和发展全国公私经济各主要部门的总计划,规定中央和地方在经济建设上分工合作的范围,统一调剂中央各经济部门和地方各经济部门的相互联系。中央各经济部门和地方各经济部门在中央人民政府统一领导之下各自发挥其创造性和积极性。"

为了完成这一职责,新中国在中央人民政府下设立财政经济委员会(简称"中财委")来领导全国经济工作。中财委内设财经计划局、技术管理局、财经统计局、私营企业管理局、外资企业管理局、合作事业管理局、财贸人事局、编译室等业务部门;中财委下设人民银行总行、海关总署、财政部、贸易部、重工业部、燃料工业部、纺织工业部、食品工业部、轻工业部、铁道部、邮电部、交通部、农业部、林垦部、水利部、劳动部等部门,从而分别管理全国经济各个行业。

为了将中央对各经济部门的管理贯彻到地方,地方政府也进行了同样的机构设置。建国初期,由于各地解放时间不一、差异较大,所以在中央和省市之间设置了大区一级行政单位,将全国划分为东北、华北、华东、中南、西北、西南六大区。大区的最高行政机关是军政委员会,在军政委员会下设财经委员会,大区之下的省、市政府也设置了相应的财经委员会,并在各级财经委员会下设置与中财委相应的各经济管理部门。地方各级财经委员会受中财委和地方政府的双重领导。图1-1所示为1949年10月中央人民政府及政务院机构设置。

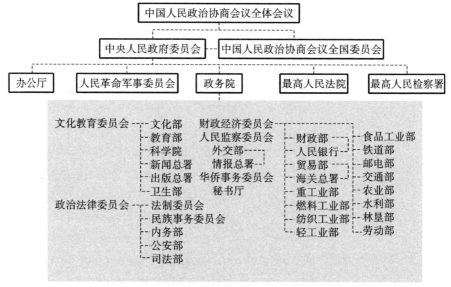

图 1-1 1949 年 10 月中央人民政府及政务院机构①

在机构设置的基础上,中央和地方的经济管理权限在 1949 年至 1950 年经历了由分散到集中再到适度分散的调整。建国之初,由于民主革命尚在进行,中央政府承担的军费支出浩繁,财政赤字加剧,以至于不得不通过货币超发来暂时解决困难,而地方大区却控制着包括税收在内的多种经济管理权,中央政府主导国民经济恢复的能力不足。为了将有限的经济力量集中到中央,中央人民政府于 1950 年 3 月决定统一国家的财政经济工作,将财政、金融、国营企业的管理等权力收归中央,加强中央政府的经济实力(详见本章第四节)。中央政府很快实现了财政收支平衡,稳定了市场物价。但这一改革使经济工作的灵活性和地方政府的积极性受到束缚,经济秩序虽然恢复,但活力开始下降。为了繁荣经济,政务院在 1951 年 5 月发出《关于划分中央与地方在财政经济工作上管理职权的决定》《关于一九五一年度财政收支系统划分的决定》《关于一九五一年国营工业生产建设的决定》等文件,重新划分中央和地方的经济权限,在继续保持国家对财经工作统一领导、统一计划的原则下,把一部分适宜由地方政府管理的职权下放。

政府在经济管理机构建立之后,根据企业的不同类型来实行不同方式

---

① 中国网:国务院历次机构改革,http://guoqing.china.com.cn/2013-03/10/content_28191284.htm。

的管理。一是国有企业，实行直接管理，按其所有权和管理权分为中央直属企业、中央所有委托地方管理企业、地方所有企业三种。二是合作社，国家对供销、消费、手工业生产合作社采取按系统管理的办法，在1950年6月成立全国供销合作总社及大区、省、市、县联社，将合作社纳入全国供销合作社系统，在事实上由各级政府管理。三是公私合营企业，由于其中有国家股份，所以政府通过派遣公股董事监事参与经营管理，并委托交通银行管理股份的收益等事项。四是为数众多的个体和私营企业，政府采取间接管理的办法，城市企业由工商管理局负责行政管理，由政府各经济部门负责业务指导，农村企业则在法规约束下由农民自主经营。

三、计划经济体制的初步形成

1949年到1952年，经济体制中计划的成分在逐步增加。最初的计划经济体制，是在东北地区建立起来的。一方面，这里解放较早，工业基础较好，且国营经济在现代工矿交通业中占90%以上的比重，具备建立计划体制的基础。另一方面，东北是当时最重要的工业基地，是支撑国民经济恢复和发展的最重要基础，所以东北经济有必要通过计划管理来保证产出，最大化地支援全国。1949年1月，东北人民政府成立了东北经济计划委员会及其下属机构。

东北的实践为全国建立计划经济体制积累了经验。中央人民政府成立后，最初在中财委内设立了财经计划局，并在地方财经委员会中也设立了相应机构。但此时尚无全国性综合计划，而只是由各经济部门试编本部门经济计划，如农业部、重工业部、贸易部、铁道部等。内容上指令性与指导性计划并存，对国有大中型企业和国家基本建设实行指令性计划，对合作社经济和个体私营经济实行指导性计划；对主要地区、主要部门、主要产品实行指令性计划，对次要地区、次要部门、次要产品实行指导性计划。

随着国民经济日渐恢复，计划管理机构也开始逐步成形。1951年11月，全国财经计划会议决定：加强计划工作机构，省（市）以上各级财经委员会（东北为计委会）要在行政管理的同时加强计划管理，在财委主任、副主任中固定专人领导计划工作，在财委之下设置进行计划与行政工作的必要的各部门。同时，中财委各部及中央所属企业内也都成立了负责计划统计工作的机构。1952年，国民经济恢复任务基本完成，国家开始转入大规模经济建设，中央便于11月成立了国家计划委员会，直属中央人民政府，与政务院平级，由中央人民政府副主席高岗任主席，邓子恢任副主席，陈云、彭德怀、林彪、邓小平等15人任委员。

四、党对经济工作领导体制的确立

新民主主义革命的胜利确立了党对国家的一元领导,从党员在党内和政府内担任的职务来看,新中国实行的是党政合一的领导。为了避免党政不分、以党代政的问题,中宣部和新华总社在1949年10月30日发出《关于中央人民政府成立后宣传工作中应注意事项的指示》,指出:"在中央人民政府成立后,凡属政府职权范围者应由中央人民政府讨论决定,由政府明令颁布实施。其属于全国范围者应由中央政府颁布,其属于地方范围者由地方政府颁布,不要再如过去那样有时以中国共产党名义向人民发布行政性质的决定、决议或通知。"①

在强调政令规范化的同时,中国共产党又加强了党对政府工作的领导。1949年11月,中共中央发出《关于在中央人民政府内组织中国共产党党委会的决定》和《关于在中央人民政府内建立中国共产党党组的决定》,并在中央和地方各级政府部门均予以实行。各级政府机关党委,要依据中央人民政府的政策决议,保证政府部门各项行政任务的完成,同时要统一领导党员,团结党外人士。为了加强共产党对政府的领导,在工作中贯彻党的政治路线和政策,在中央人民政府所属各委、部、会、院、署、行,由担任负责工作的共产党员组成党组,党中央一切有关政府工作的决定、指示,由党组保证执行。

随着党委和党组的建立,党组织对经济工作的决策可以通过三个渠道下达:一是通过各级党组织层层下达;二是以中共中央名义直接下达基层党组织;三是通过政府部门组织下达。而中共中央在1953年3月发出《关于加强中央人民政府系统各部门向中央请示报告制度及加强中央对于政府工作领导的决定(草案)》,要求政府各部门党组实行严格的请示与报告制度。1953年8月,周恩来在全国财经会议上所做的总结指出:党的统一领导原则,在任何时候都必须坚持。……各级政府工作的同志必须服从党的领导,地方各级党委同志必须抓紧政府工作,尤其是财经工作,党的部分组织必须统一服从中央,以减少或避免可能发生的错误。1949年至1953年,政府及各经济部门基本上是在中共中央和各级党委领导下开展工作,

---

① 中共中央党史研究室主办:中国共产党历史网,《党领导国家工作的制度初步形成》,http://www.zgdsw.org.cn/n/2012/1106/c244520-19510700.html。

至于政府各部门的工作则是在其内部党组直接领导下进行的。

为了便于地方党委因地制宜发展本地区经济,排除中央各部门脱离实际的"条条"领导,中共中央在1953年4月做出指示:"认为凡对生产有妨碍的工作,不论是中央哪一个部门部署的,只要当地党委认为有必要推迟进行,均可提出请求,推迟进行。此外,根据主观主义设想根本不符合实际情况的任何上级的命令指示,必须加以废止或修改者,地方党政有权提出意见。"[①]同时,中国共产党注意加强党委对计划工作的领导能力,1956年9月,国家计委主任李富春在中共八大上提出:"为了迅速提高计划工作的水平,我们要求各级党委加强对计划工作的领导。计划工作是我国进行社会主义建设和实行计划经济的一项重要而又繁重的工作,也是各级党委为了加强对社会主义建设的全面领导所必须掌握的一个环节。"[②]不过,这种制度安排并不能根除"条条"领导与"块块"领导的矛盾,对此所采取的改革调整贯穿了计划经济时期的始终,并一直延续至今。

第三节 没收官僚资本和确立国营经济领导地位

中华人民共和国成立后,政府在原解放区公营企业的基础上,通过没收官僚资本,确立起国营经济对金融、贸易、交通等国民经济命脉行业的主导权,由此掌握重要商品的流向,从而发展壮大国营经济,并引导个人私营经济服务于国家整体发展战略,在新民主主义经济制度中确立了国营经济的领导地位。

一、没收官僚资本,建立社会主义国营企业

"官僚资本"是1940年以后才盛行的说法,当时指以民营公司形式注册,又与政府有密切联系,利用权势为小集团谋利的豪门资本。由于国民党政府的统治日渐背离了人民的利益,所以官僚资本到后来既包括豪门资本,也包括国民党政府的国家资本主义企业。

官僚资本当时控制着国民经济的命脉,在主要行业中占有绝对优势。据1947年国民党政府公布的统计数字,仅国民党政府资源委员会控制的

---

① 中国社会科学院、中央档案馆编:《1953—1957中华人民共和国经济档案资料选编 综合卷》,中国物价出版社2000年版,第165页。
② 中共中央办公厅:《中国共产党第八次全国代表大会文献》,人民出版社1957年版,第455页。

工业企业,其产量(包括控制的产量)占全国总产量的比重为:煤炭33%,电力66%,钢铁90%,钨锑100%,锡70%,水泥45%,糖90%;1947年全国私营行庄放款1万亿元,而仅中央政府控制的行局即达17万亿元,还不包括省市政府银行;至于现代交通运输和国际贸易,则基本上为官僚资本所独占。① 庞大而集中的官僚资本,成为国营经济的主要来源。

中国共产党将"没收官僚资本归新民主主义国家所有"与"没收封建阶级的土地归农民所有""保护民族工商业"并列为新民主主义革命的三大经济纲领。新中国成立后,"没收官僚资本"包括没收国民党政府遗留下来的国家资本和部分作为敌产没收的汉奸、战犯、反革命分子的资产。1949年4月,中共中央和军委发出的《中国人民解放军布告》对没收官僚资本的范围做了具体规定:"没收官僚资本。凡属国民党反动政府和大官僚分子所经营的工厂、商店、银行、仓库、船舶、码头、铁路、邮政、电报、电灯、电话、自来水和农场、牧场等,均由人民政府接管。其中,如有民族工商农牧业家私人股份经调查属实者,当承认其所有权。"② 这就是说,没收的对象是由国民党中央政府、省政府、县政府经营的企业,及著名的大官僚所经营的企业。小官僚和地主的企业或官僚企业中的民族资本家的私人股份,均不在没收之列。

官僚资本的投资形式多样,既有独资企业,也有合营企业中的官僚控股成分。只有合理地界定官僚资本,才能既不使官僚资本漏网,又不伤害民族资本,破坏生产经营活动。为此,新中国政府将没收工作分三个阶段进行。

第一阶段是解放战争时期,主要是没收国民党政府的国家资本和各种公营企业。共产党非常注意保护原有生产活动的正常进行。1948年11月沈阳解放,当时兼任市军管会主任的陈云对经济组织接管提出了"各按系统,自上而下,原封不动,先接后分"的办法;1949年1月,中共中央又发出《关于接收官僚资本企业的指示》,提出了原职、原薪、原制度的"三原"政策。后来北平、天津、南京、上海等大城市都参照了沈阳经验和"三原"政策,避免了接收对生产经营的破坏。

第二阶段是在新中国成立前后的城市接管和镇压反革命运动中,通过没收敌产的方式没收汉奸、战犯、反革命分子的私人资本。对于这部分资

---

① 吴太昌、武力等著:《中国国家资本的历史分析》,中国社会科学院出版社2012年版,第258页。

② 《毛泽东选集 第四卷》,人民出版社1991年版,第1457-1458页。

本,属于没收范围的,凡政策界定清楚的,立即没收;凡等待调查审核的,则予以监管,不使资产流失破坏。这部分资产不多,后来基本转变为市、县一级的地方国营企业和公有资产。

第三阶段是在1951年开始的清理公股、公产运动中,没收投资或隐匿于私营企业中的官僚资本。主要通过自己申报、调查审核、清理登记的办法,将国营企业中的民族资产阶级的股份和私营企业中的官僚资本清理出来。为避免地方执行偏差,中央决定将最后审核批准权归中财委,凡某城市有应予没收的私人官僚资本,必须报经大行政区人民政府审核,并转请中财委批准后,方得执行。尤其是对于民族资产阶级在官僚资本企业中的投资,凡不属于勾结官吏非法侵占或低价购买者,仍承认其所有权。由于态度慎重、政策严谨、办法稳妥,这项工作完成得较好。

从1946年解放哈尔滨起,到1949年底,除台湾外,大陆所有官僚资本相继为人民政府接管,主要有以下四类①。

金融方面:四大家族把持的"四行两局一库"(中央银行、中国银行、交通银行、中国农民银行、中央信托局、邮政储金汇业局、合作金库)系统和国民党省市地方系统的银行共2400多家;还有国民党官商合办的其他银行中的官股。中国银行等海外的分支行职工也纷纷起义,接受人民政府领导。

工矿方面:控制全国资源和重工业的国民党政府资源委员会,垄断全国纺织工业的中国纺织建设公司,国民党兵工系统和军事后勤系统所办企业,国民党政府交通部、粮食部和其他部门所办企业,四大家族和其他大官僚的"商办"企业,"CC"系统的党营企业,以及各省地方官僚系统的企业,合计共有工矿企业2858个,职工129万人,其中发电厂138个,采煤、采油企业120个,铁锰矿15个,有色金属矿83个,炼钢厂19个,金属加工厂505个,化学加工厂107个,造纸厂48个,纺织厂241个,食品企业844个。

交通运输方面:国民党政府交通部所辖全部交通运输企业,计有:铁路2万多公里,机车4000多台,客车约4000辆,货车47000辆,铁路车辆和船舶修造工厂约30个,各种船舶20多万吨。被国民党劫持到香港的中国、中央两航空公司的12架飞机也由于职工起义而回归人民政府。

商业方面:复兴、富华、中国茶叶、中国石油、中国盐业、中国蚕丝、中国

---

① 四类企业资料来自李定主编的《中国资本主义工商业的社会主义改造》,当代中国出版社1997年版,第40-41页。

植物油、孚中、中国进出口、金山贸易、利泰、扬子建业、长江、中美实业等十几家垄断性贸易公司。

通过没收官僚资本,社会主义性质的国有经济在1949年已经在金融、现代工业、交通运输、外贸等领域居于主导地位。1949年,在工业领域,国有经济拥有全国电力产量的58%、原煤产量的68%、生铁产量的92%、钢产量的97%、水泥产量的68%和棉纱产量的53%。① 在金融、铁路、港口、航空等产业,国有经济更是占有绝对优势。

二、掌握金融和商贸,确立国营经济领导地位

国营经济的领导地位,是通过对金融和贸易领域的控制而建立起来的。虽然新中国的大部分国营企业,尤其是工业、交通、能源企业主要来自于没收官僚资本,而作为国民经济命脉的金融系统则是以原来解放区的银行为主体并通过接收和改组官僚资本银行建立起来的,国营商业系统也是在各解放区公营贸易公司的基础上扩张而发展起来的。金融和贸易这两个关系到"财货"流通的行业,始终被牢牢掌握在人民政府手中,成为国营经济领导力的根本保证。

(一) 国有金融体系的建立

解放战争时期,在各分散的解放区存在着多家公营银行,到解放战争全面胜利时,全国共有30多家解放区银行。随着解放区连成片,各家银行于1948年12月在石家庄合组为中国人民银行,逐步统一解放区银行和货币工作。1949年2月,中国人民银行迁入北平,其首要任务是建立全国统一的金融体系。

首先,接管国民党政府的银行为中国人民银行分支机构。中国人民银行按照"边接管、边建行"的方针,对国民党政府设在各地的中央银行以及一些省市县银行,进行停业清理,但不立即解散,而是把接管工作与建立中国人民银行分支机构结合起来,利用其原有的营业地点和人员办理业务,成为中国人民银行的业务部门,形成了总行、区行、分行、支行的四级结构。到1949年12月,中国人民银行建立了华东、中南、西北、西南4个区行,40个省市分行,1200多个县市支行及办事处。②

其次,清理、改组官僚资本银行为国有银行。对官僚资本金融机构,除

---

① 李定主编:《中国资本主义工商业的社会主义改造》,当代中国出版社1997年版,第43页。
② 尚明主编:《当代中国的金融事业》,中国社会科学出版社1989年版,第42页。

中国银行和交通银行外,其他均停业清理。没收中国银行的官股,保留私股权益,改组董事会,职工全部留用,机构暂时不变,将中国银行变为中国人民银行领导下经营外汇业务的专业银行;对交通银行也采取同样办法进行接管,将其变为中国人民银行领导下经营工矿交通事业长期信用业务的专业银行。同时,中国人民银行还对官僚资本的保险公司进行了接管,并在1949年10月成立了中国人民保险公司。到1949年12月,中国人民银行、中国银行、交通银行、中国人民保险公司在全国设有金融机构1308个,职工8万余人。①

再次,改组官商合办银行为公私合营银行。对新华信托储蓄银行、中国实业银行、四明商业储蓄银行、中国通商银行等官商合办的银行,接管后没收其官股,实行公私合营,派出公股董事与私股董事一起组成新董事会,继续营业。这些公私合营银行,在中国人民银行指导下,执行人民政府法令,成为公、私金融业之间的桥梁和中国人民银行的助手。

最后,整顿和改造私营金融业。中国的私营银行和钱庄(简称私营行庄),对促进民族工商业发展曾起过积极作用,但由于长年战争和恶性通胀影响,存、放、汇业务难以正常经营,大多私营银行和钱庄转向投机买卖。据天津、北平和沈阳的调查,在当地解放时,私营银行和钱庄的资金90%以上用于投机。② 1949年,各大区人民政府先后颁布了私营银钱业管理办法,明确规定了资本额标准、缴存存款准备金和付现准备金比例,并规定了其业务范围:只允许经营与私营工商业有关的存款、放款、汇兑业务和个人存款,禁止买卖金银外币、吸收公款和兼营商业或代客买卖股票等。通过整顿,淘汰了一批资力小、信用差的行庄。1950年平抑物价、统一财经,使依靠分取商业投机利润为生的行庄陷入困境,到6月时,私营行庄已经由新中国成立初期的1032家降为431家。③ 由于金融对经济的重要作用,国家确定私营金融业的改造比其他私营工商业先走一步。从1952年下半年开始,国家着手对私营金融业进行全行业社会主义改造,将资产能抵负债的私营行庄(包括新华、中国实业、四明、中国通商、建业等公私合营银行)取消原名号,合并为统一的公私合营银行。金融资本家交出经营权、账务权、人事权,按年息5厘拿固定股息。经过改造,除华侨商业银行、东亚银行、中兴银行等3家侨资银行仍保留外,其他私营行庄已不复存在。

---

① 尚明主编:《当代中国的金融事业》,中国社会科学出版社1989年版,第43页。
② 尚明主编:《当代中国的金融事业》,中国社会科学出版社1989年版,第40页。
③ 尚明主编:《当代中国的金融事业》,中国社会科学出版社1989年版,第76页。

到1952年底国民经济恢复任务完成时,一个由中国人民银行统一领导的银行管理体制已初步建立,在随后社会主义改造和建设中发挥了重要作用。

(二) 国营商业贸易体系的建立

解放区的公营商业随着战争推进而迅速发展,这是在物资短缺的情况下稳定市场的需要。1949年12月,中财委就稳定物价问题召开城市供应会议,会议一致认为:只有调剂物资,统一贸易,才能免除粮荒,回笼货币,掌控物价。1950年3月,在统一全国财政和其他经济工作的同时,统一全国贸易工作,建立起高度集中的国营商业管理体制。仅1950年一年内,中央贸易部就建立了17个专业总公司,分别经营粮食、盐业、煤建、油脂、花纱布、百货、土产、石油、工业器材等一切重要物资,各专业总公司在各地设置了分支机构,统一管理、统一经营、统一核算。统一的贸易体制,控制了重要物资的流通。

国有银行对国营商业的扩张起到了重要作用。中国人民银行是调控的核心,它集中资金发放贷款,以较低利率、较宽条件重点支持国营经济恢复生产和开展物资交流,并在国营经济中重点支持国营商业企业,以增强其领导和稳定市场的能力。中国人民银行总行甚至还将贷款直接放给贸易部,作为该部"贸易金库"的存款,由贸易部统一调度,充分满足国营批发机构的资金需要。1950年至1952年,银行对国营工业的贷款增长了3倍,对国营商业部门的贷款增长了5.5倍。① 而对于需要由国营商业予以取代的私营批发商业,银行则收回旧贷款,停发新贷款。

得到了资金支持的国营商业得以迅速壮大,成为商品流通的主渠道,并掌握了购销对象的选择权,以及批发价、零售价、地区差价、季节差价和质量差价的决定权,从而能够引导全国工商业发展。也正因为此,中央贸易部才能够颁布《一九五一年编订国营贸易计划暂行办法》,这是中国第一部在全国范围内执行的商业计划制度,它表明新中国的商业较之工业更早地建立了计划经济体制。

(三) 国营经济的领导地位

通过没收官僚资本和掌握金融、贸易这两大国民经济命脉,国营经济在国民经济中确立了领导地位,并通过这种领导地位优先发展国营经济,使自身不断做大做强。

---

① 尚明主编:《当代中国的金融事业》,中国社会科学出版社1989年版,第61页。

新投资的国有资产开始迅速增加,在规模上直追没收的官僚资本。1951年至1952年全国清产核资结果显示,截至1951年6月底,全国国营企业实有资产重置价值为191.61亿元,除去基本折旧61.75亿元后,余值为129.86亿元。① 而从1949年到1952年,在民主革命和抗美援朝战争的艰苦条件下,国家每年仍拿出一定资金来进行基本建设,三年财政拨款86.21亿元,完成投资额78.36亿元,新增固定资产59亿元。② 这些投资一部分用于加强金融和贸易,另一部分则投向以工业、交通、水利为主的基本建设。新建了阜新海州露天煤矿、山西榆次经纬纺织机构厂、成渝铁路等14个限额以上建设单位,完成了荆江分洪工程,开始了根治淮河,恢复、扩建了鞍山钢铁基地和整个东北工业基地,还建设了一批中小企业。

三、国营经济的其他来源

除了官僚资本、解放区公营经济和新中国成立后的新投资之外,国营经济还有两个重要来源:一是公私合营;二是苏联移交和其他国家转让。

国营经济领导地位的确立,加速了私营经济向公私合营的转变。由于优先发展国营经济政策的实施,私营经济在贷款、原料供应和产品销售方面遇到了困难,因而希望通过公私合营来渡过难关。对此,周恩来指出:"资本家也很希望合营,因为合营了,企业的原料供应等方面的问题就有保障了,并且还能得到贷款。但是,我们不得不有所选择,对那些与国计民生关系较重要而又对双方有利可图的企业,就可以先合营。总之,要分清轻重缓急,逐步发展。"③中财委也专门发出指示,指出公私合营必须符合三个前提条件:一是符合国家经济发展计划;二是私营企业主完全自愿;三是企业有发展前途,投资效益高。1949—1952年,公私合营工业企业由193家增加到997家,产值增长5.2倍。在上述企业中,公股所占比重,1949年为70.7%,1952年为60.7%。另据对695家公私合营企业调查,公股中来自没收官僚资本及敌产的占62.18%,新中国成立后国家的新投资占31.14%。④

国营经济还有一部分来自外国资本。1950年2月,中苏在签订《中苏

---

① 吴太昌、武力等著:《中国国家资本的历史分析》,中国社会科学出版社2012年版,第269、289页。
② 周道炯主编:《当代中国的固定资产投资管理》,中国社会科学出版社1989年版,第60页。
③ 《周恩来统一战线文选》,人民出版社1984年版,第170-171页。
④ 吴太昌、武力等著:《中国国家资本的历史分析》,中国社会科学出版社2012年版,第273页。

友好同盟互助条约》的同时,也签订了《关于中国长春铁路、旅顺口及大连的协定》,根据协定,苏联将长春铁路的一切权利和财产、在大连临时代管与租用的财产等都移交给新中国中央政府。其他国家的外商由于对新中国存有疑虑,纷纷抽逃资金,西方国家的封锁禁运更是加剧了外商在华经营的困难,不少外资企业被中国政府征用或自愿转让给中国政府。例如美孚石油公司、上海美商电力公司等通过征用的方式转变为国营企业,开滦煤矿、颐中烟草公司等则通过转让变为国营企业。

综上所述,通过没收官僚资本、发展壮大解放区公营经济、新中国政府投资、公私合营、接收和转换外资,国营经济确立了牢固的领导地位。

四、国营企业管理体制的建立

国民经济恢复时期,财政支出浩繁而国有企业数量有限,因此政府势必对有限的国营企业实行直接管理,共同服务于国家战略。这种直接管理主要表现在:政府掌握企业领导的任免权;政府决定企业的生产经营、工资分配,审核企业财务收支计划及检查监督其执行情况;政府决定企业的投资和发展,甚至折旧和大修理费也由政府管理,企业无权投资。直接计划管理虽然存在政企不分的问题,但在当时的历史条件下却是人民政府最优的选择。

政府对企业的直接管理是分级进行的。新中国成立前后,由于各地解放时间不同,除金融和铁路管理权逐渐集中到中央,其他国有企业实际归地方政府管理,其投资和收益也归地方政府。1950年3月统一财经后,除铁路、金融继续由中央政府主管部门直接管理外,对其他国有企业实行了"条块结合、分级管理"的办法。在工业方面,将国有企业分为三类:中央所属企业、中央所属委托地方代管企业、地方所属企业。一般来说,规模较大或重要的企业都由中央主管部门管理,小型企业则划归地方政府管理。在商业和外贸方面,中央成立了全国范围的国内贸易专业公司和对外贸易专业公司。随着全国解放,这些公司在大区、省和市设立分公司和机构,其投资权、经营管理权和收益权都归中央。这实际上把过去地方政府所属的一些区域性的重要商业和外贸公司纳入了中央所属的专业公司。由于此时的国营企业数量还不多,并且主要集中在有关国计民生的重要部门,因此,中央政府将大中型企业和一些重要行业的经营权收归中央,可以增强对国民经济的调控能力。

在企业内部,国民经济恢复时期的国营企业主要采用工厂管理委员会制度。根据中国共产党确立的全心全意依靠工人阶级的方针,企业实行民主管理,以体现职工当家作主的地位。1950年,国营工业企业普遍建立工厂管理委员会,它的任务是根据上级确定的生产任务,讨论和决定生产计划、管理制度、生产组织、人事任免、工资福利等重大问题。工厂管理委员会由厂长(经理)、副厂长(副经理)、总工程师(工程师)和其他负责人,以及相同数量的职工代表组成,由厂长任主席。管委会的决议,以厂长命令的形式颁布实施。同时,建立职工代表会议(200人以下的企业则采取定期召开全体职工会议的形式)。职工代表会议有权听取和讨论管委会的报告,检查管委会的经营管理及领导作风,对管委会工作进行批评和建议。

而在工业基础较好、计划经济建立较早的东北地区,一部分国营企业开始实行"生产行政工作的厂长负责制",即"一长制"。厂长由国家经济机关委派,对企业生产、行政工作专责管理,并对企业经营管理成果负总责。企业党组织则主要对生产、行政工作实行保证和监督,搞好党的组织建设和思想建设,对职工进行思想教育。在厂长领导下建立工厂管理委员会,企业生产经营中的重大问题,一般都要经过管委会集体讨论,但最后决定权在厂长。工厂管理委员会和"一长制"分别沿用到1956年,随着社会主义制度的建立,被党委领导下的厂长负责制所取代。

第四节 统一财经

新中国成立之初的经济面临着财政收支失衡和通货膨胀两大难题。当时,民主革命尚在进行,财政支出浩繁。一是军费支出,1949年军费开支占财政支出一半以上,1950年仍占41.1%。二是行政支出,人民政府对不愿抵抗的旧军队和人员采取"包下来"政策,到1950年3月全国共有近900万脱产军政公教人员。三是民生和建设支出,国家要拨出大批粮食、物资救济灾民,抢修铁路,兴修水利,发展农业。因此,1949年财政支出达到567亿斤小米,比财政收入303亿斤小米多近一倍。中央财政被迫暂时发行货币弥补赤字,1949年7月发行人民币(旧币)2800亿元,而到了11月则达到16000亿元。① 货币超发给投机资本造成可乘之机,从1949年4月到1950年2月共发生四次全国性涨价风潮,严重影响人民生活安定和新生政权巩固。可以说,中国大部分领土虽然解放了,但市场的主导权仍然

---

① 陈如龙主编:《当代中国财政 上》,中国社会科学出版社1988年版,第32-34页。

掌控在资本家手中。也正因为如此,一些资本家才叫嚣"共产党管军事是内行,管经济是外行","管农村是内行,管城市是外行"。

新中国建立了经济管理机构,确立了国营经济的领导地位,在行政管理和市场调控两方面都具备了相当实力。据此,新中国政府打赢了平抑物价波动和统一财经两大战役,在不到两年的时间里便夺取了市场领导权,结束了困扰旧中国多年的通货膨胀,实现了财政经济状况的根本好转。这也在新中国历史上第一次彰显了政府与市场双轮驱动的显著效果。

一、统一币制

1949年的中国市场,国统区币制几近崩溃,解放区币制各不相同。要稳定市场,当先统一币制,后平抑物价。

中国人民银行承担着统一币制的任务,根据"边接管、边建行"的方针,随着解放军的队伍一同进城,接管官僚资本银行,迅速建立人民银行的各级分支机构,建立起总行、区行、分行、支行四级机构。中国人民银行还将中国银行改组为其领导下经营外汇业务的专业银行,将交通银行改组为其领导下经营工矿交通事业长期信用业务的专业银行,整顿私营银行,取消外资银行在华特权,从而建立起由中国人民银行统一领导的银行管理体制。

大一统银行体制的首要任务是统一币制。各地人民银行成立伊始便开始限期收兑国民党政府的金圆券。1949年1月、2月,天津可按6∶1以金圆券兑换人民币;北平为10∶1,劳动人民还可以按3∶1的优惠价每人兑换金圆券500元。兑换期间,人民政府将大批粮食、食油、煤炭等物资运至北平、天津,确保人民币购买力。随着金圆券加速贬值,新解放区的兑换比价不断调低,1949年解放上海时金圆券与人民币比价已为10万∶1。北平共兑进金圆券8亿多元,而上海则兑进36万亿元。1949年7月,国民党政府又在广州、重庆发行银元券,但因彻底丧失币信而受到群众抵制。人民币随着解放军而进入全国市场。国家坚决取缔了银元买卖,严禁金银计价流通,并禁止一切外汇在国内市场流通,从而维护了人民币的法律地位。

人民币发行之初,各解放区尚未统一,冀南币、晋察冀边币、北海币、陕甘宁商业流通券等解放区货币并存。随着解放区连片,人民政府采取了"固定比价,混合流通,逐步收回,负责到底"的方针,依据市场购买力规定了各解放区货币的兑换比价,承诺"兑到最后一张为止"。到新中国成立前夕,华北、西北、华东和中南大部分地区的货币已经统一。东北由于解放较早,为使其免受其他地区物价波动影响,集中力量恢复生产,故仍流通地方货币,暂不与全国币制统一。直到1951年财政收支平衡之后,中国人民银行才以人民币收回东北银行、内蒙古人民银行发行的货币,同年11月以人民币收回新疆银行币。至此,全国除西藏和港澳台地区外,币制基本实现统一。

二、平抑物价

统一币制只是稳定市场的第一步,以人民币兑换金圆券本就将国统区的通胀传导了过来,加之新中国政府被迫以发行货币弥补财政赤字,通货膨胀依然存在。

解放之初,市场上仍存在着大量的投机资本,它们利用旧有的投机渠道,趁国营经济尚未掌握主要物资的时机,在市场上大肆投机、兴风作浪。据估计,当时全国各地从事投机活动的约有100万人,他们从事黄金、银元、外汇炒作,并囤积纱布、粮食、煤炭、西药等民生物资,1949年4月、7月、11月和1952年2月,投机资本利用春旱、夏涝、人民币超发、国民党残敌捣乱等机会大肆投机,带动起四次全国性涨价风潮。

能否打退投机资本,平息涨价风潮,关系到人民币能否站得住脚,也关系到资本主义经济与社会主义经济谁能夺得市场领导权。为此,新中国政府采取了行政与市场结合的手段。针对资本家以银元、外汇等抵制人民币的做法,人民政府在1949年6月直接查封了上海证券大楼,在武汉查封了两家大钱庄,在广州取缔了地下钱庄87家和街畔兑换店377家[1]。同时,国家规定税收和铁路交通等公用事业,一律收人民币,并开放各解放区之间的货币兑换,以北方老解放区比较坚挺的货币来为南方新解放区的货币提供支撑,从而使人民币站住了脚。但是,从银元投机中败退下来的资本转而从事粮食、纱布、煤炭等重要物资的投机,趁机发动了四次涨价风潮,严重威胁着人民生活和人民币币信。为此,1949年7月的上海财经会议决定成立粮食、花纱布等全国统一的内外贸专业公司,以统一调运物资。9月、10月间,东北、华中、华东三地共向上海调运1.2亿斤粮食;11月15日至30日,东北每日调运1000万~1200万斤粮食入关支援京津[2];纱布等其他物资也被调运到上海、北京、天津、武汉、西安等地区,储备待售。1949

---

[1] 陈如龙主编:《当代中国财政 上》,中国社会科学出版社1988年版,第46页。
[2] 陈如龙主编:《当代中国财政 上》,中国社会科学出版社1988年版,第47页。

年10月,当第三次涨价风潮来临时,政府组织金融、贸易、财政等部门共同出击:银行紧缩银根,各大城市同时开征税收,并规定私营企业给工人发工资而不准关厂,这就迫使不法资本家只能吐出所囤物资;与此同时,各地贸易公司统一抛售物资,一直把物价压到预期程度,才购进资本家吐出的物资。这一战,投机资本遭到了毁灭性打击,尽管在1950年2月趁国民党军队轰炸上海之机发动了第四次涨价风潮,但已是强弩之末,很快被平息。到1950年3月,物价基本稳定,彻底解决财政收支失衡和货币超发问题的时机已经成熟。

三、统一财经

除支出庞大之外,加剧中央财政困难的另一个重要原因是财政收入的分散。当时财政支出已经基本统一,而公粮和税收却掌握在各大区、省、市、县政府手中。因此,中央迫切需要统一财经,集中财力。

1950年3月,政务院通过了《关于统一国家财政经济工作的决定》,总的精神是力争财政收支、现金收付和物资调度的平衡("三平"),尽可能集中统一使用全国的财力物力。基本内容有三项:一是统一全国的财政工作,实现全国财政收支平衡;二是统一全国的国营贸易工作,实现全国物资调拨平衡;三是统一全国的现金管理,实现全国现金收支平衡。随后,中共中央向各级党委发出通知,要求各级党委必须用一切方法保障政务院决定的全部实施。

(一)统一财政收支

统一财政收支的重点在于统一收入,当时的财政收入主要是公粮和城市税收。对于公粮,征收、支出、调度的权力统一收归中央。中央规定征收公粮的税则、税率,中央与地方的分成比例;非依中央命令,地方政府不得支取公粮;中央人民政府财政部发出调拨命令之后,各省不得拒绝调运。同时,规定了严格的公粮入库、支付、保管和调度制度。

对于税收,除中央批准的地方税外,所有货物税、工商业税、盐税、关税均归财政部统一调度使用;此外,所有国营企业都要将利润和折旧金的一部分按期解缴财政部或地方政府。设立中央金库,规定中央金库按各级政府的层次划分为四级:中央人民政府设中央总金库,各大行政区设中央区金库,各省(市)设中央分金库,各县(市)设中央支金库。各级金库均由中国人民银行代理,凡一切国家财政收入,均须由经手机关在规定期限内全部缴纳同级金库。从3月起,所有税款逐日入库,并建立全国税收日报制度。对于城市税收,中央财政部隔日即可得到56个较大城市的报告,隔旬即可收到其他小城市、乡村的报告。在征收公粮的季节,每旬可收到全国征收与入库的报告。

由于统一收入管理,中央得以在财政困难、可用资金很少的情况下,区分轻重缓急,保障重点需要。对于财政支出,中央政府强调厉行节约的方针。一是制定全国编制,规定统一的供给标准。二是反对百废俱兴,集中财力用于军事上消灭残敌,经济上重点恢复。三是节省支出,提高效率。由于各级政府勤俭节约,1950年末行政费支出比概算减少了4.5%,对平衡财政收支起了重要作用。

(二) 统一物资管理

1950年3月,政务院发布了《关于统一全国国营贸易实施办法的决定》,规定:中央贸易部是全国的国营贸易(含对外贸易)、合作社贸易和私营贸易的国家总领导机关;中央贸易部主要通过全国性的专业贸易公司,统一经营重要物资。仅1950年一年,中央贸易部就建立了17个专业总公司,其中9个国内贸易公司,分别经营粮食、油脂、盐业、花纱布、百货、土产、煤建、石油、工业器材。各专业总公司统一管理,统一经营,统一核算。

建立贸易金库制度,由中国人民银行代理贸易金库。各专业公司的固定资产和流动资金都由中央贸易部通过各专业总公司统一支配;各级专业公司的现金收入,均须当日解缴由当地中国人民银行代理的贸易金库,并逐级上报中央贸易部;企业一切费用开支均需列报计划,经中央贸易部批准,由专业总公司以支付通知书的形式,通知贸易金库支付。从而实现了国营商业的全部资金的统收统支,统一管理。

建立了商品调拨制度,实行物资大调拨。地区间、各级专业公司之间的商品调拨,均按中央贸易部批准的各专业总公司的调拨计划执行。例如,1950年春夏,国家共调运粮食60多亿斤,既保证了源源不断的军粮补给,又保证了各地生活需求。正如陈云所说:"一九五〇年三月以后,国内市场的性质已经改变,官僚资本操纵下的以投机和败坏国民经济为目的的市场,已经基本上改变为在国营经济领导下的以服务于人民生活与恢复及发展生产为目的的市场了。"①

(三) 统一现金管理

统一现金管理是实现"三平"的前提条件,因为银行是财政、贸易资金

---

① 尚明主编:《当代中国的金融事业》,中国社会科学出版社1989年版,第26页。

流通的渠道,只有渠道统一,中央政府才有可能集中使用全国的财力。因此,1950年2月、3月间,为配合统一财经工作,中国人民银行召开第一届全国金融会议,提出银行的中心任务是"用一切方法去争取存款,积聚尽可能多的资金"。陈云到会讲话指出,1950年银行的中心工作是"收存款、建金库、灵活调拨"。

1950年4月,政务院颁布《关于实行国家机关现金管理的决定》,指定中国人民银行为现金管理的执行机关,各国家机关、公营企业、合作社的现金除准予保留规定的限额外,必须一律存入中国人民银行,不得对私人放款,不得存入私营银行钱庄;各国家机关、公营企业、合作社之间的交易,除小额零星者外,一律须用转账支票通过中国人民银行进行结算。这样一来,就实现了把分散在各机关、公营企业、合作社的现金统一管理和集中调度。

在很短的时间内,各机关、公营企业、合作社就完成了在中国人民银行开立账户的工作,这为统一财政收支和统一物资调拨提供了可能。中国人民银行建立了中央金库制度,凡一切国家财政收入,均须由经手机关在规定期限内全部缴纳同级金库,不得由经手机关坐支及自行保管。金库款的支配权统属中央总金库,全国的财政金库由此形成了统一体系。除财政金库,中国人民银行还与全国现金收入量最大的中央贸易部协商,在各级中国人民银行建立贸易金库,规定各地国营贸易公司每日收入的现金必须当日全部缴存当地的贸易金库并上解总库。库款经贸易部批准后才能动用。另外,中国人民银行与铁道部、燃料工业部、重工业部等,也建立了代理金库与调拨合同。通过建立金库制度,国家实现了资金统一调度,回笼了巨额现金。

中国人民银行还开办了保本保值储蓄、定活两便储备,吸收私营企业和居民存款。到1950年5月,全国私人存款总额1400余万元,其中国家银行所占比重为44.6%,公私合营银行的比重为23.8%,私营银行钱庄的比重则由原来的71.1%下降为31.6%[①]。到1950年5月底,全国现金收支便实现了平衡,并出现入差。

统一财经工作取得了立竿见影的效果。1950年财政出现了收支接近平衡的局面,财政总收入65.19亿元,总支出68.08亿元,从第二季度开始,就不再需要发行货币来弥补赤字了,通胀根源得到消除。市场物价从3

---

① 尚明主编:《当代中国的金融事业》,中国社会科学出版社1989年版,第77页。

月开始回落,根据全国6大城市32种主要商品价格加权指数,若以3月为100,则4月为75.1,5月为69.2,7月后虽因朝鲜战争、美国经济封锁而出现进口价格稍有波动,但粮食、纱布、燃料等价格仍然稳定。国民党统治时期物价飞涨的局面在新中国成立后不到一年的时间便被控制住了,堪称经济史上的奇迹。统一财经工作使政府掌握了对贸易和金融的领导权,进而掌握了对市场的主导权,为社会主义改造和计划经济体制的建立铺平了道路。

第五节 对个体私营经济的管理

国民经济恢复时期,国家本着"利用和限制"的方针,对个体私营经济采取了"抑制—调整—再抑制—再调整"的管理政策。通过打击投机、稳定市场、调整工商业、组织物资交流、"五反"运动和第二次调整工商业等一系列重大经济活动,政府较为成功地驾驭了市场和资本,使之服从和服务于国民经济。而由此形成的政府与市场、国营与私营此消彼长的态势,也对日后经济制度的变迁产生了深远影响。

一、对私营工商业的管理方针

解放后的各大中城市,面临着城乡贸易不畅、内外交流停滞、原料来源受阻、市场销售困难等问题,私营工商业停工歇业现象普遍。据1949年第三季度对上海市87个主要行业的调查,13647户私营工厂中停工歇业者占75%[①]。因此,恢复国民经济,在城市当以恢复工商业的生产经营为主,其中又以促使私营工商业复工复业为主。因为在新中国成立之初,国营经济在国民经济中的比重尚为有限,而私营经济的比重较大。1949年,私营工业产值为68.3亿元,占全国工业总产值140.18亿元的48.7%;1950年,私营商业商品批发额80.26亿元,占全社会商品批发额105.44亿元的76.1%,私营商业商品零售额101.84亿元,占全社会商品零售额119.78亿元的85%[②]。可见,尽快恢复和扩大私营工商业的生产经营,是恢复国民经济的重要环节。

但是,恢复私营工商业的生产经营并非恢复国民经济的核心环节,真

[①] 费开龙、左平主编:《当代中国的工商行政管理》,当代中国出版社1991年版,第6页。

[②] 费开龙、左平主编:《当代中国的工商行政管理》,当代中国出版社1991年版,第4页。

正的核心在于处理好国营经济和私营经济的关系,使私营经济能够在政府的引导下向着有利于国计民生的方向发展。因为,私营经济具有两面性,一方面有助于发展生产、繁荣市场、吸纳就业和增加税收,另一方面又在生产上具有自发性和盲目性,在经营上具有投机性。由于新中国在成立初期被迫暂时采取发行货币的方式来弥补财政赤字,加之生产破坏,物资短缺,所以市场中存在着通胀的压力和投机的潜在威胁,若放任私营经济自由经营,将会导致物价大幅波动,不利于国民经济的恢复。因此,这一时期管理个体和私营经济的关键,在于将其纳入国营经济的领导和必要的行政管理之下,使其在"有限的市场"中进行生产和经营活动,既能够发展生产、繁荣经济,又不至于引发物价的波动,从而使国民经济在一个稳定的市场环境中迅速恢复。

因此,中国共产党在1949年3月的七届二中全会上提出了"利用和限制"的政策,即国家通过国营经济的领导、工人群众的监督和必要的行政管理,利用资本主义工商业有利于国计民生的积极作用,限制其不利于国计民生的消极作用。《共同纲领》进一步明确规定:"中华人民共和国经济建设的根本方针,是以公私兼顾、劳资两利、城乡互助、内外交流的政策,达到发展生产、繁荣经济之目的","使各种社会经济成分在国营经济领导之下,分工合作,各得其所,以促进整个社会经济的发展"。为实现这一目的,新中国政府采取了行政与经济手段相结合的方式,较为成功地引导和利用个体私营工商业完成了恢复国民经济的任务。

二、打击投机资本

解放之初,市场上仍存在着大量的投机资本,它们利用旧有的投机渠道,趁国营经济尚未掌握主要物资的时机,在市场上大肆投机、兴风作浪。据估计,当时全国各地从事投机活动的约有100万人,他们认为"共产党管军事是内行,管经济是外行","管农村是内行,管城市是外行",利用黄金、银元、外汇来抵制人民币,并囤积纱布、粮食、煤炭、西药等民生物资。

能否打退投机资本和平息涨价风潮,关系到资本主义经济与社会主义经济谁能夺得市场领导权。为此,新中国政府采取了行政与市场结合的手段。针对资本家以银元、外汇等抵制人民币的做法,政府在1949年6月直接查封了上海证券大楼,在武汉查封了两家大钱庄,在广州取缔了地下钱

第一章 政府主导下政府与市场共同发挥作用的体制(1949—1952)

庄 87 家和街畔兑换店 377 家①。同时,国家规定税收和铁路交通等公用事业,一律收人民币,并开放各解放区之间的货币兑换,以北方老解放区比较坚挺的货币来为南方新解放区的货币提供支撑,从而使人民币在市场中站住了脚。但是,从银元投机中败退下来的资本转而从事粮食、纱布、煤炭等重要物资的投机,从 1949 年 4 月到 1950 年 2 月,共发动了四次全国性涨价风潮,严重威胁着人民生活和人民币币信。为此,1949 年 7 月的上海财经会议决定成立粮食、花纱布等全国统一的内外贸专业公司,以统一调运物资。9 月、10 月间,东北、华中、华东三地共向上海调运 1.2 亿斤粮食;11 月 15 日至 30 日,东北每日调运 1000 万~1200 万斤粮食入关支援京津②;纱布等其他物资也被调运到上海、北京、天津、武汉、西安等地区,储备待售。1949 年 10 月,当第三次涨价风潮来临时,政府组织金融、贸易、财政等部门共同出击:银行紧缩银根,各大城市同时开征税收,并规定私营企业给工人发工资而不准关厂,这就迫使不法资本家只能吐出所囤物资;与此同时,各地贸易公司统一抛售物资,一直把物价压到预期程度,才购进资本家吐出的物资。这一战,投机资本遭到了毁灭性打击,尽管在 1950 年 2 月趁国民党军队轰炸上海之机发动了第四次涨价风潮,但已是强弩之末,很快被平息。

规模庞大的投机资本虽被消灭,但为数众多的中小私营经济也都天然地具有投机的性质,在国营商业未完全掌握物资流通的情况下,它们会本能地从事倒买倒卖活动。为此,政府通过行政手段对旧市场进行了改造,对粮、棉等重要物资建立严格的市场制度:统一登记交易主体,核定购买需要,凭交易证限量购买,严格管理机关、部队、国营企业到大城市的采购活动;行政管制价格,对零售价格实行最高议价;统一交易时间,统一实行现款、现货交易。这种严格的市场管理体制,几乎杜绝了跨时、跨地区、多环节倒卖的可能性,使短缺的物资能够最大程度地流入生产和生活领域,并维持了价格稳定,保障了人民生活。

从 1949 年到 1950 年初,政府通过强有力的行政管制,以及金融、贸易、财税等经济手段,消灭了投机大资本,并将众多中小资本都置于严格的约束之下,为经济的进一步恢复创造了一个稳定的环境。

---

① 陈如龙主编:《当代中国财政 上》,中国社会科学出版社 1988 年版,第 46 页。
② 陈如龙主编:《当代中国财政 上》,中国社会科学出版社 1988 年版,第 47 页。

三、调整工商业

通过打击投机资本、严格规制私营工商业来平抑物价波动,只是"治标"之策。若不能实现财政收支平衡,结束货币超发,便不能消除通货膨胀的根源。由于新中国在 1950 年第二季度才统一财经,结束了依靠发行货币来弥补赤字,所以在此之前对私营工商业的严格规制,主要是在销售环节压低价格。然而,成本上涨的压力得不到释放,必然会产生价格倒挂问题——某些商品的成品价低于原料价,出厂价低于成本,批发价低于出厂价,零售价低于批发价,城市工业品价高于农村的价,销地价低于产地价。从 1950 年 4 月开始,货币流通速度大为降低,商品销售量大为减少,商店歇业,工厂停工,失业人数增加,而生产和流通的停滞又进一步加剧了商品短缺与货币超发的矛盾。因此,依靠行政力量对市场的强力规制,虽然迅速解决了旧中国的通胀问题,但要破解深层矛盾,还需"治本"之策。

为此,中央采取了双管齐下的解决方针,通过统一财经来消除通货膨胀的根源,通过调整工商业来促进生产和流通,从而恢复货币与商品的平衡。1950 年 4 月 13 日,中央提出要合理调整工商业,重点"调整公营企业与私营企业以及公私企业各个部门相互关系方面"。1950 年 5 月 8 日,中财委提出了相应措施:扩大加工订货,重点维持生产;扩大农产品收购,增强农民购买力;组织工业品出口,打开工业品销路;联合公私力量,增加工业资金周转;改善企业经营管理;举办失业救济;用适当方式将市场趋势公告全国,指导私营工业发展,减少其盲目性。这些措施可以归结为两方面:在工业方面,根据国家的需要和可能,对私营工业安排加工订货和收购产品,促进生产发展;在商业方面,放宽市场准入,采取兼顾生产者、贩运者和消费者三方面利益的价格政策,增加商业利润以促进商品流通。

具体来看,在工业领域,各大中城市都建立了管理加工订货的机构,一年组织两次加工订货,扩大加工订货的品种、数量和行业范围。以上海为例,私营棉纺织业在 1950 年 6—9 月承接国营企业委托加工的棉纱任务,比过去一年的任务还多一倍;1950 年全国机械工业会议上,安排给上海的私营机械行业的订货占其生产能力的 60%,安排给天津私营机械行业的任务占其生产能力的 80%[①]。1950 年,加工、订货、包销、收购的产值为 21 亿

---

① 费开龙、左平主编:《当代中国的工商行政管理》,当代中国出版社 1991 年版,第 29 页。

元,比1949年的8.1亿增加了1.6倍①。在加工订货中,工商行政管理部门十分重视确定工缴货价,给予私营工厂以合理利润,大体上按其资本额计算每年获得10%、20%、30%左右的利润,使私营工业有利可得以维持和扩大再生产,又限制其因利润过高而盲目发展。

在商业领域,适当放宽市场管理中一些不必要的限制措施,放宽或取消了采购证制度,放宽统一的议价核价,改进交易所内管理办法,简化交易手续,允许场外成交,以增加市场交易主体数量。重点调整国营商业的价格政策,适当扩大批零差价和地区差价,使私营商业有利可图。1950年6月1日,中央贸易部通令全国国营贸易公司调整零售价格。调整的要求是,合理计算零售成本加上一定比例的合理利润,确定各种商品零售价格,使私营零售商能获得合理利润。例如,天津市国营贸易公司将布的批零差价由1.56%提高到6.99%,煤、盐的差价调整为6%、7%,私营零售商随即活跃起来。一部分不合理的地区差价也逐步扭转,如上海和松江间每件20支纱的差价,由倒差18元调整为正差18元;天津到东北的布价,由倒挂10%调整为正差10%②。此外,公私商业的经营范围也得到了合理调整,国营商业开始把主要力量放在批发业务上,以掌握物资,调剂市场,回笼货币,并将零售范围缩减到粮食、煤炭、纱布、食油、食盐和石油等6种主要商品上,将其余商品的零售经营让给私营商业。从1950年7月开始,市场上的商品滞销现象已不存在,并呈现出淡季不淡、旺季更旺的态势,且物价指数逐月回落,以1950年3月全国批发物价指数为100,同年12月为85.4,1951年12月为92.4,1952年12月为92.6③。

尤其值得强调的是城乡交流的扩大。解放之初,由于土改尚未完成,农民购买力有限,加之土匪和国民党残敌骚扰,城乡交易阻隔,人民币很难下乡,农村中银元交易和物物交换盛行,不仅导致工业品销售不畅,而且使人民币集中在少数城市,加剧通胀。随着农村土改的完成,加强城乡交流成为调整工商业的重要内容。除主要农产品、外销物资和主要农副产品的一部分由国营贸易机构收购外,其余部分鼓励合作社和私商收购,地方政府在运销手续、运输条件、税收政策等方面给予照顾。政府还通过调整和减轻农业赋税、提高农产品和工业品比价等方式增强农村购买力,不仅打开了城乡商品销路,也使人民币得以普遍流通,币值得到更广泛的市场支

---

① 陈如龙主编:《当代中国财政 上》,中国社会科学出版社1988年版,第63页。
② 费开龙、左平主编:《当代中国的工商行政管理》,当代中国出版社1991年版,第35页。
③ 费开龙、左平主编:《当代中国的工商行政管理》,当代中国出版社1991年版,第24页。

撑。正如陈云所说:"(1950年)在经济战线上,我们是税收、公债、货币回笼、收购四路进兵,一下子把通货膨胀制止了。三月物价稳定,五月中旬全国各地工商业者都叫喊货卖不出去。于是我们发了两路救兵,一为加工订货,一为收购土产。起决定作用的是收购土产,因为收购土产,就发出了钞票,农民有了钱就可以买东西。到九月全国情况就改观了,霓虹灯都亮了。"①

总的来看,调整工商业是在国营工商业已经占据主导地位的情况下,通过放宽经营和利润空间,为私营经济提供有限度的市场,使其既能够获利,又无法在供不应求的卖方市场环境下获取超额利润。调整工商业使私营经济很快摆脱了困境。据上海、北京、天津、武汉、广州等10个城市统计,1950年下半年私营工商业共开业32674家,歇业7451家,开业超过歇业25223家。各地市场从1950年秋季开始转入活跃,交易大幅回升。据北京、天津、上海等5个城市统计,面粉、大米、棉纱、棉布4种商品10月的销售量比4月分别增长了54%、289%、128%、233%。铁路货运量10月与7月相比,北方各铁路局增加1倍多,南方增加3倍多。市场的活跃刺激了私营工业的发展,上海私营工业产量11月与1月相比,棉纱增长7%,面粉增长70%,水泥增长306%,玻璃增长283%,颜料增长74%。1951年更是私营工商业的"黄金年代",全国私营工业总产值比1950年增长了39%②。此外,私营工商业的经济结构也得到了调整,重工业、造纸、棉纺织、医药等民生行业发展较快,而从事囤积居奇、买空卖空、奢侈消费的行业,及多余的中间环节商业,则逐步淘汰或转向有益的生产行业。

四、"三反""五反"运动和第二次调整工商业

1951年私营工商业的经营收益情况比国民党统治时期的任何一年都要好,但有些资本家却并不满足,投机取巧、唯利是图的本性再次暴露出来,放肆地进行行贿、偷税漏税、盗骗国家财产、偷工减料、盗窃国家经济情报(俗称"五毒")。据1950年第一期营业税纳税后的抽查统计,上海351家纳税户中有偷漏行为的占99%,天津1087家纳税户中有偷漏行为的占82%。党政军机关中也相应出现了贪污、浪费和官僚主义现象(俗称"三害")。当时中国正面临抗美援朝、恢复生产和经济建设三重任务,为顺利

---

① 《陈云文选(一九四九——一九五六年)》,人民出版社1984年版,第128页。
② 武力主编:《中华人民共和国经济史(增订版)》,中国时代经济出版社2010年版,第98页。

第一章 政府主导下政府与市场共同发挥作用的体制(1949—1952)

实现"精兵简政,厉行节约"的方针,中央在1951年12月决定开展反对"三害"运动,在1952年1月决定开展反对"五毒"运动。"三反""五反"运动打退了不法资本家的猖狂进攻,纯洁了国家机关,整顿了干部队伍。

然而,"五反"运动也使私营工商业受到了一定冲击。一些国家工作人员对私营工业分配加工订货任务和制定工缴货价上偏紧,国营商业和合作社零售业发展过快,不当缩小差价,排挤私商,市场上一度出现交易停滞现象,私营工商业者对中国共产党的工商业政策产生了新的怀疑。为此,中央决定再次调整工商业,调整内容与上次相似。工业领域,中央发出关于"五反"和生产两不误的指示精神,国家扩大对私营工业的加工订货,1952年国家对私营工业加工订货及收购包销的总值达59亿元,比1951年增加36.5%[①]。提高加工订货利润,使之低于"五反"之前但高于"五反"期间的标准。

商业领域是这次调整的重点,中央在1952年11月发出《关于调整商业的指示》,调整措施为以下的三个方面。一是调整价格,将日用品的批零差价由8%~12%扩大到10%~18%,地区差价和季节差价也做适当调整。二是调整公私商业的经营范围,国营商业在大城市缩减零售店,在县城坚决收缩零售业务,多做批发;供销合作社在已经发展的地区,着重巩固提高而非扩大范围;国营商业和合作社在城市减少次要商品经营,在农村除次要土产让给私商经营外,还保留20%~30%的粮食和主要经济作物给私商经营。三是取消妨碍正当私商畅通城乡交流的各种不当限制,既给私商以正当经营的条件,也防止其投机倒把。该《指示》还明确规定,公私商业的零售比重,就全国平均来说,公营占25%,私营占75%。上述调整商业的措施使私营零售商营业额立即显著上升,私商把这次调整称为"天官赐福""五福登门",1953年上半年也成为打击投机以来私营商业最活跃的时期。

总的来看,1949—1952年,国家凭借行政权力和国营经济,综合运用行政手段和价格、利率、税收等经济杠杆来驾驭资本,使之服从和服务于国民经济。由于此时百废待兴,所以政策操作空间较大,边际效果明显,尽管存在着手段简单,甚至局部矫枉过正的问题,却以极高的效率实现了国民经济的恢复和发展。如果中国继续实行多种成分共同发展的新民主主义经济,将势必引起政府与市场、国营与私营边界的合理划分问题。然而,国营

[①] 费开龙、左平主编:《当代中国的工商行政管理》,当代中国出版社1991年版,第42页。

经济日益壮大,私营经济在"五反"之后威信扫地,由新民主主义经济向社会主义经济的过渡已成大势所趋,随着过渡时期总路线和"一五"计划的实施,对于政府与市场边界的探索也就此中断,直至改革开放之后。

第六节　土地改革与乡村党政群组织建设

新中国通过稳妥地推进土地改革,在农村实现了耕者有其田,消灭了封建土地制度和地主豪绅势力,建立了基层政权和党组织。为了帮助和引导广大分散的小农经济,国家积极推动合作化运动,通过建立供销合作社、信用合作社系统,实现了对农村贸易、金融的统一管理,并通过积极稳妥地推进生产互助合作运动,引导个体小农经济向着集体经济的方向逐步前进。

一、土地改革

封建土地制度是束缚农业生产力发展的桎梏,也是国家工业化、民主化的障碍。"没收地主土地归农民所有、消灭封建剥削制度"是新民主主义革命的三大经济纲领之一。在新中国成立以前,中国共产党已经在1.19亿农业人口(总人口1.34亿)的老解放区完成或基本完成了土地革命。到新中国成立之时,尚有2.9亿农业人口(总人口3.36亿)的新解放区没有进行土地改革。彻底完成土改,成为恢复和发展国民经济的一项重要任务。

国家对新解放区的土地改革,采取了比解放战争时期更为平和、稳妥的方针。1947年颁布的《中国土地法大纲》,是在严峻的战争形势下制定的土地改革法,当时采取了"平分一切土地"的办法,目的是争取大多数贫雇农的支持。但随着解放战争胜利在望,国家的工作重心由军事战争转向经济恢复和建设,土地改革的侧重点也由动员大多数,转向促进经济恢复和维护社会稳定。1947年12月,中共中央扩大会议决定,在老解放区按重新颁布的阶级标准和政策继续进行土改和复查,而在新解放区一律暂停土地改革,实行减租减息政策。直到1950年6月,中央人民政府委员会通过了《中华人民共和国土地改革法》,并随后颁布一系列配套法规,土改才有计划地展开。相比1947年的《中国土地法大纲》,这次土改有了许多新的变化。

第一,农村阶级划分标准更为合理。阶级划分的关键在于地主和富农的认定,新中国土改将地主定义为凡家庭有劳动能力的人口不参加农业主要劳动,其生活来源主要依靠剥削收入的家庭;将富农定义为凡家庭有劳动能力者参加农业主要劳动,但其剥削收入占家庭总收入25%以上的家庭。但这次土改的突出特点是提出了"小土地出租者"的概念,将革命军人、烈士家属、工人、职员、自由职业者、小贩以及因从事其他职业或因缺乏劳动力而出租少量土地者,均不得以地主论;其每人平均所有土地数量不超过当地每人平均土地数百分之二百者,均保留不动;超过此标准者,方征收其超过部分的土地。

第二,封建土地和财产的没收范围缩小。对地主,除没收其土地、牲畜、农具、多余粮食和在农村的多余房屋外,金银、衣物等其他财产不予没收。对富农,只征收其出租土地的一部分或大部分,其所有自耕和雇人耕种的土地及其他财产,均不得侵犯。对中农,土地完全不动。这表明新中国土改采取的是保存富农经济、保护中农利益的办法。

第三,政策更利于保护生产。对于地主投资的城乡工商业,规定所有与工商业相连的土地和房屋一律不动,一律不得挖地主底财,并允许地主将底财投资于工商业。工商业者家在城市郊区的私人住宅、厂房、仓库及在农村中有利于生产的投资等,加以保护,不得侵犯。对于城市郊区土地,由于其经营方式比较先进,如果平分则不利于生产,所以采取与农村土改不同的办法:原有公地一律不分;地主、富农,除留下自己够种的土地外,其余由政府没收或征收,地权归政府所有;公地和没收、征收来的土地,由政府出租给农民使用,农民不再交租,而照章缴纳农业税。

第四,土改工作有领导、有计划地逐步进行。和以前自下而上地发动农民进行土改不同,新中国采取自上而下的方式,由各级党和政府的主要领导组成土地改革委员会,统一领导土改工作。土改委员会成立由党政干部、大学师生、民主人士参加的土改工作队,指导农民协会进行土改。土改工作分期、分批、分阶段进行。对于少数民族地区,不强行规定土改时间,根据群众觉悟程度而逐步推进,最终稳妥地完成了土地改革。表1-2所示为华东、中南、西北等地区农业人口完成土改情况。

新中国土改基本采取了"中间不动两头平"的政策,使贫雇农有了土地,消灭了地主阶级,提高了中农的土地占有水平,并在一定程度上保存了富农经济。总的来看,实现了耕者有其田,基本消灭了农村的剥削制度,使农业人口几乎都成为自食其力的劳动者。这也为后来农业合作化铺平了道路。表1-3所示为内地土地改革前后耕地占有情况。

表1-2 华东、中南、西北等地区农业人口完成土改情况①   （单位：人）

地区\数据\时间	1950年秋—1951年春	1951年夏—1952年春	1952年夏—1953年春	合计
华东地区	4700万	2300万	—	7000万
中南地区	5000万	5000万	2000万	12000万
西北地区	700万	1500万	300万	2500万
西南地区	因少数民族较多而暂缓推进			

表1-3 内地土地改革前后耕地占有情况

地区\数据\时间	土改前		土改后	
	户数占比/(%)	户均占有耕地/市亩	户数占比/(%)	户均占有耕地/市亩
贫雇农	57.4	3.55	54.5	12.5
中农	29.2	15.12	39.3	19.0
富农	3.1	63.24	3.1	25.1
地主	3.8	144.11	2.4	12.2
其他	6.5	6.27	0.7	—

土地改革还彻底结束了封建土地制度对乡村的统治，消灭了地主豪绅等旧势力，为农村的民主政治建设扫清了障碍。1950年12月，政务院颁布了《乡（行政村）人民代表会议组织通则》和《乡（行政村）人民政府组织通则》，以乡为农村基层政权，全国各大行政区共设22.1万个乡，每个乡人民政府由正、副乡长，文书和委员若干人组成，脱产干部每乡平均3人，每月生活费旧币15万元（1万旧币＝1元新币）②。乡政府干部由上级政府选拔，经群众同意后上岗。同时，乡村建立党组织，村中建立有一个党员以上的支部，以加强党对农村各项工作的领导作用。乡政府建立后，各个部门都垂直下达任务，乡人民政府中设有民政、财政、治安、文教、生产、卫生、防洪、捕虫、军人转业等十几甚至几十个委员会，形成"上面千条线，下面一根针"的治理格局。由于新中国刚刚成立，百废待兴，随后又要完成工业化的

---

① 武力主编：《中华人民共和国经济史（增订版）》，中国时代经济出版社2010年版，第93页。
② 武力、郑有贵主编：《解决"三农"问题之路——中国共产党"三农"思想政策史》，中国经济出版社2004年版，第288页。

任务,所以不可能像古代农业社会那样,在建国初年采取"无为而治"的休息政策。但是,土地改革使党和政府在农村的权威和组织动员能力空前提高,这为后来全面动员农村资源进行大规模经济建设奠定了基础。

二、供销合作与信用合作事业

土改将绝大多数农民变成了小生产者,但这种分散经营的方式使小生产者在市场中处于弱势地位,并且也不利于国家动员农村的人力和物力资源进行经济建设,因此国家要想办法对小农经济进行扶持和引导,其中最重要的方式就是发展供销和信用合作社。

(一) 合作社的意义

合作社是劳动群众自愿联合起来进行生产、经营的组织形式,其目的是将个体分散的力量联合起来,从而增强经济实力。从合作的内容来看,分为生产合作社(包括农业生产合作社、手工业生产合作社)、流通合作社(供销合作社、消费合作社)、信用合作社等。其中生产合作社的初级形式,以生产资料私有制为基础,社员以土地等生产资料参股,联合生产,按劳分配;而高级形式则以生产资料集体所有制为基础,属于社会主义公有制经济。合作社并不是新中国成立后才有的,也不是中国首创的。早在19世纪初,英国空想社会主义者欧文就进行了合作社的思想传播和试验。清朝末年,合作社思想传入中国。五四运动前后,一批归国留学生在中国初创合作社。国民党政府也推行过合作社运动。1924年,列宁的合作制理论传入中国。从此,中国共产党领导的合作社,成为革命事业的重要组成部分,为解决群众经济困难、团结群众、支援革命战争做出了重大贡献。合作社也随着革命事业的发展而不断壮大。

1954年之前,合作社的形式包括在城市劳动人民中组织的消费合作社、在农村组织的供销合作社和信用合作社、在城乡手工业劳动者中组织的手工业生产合作社(初级形式),以及少数特种合作社。对于合作社之于新民主主义经济的意义,刘少奇在1948年9月的《论新民主主义的经济与合作社》一文中首次进行了系统阐述。他指出:由广大的小生产者及广大的消费者在国家领导下组织起来的合作社经济,是无产阶级领导下的新民主主义国家用以帮助、领导和逐步改造广大小生产者的主要工具,是国家经济极广大而可靠的同盟军;通过国家机关和合作社,可以将千千万万分散、独立的小生产者联系起来,并使之与大工业联系起来,构成国家和社会的经济整体。可见,合作社是国家帮助、教育、引导、改造小生产者的最主要的组织形式。1949年七届二中全会上,毛泽东进一步把合作社运动的发展与新民主主义向社会主义过渡联系起来,从战略高度指出:占国民经济总产值90%的分散的个体的农业经济和手工业经济,是可能和必须谨慎地、逐步地而又积极地引导他们向着现代化和集体化的方向发展的,任其自流的观点是错误的;必须组织生产、消费和信用合作社,单有国营经济而没有合作社经济,我们就不可能领导劳动人民的个体经济逐步走向集体化,就不可能由新民主主义社会发展到将来的社会主义社会,就不可能巩固无产阶级在国家政权中的领导权。

也就是说,单有国营经济的领导,国家仍然无法将数以亿计的小生产者组织起来。只有通过建立供销、消费、信用合作社,才能建立起深入基层的贸易和金融纽带,从而将城乡尤其是乡村的小生产者组织起来,帮助并引导其发展。而通过建立生产合作社,并推动其由初级向高级转变,还可以将他们由个体劳动者改造成为集体劳动者,将私有制转变为集体所有制,从而实现经济制度由新民主主义向社会主义的根本变革。

由于土地改革刚刚完成,农民仍有着很强的单干倾向,生产合作社的发展仍需逐渐引导。所以,此时国家在农村重点发展供销和信用合作社。

(二) 供销合作社

供销合作社是合作社的最主要形式,它是在农村组织的负责城乡物资交流的商业机构,但它不同于普通的商业机构,因为它的资金主要来自社员入股、公共积累和政府拨款,经营目的不是盈利,而是服务社员,并承担国家的经济任务。新中国成立之初,城乡贸易阻隔,工农业产品交流的需求迫切,而国营商业的网点不足以承担全部任务,私商又单纯以盈利为目的,所以,国家大力发展供销合作社,建立遍布乡村的商业体系。这些合作社主要承担以下的两方面任务。

一是扶助农业生产。供应生产资料,帮助搞好农耕,同时组织农村剩余劳动力,就地取材,开展群众性副业生产和手工业生产,增加农民收益。1950年,仅华北区合作社就在春耕期间供给了农民3600万斤籽种,1.63亿斤化肥,4万斤农药和130万件农具,并组织农民开展了织土布、收硝、织席、挖药材、打鱼、跑运输等几十种副业,产品通过合作社推销,共为群众换得3.56亿斤米①。此外,供销社还开展信贷业务。由于信用合作社的组建晚于供销合作社,所以早期的供销合作社中成立信贷部,以满足农村的贷款需求。

---

① 程宏毅主编:《当代中国的供销合作事业》,中国社会科学出版社1990年版,第21-22页。

二是组织城乡物资交流。主要是收购粮食及工业原料,推销工农业品。国家在东北收购的粮食中有40%~50%都是通过合作社收购的,吉林省合作社收购的粮食占省粮食公司收购总量的71.5%。华北区合作社代花纱布公司和财政部收购棉花,1950年2月达51.7万担,占国家征购总额的45.7%。合作社还在大中城市建立货栈,其中天津货栈与160家公私企业建立了购销关系,1950年4月的成交额达到426亿元,其中城市销往农村152亿元,农村销往城市274亿元①。

供销合作社使国家掌握了农村商业流通的主渠道,并缩小了工农业产品的剪刀差,避免了私商在城乡贸易中赚取超额利润。国家也对其发展给予大力扶持。国营商业对合作社员实行商品定量廉价配售,配售商品按当地批发价予以优待折扣,大米、面粉、粗粮、食盐7%,白糖、煤8%,碱面10%,煤油12%,布匹6%。财政部对供销社营业税减征20%,合作社免交半年到三年的工商业税,合作社之间按原价相互拨货可免交营业税。国家银行在贷款等业务上也给予合作社优待,例如供销合作社贷款利率比国营商业贷款利率降低1%。

1950年7月,中华全国合作社工作者第一届代表会议召开,会议宣布成立中华全国合作社联合总社,统一领导全国供销、消费、手工业等合作事业。会议明确了合作社的经营遵循社会主义原则而不是资本主义的办法,以服务社员而非盈利为目的,也明确了下级社服从上级社领导,在经营中要根据国家计划执行一定经济任务的原则。1949—1952年,供销合作社由23406个发展到32788个,社员增长了12倍多,达到13820万余人②,初步形成了一个网点遍布城乡、组织完整独立的合作社系统。供销合作社作为国营商业的有力助手,成为国家领导农村市场、调节农村经济的有力工具。

(三)信用合作社

信用合作社是由社员集资联合组成,以互助为主要宗旨的合作金融组织。土改之后,农村生产力发展,商品经济日渐活跃,由此增加了调剂资金余缺的需求。一方面,农民扩大生产需要资金支持,遭受疾病、灾害也需要资金渡过难关;另一方面,生产力发展,90%左右的农民都上升为中农水平,并出现了新富农,余钱也相应增加。资金供求为民间借贷发展提供了

---

① 程宏毅主编:《当代中国的供销合作事业》,中国社会科学出版社1990年版,第22-23页。
② 武力主编:《中华人民共和国经济史(增订版)》,中国时代经济出版社2010年版,第114页。

基础,甚至出现了高利贷活动的趋势。据山西省调查,1951年春耕生产时节,临县张家沟的137户农民中,有27户向25户贷出粮食207石,大部分用于搞副业生产,月息一般为4‰,少数超过4‰(按政府规定自由借贷利率不得超过月息3‰)①。政府有必要引导民间借贷,建立新型的社会主义借贷关系,用以扶助生产,并限制高利贷活动。

最初承担这一任务的是供销合作社。截至1950年,中国人民银行在13600多个县以下行政区中,只建立了457个营业所,难以对农村开展业务。因此,在供销合作社内试点建立信用部,开展信贷业务。到1950年底,共有439个供销社建立了信用部。但是,这仍然无法满足农村信贷需求。

1951年5月,中国人民银行召开全国农村金融工作会议,提出加强农村金融工作和积极发展信用合作的任务。会议要求省以下各级中国人民银行把开展农村金融工作作为主要任务,把银行机构迅速下推,到集镇上建立营业所,同时广泛发展信用合作组织,建立农村金融网。经中国人民银行与全国供销合作社联合总社协商,确定信用合作社由银行负责,停止在供销社内建立信用部的试点,组建由银行领导的信用合作社。银行对信用社给予资金支持,信用社的多余资金可存入银行,并享有利率优惠;银行将营业所的有些业务交给信用社代办,并付给代办费。这样就把银行和信用社结合起来,建立了遍布城乡的统一的金融网络。

总的来看,这一时期的信用合作事业仍处于起步阶段,到1952年底,全国共新建信用合作社227个,信用互助组16218个,供销社信用部1578个②。虽然数量不多,却积累了经验。1953年以后,随着农业生产合作化运动的开展,信用合作社的发展也迎来了高潮。

三、生产互助合作

供销和信用合作社是为生产服务的组织,合作化的另一个重要的形式就是生产合作。七届二中全会和《共同纲领》都提出:引导广大农民个体经济逐步走向合作化道路。土改之后,农村经济几乎由清一色的小农经济组成,生产力水平非常落后,平均每户只有0.6头耕畜,家具、肥料、种子等生产资料也相当缺乏,从事独立的家庭经营面临许多困难。而农村在历史上又有插犋、换工等生产互助的传统,这就使生产合作有了必要性和可能性。

---

① 卢汉川主编:《当代中国的信用合作事业》,当代中国出版社1998年版,第47页。
② 卢汉川主编:《当代中国的信用合作事业》,当代中国出版社1998年版,第68页。注:当时华北虽然停止了在供销社内建立信用部的试点,但东北由于情况特殊,仍由供销社领导信用部。

最初的生产合作表现为小规模换工性质的互助组形式。1950年2月，农业部《关于一九五〇年农业生产方针及粮棉增产计划的指示》中提出：大量发动和组织劳动力，以恢复及提高耕作水平，组织劳动互助，在老（解放）区应成为农民习惯，并达劳力的一半以上；在新（解放）区，亦应在旧有的习惯下，通过典型加以推广。

1951年9月，全国第一次互助合作会议召开，会后起草了《中共中央关于农业生产互助合作的决议（草案）》。该决议指出：农民在土地改革基础上发扬起来的生产积极性，表现在两个方面，一方面是个体经济的积极性，另一方面是互助合作的积极性。决议批评了对互助合作"采取消极的态度"和"采取急躁的态度"两种倾向，总结了当时三种互助合作的基本形式：临时的季节性的互助组、常年互助组和土地入股的农业生产合作社（初级社）。会后，全国掀起了一个互助合作的热潮，从1951年底到1952年底，全国参加互助组织的农户由2100.2万户增至4542.3万户，占农户总数的比例由19.2%提高到39.95%。但绝大多数农户参加的是互助组，参加初级社的农户仅为57188户，共组成3634个初级社，合作社在农业互助合作组织中占比仍然较低[1]。

总的来看，这一时期的农业生产合作化进行得较为稳妥，互助组在自愿互利的原则下发展，农民既有权选择是否参加互助组织，又有权选择参加哪种互助组织。它受到了农村广大缺乏生产资料或劳动力的农户的欢迎，使人力、畜力、物力都得到了比较充分合理的利用，对于解决长期战乱后农民家庭经营困难有很大帮助。其中初级社由于尚处于重点试办、典型示范阶段，受到政府大力扶持，所以平均亩产比互助组又高10%以上。这一优越性也对日后农村生产合作化的走向产生了较大影响。

第七节 统制贸易体制的建立

新中国实行的优先发展重工业的工业化战略，要求外贸工作尽可能多地进口国内急需的机器设备和工业原料，服务于工业化生产建设，同时对国内产业提供贸易保护，确保贸易平衡。这就要求我们的贸易体制不能完全遵从市场化道路，而必须由政府集中统一管理。因此，新中国建立了统

---

[1] 武力、郑有贵主编：《解决"三农"问题之路——中国共产党"三农"思想政策史》，中国经济出版社2004年版，第311-312页。

制贸易体制，它在组织机构上包括由对外贸易管理部门和国营专业外贸公司所组成的对外贸易系统，在管理体制方面则具有高度的集中统一性。统制贸易体制基本适应了新中国的国情与工业化战略的需要，对国内建设起到了积极作用。

一、统制贸易的形成原因

基本国情与工业化战略目标，决定了新中国要对外贸采取统制制度。

旧中国的外贸是半殖民地半封建性质的，带有严重的不平等性，不利于国民经济发展。受帝国主义经济入侵的影响，旧中国的贸易结构是按照列强掠夺资源、倾销商品的需要而塑造的。出口商品主要是生丝、茶叶、桐油、猪鬃、大豆、花生、锑、钨等农副产品和工业原料；进口商品除1913年以前鸦片居首外，主要是棉织品、毛织品、煤油、汽油、香烟、洋酒、食品罐头、糖果、化妆品、玻璃丝袜等消费品和奢侈品。据统计，从1937年到1947年，每年进口的机器设备从没有超过进口总额的10%。帝国主义综合利用工业、贸易和金融的控制权，扩大中国进口工业品和出口原料之间的价格剪刀差，通过不等价交换，对中国进行掠夺和剥削。从1877年到1949年，中国外贸年年逆差，总额达到64亿美元，造成金银外流，财政困窘。① 而且，在洋货的冲击下，民族工业发展受到严重压抑。可见，旧中国的外贸不仅无助于国内经济发展，而且有损民族工业和国民财富，必须推倒重建。

新中国的工业化战略给外贸的定位是"服务生产"。新中国奉行赶超型工业化战略，要加紧建立独立完整的工业体系，但国内工业基础薄弱，大量机械设备和工业原料无法自给，从而需要外贸进口。进口需要外汇，外汇则来自出口，但新中国作为一个落后的农业国，可供出口的商品多为初级产品尤其是农产品，而新中国自身同样面临着普遍短缺问题，居民的消费需求日益增长，从而与出口形成了矛盾。在这种情况下，如果外贸单纯采用市场调节，则外贸结构必然会减少出口供给，并且在进口结构上更偏重于消费品而非工业生产资料。而且，单纯的自由贸易还会增加制成品进口，也不利于国内产业发展。由此可见，为了确保工业化战略的顺利实施，对外贸易必须由政府管制。

基于这样的考虑，1949年9月通过的《共同纲领》规定："实行对外贸易的管制，并采用保护贸易政策。"这一政策可以归纳为"统制贸易"，统制的

---

① 沈觉人主编：《当代中国对外贸易　上》，当代中国出版社1992年版，第6页。

目的是为了克服进口需求迫切与出口创汇能力不足之间的矛盾。在出口方面，统制贸易实行内外销统筹兼顾的方针，对出口商品采取分类管理的三条原则：一是有关国计民生的重要物资，限量出口，保证国内供给；二是国内市场和出口都需要而货源较紧张的商品，要积极发展生产，挤出一部分出口；三是国内市场可多可少的商品，基本上都供应出口。而且在出口经营上，要加强外贸部门同国内生产部门的联系，制定生产规划，改进出口品种，提高商品质量，逐渐升级出口结构；同时，要采取统一对外的方针，避免自相竞争。在进口方面，按照轻重缓急，贯彻"保证重点、补助一般"的原则，优先保证国家建设所必需的技术设备和重要物资的进口，以促进建立完整的工业体系，增强自力更生的能力。此外，统制贸易要求在外贸计划和外汇安排上，实行"以出定进、进出平衡、瞻前顾后、留有余地"的原则。

为了贯彻上述原则，新中国在外贸组织机构和运行体制方面进行了一系列建设。

二、统制贸易的组织机构

统制贸易的核心是统一的外贸管理机构。新中国成立后，中央人民政府设立了贸易部，统一领导和管理国内和对外贸易，在贸易部内设国外贸易司，分管对外贸易。后为了加强外贸管理，中央贸易部于1952年分为商业部和对外贸易部，对外贸易部归口领导和管理全国对外贸易。

相应地，地方各级政府也设立外贸管理机构。在中央贸易部存续时期，各大行政区也相应设立了贸易部，内地省区市设立商业厅（局）兼管对外贸易工作，口岸省市则专门设立对外贸易管理局。到1951年，全国先后设立了天津、上海、广州、青岛、旅大、武汉、福州、昆明等8个对外贸易管理局，这些对外贸易管理局被划归中央贸易部直接领导，后改为中央和地方双重领导。1952年对外贸易部成立后，各大行政区和主要口岸设立了对外贸易部特派员，受对外贸易部和地方政府的双重领导。1954年各大行政区撤销后，一些省市建立了对外贸易局。总的来看，地方的对外贸易管理部门实行的是"条块结合、条条为主"的集中统一外贸行政管理体制：各地外贸管理局在纵向上接受中央贸易部（后为外贸部）领导，在业务上由中央根据全盘计划统一指挥；在横向上则由中财委和各级财经委员会领导协调外贸、海关、银行、运输、税务、商业等部门之间的业务关系，使各部门在对外贸易中分工合作，提高效率，避免推诿扯皮。

贸易管理部门负责经营管理国营外贸公司。中央贸易部成立后，即在所属的国外贸易司下,设立了主管对苏联和新民主主义国家贸易的中国进口公司,和主管对西方国家贸易的中国进出口公司,以及经营外贸出口和收购业务的中国畜产、油脂、茶叶、蚕丝、矿产公司。1953年,对外贸易部对原有公司主要按商品的经营分工进行调整和改组,重新组建了14个专业进出口公司,以及分管海运和陆运的两个外贸运输专业公司。各外贸专业公司则逐步建立了在各地的分支公司,形成了国营外贸公司体系。1950年,国营外贸进出口额占全国进出口总额的68.4%,到1952年上升为92.8%。①

新中国对私营外贸企业采取限制、利用、改造的方针。新中国成立之初,全国各口岸共有私营进出口商4600家,从业人员3.5万人,经营额约占全国外贸总额的三分之一,其中出口额约占全国出口额的一半。私营外贸企业一方面具有发展民族经济的愿望,拥有外贸经营专长和渠道关系,另一方面又有着盲目性和投机性。因此,新中国利用私营外贸企业的专长,发展一部分对资本主义国家的进出口贸易;同时又限制其剥削投机和盲目经营,国营外贸公司对私商实行"按行归口、统一安排"的方针,采取联购物资、联合出口、委托代理、公私联营等形式,帮助其解决货源困难,将其经营纳入国家计划轨道,引导其服务于国内生产。此外,中国还存在着一些在华的外资进出口企业,新中国政府在取消它们的特权后,允许它们继续经营。1951年,美国等西方国家对中国实行全面禁运后,这些企业大多陷入瘫痪,陆续放弃经营、申请歇业或作价转让给中国政府。中国境内的洋商数量从1950年的540多家降至1955年底的28家,进出口额占中国对资本主义市场进出口总额的比重也从6.52%降至0.005%。② 表1-4所示为1950—1955年公私营进出口额比重变化。

表1-4　1950—1955年公私营进出口额比重变化③

公私营\数据\时间	1950年	1951年	1952年	1953年	1954年	1955年
国营/(%)	58.4	84.7	92.8	92.7	98.3	99.2
私营/(%)	31.6	15.3	7.2	7.3	1.7	0.8

---

① 沈觉人主编:《当代中国对外贸易　上》,当代中国出版社1992年版,第8页。
② 沈觉人主编:《当代中国对外贸易　上》,当代中国出版社1992年版,第8页。
③ 沈觉人主编:《当代中国对外贸易　上》,当代中国出版社1992年版,第11页。

从新中国成立到社会主义改造完成这段时间,中国对外贸易的组织机构和经营管理基本是这样的:中央外贸部门统一领导和管理全国对外贸易,主要通过制定和执行国家方针政策和法令法规行使外贸行政管理权;以国营外贸专业公司为主体,由不同经济成分共同经营;对国营外贸企业实行直接计划和统收统支,对私营外贸企业实行间接计划或估算性计划,有区别地运用经济手段进行调节。

三、统制贸易的管理体制

统制贸易的管理体制具有集中统一的特点,这体现在计划、财务、经营、定价、外汇等各个方面。

第一,外贸计划管理体制具有集中统一性。它是外贸管理体制的核心,它包括外贸收购、调拨、出口、进口、外汇收支及其他各项计划的编制、下达和执行。出口计划由外贸行政系统和专业公司系统共同统制,采取先自上而下、后自下而上的程序进行;进口计划的编制以国家计委为主,外贸部门参与。各项计划批准下达后,严格组织执行。

第二,外贸财务管理,实行外贸部统一核算和财政部统收统支、统负盈亏的体制。各外贸专业总公司负责核算和平衡本公司系统的进出口盈亏,其盈利和亏损一律上报对外贸易部统一核算和综合平衡后,上报中央财政,盈利一律上缴财政部,亏损也由财政部负责解决。外贸公司不自负盈亏,生产供货单位或使用进口物资的单位对盈亏也不负责。此外,外贸公司的流动资金也由财政部统一核拨。

第三,外贸进出口经营,实行国家外贸公司统一经营。进出口经营权仅授予各外贸专业总公司及其所属口岸分公司,由各外贸专业总公司和分公司按经营分工统一负责进出口贸易的对外谈判、签约、履约等业务活动。其他任何机构都无权经营进出口业务。内地省区市的外贸分、支公司也仅负责出口货源的组织、收购、调拨、运输等对内经营活动。

第四,外贸对内经营,实行出口收购和进口拨交制。外贸公司在对外洽谈出口贸易前,预先向供货部门或生产单位以买断方式购进出口商品,生产单位同国际市场不发生直接关系,对出口商品的适销性、价格、盈亏等不承担责任。外贸公司在执行进口计划中,按照国家计委、对外贸易部下达的货单完成订货、承付、托运、验收等对外业务后,调拨转交给用货部门。用货部门可派人参加技术性谈判,但同外商不发生合同关系,不承担进口质量和效益的责任。通过收购制和拨交制,形成了国家贸易统一对外。

第五,外贸定价与国内贸易价格双轨运行。出口商品货源按国内计划价格收购,进口商品的内销按国内调拨价供应用户;而出口商品的外销和进口商品的购进,则按国际市场价格作价。这种定价制度,确保了国内价格稳定。

第六,外汇实行分配制度。国家对进出口贸易的外汇实行集中管理,统一经营,即外贸公司的出口收汇一律结缴国家;所有与进出口有关的外汇业务由国家特许的外汇专业银行——中国银行统一经营;各地方、各部门、各企业进口所需外汇,由国家计委根据进口用汇计划统一拨付。

此外,新中国政府为加强对外贸监督、管理和调控,还制定了保护关税制度、货运监管和查禁走私制度、进出口商品检验制度等。

上述以高度集中为特征的统制贸易制度主要有三点好处:一是有利于集中调度资源,发展出口;二是有利于统一安排进口,保证重点;三是有利于统一对外,集中谈判力量,增强国际竞争力。这种外贸体制适应中国当时的国情和工业化战略。但另一方面,统制贸易体制也存在着一定弊端,如独家经营,不利于调动多方积极性;统得过死,财务吃"大锅饭",不利于外贸企业自主经营、自负盈亏。但是,任何一种体制都不是绝对完美的,在当时的历史条件下,统制贸易的优势大于弊端,这是它能建立并持续运行的根本原因。尽管中央也看到了该体制的问题,并在随后的二十多年中进行了多次调整,但统制贸易的基本格局存续于整个计划经济时期,直到改革开放。

第二章
计划经济体制的形成与初步探索
（1953—1957）

为了巩固国防，新中国确立了优先发展重工业的工业化战略，开始了"一五"计划的大规模工业建设。但是，落后的生产力导致生产资料普遍紧缺，尤其是农产品供应出现了瓶颈。为此，政府建立了农产品统购统销和统一收购制度，并在农村推行旨在提高劳动生产率的农业合作化运动，加速变革农村生产关系。同时，政府对工业品也建立了以计划为主的流通体制，从而掌握了流通的主要渠道，控制了工业品的流通方向。随着工业建设的深入开展，供求矛盾进一步加剧，有限的生产要素被更大比例地投入到政府主导的工业建设中，个体私营经济的经营受困，从而增强了其接受社会主义改造的意愿。在农业合作化高潮的带动下，资本主义工商业和个体手工业均掀起了社会主义改造的高潮，使中国提前建成了社会主义制度。而伴随着单一公有制的确立，几乎所有的经济主体都被纳入到了政府的统一管理之下，政府也相应完善了机构设置与制度建设，从而建立了高度集中的计划经济体制。不过，由于技术水平所限，中国的计划经济体制并不完备，在计划无法触及的夹缝中，市场调节机制也或明或暗地普遍存在着。

第一节　民主革命和经济恢复任务完成后的发展战略

新中国成立后，国家安全的需要迫使中国共产党选择了优先发展重工业的工业化战略,但由此也产生了庞大需求与资源短缺的矛盾,从而促使政府提前进行生产关系变革,通过提高公有制程度和扩大计划经济体制的范围来集中有限资源,形成了工业化与社会主义改造并举的社会主义总路线。而社会主义改造与计划经济体制的建立相互促进,使中国在短短五年时间里就建立了以单一公有制和高度集中计划经济为特征的经济制度。

一、重工业优先:新中国工业化战略的确立

工业化是新中国经济建设的根本任务,中国共产党早在民主革命时期就在思考中国工业化的问题。1945年4月,毛泽东在中共七大上提出了中国实现工业化的迫切性。他说:"没有工业,便没有巩固的国防,便没有人民的福利,便没有国家的富强。"①

不过,对于工业化的路径,即产业发展的先后次序,中国共产党在新中国成立之初尚未形成明确认识,既强调发展重工业的重要性,又强调发展农业和轻工业的重要性。在1950年朝鲜战争爆发之前,主持经济工作的一些同志倾向于优先发展农业和轻工业。刘少奇在一份手稿中谈到中国工业化问题,他认为在完成国民经济恢复任务以后,第一步要以主要力量来发展农业和轻工业,同时建立一些必要的国防工业;第二步要以更大的力量来建立重工业;最后要在已经建立和发展起来的重工业的基础上,大大发展轻工业。中国人民银行行长南汉宸认为,由于中国经济落后和资金缺乏,工业化应从优先发展投资少、见效快的农业和轻工业起步,以便为投资大、周期长的重工业发展积累资金。

朝鲜战争促使中国选择了优先发展重工业的道路。中美工业实力的巨大落差,让新生的人民政权面临国家安全威胁。仅以钢产量来看,1953年中美两国总产量分别为177万吨和10126万吨,人均产量分别为3公斤和673公斤。制造一架飞机所需要的22种有色金属中,我国到1956年也只能生产11种,其余的都需要进口。更不用说原子弹、导弹这些战略武器了。虽然志愿军浴血奋战最终将联合国军赶到了"三八线"以南,但中国在人力、物力、财力上也付出了巨大代价,这使中国共产党认识到,只有优先发展重工业以巩固国防,才能为经济建设提供稳定的环境。此外,即便是农业和轻工业发展,也受制于重工业的瓶颈。正如陈云对轻重工业关系的论述:"那末,为什么要用重工业作重点呢?……为了发展农业,为了发展

---

① 《毛泽东选集 第三卷》,人民出版社1991年版,第1080页。

运输交通事业，必须首先发展重工业。同样，没有重工业就不可能扩大轻工业，因而也就不可能有系统地改善人民生活。我们现在的情况是这样：一方面，许多轻工业品不能满足人民需要；另一方面许多轻工业设备还有空闲，原定增加的纱锭还得减少，原因就是缺少原料。除缺少来自农产品的原料，比如棉、丝、毛、烟叶、甘蔗等等以外，还缺少来自重工业的原料，比如化学品、黑色金属、有色金属等等。因此，为了发展轻工业，为了有系统地改善人民生活，也必须发展重工业。"①因此，国家安全与经济发展的双重需求，使中国在1953年底确立了优先发展重工业的战略。

优先发展重工业必然要求政府主导工业化进程。和农业、轻工业不同，重工业企业投资大、周期长、技术要求高，民间资本不仅缺乏这样的资金和技术实力，而且它们会遵循利润最大化原则，优先投资成本少、见效快的轻工业。当时中国仍是落后的农业国，1952年的工农业总产值中农业产值占56.9%，若除去工业产值的重复计算，农业产值比例将高于三分之二。由于中国选择了自我积累而非对外扩张的方式进行工业化，农业必然成为工业资本的主要来源。但当时的农民尚未解决温饱问题，农业剩余极为有限，在这种条件下提高积累率，也只能依靠政府的强制力量才能完成。因此，投资原则、筹资方式和非市场性，使得新中国的工业化只能采取政府主导的方式。

而中国当时恰恰具有强大的政府和国营经济。民主革命时期，中国共产党就已经建立了一支组织有序、纪律严明的干部队伍，在政治上树立了绝对权威。国民经济的迅速恢复，使中国共产党的执政能力得到了全国人民的认可，尤其是土地改革的成功，使党在农村的威望空前提高。"三反""五反"运动不仅净化了党员队伍，还使中国共产党得到了广大工人阶级的热烈拥护。廉洁、高效的行政体系，是新中国工业化的有力领导。同时，国营经济此时已经在国民经济中占据主导地位，掌握了金融、贸易、交通、重要工矿产品等国民经济命脉。政府可以通过行政命令来管理国营经济，使之服从和服务于工业化建设。这样一来，新中国便有能力实施优先发展重工业的工业化战略。

二、走向社会主义制度：过渡时期总路线的提出

优先发展重工业的战略，要求生产关系做出相应变革。单从工业化战

---

① 《陈云文集　第二卷》，中央文献出版社2005年版，第592页。

略本身来看，它强调的似乎只是生产力的发展，而不涉及生产关系变革。按照《共同纲领》的设想，新中国将首先完成工业化，而后再将新民主主义制度变革为社会主义制度。但是，重工业的优先发展，要求生产关系必须做出相应调整，包括经济体制乃至社会制度的变革。因此，新中国在进行工业化的同时，也将社会主义改造提上了日程。

之所以要变革生产关系，是因为当时的生产关系已经不适应工业化的要求。随着经济建设的展开，生产力落后、物资短缺与迅速增长的需求开始出现矛盾，如果仍然坚持多种经济成分分散经营、以市场机制配置资源的话，那么个体私营经济将与国营经济争夺资源，农业、轻工业将与重工业争夺要素，从而抬升工业化建设的成本，阻碍重工业的优先发展。

为此，政府在国民经济恢复时期就已经通过调整生产关系来集中资源，并且取得了显著的成效。这种调整主要体现为在基本经济制度上由私有制向公有制过渡，建立居于主导地位的国营和合作经济，并提高国民经济的计划性。而后，政府通过对国营和合作经济下达行政指令，使之引导市场按照国家意志配置资源，以有限资源兼顾了革命、战争与经济建设等多重目标。在城市，国家在1952年之前就完成了对金融行业的公私合营，使资金这一最重要的生产要素服从计划分配；同时，国营贸易公司基本上掌握了主要物资的流通，通过跨区域调拨物资、设定牌价引导市价等方式，使物资能够流向指定的地区和行业。在农村，国家建立了供销合作系统，初步掌握了农村商品流通，并通过设立信用合作社将农村金融也纳入了中国人民银行管理的大一统金融体系。此外，国家还通过鼓励农业、手工业生产合作化，来帮助个体经营者抵御困难，加快发展。

可见，旧生产关系的不适应性，以及政府在经济制度和体制变革中的成功实践，都使中国共产党倾向于提早变革生产关系，在工业化的同时进行社会主义改造。而且，当时世界两大阵营尖锐对立，一边是美国在朝鲜、台湾海峡陈兵，在经济上封锁中国，另一边是苏联的积极援助，中国只能选择"一边倒"的外交政策。当时苏联认为中国的新民主主义制度只是一种过渡形态，不能容忍中国长期采用这种不符合苏联模式的制度。而在1955年苏联经济"揭盖子"之前，苏联模式一直被公认为工业化的成功模式，加之中国共产党执政经验有限，对社会主义的认识也很难超越苏联模式。因此，为了模仿苏联模式，也为了更好地接受苏联援助，中国也倾向于提早进行社会主义改造。

1952年9月，随着国民经济恢复任务的完成，毛泽东在中央书记处会议上提出:10年到15年基本上完成社会主义改造,不是10年以后才过渡到社会主义。这意味着新中国将改变"先工业化、后社会主义改造"的设想,将二者同步推进,同时完成。1953年8月,毛泽东将这一设想完整地概括为过渡时期总路线,即从中华人民共和国成立,到社会主义改造基本完成,这是一个过渡时期,党在这个时期的总路线和总任务,是要在一个相当长的时期内基本上实现国家工业化和对农业、手工业、资本主义工商业的社会主义改造。这一路线被简称为"一化三改造"。为了向全党和全国人民宣传总路线,毛泽东还主持编写了《为动员一切力量将我国建设成为一个伟大的社会主义国家而斗争——关于党在过渡时期总路线的学习和宣传提纲》,该提纲在1953年12月出版发行,由此全国掀起了学习总路线的热潮。

过渡时期总路线的提出,标志着中国共产党对经济发展与制度变革关系的认识发生了重大转变,新民主主义将不再被视为一个独立稳定的社会制度,新民主主义革命完成之日,即是社会主义革命开始之时。党在过渡时期的任务,除工业化建设之外,还要逐步实现对农业、手工业和资本主义工商业的社会主义改造,使生产资料的社会主义所有制成为中国国家和社会的唯一的经济基础。而党和政府之前所提到的"工业化"这个词,也由此升级为"社会主义工业化"。它有两个特点:一是优先发展重工业;二是优先发展国有经济并逐步实现对其他经济成分的改造,保证国民经济中的社会主义比重不断增长。

三、走向计划体制:"一五"计划的实施

过渡时期总路线虽然提出要建立社会主义制度,但是对于经济体制却没有提出明确要求。今天我们知道社会主义制度既可以采取计划经济体制,也可以采取市场经济体制,社会主义不必然要求计划经济体制。而中国当年之所以在社会主义改造的同时,也建立了高度集中的计划经济体制,不仅是由于在思想认识上尚未突破苏联模式,更主要的是由于当时的国情所限。落后的生产力水平与工业化建设所需大量资源的矛盾,使得中国选择了计划经济体制。

在过渡时期总路线的指导下,中国从1953年开始实施第一个五年计划,这是中国共产党也是中国历史上第一次实施中长期社会发展规划。"一五"计划的基本任务是集中主要力量进行以苏联援助的156个建设单位为中心的、由限额以上的694个建设单位组成的工业建设,建立中国社

会主义工业化的初步基础;发展部分集体所有制的农业生产合作社,并发展手工业生产合作社,建立对农业和手工业的社会主义改造的初步基础;基本上把资本主义工商业分别地纳入各种形式的国家资本主义的轨道,建立对私营工商业的社会主义改造的基础。可见,"一五"计划是对总路线"一化三改造"目标的初步实现。

然而,"一五"计划的实施立即受到了生产力的限制。1953年,基本建设投资总额计划比1952年增长了75.5%,实际增长83.7%,职工总数增加了15.8%,工资总额增加了31.8%。但是,同期重工业产值只增加了37%,农业总产值增加了3.7%,其中粮食产量仅增长1.8%,而棉花产量下降9.9%。基本建设增速超过了生产资料的增速,尤其是大大超过了农副产品的增速,结果导致1953年市场供求关系紧张。

政府开始着手解决资源不足的问题。在工业化进程不能减缓、生产力短期又难以提高的情况下,在国民经济恢复时期所采用的计划调拨与分配体制成了集中资源的唯一手段。不同的是,恢复时期的计划体制只局限于东北地区和少数行业,而在"一五"时期,计划体制将在全国推广。

需要指出,在1953年时,中国并没有想到要建立以单一公有制为特征、高度集中的计划经济体制。在短缺条件下,市场调节必然导致价格上涨,不利于国家为工业化建设筹集资源,因此政府在开始时只是部分地以计划手段取代市场来配置资源。为了降低计划的运行成本,政府加速了社会主义改造,而社会主义改造又使更多经济主体被纳入了计划管理,从而进一步加强了计划集中程度。因此,社会主义改造与计划经济管理相互促进,最终使原本打算用15年完成的社会主义改造只用5年就基本完成,也使中国确立了高度集中的计划经济体制。所以,"一五"时期是经济制度变革与经济体制变革交织进行的5年,1957年"一五"计划完成之时,也是社会主义制度和计划经济体制同时建立之日。接下来的三节,将详细分析社会主义制度和计划经济体制在农业和工业领域建立的过程。

第二节　政府和市场的博弈与农产品购销制度的建立

大规模经济建设开始之后,农产品供求矛盾迅速加剧。政府以市场化方式收购,不仅无法购买到足够的农产品,反而刺激了囤积惜售心理和市场投机行为。为此,政府对粮、油、棉三种最重要的农产品建立了统购统销制度,并对其他重要农产品建立了派购和统一收购制度,以非市场经济的方式保证了农产品的供应和城乡居民的基本生活需求,兼顾了工业化建设与社会稳定。

一、大规模经济建设与粮食市场的矛盾

1953年,国家开始进行大规模经济建设,这导致了粮食市场供求紧张。一方面,粮食需求量迅速增长。经济建设需要农村人口大量进城,1953年的城市人口为7826万人,比1949年增加了2061万人,城镇人口比例由1949年的10.6%提高到1953年的13.3%。同时,经济建设对经济作物的需求也在增加,这就限制了粮食种植面积的增加,使得种植经济作物的农民和其他缺粮农民有将近1亿人口。[1]

另一方面,粮食的市场供给却没有相应增加。1952年,全国人均粮食占有量为570斤,这是一个相当低的水平。占全国总人口80%以上的农村地区,在旧中国长期处于饥饿或半饥饿状态,大量农民过着"糠菜半年粮"的艰苦生活。[2] 农村粮食产量的增加主要都被农民用来满足生存消费,可提供的商品量非常有限。而且,农民为了防备灾荒,往往将余粮储存起来,国家收购增加导致粮食价格上升,反而刺激了农民囤积惜售。

供求矛盾使已经平稳的粮食市场出现涨价趋势,粮食抢购现象也再次发生。从1952年下半年起,多地出现粮食抢购,如河南洛阳、许昌等地区,群众纷纷出售棉花、生猪,抢购小麦。到12月,抢购之风从局部蔓延到全省。例如,1953年河南省南阳市各供应点经常聚集上千人排队争购。粮价上涨也刺激了粮食市场上的投机行为,私营粮商开始抢购粮食,与国营粮食部门争夺粮源。例如,江苏苏南地区,私商利用变相提价、拦路收购等方式争购新稻,1952年10—11月,个别市场的私商收购比重在90%以上。江西省吉安市,1952年12月18日至22日这五天内,上市的稻谷全部被私商收走。有些私商还在农村购买青苗和禾花谷,据浙江温州专署粮食局在温州蒲江乡36个村的调查,有74%的农民卖了青苗或禾花谷,而私商预购青苗的价格,一般比国家牌价低20%~30%,有的则低40%以上。[3]

由于私商争购,国家的粮食收购计划难以完成,掌握粮源减少,对市场价格的引导力量减弱。如湖南、湖北两个粮食主产省,国家收购的粮食占

---

[1] 赵发生:《当代中国的粮食工作》,中国社会科学出版社1988年版,第68—69页。
[2] 赵发生:《当代中国的粮食工作》,中国社会科学出版社1988年版,第68页。
[3] 赵发生:《当代中国的粮食工作》,中国社会科学出版社1988年版,第69页。

上市量的比重由60%～70%下降到10%～30%;在江西省赣州地区,国家粮食收购的比重甚至由原来占上市量的70%下降到只有2.9%。1953年春天,各地粮食市价已经高出国家牌价,河南、江西、安徽、山东、山西、河北、陕西等省的粮食市价一般高出牌价10%～20%,江苏省有的地区甚至达到30%。①

粮价腾贵,排队抢购现象愈演愈烈。国家粮食收购计划难以完成,但销售量却急剧增加,粮食购销逆差迅速扩大。全国1952年粮食征购量比1951年仅增加了14.6%,而销售量却增加了44.7%。到1953年实行统购统销前的10月份,粮食收购量比1952年同期增加了27%,而销售量比1952年同期增加了31.3%。② 粮食形势日趋紧张,1953年10月2日晚,陈云在中共中央政治局扩大会议上指出:目前全国粮食情况非常严重,现在已有大批粮贩子活动于集镇和乡村之间,只要粮食市场乱,一个晚上就可以出来上百万粮贩子。如不采取有效措施,粮食市场必将出现严重混乱局面。其结果必将导致物价全面波动,逼得工资上涨,波及工业生产,预算也将不稳,建设计划将受到影响。③

二、粮食统购统销政策

面对严峻的粮食形势,陈云受中共中央和政务院委托,提出对策。他广泛听取了各方面意见并进行深入调查研究,认为粮食问题上要处理好四种关系:国家跟农民的关系,国家跟消费者的关系,国家跟商人的关系,中央跟地方、地方跟地方的关系。而这四种关系中,难处理的是前两种,其中最难处理的又是第一种。处理好了国家和农民的关系,天下事就好办了。对于如何处理前两种关系,陈云形象地比喻说:"我现在是挑着一担'炸药',前面是'黑色炸药',后面是'黄色炸药'。如果搞不到粮食,整个市场就要波动;如果采取征购的办法,农民又可能反对。两个中间要选择一个,都是危险家伙。"④

经过细致缜密的设计,并征求各地方代表的意见,中共中央于1953年10月16日做出《关于实行粮食的计划收购与计划供应的决议》。11月,中

---

① 赵发生:《当代中国的粮食工作》,中国社会科学出版社1988年版,第70页。
② 赵发生:《当代中国的粮食工作》,中国社会科学出版社1988年版,第70页。
③ 中共中央文献研究室编:《陈云年谱(修订版) 中卷》,中央文献出版社2015年版,第272-273页。
④ 中共中央文献研究室编:《陈云传(上)》,中央文献出版社2005年版,第847页。

央人民政府发布了《关于实行粮食的计划收购和计划供应的命令》,全国除西藏和台湾外,各省区市从12月开始实行粮食的计划收购和计划供应,简称"统购统销"。

统购统销由以下的四项政策构成。

第一,对农村余粮户实行粮食计划收购(简称统购)政策。所谓余粮户,指生产粮食的农民,在留足全家口粮、种子、饲料和缴纳农业税外,还有多余粮食的农户。对于余粮,一般统购80%~90%。农民在完成统购任务后的余粮,可以自由储存和自由使用,可以继续卖给国家粮食部门和供销社,或在国家设立的粮食市场进行交易,并可在农村间进行少量的互通有无的交易。

第二,对城市人民和农村缺粮人民实行粮食计划供应(简称统销)政策。统销范围包括县以上城市、集镇、缺粮的经济作物区、农村人口中约1/10的缺粮户和灾民,统销采取凭票证、定量供应的方式,价格基本按现行零售牌价固定不变。

第三,实行由国家严格控制粮食市场,严禁私商自由经营粮食的政策。"一切有关粮食经营和粮食加工的国营、地方国营、公私合营、合作社经营的粮店和工厂,统一归当地粮食部门领导;所有私营粮商一律不许私自经营粮食,但得在国家严格监督和管理下,由国家粮食部门委托代理销售粮食。"

第四,实行在中央统一管理下,由中央与地方分工负责的粮食管理政策。所有与粮食有关的方针政策的确定,所有收购量和供应量、收购标准与供应标准、收购价格与供应价格等,都必须由中央统一规定或经中央批准。各大区要完成中央的收购计划;大区只能对中央划拨的粮食予以自行调度;而其他粮食(包括大区的调剂粮、出口粮、储备粮、全国机动粮、全国救灾粮等)统归中央统筹调度;中央认为必要和可能从地方抽出一定粮食时,地方必须服从中央的调度。

为贯彻实施统购统销政策,中共中央提出"全党动手,全力以赴,充分进行政治动员"的方针。经过深入的宣传教育,广大农民对统购统销政策坚决拥护。1953—1954年度国家粮食征购量比上个粮食年度增加了29.3%,完成了当年的统购任务,一举稳定了粮食局势。之后四年中,国家粮食征购计划均得以顺利完成,实现了粮食收支平衡,并有结余,粮价从此保持稳定,从而为经济建设提供了最根本的保证。表2-1所示为1953—1957年县级以上市场粮食加权平均统购统销价格。

表 2-1　1953—1957 年县级以上市场粮食加权平均统购统销价格

(单位：元/百斤)①

时间 价格 项目	1953 年	1954 年	1955 年	1956 年	1957 年
6 种粮食平均统购价格	6.76	6.59	6.63	6.68	6.73
6 种粮食平均统销价格	11.68	11.69	11.76	11.83	11.92

需要指出，统购统销并没有过度征购农民的粮食。据统计，国家从农村征购粮食占产量的比重为：1953 年 28.4%，1954 年 30.6%，1955 年 27.6%，1956 年 23.6%，1957 年 24.6%，五年平均 26.96%，这个比重还稍低于 1951 年的上市量加公粮总额所占产量 28.2% 的比重。如果剔除摊销于农村的粮食，实际运出农村的粮食只占产量的 15% 左右，而留在农村的粮食占 85% 左右，这兼顾了国家和农民的利益。而国家征购的粮食，有 90% 以上用于供应城乡缺粮人民的需求，这其中包括 7826 万城市人口（1953 年，到 1957 年为 9949 万人），农村 5000 万缺粮人口，4000 万种植经济作物的农民和 1000 万渔民、牧民、林民、船民和盐民，以及每年两三千万人、严重时达到六七千万人的灾民。这些缺粮人口的总数，在正常年景为 2 亿左右，在灾年则达到 2.5 亿左右。②

三、油、棉的统购统销政策

除粮食外，油料油脂和棉花、棉纱、棉布也被纳入统购统销范围。

大规模经济建设开始后，各方面对食油需求迅速增加，油脂出现供不应求的状况，并且日益加剧。1953 年一至三季度，国营公司的食油收购量只占全年计划的 60%；秋季油料上市后，虽然采取了停止私商对资本主义国家出口油料和加强供应等措施，但国营商业购得少、销得多的状况并未好转。全国食油销售量到 9 月份就突破了全年销售计划。食油的供不应求刺激了私商，他们通过囤积、套购和黑市交易，企图控制油源，操纵市场。黑市油价普遍高于牌价，有的高出 1 倍以上，加剧了群众的紧张心理，上海、广州等大城市出现抢购风潮，并向着中小城市蔓延。上海群众排队抢购食油，连面盆、花瓶等都用来当容器；苏州很多油店每天上午只一个多小

---

① 赵发生：《当代中国的粮食工作》，中国社会科学出版社 1988 年版，第 100 页。
② 赵发生：《当代中国的粮食工作》，中国社会科学出版社 1988 年版，第 97-98 页。

时,油就卖光了。到1953年第三季度末,国家食油库存只有1952年同期的41%,许多城市经常面临脱销的危险。①

食油供应紧张,根本原因是产量增长赶不上消费需要。为了保证经济建设和人民生活,必须对有限的食油进行合理分配,这是依靠市场机制无法解决的。因此,中央于1953年11月做出了对油料实行计划收购和销售(统购统销)的决定,批准了陈云亲自草拟的《关于目前食油的产销情况及处理办法的报告》,规定:油料由国家统一收购,统一经营,私商不得插手;油料统购,与粮食统购一同进行,不另订时间,不另立名目。此后,国家对油料统购统销不断完善,并于1956年2月将油脂业务由商业部门划归粮食部门统一领导。自此,粮油统购统销一直延续到八九十年代。

粮棉油统购统销中的"棉",包括棉花、棉纱和棉布三类产品。

从1950年开始,国家为平抑物价波动,就开始对棉纱、棉布进行统购。1949年前后的几次涨价风潮中,棉纱、棉布都是领涨的"头羊",这使国家认识到纱、布如果任由私商自由买卖,则市场无法根本稳定。陈云就指出:"纱布依然是我们物资中的弱点。""如我纱布尚未积到较大数量而发生金融物价风潮,游资又集中攻击纱布,则纱布防线有被冲破之险。"②为此,1950年3月,中国花纱布公司成立,在中央贸易部领导下,主管全国棉花、棉纱、棉布交易。中国花纱布公司成立后,在全国范围内实行统一指挥、统一管理,平抑了纱、布市场,抑制了投机活动,为棉纱统购奠定了基础。1951年1月,中财委发布了《关于统购棉纱的决定》:公私纱厂自纺的棉纱、自织的棉布及现存棉纱、棉布,均由国营花纱布公司统购,各地政府负责管理纱、布市场,取缔投机囤积,协助国营花纱布公司进行有效的分配和销售。实行棉纱统购后,纱、布资源除了单织厂生产的棉布外,全部掌握在了国家手里,保证了纱、布市场的稳定。

然而,国营商业仍然面临着棉花收购不足、棉布供应脱销的问题。在上游棉花市场上,当时棉花生产和收购还未纳入国家计划,有相当数量的棉花资源掌握在私营棉花商贩手中。从1951年到1953年,全国共生产棉花7017万担,而国家只收购到5285万担,只占总产量的75.3%。国家收购的棉花不足,则棉纱、棉布产量就不能保证。而在下游棉布市场上,又出现了日益严重的供不应求。从1950年到1953年,棉布社会零售量由20.8

---

① 赵发生:《当代中国的粮食工作》,中国社会科学出版社1988年版,第215页。
② 陈云:《继续稳定金融物价》,见《陈云文稿选编》,人民出版社1982年版,第84页。

亿米增至41亿米,增长97%;但棉布生产从25.2亿米增至46.9亿米,只增长86%,销售增速超过生产增速,按此势头发展,棉布很快会脱销。而且国家虽已集中掌握了棉纱、棉布资源,但对于单织厂和大量的私营棉布批发商和零售商经营的布匹,则很难控制。即使国家掌握的棉纱、棉布,也主要被私商买走。据1950年统计,国营花纱布系统市场销售的76.9万件棉纱中有93%被私商买走,市场销售的8.2亿米棉布中有56.5%被私商买走。①

在供求矛盾无法根本消除的情况下,私商的大量存在成为市场的不稳定因素。因此,国家扩大了对棉花、棉布的统购统销范围。1954年9月,政务院通过了《关于实行棉花计划收购的命令》《关于实行棉布计划收购和计划供应的命令》。棉花统购规定:所有棉农的棉花,除缴纳农业税和必要的自用部分外,全部卖给国家,由国营花纱布公司或其委托的供销合作社收购;国家收购计划完成后,棉农留作自用的棉花,如有节余需要出售,可由供销合作社继续收购。棉布统购统销规定:所有国营、合作社、公私合营和私营织布厂、印染厂和手工业生产的机纱棉布和机纱手纺纱交织棉布,一律由中国花纱布公司统购、统销;完全用手纺纱织成的棉布,由中国花纱布公司通过供销合作社进行收购;私营棉布批发商不得继续经营棉布的批发、贩运业务,现存棉布一律由中国花纱布公司统购。

四、其他农副产品的收购政策

除粮、油、棉三大农产品之外,国家为了掌握重要农副产品资源,开始推行派购和统一收购②政策。

派购是1953年到1956年主要针对生猪而采取的收购方式。1953之前,生猪由国营商业企业、供销合作社、私营商业自由经营,国内市场供求基本平衡。1953年粮油统购之后,农民担心买不到饲料,加之需要用猪肉熬油以弥补植物油供给的不足,生猪饲养和出售都大量减少,市场出现脱销。华北为保证京津两市供应,采取了每村摊派两头猪的办法,解决了急需问题,这就是最早的派购。1954年,国家推广派购经验,并拿出12.9亿斤原粮和榨油饼粕,供应养猪农民对饲料的需求,农民则在一定时间内必须向国家交售一定数量的生猪。1956年,生猪被列入统一收购物资后,派

---

① 郭今吾主编:《当代中国商业 下》,中国社会科学出版社1987年版,第62-64页。
② 统一收购和统购不同:统购是计划收购的简称,统购对收购价格、收购品种、收购数量都有更严格的计划要求,而统一收购只强调收购主体是国家指定的贸易公司。

购的办法停止。

统一收购,是指只能由国家指定的国营贸易公司收购,非指定单位一律不准收购。国民经济恢复时期,国家对猪鬃、牛皮、杂铜就实行了统一收购。从1953年以后,国家对于茶叶、烤烟、大麻、苎麻等重要商品及出口物资,也陆续规定只准国营专业公司收购或委托供销合作社统一收购。同时,严格限制私商到农村初级市场采购。

1956年全行业公私合营后,农副产品差不多都由国营商业或供销合作社收购。但是,国营商业和供销合作社对品种繁多的工农业产品在经营上难免顾此失彼,于是出现农村一部分小土产无人收购、城市一部分手工业品无人贩运下乡的情况。为改变城乡物资交流中这种"大通小塞"的现象,国家于1956年下半年开放了农村自由市场。结果由于没有明确规定哪些农副产品允许进入自由市场、哪些不允许,许多属于统购和统一收购的物资也进入了自由市场,影响了收购计划的完成。因此,国家于1956年10月对统购和统一收购物资进行了规定,并于1957年8月扩大了范围。统一收购的物资包括烤烟、黄麻、苎麻、大麻、甘蔗、茶叶、家蚕茧、土丝、生猪、羊毛、牛皮、土纸、桐油、楠竹、棕片、生漆、核桃仁、杏仁、黑瓜子、白瓜子、栗子、土糖、废金属、若干种中药材、集中产区的重要木材、供应出口的苹果和柑橘,以及若干鱼产区供应出口的水产品等。国家还规定,非国家委托的商店和商贩,一律不准收购,农民留用部分要出售,也必须卖给国家委托收购的商店。

国家对农产品的收购和在农村的销售,主要由供销合作社代理。1953—1954年,供销合作社收购的粮食、油料占国家收购总量的60%以上,棉花全部由供销合作社收购。1955年4月,国家决定将供销合作社经营的粮食、油料代购代销业务交粮食部门统一办理。1955年9月,又决定将供销合作社管理的棉花、麻类、烟叶移交给新设立的农产品采购部。1956年12月,国务院决定撤销农产品采购部后,重新将棉、麻、烟、茶、畜产品的收购、加工、分配、调拨业务委托供销合作社经营。此后,供销合作社一直承担了国家委托的主要农产品收购任务。

第三节 农业合作化及其中政府的作用

为了更好地实施统购政策,更为了从根本上改变农村落后的生产力,国家开始对农村的生产关系进行变革,通过农业生产互助合作来提高农业生产力水平。农业合作化运动原本计划以积极稳妥的步伐有序推进,但工业化对农产品的迫切需求,使得合作化运动出现了冒进倾向,只用5年时间便实现了原计划用15年完成的农业社会主义改造,在农村建立了社会主义制度。在这一过程中,统购统销、计划收购政策与农业合作化相互促进,不仅加速了农村的所有制改造,而且确立了计划经济体制在农村经济中的主导地位。

一、从统购统销到发展农业生产合作社

统购(计划收购)和统一收购政策,调整的只是分配关系,但中国工业化的根本障碍是农业生产力落后的问题。在土改中获得土地的小农严重缺少生产工具,对购置生产资料、兴修水利、抵御自然灾害、采用农业机械和新技术有着迫切的需求,但分散的小农生产根本无力承担相应支出。当时的土地和生产资料占有非常分散,各家各户难以配套生产。据统计,华北大部分老区,1950年平均每户占有不到半头大牲畜;据1950年山西省抽查5个典型村的统计,平均每户富裕中农有两头大牲口,中农平均不到一头,贫农平均三户才有一头;太行山区的许多村子,平均三四户才有一头驴。在各个老解放区,犁、耧、耙齐全的农户只占少数,水井、水车、大车、小车都不够最低的需要。①

在这种情况下,通过走互助合作道路,统一购置和使用生产资料,成为提高农业生产力的快捷途径,这就对农业的社会主义改造提出了更迫切的要求。互助合作是农业社会主义改造的基本途径,它按照由低级到高级、由私有制到公有制的方向逐步过渡。在土地私有制条件下,农业互助合作的形式由低到高有三种:第一种是简单的临时性的季节性的劳动互助组,第二种是常年互助组,第三种是以土地入股为特点的农业生产合作社。以这种形式的农业生产合作社为基础,将来过渡到土地公有制的高级农业生产合作社,从而完成农业的社会主义改造。1952年的过渡时期总路线,对农业社会主义改造的时间要求并不迫切,计划用15年时间完成。然而,1953年大规模建设所引发的农副产品供应紧张,使党和国家认识到小农经济与社会主义工业化不相适应,农业正在拖工业的后腿,农业社会主义改造是一项迫切的任务。

---

① 参见杜润生主编:《当代中国的农业合作制 上》,当代中国出版社2002年版,第94-95页。

农业社会主义改造的迫切性,引起了党和国家的高度重视。毛泽东认为,仅发展互助合作组还不够,还应当适当发展合作社。1953年10月15日,毛泽东与中央农村工作部两位副部长谈话时提出以下关于办合作社的许多想法。"一般规律是经过互助组再到合作社,但是直接搞社,也可允许试一试。""合作社不能搞大的,搞中的;不能搞中的,搞小的;但能搞中的应搞中的,能搞大的应搞大的。不要看到大的就不高兴。""合作社有低的、土地入股;有高的、土地归公,归合作社之公。""互助组还不能阻止农民卖地,要合作社,要大合作社才行。""办好农业生产合作社,即可带动互助组大发展。""在新区,无论大中小县,要在今冬明春,经过充分准备,办好一个到两个合作社,至少一个,一般一个到两个,至多三个,根据工作好坏而定。要分派数字,摊派多了冒进,少了右倾。有也可以,没有也可以,那就是自流了。可否超过三个?只要合乎条件,合乎章程、决议,是自愿的,有强的领导骨干(主要是两条:公道、能干),办得好,那是'韩信将兵,多多益善'。"①

毛泽东的这些想法影响了中共中央在1953年10月26日至11月5日召开的全国第三次互助合作会议,会议讨论和修改了《关于发展农业生产合作社的决议(草案)》。12月16日,中共中央政治局讨论通过了该草案,正式做出《关于发展农业生产合作社的决议》,总结了初级社的十大优点,提出必须采用说服、示范、国家援助的方法使农民自愿联合起来,还要求各地政府及有关部门给农业生产合作社以适当的物资援助。该《决议》要求到1954年秋,合作社应由1953年的1.4万个发展到3.58万个。② 该《决议》标志着农业互助合作运动的重心已由发展巩固互助组转变为发展巩固初级社。

除提高生产力的考虑之外,统购统销政策的施行,也要求农村加快合作化步伐。在小农经济下,国家实行统购统销政策要面对成亿的个体农户,估计产量、分清余缺、核实余缺的工作量不仅浩大,而且难以做到公平合理,准确无误。而如果能把一亿一千万个体农户组织成为大约一二百万个农业生产合作社,以社为单位进行购销,不仅可以简化工作,而且社里可以自行调剂余缺,保证每个农民的正常粮食需求。因此,从节约交易成本的角度来看,统购统销政策的出台自然要求农业合作化。

因此,中共中央在决定对粮食进行统购统销的同时,就开始把粮食征

---

① 杜润生主编:《当代中国的农业合作制 上》,当代中国出版社2002年版,第209页。
② 《农业集体化重要文件汇编(一九四九——一九五七) 上册》,中共中央党校出版社1982年版,第215-227页。

购与互助合作作为对农业进行社会主义改造的基本内容。1953年10月16日,中共中央在《关于实行粮食计划收购与计划供应的决议》中指出:实行粮食统购统销,不但可以妥善解决粮食供求矛盾,而且"是把分散的小农经济纳入国家计划建设的轨道之内,引导农民走向互助合作的社会主义道路,和对农业实行社会主义改造所必须采取的一个重要步骤,是党在过渡时期总路线的一个不可缺少的组成部分";要使农村党员干部和农民懂得,只有走互助合作的道路一步一步过渡到社会主义,才能一步一步提高农业产量,使所有农民脱离贫困境地,日益富裕起来;只有实现国家工业化,才能使国家有可能用机器帮助农民发展集体农场,并有可能供给农民以丰富的便宜的生活资料。而要实现国家工业化,就要拥护统购统销,就要走互助合作道路,提高农业生产力。

二、农业合作化的发展与高潮

农业合作化的基本原则是"积极领导,稳步前进"。《关于发展农业生产合作社的决议》提出,在发展互助合作运动中,仍要继续注意发挥单干农民的生产积极性,并且给他们以必要的贷款和可能的技术援助,帮助他们克服所遇到的困难,使他们免受富农、高利贷者和投机商人的剥削;如果歧视和打击单干农民,把互助合作农民与单干农民互相对立起来,又如果完全抹杀单干农民还有一定的生产潜在力量,这就是很错误的。

然而,《决议》的基本精神是肯定互助合作运动,中央的基本态度也倾向于"积极领导""多多益善",再加上1953年底全国开始大张旗鼓地宣传过渡时期总路线,使得不顾条件、急于求成的冒进倾向在基层干部中滋长蔓延,农业互助合作运动的重心也由发展互助组转为发展巩固初级社。到1954年春,合作社已经增加到10万个。1954年4月,第二次全国农村工作会议根据1954年春合作社发展情况,拟订1955年合作社发展到30万～35万个。但是到1954年11月第四次农业互助合作会议召开时,由于1954年春季前建立的10万个合作社已经基本巩固,并有90%以上的合作社获得不同程度的增产,再加上中央制定"一五"计划8人小组向中央提出加快合作化以使农业发展与工业发展相适应的建议,这次会议遂提出到1955年春耕前,将合作社发展到60万个。同年12月,中共中央批转了上述计划。于是从1954年冬到1955年春,全国农村掀起建社浪潮。到1955

年3月,全国农业合作社发展到67万个,经过整顿,减为65万个。①

合作社发展过快,一些合作社建社条件不成熟,出现了诸如干部短缺、称职的财会人员不足、经营管理水平低下等问题。针对这些问题,中共中央根据中央农村工作部部长邓子恢的建议,在1955年1月10日发出《关于整顿和巩固农业生产合作社的通知》,将工作重心由增加数量转向整顿、巩固现有合作社。对此,毛泽东也是同意的,并在1955年3月提出了浙江、河北收缩一些,东北、华北一般停止发展,其他地区(主要是新解放区)适当发展一些的"停、缩、发"方针。但是,农业合作化进度的减缓,也加剧了对工业化建设的瓶颈制约。1955年4月、5月间,毛泽东外出视察,发现不少地方干部对合作化是积极的,用毛泽东的话说,就是大家认为农业合作社"好得很"。这使毛泽东对农村形势的估计发生变化,对中央农村工作部的合作化方针和整顿工作也产生了不同看法。在这种情况下,毛泽东通过自己的调查研究,经过反复思考,在1955年7月31日的省区市党委书记会议上做了著名的《关于农业合作化问题》的报告,不点名地批评了中央农村工作部的保守做法,提出农业合作化目前不是"下马"问题,而是要赶快"上马"的问题。以此为标志,农业的社会主义改造进入高潮。

1955年10月4日,中共中央召开以农业合作化为主要议题的七届六中全会,会议通过了《关于农业合作化问题的决议》,对合作化速度做出了大致规划:在互助合作运动比较先进的地方,到1957年春季以前基本上实现半社会主义的合作化,即农民基本上都加入初级社;在全国大多数地方,在1958年春季前,先后基本上实现半社会主义的合作化。但是,在毛泽东做出《关于农业合作化问题》的报告之后,全国就开始批判所谓农业合作化中的右倾保守思想,这给农业合作化造成了巨大的政治压力,由此掀起的农业合作化高潮,其势头之猛、速度之快,甚至超过了七届六中全会的规划。到1955年底,全国初级社的数量由年中的65万个增至190多万个,入社农户已占全国农户总数的63%左右。1956年1月,毛泽东主持编辑的《中国农村的社会主义高潮》出版,进一步推动了农业合作化运动。到1956年3月,全国基本实现了农业合作化,入社农户占全国农户总数的90%,到1956年底达到97%。② 速度之快甚至超过了毛泽东的估计。

---

① 武力主编:《中华人民共和国经济史(增订版)》,中国时代经济出版社2010年版,第227页。

② 武力主编:《中华人民共和国经济史(增订版)》,中国时代经济出版社2010年版,第229页。

初级社的飞速发展，又促使人们加快高级社的发展。《中国农村的社会主义高潮》一书大力提倡高级社，1956年1月中共中央拟定的《一九五六年到一九六七年全国农业发展纲要（草案）》又强调"对于一切条件成熟了的初级社，应当分批分期地使它们转为高级社，不升级就妨碍生产力的发展"。于是，1956年春季全国农村又掀起了建立高级社的高潮。在1955年7月农业合作化高潮前，全国参加高级社的农户仅4万户，到1956年3月，参加高级社的农户已达到6000万户，到1956年底则达到10074.2万户，占入社农户的90%以上。至此，原定用三个五年计划完成的农业社会主义改造，只用不到一个五年计划的时间就完成了。

从初级社到高级社，是所有制的根本飞跃。初级社以私有制为基础，社员以土地和其他生产资料入股参与分红，入退社自由，初级社规模也不大，平均每社20余户，这种股份制的经济组织在当时被称为"半社会主义性质"的。而高级社以公有制为基础，土地和其他生产资料归集体所有，规模也扩大为平均每社200户农民，是属于社会主义性质的。从微观上来看，高级社模糊了农村产权，过大的规模给当时仍处于传统农业水平的农村带来了许多经营管理方面的困难；从宏观上来看，高级社便于国家对农村进行统一管理，尤其便于农产品统购统销和计划收购政策的实施，使农业能够更稳定地服务于工业化建设。总而言之，"一五"时期，农村不仅建立了社会主义制度，而且确立了计划经济体制的统制地位，市场调节退居到了非常次要的地位。

第四节　私营工商业的社会主义改造

和农产品市场一样，1953年的大规模经济建设使工业品市场也出现了供求紧张局面。为此，国家开始在工业品流通领域建立计划经济体制，在生产资料普遍短缺的条件下，优先保证"一五"重点投资建设项目。这就导致私营工商业原料紧缺、发展受阻，从而更积极主动地接受社会主义改造，以解决经营困境，由此掀起了全行业公私合营浪潮，并带动了手工业的社会主义改造高潮，最终使中国只用五年时间便建立了社会主义制度。而全行业公私合营，也使得政府主导的计划经济体制在整个国民经济中普遍建立起来，形成了以单一公有制为特征的计划经济体制。

一、工业生产资料（物资）的计划流通体制

按用途不同，工业品分为生产资料和消费品。新中国对这两类工业品

采取了不同的流通体制。

工业生产资料被从商品流通中分离出来,作为"物资"实行计划流通。物资计划流通的实质,是将一种物资的供给量与需求量汇总到一个统一的管理部门,由该部门负责编制物资平衡计划和物资分配计划,前者是要保证供求双方在总量上相等,后者是要保证各需求单位能够按轻重缓急获得一定数量的物资。这种流通体制主要由三部分构成。

一是对物资分类管理。物资按重要程度的不同分为三类:第一类是国家统一分配物资(简称统配物资),这是关系国计民生的最重要的通用物资,由国家计划委员会编制物资平衡计划和物资分配计划。1953年统配物资有112种,主要有生铁、钢材等黑色金属,铜、铝、铅、锌、锡等有色金属,原煤、汽油、电力等燃料动力,棉纱、棉布、麻袋等轻纺产品,烧碱、纯碱、橡胶等化工产品,木材等森工产品,水泥等建筑材料,蒸汽锅炉、电动机、变压器、车床、磨床等机电产品。此后,随着工业建设规模扩大,统配物资的种类也不断增加,1954年为121种,1955年为162种,1956年为342种。[①]第二类是中央各主管部门统一分配物资(简称部管物资),这是在国民经济中比较重要的物资,多数是专用性较强的物资或中间产品。这类物资的平衡计划和分配计划,由主管部门编制。1953年的部管物资有115种,主要有锰铁、钢丝等黑色金属,镉等有色金属,耐火材料、石棉瓦等建筑材料,轧辊车床、键槽铣床、卷板机、锻轩机等机电设备。部管物资的种类也不断增加,1954年为140种,1955年为139种,1956年为151种,1957年为301种。[②] 第三类是地方管理物资(简称地管物资或三类物资),是统配、部管物资以外的工业品生产资料。这类物资品种繁多,生产分散,一般不宜远程运输和地区间调拨,除少数品种由地方计划部门和物资部门平衡分配外,主要通过商业渠道和企业自销。主要品种有砖、瓦、灰、沙、石料及其他地产地销产品。

二是对物资使用单位分类管理。"一五"时期,由于计划与市场并存,为了兼顾公有和私营经济的物资需求,国家将所有的物资需求单位分为"申请单位"和"非申请单位"两类:对前者以国家调拨价实行计划供应,对后者以牌价进行市场供应。"申请单位"主要包括中央直属企业、大型的地方国营企业、实行定股定息的公私合营企业和生产国家计划产品并纳入统

---

① 万典武主编:《当代中国商业简史》,中国商业出版社1998年版,第106页。
② 万典武主编:《当代中国商业简史》,中国商业出版社1998年版,第107页。

一分配的公私合营企业,其他企事业单位为"非申请单位"。对于"申请单位"所需的统配、部管物资,采取直接计划的分配方式,按隶属关系通过主管部门进行申请、分配和供应,供需双方按国家计划签订购销合同,按国家调拨价格进行结算。对于"非申请单位"所需的统配、部管物资,则采取间接计划的分配方式,由国家有计划地分配给商业部门一部分物资,由商业部门组织市场供应,按市场牌价进行结算。在实际执行中,商业部门除供应"非申请单位"所需物资外,还为"申请单位"解决零星需要,补充直接计划的不足。例如,1954年通过商业部门市场销售钢材59万吨,其中23万吨销售给"非申请单位",36万吨销售给"申请单位"。①"一五"时期,"申请单位"的数量和比重不断增加。仍以钢铁为例,通过商业部门实行间接计划供应的钢材占全国供应总量的比重持续下降:1954年为30%,1955年为18.2%,1956年为8.2%,到1957年社会主义改造完成后,绝大多数企业都被纳入了公有制和计划经济体制内,实行单一的直接计划分配,商业部门的市场供应基本取消。②

三是对物资流通实行计划管理。要理解物资计划分配体制,必须深入到物资计划分配的流程中去,物资计划分配大致可以分为三个步骤。第一步是各需求单位编制年度物资申请表,提出申请分配数量,并附核算表和计划期内产品产量或应完成的工作量。然后,按需求单位的行政隶属关系层层汇总,将申请计划报送到负责物资平衡分配工作的部门,后者根据物资需求情况和资源供给情况提出平衡措施(如组织进口、修正生产建设计划等),在此基础上制定物资分配计划,并由计划委员会(包括国家计委和地方计委)分别将计划指标下达各工业主管部、各省区市,最后由部或地方主管物资工作的职能部门分解计划指标,并下达基层企业(用户),后者凭着分配到的指标参加有关的物资订货会议。第二步是召开订货会议。该会议由各个工业主管部门负责组织,全国性的订货会议一年召开两次,分别在上年度的10月或11月与本年度的4月或5月。在订货会议上,生产资料供需双方依据分配到的计划指标具体地商定供货品种、数量、时间和供货方式等,并签订合同。除全国性订货会议外,还有分区订货、供需双方直接订货和常年性通讯订货等方式。第三步是物资供应。根据供需双方的合同,物资供应方负责供货。"一五"时期,供货、发货工作主要由各工业

---

① 柳随年主编:《当代中国物资流通》,当代中国出版社1993年版,第11页。
② 柳随年主编:《当代中国物资流通》,当代中国出版社1993年版,第12页。

部门的生产企业和销售机构完成。为了保障供应,各个地区和各个部门都相应地设立了物资供应机构,统一负责组织本地区或本系统的物资供应工作。据统计,"一五"时期先后有 50 个部门建立了物资供应机构,其中有 18 个工业、交通部门在各大区设有供应办事处,并建立了中转仓库。① 图 2-1 所示为物资计划分配流通图。

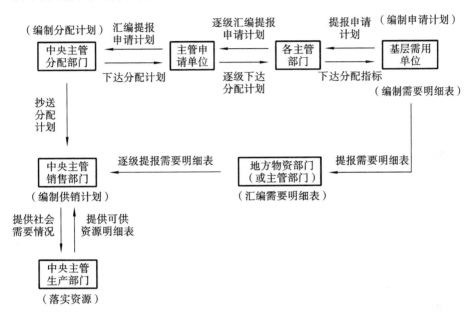

图 2-1　物资计划分配流通图

本图来自朱宗海:《物资计划管理》,山东人民出版社 1985 年版,第 290 页。

二、工业消费品的计划流通体制

在工业消费品流通领域,社会主义改造和计划经济体制的建立基本同步。

在工业消费品流通领域,"一五"计划的实施使得"公私兼顾"的方针难以继续坚持。工业消费品流通仍属于商品流通范畴,1953 年,该市场上仍为多种经济成分并存的局面。为配合"一五"计划,1953 年 1 月,中央商业部召开全国商业厅(局)长会议,做出了压缩库存、减少收购、挤出资金、支援建设的决定。但是,随着大规模建设的开始,社会购买力迅速增加,过去积压的商品一下子成为畅销货,许多商品的供应出现了紧张状况。由于国

---

① 万典武主编:《当代中国商业简史》,中国商业出版社 1998 年版,第 111 页。

营商业少购少销或不购不销,又不允许工厂自销或供销合作社承销,以致私商乘机到处抢购、套购紧缺商品,囤积居奇,哄抬物价,使得一些大中城市批发出现"公退私进"局面。因此,国家认识到私营商业尤其是私营批发商的存在不利于工业化建设,开始对私营商业进行社会主义改造。

改造的重点是批发环节。最初的改造始于粮油统购统销政策,国家在政策实施过程中对粮油私营批发商进行淘汰,或令其转业。进入1954年,越来越多的工业生产资料被纳入计划分配体制或由国营商业经营,国家也开始禁止私商自营一般商品的进出口业务,这迫使一批私营大批发商转业或停业。私营大批发商消失后,国家从1954年下半年起改造剩下的经营次要商品的小批发商,根据不同情况分别采取"留、转、包"的改造方式:"留"是继续保留一部分私营批发商,但将其业务变为受国营商业和供销合作社委托而代其批发;"转"是引导有转业条件的私营批发商将资金和人员转入其他行业;"包"是国家将无法继续经营而又不能转业的批发商及职工包下来,逐步安排工作。到1954年底,私营批发商的改造工作基本完成,继续存在的私营批发商虽然数量还不少,但除经营零星商品的小户外,一般都成为国营及合作社商业的代理机构。国营商业掌握了商品流通的主渠道,商品流通领域的计划体制基本确立起来。

掌握主渠道的国营商业开始有目的地引导私营工业发展。由于经济没有摆脱短缺局面,所以工业消费品生产领域利润较高,扩张冲动较强,且与政府主导的重工业建设争夺资源。因此,掌握了流通主渠道的国营商业并没有采取市场化的经营方式,而是采取对生产和消费"两头限制"的方式来辅助国家的工业化战略。在生产端,对私营工业进行加工、订货、统购、包销,不仅引导其生产国计民生所必需的产品,而且限制其利润,从而使轻工业的发展服从于重工业优先战略。国营商业日益壮大,成为私营工厂的主要甚至唯一贸易对象,从1952年到1955年,全国私营工业总产值中国营商业加工订货的比重由56%上升到81.7%。① 在消费端,对居民凭票限量供应主要消费品。如1954年9月,政务院发布《关于实行棉布计划收购和计划供应的命令》,规定棉布采取分区、定量、凭票供应的办法,私营棉布批发商不得经营棉布批发、贩运业务,所有零售商店一律按国家规定的价格出售棉布。仅从经济角度来看,国营商业的这种做法,在一定程度上违背了效率原则,例如订购、包销使工厂不愁销路而放松质量,对私商的过多

---

① 郭今吾主编:《当代中国商业 上》,中国社会科学出版社1987年版,第43页。

限制给居民生活造成不便,商品出现"大通小塞"的情况等。但之所以牺牲效率,是为了保证有限的资源能够集中到重工业,而非敞开发展轻工业或用于居民消费。这正是在流通领域建立计划体制的根本原因。

三、私营工商业的社会主义改造

过渡时期总路线中对于私营工商业的社会主义改造进行了比较稳妥的规划,即用三个五年计划的时间来逐步完成。然而,"一五"计划的实施使这一过程被大大加速,只用一个五年计划的时间便完成了。

1952年底到1953年春,中央开始思考如何向社会主义过渡的问题。中共中央统战部部长李维汉于1953年5月向中央呈送了《关于〈资本主义工业中的公私关系问题〉给中央并主席的报告》,报告总结了建国三年多以来,私营企业在公私合营后产量增加、质量提高、成本降低的成绩,并指出"五反"运动之后,私营企业中出现的工人不服管、资本家消极、开支日增、浪费严重等问题,从而提出公私合营是私营工业过渡到社会主义的最有利的形式。这一建议得到了中央的认可,而且它也符合大规模经济建设的客观要求,因为通过公私合营可以使国家从内部控制企业,使之服务于国家整体目标,比通过国营商业加工订货、统购包销等外部交易来控制企业成本更低,且更为有效。

不过中央对于公私合营仍采取稳步推进的方针。1953年12月,中央批准了李维汉提交的《关于将资本主义工业纳入国家资本主义的轨道的意见》,计划在两个五年计划的时间内基本完成对雇用10个工人以上的私营工厂的公私合营。按照这一计划,全国到1954年底共完成了1746户企业的公私合营,职工人数为53.3万人,产值51.1亿元,分别占全国公私合营及私营工业职工总数和总产值的23%和33%。由于当时选择的多是一些有发展潜力、产品有市场的大型企业,加上国家又注入资金,所以这些企业合营后的劳动生产率和利润率都有明显提高。

1955年,工商业社会主义改造加速。1954年,农业因自然灾害而未能完成计划,从而使1955年上半年工业面临原料短缺的困境。由于国营商业此时已经掌握了商品流通,优先保证国营企业和公私合营企业的原料供应,所以私营企业,特别是那些规模小、技术落后的企业,遇到较大困难。而1955年7月开始的农业合作化高潮,使私营企业感觉更加孤立,认识到了公私合营是大势所趋。1955年10月,毛泽东邀集全国工商联执委召开座谈会,希望私营工商业者认清社会发展规律,接受社会主义改造,把自己的命运和国家的前途结合起来,掌握自己的命运。随后召开的全国工商联会议通过了《告全国工商界书》,要求全国工商业者响应中央的号召,积极接受社会主义改造。而已经看清形势的私营工商业者,出于早合营早占据有利地位的考虑,也开始积极踊跃地提出全行业公私合营的请求。从1956年1月起,全国掀起了公私合营的高潮。1956年1月1日,北京市私营工商业者首先向政府提出实行全行业公私合营的申请,到1月10日,仅用10天时间,北京市就实现了全行业的公私合营。紧接着,这种方式在全国各个城市迅速推广,私营工商业集中的上海、天津、广州、武汉、西安、重庆、沈阳等大城市及50多个中等城市,相继实现了全行业的公私合营。到1956年3月,除西藏等少数民族地区外,全国基本实现了全行业公私合营。到1956年底,全国私营工业户数的99%,私营商业户数的82.2%,都纳入了公私合营或合作社。①

全行业公私合营后,国家对私方资产采取了"赎买"的办法。截至1956年底,全国公私合营的私股为24亿元人民币,其中工业17亿元,商业6亿元,交通运输业1亿元。对于这些私股,国家给予"定息",即企业在公私合营时期,不论盈亏,按季付给私股股东以股息。1956年7月28日,国务院发出《关于对私营工商业、手工业、私营运输业的社会主义改造中若干问题的指示》,其中规定:全国公私合营企业的定息户,不分工商、不分大小、不分盈余户亏损户、不分地区、不分行业、不分老合营新合营,统一规定为年息5%。个别需要提高息率的企业,可以超过5%。之前有的资本家说:"定3厘(3%)稍低,4厘不好讲,5厘不敢想。"而5%的息率,超过了私方"坐三望四"的预期。对于私方人员,国家按照"量才录用,适当照顾"的原则予以安排,根据他们的政治态度、在社会主义改造中的贡献及经营管理才能,妥善安排工作。根据1957年的统计,全国拿定息的71万在职私方人员和10万左右的资本家代理人,全部安排了工作。据几个大城市的统计,安排直接参加生产经营的占40%~65%,安排为管理人员的占35%~40%。② 而对于原私营企业的所有在职人员,国家采取"包下来"的政策,进行了全面的安排。

---

① 武力主编:《中华人民共和国经济史(增订版)》,中国时代经济出版社2010年版,第241页。

② 李定主编:《中国资本主义工商业的社会主义改造》,当代中国出版社1997年版,第268页。

私营工商业的社会主义改造,使国家对它们的管理方式由市场调节变为内部控制,使它们成为整个计划经济体制下的生产和流通单位。

四、个体手工业的社会主义改造

农业和资本主义工商业的社会主义改造,使计划经济体制在城乡经济中都确立了主导地位。只需完成手工业的社会主义改造,社会主义制度和计划经济体制就彻底建立起来了。而随着农业和资本主义工商业改造的高潮来临,手工业的社会主义改造在大势所趋下很容易便完成了。

由于中国的现代工业起步较晚,手工业在新中国经济中仍占有相当大的比重。据1952年统计,全国手工业从业人员有736.4万人,加上兼营手工业的农民,总人数约2000万人,产值为73.17亿元,占工业总产值的21.36%,占工农业总产值的8.84%。[1] 根据与农业和现代工业的关系,手工业可以分为四类:一是从属于家庭农业的家庭手工业,二是作为农民家庭兼业的手工业,三是独立经营的个体手工业,四是雇工经营的工场手工业。其中第三种类型数量最多。手工业社会主义改造的对象也正是第三类,前两类被纳入农业的社会主义改造,而第四类被纳入资本主义工商业的社会主义改造。

个体手工业社会主义改造的原因是多方面的。中央在过渡时期总路线的学习和宣传提纲中指出,之所以要改造手工业,是因为分散的个体手工业生产条件落后,不能使用新的技术,在生产和销售中会遇到许多难以克服的困难。如果听任手工业发展,还会导致兼并淘汰,出现少数人发财、多数人破产的后果。因此,必须对个体手工业者进行社会主义改造,要引导手工业者走社会主义的道路。把手工业者逐渐组织到各种形式的手工业合作社(手工业生产小组、手工业生产供销合作社、手工业生产合作社)中去,是国家对手工业实行社会主义改造唯一的道路。除了学习和宣传提纲提到的理由之外,在农业、资本主义工商业都已经完成社会主义改造,被纳入计划经济体制的情况下,个体手工业与高度集中的计划经济体制已经不相适应,生产要素和主要产品都被纳入计划流通渠道,市场机制退居到夹缝之中,分散的个体手工业者将难以获得足够的原料和市场。而且党和

---

[1] 武力主编:《中华人民共和国经济史(增订版)》,中国时代经济出版社2010年版,第231页。

政府在农业和资本主义工商业社会主义改造的高潮中也产生了一定的急躁情绪，加之当时对社会主义制度的认识尚未超越苏联单一公有制下计划经济的模式，所以个体手工业的社会主义改造也就成了必然趋势。

1955年12月，第五次全国手工业生产合作会议根据中共中央的指示，要求手工业合作化的速度，必须与农业和资本主义工商业的社会主义改造相适应，在1956年和1957年两年内，基本完成手工业合作化的组织任务。于是，从1956年1月起，全国掀起了手工业合作化高潮。1956年1月12日，北京的手工业全部实现了合作化。到1956年2月底，全国143个大中城市和691个县基本实现了手工业合作化。到1956年底，全国手工业合作社(组)成员达到全部手工业从业人员的91.7%，手工业合作组织的产值达到全部手工业产值的92.9%，全国手工业的社会主义改造基本完成。①

虽然手工业的社会主义改造是大势所趋，但是手工业毕竟有着不同于农业和工商业的特性。手工业行业分布广泛，且相当大的部分属于修理和服务行业，生产规模小、分布零散、产品和服务品种多样，从而满足居民的多样化需求。而简单地、大规模地全部合并，显然不符合手工业的特点和生产经营水平。尽管毛泽东、刘少奇、朱德、陈云等领导人告诫手工业改造时要注意其生产特点，避免单一化和过于集中，但是由于各地在合作化高潮中一味追求速度、规模和单一公有制，因此手工业的社会主义改造也导致了生产过于集中、产品过于单一、供销不畅、质量下降等问题。

三大改造的完成，标志着中国不仅建立了单一公有制的社会主义制度，而且确立了高度集中的计划经济体制。通过本章二、三、四节的分析，可以得出结论：高度集中的计划经济体制并非党和政府有意为之，而是受到中国生产力落后、供给短缺的国情制约，为了集中力量进行社会主义工业化建设而被迫进行的制度变革。

第五节　与"一五"计划相适应的政府机构和职能调整

新中国要在政府主导下有计划地进行工业建设，必须建立与计划工业化相适应的政府机构体系，包括计划管理部门、投资管理部门以及与现代

---

① 武力主编：《中华人民共和国经济史(增订版)》，中国时代经济出版社2010年版，第234页。

产业体系相对应的专业经济管理部门。而在微观层面,随着单一公有制的确立,党和政府在国营企业内部建立了党委领导下的厂长负责制。这样一来,政府就基本实现了对国民经济宏观运行与微观经营的有计划管理。不过,由于技术水平所限,政府的计划管理仍是粗线条的,在计划的夹缝之中,各部门间、各企业间乃至广大居民中,或明或暗的市场交易仍然普遍存在。

一、政府机构的设置

新中国政府职能的核心是计划经济建设,由此决定机构设置。计划经济体制的核心是计划的制定和实施,而计划的核心在于合理地进行基本建设投资,基本建设投资的合理分配,可以在最短时间内建立完整的工业体系,在确保国民经济各部门平稳发展的同时,实现重工业优先发展。"一五"时期的政府机构调整,正是按照这一逻辑进行的。总的来看,计划经济体制下,政府中与经济相关的部门可以分为三类:一是制定计划的部门;二是负责基本建设投资的部门,其中包括基本建设项目的审批管理部门,施工部门,以及为项目提供资金、物资支持的部门;三是专业经济部门,它们按照现代产业部门的分类而设,负责本产业的发展壮大和进步升级。

(一) 计划管理部门

从 1949 年到 1956 年,中国的计划管理部门从无到有,不断完善。早在 1949 年 1 月,东北人民政府就已经成立了东北经济计划委员会及其下属机构,其运行为计划机构在全国的建立积累着经验。1949 年 10 月中央人民政府成立后,主管全国经济工作的政务院财政经济委员会就设立了财经计划局,并在地方财政经济委员会中设立了相应的机构。

随着各地政府部门计划管理机构的逐步建立,中财委在 1951 年 11 月召开了第一次全国计划工作会议。会议明确了中财委是国家最高计划领导机关,中财委的计划局负责计划制定和监督执行工作。从 1952 年开始,计划局开始编制全国性综合年度经济计划。但是,仅仅一个计划局还难以胜任全国的计划工作。1952 年,随着国民经济恢复任务完成,大规模经济建设即将开始,中央于 11 月 15 日成立了国家计划委员会,直接隶属于中央人民政府,与政务院平级。国家计划委员会由中央人民政府副主席高岗任主任,邓子恢任副主任,陈云、彭德怀、林彪、邓小平、饶漱石、薄一波、彭真、李富春、习仲勋、黄克诚、刘澜涛、张玺、安志文、马洪、薛暮桥任委员。计委内设 16 个计划局、一个私营企业计划处和一个统计局。1953 年,在国民经济恢复中发挥了重要作用的大区一级政府机构，随着其历史使命的完成而被撤销，大量人员被充实到中央政府部门。根据计委的建议，中共中央于1954年2月发出《关于建立与充实各级计划机构的指示》，要求中央人民政府所属各国民经济部门和文教部门，必须建立和健全计划机构，并把计划机构逐级建立到基层工作部门及基层企业单位；这些计划机构的职责是根据国家的统一计划，编制本部门、本单位的计划，并检查计划执行情况。

1954年，第一届全国人民代表大会决定调整政府机构，将中央人民政府改组为国务院，取消政务院，计委和其他各部并行受国务院领导。而随着国民经济部门日益增多，计委既要制定长期计划，又要制定年度计划，繁杂的日常经济事务使计委容易受一些短期的、局部的现象所影响，忽视对经济发展的长期规律，特别是过渡时期的经济特点的研究。为了使计委能够集中精力制定长期经济计划，1956年中共中央和国务院决定把计划管理机构一分为二：国家计划委员会和国家经济委员会，前者负责编制中长期计划，后者负责编制年度计划。至此，计划经济体制的核心——计划管理机构体系正式确立。图2-2所示为1954年国务院组织机构图。图2-3所示为1956年国务院组织机构图。

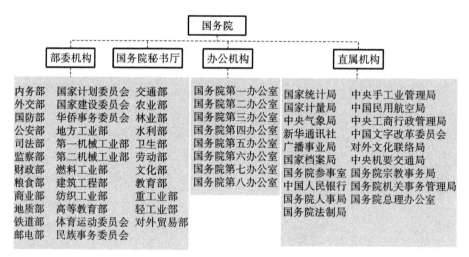

图2-2　1954年国务院组织机构图①

---

① 中国网：国务院历次机构改革，http://guoqing.china.com.cn/2013-03/10/content_28191277.htm。

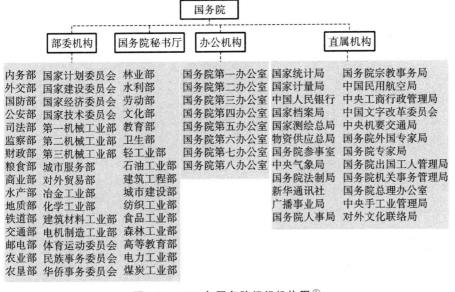

图 2-3　1956 年国务院组织机构图①

（二）基本建设投资部门

在百废待兴的新中国,计划的核心就是基本建设。"一五"时期的基本建设投资几乎全部来自政府财政支出,国家预算内投资达到 531.18 亿元,占基本建设投资的 90.3%②；在全国基本建设投资总额中,由中央各部统一安排、集中建设的项目投资占 80% 左右③。如何将有限的资金合理、有效地投入到最重要领域,又如何确保建设过程中的物资供应和项目的质量,是基本建设投资体制建设的关键。

首先,是投资的分配。新中国成立之初,政府的基本建设投资没有统一管理,由各部门、各地区分散投资。统一财经后,国家逐步建立统一的投资分配和管理体制,并在"一五"时期逐步完善。这套体制概括来讲,即由中央政府自上而下地分配投资,具体包括"两上一下"的流程。对于中央政府的投资,先由中财委自上而下地把中央政府的投资额分配给中央各部,并确定各部的基本建设控制数字,各部据此确定所属建设单位的基本建设控制数字；再由各建设单位按照系统自下而上地编报年度基本建设工作计

---

① 中国网：国务院历次机构改革, http://guoqing.china.com.cn/2013-03/10/content_28191272.htm。
② 曹尔阶等著：《新中国投资史纲》,中国财政经济出版社 1992 年版,第 93 页。
③ 彭敏主编：《当代中国的基本建设　上》,中国社会科学出版社 1989 年版,第 26 页。

划;最后由中财委自上而下地批准各部的基本建设工作计划,各部再批准所属建设单位的基本建设工作计划。至于地方政府的投资,基本由地方政府自行安排和管理,较大的项目上报中央备案。

对于建设项目管理权限在中央政府和地方政府之间的划分问题,采取分类管理的办法,即按投资规模的大小,将建设项目划分为限额以上项目和限额以下项目。凡一个建设单位,不论其为新建、改建或恢复,它的全部投资额大于限额者,即为限额以上建设单位;小于限额者,即为限额以下建设单位。同时,又将基本建设项目分为甲乙丙丁四类,分别由中央或地方来审批管理。1952年计委成立之前,中财委只在计划局下设立了一个基本建设处来主管全国的基本建设、城市建设和地质工作,力量十分薄弱。当时应由中央行使决策权的限额以上项目,由中央局和大区政府代行。1952年国家计委成立后,陆续把项目决策权集中起来。1954年11月,国家建设委员会成立,与国家计委并行受国务院直接领导,同时成立建筑工程部。中央对建委的职能定位是:在中央批准国家建设计划后,统一地组织以工业为重心的国家建设计划的实现,从组织上、经济上、技术上采取措施,保证国家基本建设特别是141项建设项目的进度、质量,并力求节省。于是,计委将基本建设方面的行政性与组织性的工作以及技术合作工作交给建委,但保留基本建设计划的确定和变更、投资的决定与增减、总的进度掌握等职权。基本形成了"计委决策、建委实施"的基本建设投资管理体制。表2-2所示为基本建设项目分类管理体制。

表2-2 基本建设项目分类管理体制

	投资额	管理方式
甲类项目	限额以上且1000万元以上	计划任务书由政务院批准
乙类项目	限额以上且1000万元以下	计划任务书由中央主管部门提出审核意见后,报经中财委或政务院批准
丙类项目	限额以下且20万元以上	计划任务书由中央主管部门或大行政区指定的机关批准
丁类项目	20万元以下	计划任务书由省里批准,报中央有关部门备案

其次,是资金的管理。1950年以前,政府的基本建设投资拨款,是由财政部门拨给其他部门自行分配所属基本建设单位使用,往往造成资金被挪用或损失浪费。为使国家的基本建设投资能发挥最大效能,基本建设投资

拨款开始由专业银行管理,以推进经济核算,达到降低成本、加速工业化进程的目的。1951年2月,中国人民银行指定交通银行兼办国家财政对基本建设投资的拨款,"一五"计划开始后,交通银行又兼办了公私合营企业的公股股权清理与财务管理工作,机构与任务已不适应。为此,政务院于1954年9月9日发布《关于设立中国人民建设银行的决定》,建设银行的主要任务是:凡国家用于基本建设的预算拨款和企业、机关等用于基本建设的自筹资金,均集中由建设银行监督拨付;根据批准的信贷计划,对国营包工企业办理短期放款;办理基本建设拨款的结算;监督基本建设资金的专款专用;监督建设单位和包工企业的资金运用、财务管理、成本核算以及投资计划的完成等。1954年10月1日,中国人民建设银行正式成立,成为中国第一个管理基本建设拨款的全国性专业银行,由财政部领导。

最后,是物资的供应。物资是基本建设的物质基础,其价值一般要占建筑安装工程成本的60%。保证物资按时、按质、按量、按品种配套、经济合理地供应,是基本建设项目顺利进行的必要条件。因此,中财委在1952年发布的《基本建设工作的暂行办法》中就提出,基建计划要与物资供应相平衡。为了实现二者的平衡,物资管理部门一直设立在计划部门之下:新中国成立之初,中财委计划局内就设立了物资分配处;1952年,在物资分配处的基础上成立了物资分配局;1953年5月,物资分配局被划归国家计委领导,负责编制统配物资平衡计划和分配计划;1956年,国家经委成立,物资分配局被转到经委,以使物资分配能够与经委制定的年度计划相协调。为加强物资管理工作,国务院又决定成立物资分配总局,但仍委托国家经委领导。"一五"时期,物资分配主要采取"材料跟着施工走"的方式。国家投资的156个重点工程和限额以上的921个工矿建设项目,绝大多数由国务院各部门管理,按这些部门有无施工力量,分别采取自营和承包两种办法进行建设。自营工程由主管部门自行编制建筑安装工作量计划和物资需求计划,国家的物资分配计划下达给该主管部门;主管部门无施工力量的,区别重点工程和一般工程,分别交由建筑工程部和地方施工企业承包,由其编制建筑安装工作量计划和物资申请计划,国家的物资分配计划下达给这些施工部门。这种"材料跟着施工走"的物资分配方式,有利于施工部门统一调度物资,推广使用新技术、新材料,节约基建物资,加快建设进度。

(三) 专业经济部门

"一五"时期,随着产业结构的丰富,专业经济部门的数量也在增加。

1954年政府机构改革,将重工业部分为第一机械工业部、第二机械工业部、地方工业部,增加了地质部、粮食部等部委机构,以及国家统计局、国家计量局、中央手工业管理局、中国民用航空局等直属机构。到1956年,"一五"计划已经建成了国民工业体系的初步基础,计划经济体制也基本成型,专业经济部门的数量达到了新中国成立以来的第一次高峰。重工业领域包括第一、第二、第三机械工业部,冶金工业部、化学工业部、石油工业部、电力工业部、煤炭工业部、电机制造工业部、森林工业部等,建筑领域增加了城市建设部,轻工业领域增加了食品工业部,商业领域增加了对外贸易部、城市服务部,农业领域增加了水产部、农垦部。直属机构的数量也有所增加。

"一五"时期,经济以专业经济部门的"条条"管理为主,在各级地方政府成立自己的厅、局等机构,采取"一竿子到底"的垂直管理。各工业部的职能一般分为两个部分:一是直接管理中央所属企业,一般实行"部—局—企业"三级管理体系,特大企业实行"部—企业"两级管理体系;二是间接管理(业务指导)本行业的地方国营企业和其他经济成分的企业。

这种"条条"管理体制,在资金、物资和高科技人员都非常匮乏的情况下,有利于中央政府集中资源。但是这种体制也存在着两个矛盾:一是随着财力、物力集中到中央,就必然要求增加政府经济管理部门的数量和人员,造成机构重叠、臃肿和权力分割,导致办事效率下降、官僚主义盛行。二是以"条"为主的管理体制,压抑了地方政府的积极性和因地制宜的可能性,并削弱了各行业、各部门之间的横向联系,容易导致各行业、各部门之间的矛盾,这又必然要求合并机构或建立新的综合协调机构,增加管理层次。因此,中央集权的过程,必然与反对官僚主义的各种运动相伴而生,也必然导致周期性的集权和放权,这是计划经济体制无法根除的问题。在体制运行初期,集权的优越性大于其弊端,有助于提高效率;但是随着国民经济体系日益复杂,效率损失逐渐增大,体制改革将不可避免。

二、计划经济的微观管理体制

计划经济中最重要的微观主体是国营企业。根据苏联的经验,国营企业实行厂长(或经理)负责的"一长制",厂长是由国家委派的企业最高领导人。由于现代企业生产经营的专业性和复杂性,需要有具备专业管理能力的厂长来统一领导,这种体制的好处是,权责明确,决策效率高,有利于企业的经济效益提高和技术进步。

新中国本也准备采用"一长制",却受到了落后的客观条件制约。实行"一长制"有两个基本条件:一是要有大量兼具专业素质和政治觉悟的企业家人才;二是企业内外具有规范的制度保证。根据东北推行"一长制"的经验,该体制需要企业能够实行计划管理和经济核算制,企业内部建有专业的管理机构和规程,民主改革基本完成,党群工作有基础,干部有管理经验。遗憾的是,工业基础极端落后的新中国并不具备这些条件。

相比之下,"党委领导制"似乎更符合新中国的社会需要。当时的国营企业还承担着许多社会责任和政治任务。国营企业不仅是一个生产单位,也是一个社会生活的基本单位。企业除了生产经营活动外,还有党、工会、共青团、妇联等组织活动,并要承担职工的住房、医疗、子女教育等多种责任,这些都超出了厂长职权管理和协调范围。而且,国营企业作为一个地区最重要的经济资源,地方政府也倾向于通过党委来加强对企业的领导。因此,解放越晚、工业基础越薄弱的地区,党委和政府越倾向于采取党委领导制。然而,党委领导制也存在不足,即权责不明、无人负责、多头领导、拖延不决、决策失误等问题。

在1956年之前,中国一直在"一长制"和党委领导制之间探索权衡,并以推行"一长制"为主流。1953年,经中共中央批准,以全国总工会的名义在全国范围推广东北"五三"工厂贯彻"一长制"、正确处理党政关系的经验。1955年10月,中共中央批转《关于厂矿领导问题座谈会的报告》,要求:"党组织必须把确立一长制作为自己的一个基本的政治任务。因为在企业中只有建立了严格的一长制,才能确立各个方面的专责制,才能确立有效的经济秩序和工作秩序,这种秩序正是办好一个企业所必需的,而无人负责是一种最可怕的不良现象。"① 然而,"一长制"也导致了企业忽视党的思想政治领导的倾向,党委处于从属地位,党委书记的级别、资历往往低于厂长,党在群众中的威信降低,而且在企业民主改革未完、管理制度草创的阶段,"一长制"也导致了厂长独断专行,脱离群众,脱离集体领导,实行命令主义、官僚主义,破坏党和国家的民主制度等问题。

特殊的国情,使新中国最终选择了"党委领导制"。从企业外部来看,新中国从中央到省、市、县各级政权中,都实行党委领导制,政府的经济管理部门不仅受同级党组织的领导,而且重要的方针政策几乎都是由党制定

---

① 中华全国总工会政策研究室编:《中国企业领导制度的历史文献》,经济管理出版社1986年版,第202页。

并首先由党组织系统下达的。而国营企业"一长制"则中断了这种一元化的领导体系,使党组织处于企业权力中心之外,必然影响党的有关方针政策命令的施行。而且,"一长制"所滋生的命令主义,破坏了党一贯坚持的群众路线,职工缺乏主人感,这也背离了企业民主化管理的目标。所以,在1956年党的八大上,中共中央在权衡两种体制的利弊后,选择了更符合国情的党委领导制。

1956年9月,刘少奇在党的八大上所做的政治报告中正式提出国有企业中实行党委领导下的厂长负责制:"在企业中,应当建立以党为核心的集体领导和个人负责相结合的领导制度。凡是重大的问题都应当经过集体讨论和共同决定,凡是日常的工作都应当由专人分工负责。"①这一提法在选择党委领导制的同时,也强调了厂长在日常工作中的领导作用,并且给企业的具体实践留出了一定因地制宜的空间。然而,在1957年反右斗争以后,对"一长制"的否定被提升到了路线斗争的高度,认为实行"一长制"就是脱离党的领导。结果厂长负责制的合理成分被否定,企业实行单一的党委负责制,权责不明的弊端再次暴露出来。更为严重的是,企业内党委只对上级党委负责,其决策的第一依据是上级指示而非企业实际,这成为后来"大跃进"的微观制度基础。

三、计划工作的特点与夹缝中的市场调节

中国虽然建立了计划经济体制,但是由于生产力和管理水平落后,国家计委甚至连国民经济运行的统计数据都无法搜集齐全,因此中国的计划远不及苏联精密和完备。正如陈云当时所说:"苏联专家搞的表太复杂,不能完全照办,必须和我们的现状结合起来。中国是农业国,不可能把每家有几个鸡、几头猪都统计起来。计划的线条是粗的,将来由粗到细。"②这种粗线条主要体现在计划的种类与计划的方法上。

首先,国家对于不同的经济成分制定不同的计划。对中央各部所属的国营企业,实行比较全面的计划;对地方国营企业,计划比较简单,只规定几项主要指标;对公私合营企业和合作社经营的企业,计划就更简单一些;至于私营资本主义企业,只要求省、市估算其总产值和主要产品;对个体手工业,只要求省、市估算其总产值;对于个体农业,只规定方向性控制指标。

---

① 《中国共产党第八次全国代表大会文献》,人民出版社1957年版,第36页。
② 《陈云文选(一九四九——一九五六年)》,人民出版社1984年版,第137页。

其次，国家对于不同行业的计划周密程度也不相同。财政金融领域，国家的指令性计划管理最完善，地方和企业几乎没有自行调整和修改计划的权力。商业贸易领域次之，国家依靠国营企业和合作社的强大力量和严密组织，通过统购统销、规定批零差价、消灭私营批发商等办法，将市场控制在国家手中，使重要商品和物资按国家的指令性计划流通。工业、交通和基本建设领域，受资金和物资供应、生产经营水平所限，计划难以完全精确，但其主体毕竟是国营企业，基本也处于指令性计划管理之下。计划水平最低的是农业，由于没有摆脱"靠天吃饭"的生产力落后状态，加之生产经营主体是数量众多的小农，所以不可能实施指令性计划。直到1958年"政社合一"后，国家指令性计划才下达到人民公社的基层组织，但仍然无法精确。

最后，计划采用"平衡法"与"加减法"相结合的方法。除中央计划机构采取苏联式的平衡法外，地方和基层计划机构多采取加减法，即在编制计划时，就业务部门提报的计划进行审查，提出的意见多为："你的生产计划订得太低了，再给你加上点任务"；或者是"你的投资要得太多了，再给你减少点投资"。至于为什么"再加点"或"再减点"，没有精确依据。之所以采用加减法，是因为计划的平衡权并不在地方或企业手中，而且平衡法要求的信息量也更多，需要了解上级和"左邻右舍"的计划，这对地方和企业的计划人员来说很难做到。在中央与地方、国家与企业、国家与农民之间，始终就计划的边界进行着一定的博弈，而各主体之间也存在着许多协商调剂活动，其中甚至有市场交易的存在。在农村，虽几经冲击，但由国家统一管理的市场一直存在，农民私下的交换活动更是普遍。也正是计划的粗线条，使得市场在计划的夹缝中一直顽强地发展着，培养了干部群众运用市场机制的经验，为后来的体制改革孕育着萌芽。

第三章
改革计划经济体制的第一次探索
（1958—1960）

1956年，中国基本建立了以单一公有制的计划经济体制，同时也察觉到该体制下僵化低效的弊端。对此，中国共产党在八大前后围绕经济体制改革和国民经济发展进行了一系列积极的探索，并制定了经济体制改革方案。但是，由于优先发展重工业的历史任务尚未完成，所以计划经济体制的存在仍具有必要性，相关的改革探索也不可能出现根本性突破。在计划经济体制框架内，中国进行了以下放经济管理权、提高经济建设指标为主要特点的"大跃进"和以提高公有制程度为主要特点的人民公社化运动，这在很大程度上加速了中国的工业化进程，但也造成了经济运行混乱和经济结构严重失衡。

第一节 中共八大前后关于经济体制的探索

1956年前后，中国共产党结合中国国情，针对单一公有制和高度集中的计划经济体制的弊端，进行了一系列改革探索，并形成了改革方案。但是，由于建立工业化基础的任务尚未完成，所以这一时期的探索不可能完全突破苏联模式，单一公有制的计划经济仍然要继续存在，直至完成其历史任务。

一、八大前后对经济体制的探索

1956年中共八大前后，党开始对经济体制和工业化道路进行认真的反思和探索,试图找出一条适合中国国情的发展道路。1956年,三大改造进入高潮,中国即将步入社会主义社会,并建成高度集中的计划经济体制。然而,由于中国的发展水平落后和地区间、行业间发展不平衡问题,计划经济体制在建立之初就暴露出许多不如人意的地方,没有发挥出理想中的优越性。而1954年以后苏联逐渐公开斯大林体制的弊端,这对正在模仿苏联的中国产生了很大冲击,也促使中国共产党开始反思苏联模式,总结自身的建设经验,探索适合中国国情的经济体制。正如毛泽东所说:"最近苏联方面暴露了他们在建设社会主义过程中的一些缺点和错误,他们走过的弯路,你还想走?"①八大对中国道路的探索是比较全面的,其中对经济建设的探索主要集中在两个方面。

(一) 对基本经济制度和经济体制的改革探索

中共领导人看到了单一公有制和高度集中的计划体制并不适应生产力发展水平这一现实。在当时的生产力条件下,工农业小生产者和经营者仍然具有存在的必要性。而由于农业靠天吃饭和统计基础薄弱,所以计划中的不确定因素太多,导致计划不能及时制定出来或赶不上变化。因此,基本经济制度和经济体制有必要进行改革以适应生产力发展水平,这方面的改革探索以陈云提出的"三个主体、三个补充"思想为代表。

陈云在八大所做的《关于资本主义工商业改造高潮以后的新问题》报告中提出了"三个主体、三个补充"思想,即在工商业经营方面,国家经营和集体经营是工商业的主体,但附有一定数量的个体经营作为补充;在生产计划方面,全国工农业产品的主要部分按照计划生产,但同时有一部分产品按照市场变化而在国家计划许可范围内自由生产作为补充;在市场方面,国家市场是主体,但附有一定范围内国家领导的自由市场作为补充。

"三个主体、三个补充"思想集中反映了当时中国共产党对基本经济制度和经济体制认识的最高成果,这一思想与其他领导人的看法也基本相同。对于所有制问题,毛泽东在1956年底与工商联负责人谈话时曾提出:"可以开私营大厂,订条约,10年、20年不没收。华侨投资20年、100年不没收。可以开投资公司,还本付息。可以搞国营,也可以搞私营。可以消灭了资本主义,又搞资本主义。"②周恩来、刘少奇也都有类似的观点。对于计划体制,李富春根据工作经验提出了计划管理形式多样性的设想,即在

---

① 《毛泽东著作选读(下册)》,人民出版社1990年版,第720页。
② 顾龙生:《毛泽东经济年谱》,中共中央党校出版社1993年版,第388页。

对计划实行分级管理的基础上,计划管理可以分为指令性指标、调节性指标和参考性指标三种,至于"许多次要的、种类繁多而情况又不易掌握、因而无法一一纳入国家计划的指标,则由地方或者基层单位自行安排,国家只从大的方面加以筹划,并从价格政策、供销关系上加以调节"①。

(二) 对工业化建设中的各类关系的探索

经济体制运行效率的高低取决于能否处理好各利益主体、各经济部门之间的关系。对于如何协调这些关系的探索,集中体现在毛泽东的《论十大关系》,以及其他主管经济的领导的经验总结上,主要包括以下七点。

第一,经济发展速度与比例关系问题。尽管党仍坚持经济增长的高指标,但是通过对1953年和1956年冒进教训的总结,提出了既反保守、又反冒进、在综合平衡中稳步前进的方针。

第二,对于农轻重关系,毛泽东反对片面注重重工业,忽视生活资料尤其是粮食的生产。他强调在重点发展重工业的前提下,也要多发展一些农业、轻工业,使粮食和轻工业原料更多些,积累更多些,将来投到重工业上的资金也会更多些。

第三,对于积累与消费的关系,毛泽东强调要重视国家、生产单位和生产者个人的关系。要随着工人的劳动生产率的提高,逐步提高工资,改进劳动条件和集体福利。要给工厂一点权力,一点机动的余地,一点利益,使各单位都有一个与统一性相联系的独立性。要格外注意国家与农民的关系,不仅要轻税赋,而且要逐步缩小工农业产品剪刀差,使农民不吃亏;对于国家、合作社和农民的分配关系,应当同农民共同研究出一个合理的比例。

第四,对于中央和地方的关系,应当在巩固中央统一领导的前提下,扩大一点地方的权力,给地方更多的独立性,让地方办更多的事情。毛泽东在《论十大关系》中指出:"我们的国家这样大,人口这样多,情况这样复杂,有中央和地方两个积极性,比只有一个积极性好得多。我们不能像苏联那样,把什么都集中到中央,把地方卡得死死的,一点机动权也没有。"②

第五,对于沿海和内地工业的关系,要大力发展内地工业,平衡工业布局。但同时也要看到,新的侵华战争和世界大战短时期内打不起来,要充分利用沿海工业的设备能力和技术力量。

---

① 《中国共产党第八次全国代表大会文献》,人民出版社1957年版,第455页。
② 《毛泽东选集 第五卷》,人民出版社1977年版,第275页。

第六,对于经济与国防的关系,在保证一定的国防力量的前提下,要降低军政费用,加强经济建设,多开些工厂,多造些机器,经过一段时间,不但有实力造出更多的飞机大炮,而且还有可能造出原子弹。

第七,对于中国和外国的关系,要批判地学习一切民族、一切国家在政治、经济、科学、技术、文学、艺术等方面的长处,而且要学习资本主义国家的先进的科学技术和企业管理方法中合乎科学的方面,尤其要学习工业发达国家企业用人少、效率高、会做生意等长处。

二、1957年经济体制改革的设想

中国共产党的探索没有停留于理论,而是迅速被贯彻到了经济体制改革的实践中。1957年,党和政府在所有制方面放宽了对个体经济的限制,使个体经济数量有所恢复,同时开始酝酿工业、商业和财政体制改革方案。

改革的目的是改变"一五"后期集中过多、统得过死的计划经济体制,调整中央与地方、国家与企业的关系,调动各方积极性。国务院于1956年5月至8月召开了全国体制会议,讨论如何改进经济管理体制,并提出了《国务院关于改进国家行政体制的决议(草案)》。此后经过一年的讨论研究,1957年10月,八届三中全会通过了陈云主持起草的《关于改进工业管理体制的规定(草案)》《关于改进商业管理体制的规定(草案)》和《关于改进财政管理体制的规定(草案)》,这三个《规定》得到了国务院通过和全国人大常委会批准,从1958年开始实施。改革内容主要有以下的6个方面。

1. 调整企业隶属关系

将当时各部直接管理的一部分企业,除关系国计民生和地方认为管理有困难的大型企业之外,其余都下放给地方政府管理。

2. 扩大地方和企业的财权

允许地方对收入超过支出部分自行安排使用,国家和企业对利润实行全额分成,地方完成国家出口计划所得外汇可按比例提成。

3. 扩大地方的物资分配权

地方政府对当地中央和地方企业分到的物资,在保证各企业完成国家计划的条件下,有权进行调剂。

4. 扩大地方和企业的计划管理权

国家对工业企业下达的指令性指标由原来的12个减为4个(主要产品产量、职工总数、工资总额、利润);对商业企业的指标也只保留收购计划、销售计划、职工总数、利润指标4项,并允许对收购和销售计划有上下

5%的浮动。

5. 扩大地方和企业的人事管理权

下放给地方管理的企业，人事管理按地方规定办理；仍归中央管理的企业，所在地方有权在不削弱其领导力量的条件下进行调整。企业中除主管人员和主要技术人员外，其他一切职工均由企业自行管理，企业有权在不增加职工总数的条件下自行调整机构和人员。

6. 商业价格实行分级管理

三类农副产品的购销价格、次要市场和次要工业品销售价格，由省区市政府根据中央规定的原则自行定价。

上述改革措施虽没有从根本上解决所有制结构单一和计划体制所固有的行政命令问题，但对于克服过分集中的弊病无疑是有作用的。即使在实施中会产生新的问题，但仍可以通过继续调整来完善。遗憾的是，"大跃进"的发动使方案仓促实施，反而成了造成经济混乱的微观基础。

三、对八大前后探索的评价

八大前后的探索是中国共产党将科学社会主义理论、苏联经验与中国国情结合，寻求社会主义建设新路的一次较为成功的尝试，总结出的许多经验都闪烁着实事求是的光芒。但是，这些成果没有能够上升为系统的理论，也没能普遍转化为成功的实践，而是在随后的建设中被不同程度地背离。究其原因，在于这些探索没能突破苏联模式的两个教条。

一是单一公有制的教条。尽管中国共产党承认私有制在一定范围内仍然存在，但认为这只是暂时现象，唯有公有制才是顺应生产力发展的。因此在政策上虽然放宽了对个体经济的限制，但是没有做好长期发展多种所有制的心理准备，也没有制定相应的长期政策。

二是计划经济的教条。尽管陈云、李富春等人针对计划工作的巨大困难而提出了"主体-补充"、计划管理多样性等主张，但是多数党员仍认为计划经济是社会主义的唯一形式，也是社会主义优于资本主义的重要特征。即使是理论界也多数认为社会主义经济应该遵循"有计划按比例发展"的规律，因此当孙冶方提出"把计划和统计放在价值规律的基础上"时，才会遭到多数人的反对。

之所以无法突破这两个教条，不仅在于苏联模式的影响，更主要的是受当时经济社会发展水平的制约。

首先，从经济发展水平来看，发展重工业仍然必要，这就要求必须坚持计划经济体制。中国的工业基础太薄弱,即使经过"一五"时期的建设,也远远不能满足整个国民经济的需求,电力、石油、钢铁、交通、机械等产业仍是工业化的"瓶颈",何况中国还要发展尖端国防工业。在资源短缺的条件下,要集中资源优先发展重工业,就必须继续把计划作为绝对主体。

其次,从所有制结构来看,单一公有制尚未完全形成,问题暴露尚不充分。社会主义改造从1955年下半年才进入高潮,到1956年底才完成。在农村,高级社体制下的新一轮生产过程还没有开始,问题尚未暴露,何况合作化在加快农业基础设施建设和生产工具升级上还显示了其作用;在城市,公私合营虽然出现了生产过于集中、供销不畅、品种单一、质量下降等问题,但问题暴露亦不充分,而且当时普遍认为这些问题是社会主义改造过快所造成的,会在今后的工作中逐渐克服。此外,全国人民在社会主义改造中表现出的空前政治热情,也使全党甚至全国人民相信单一公有制是社会主义建设的正确道路,虽有少数从事经济建设的人根据工作经验发现了弊病的苗头,但不足以扭转大势。

最后,从体制来看,1956年计划管理尚未覆盖整个社会,弊端暴露也不充分。1956年,国家直接计划管理只覆盖到了国有经济、供销合作社和大型公私合营企业,而广大农村和中小公私合营企业仍主要遵循市场调节,计划体制那种微观管死的弊病还没有普遍显现。况且1956年时的中国仍面临生活资料、资金、人才短缺,而且存在大量低素质过剩劳动力,若单纯依靠市场调节则不仅无法集中力量进行工业建设,还会导致许多人连温饱问题都无法解决。因此,计划经济的存在是非常必要的,问题只是如何去完善它。

综上所述,单一公有制和计划经济有着其存在的必然性,它符合国家长期的工业化战略和短期的社会安定需求。制度经济学研究表明,制度一旦建立,会产生路径依赖,而一个尚未完全建立的制度,不可能因为它初露的弊端而被完全抛弃。更何况在中国共产党人眼中,这是无数仁人志士用几十年的奋斗牺牲换来的新社会,不可能轻易否定。这就决定了,未来很长一段时间内,改革都只能在这种体制内进行。而自发产生的一切个体经营与市场调节现象,以及由计划体制弊端所引发的批评声音,都将被视为破坏这一体制的错误行为而受到压制和批判,甚至上升为阶级和路线斗争,这也是毛泽东在1957年政治风浪后重提阶级斗争,在"大跃进"后不断开展社会主义教育运动,直至发动"文化大革命"的根本原因。

第二节 1958年的经济体制改革

在政府主导的经济体制下,企业的生产经营并不完全遵循效率原则,加之统计与计划水平较低,所以政府对于国民经济的生产潜力无法准确了解,制定经济计划往往在"保守"与"冒进"间波动。1955年的"保守"引发了1956年的"冒进",进而导致了领导人对于"冒进"与"反冒进"的分歧。在这种情况下,毛泽东出于加速经济发展的考虑,对经济建设中的保守倾向予以批评,使得"左"的气氛日渐浓厚。在这种气氛下,工业生产建设"大跃进"和农村人民公社化运动的决策逐渐形成。

一、1956年的"反冒进"

(一) 1956年"冒进"的成因与表现

1956年经济建设的"冒进"源于1955年的"保守"。1954年农业遭受自然灾害,导致工业原料不足,使得1955年经济增长速度较前几年大幅下降,工农业总产值仅增长5%,其中工业总产值仅增长6%。到1955年底,尽管工业和农业分别完成了"一五"计划增长额的61%和63%,但基本建设投资额只完成计划的51%,按1955年的建设速度,"一五"计划难以如期完成。① 而1956年,苏联援助的许多建设项目将进入施工高峰期,为了避免建设任务过多地拖到1957年而造成被动,基建部门也希望加快1956年的建设速度。另一方面,1955年的计划也确实保守了一些。年初制定计划时,曾不适当地削减了一些非生产性建设项目,结果不仅年底财政结余18.1亿元,而且钢材、木材、水泥等物资也有较多剩余。另外,也有不少国营企业和部门的管理者为增加完成任务的保险系数、减轻压力,在制定生产计划时都尽可能地压低指标。正是看到了这些问题,毛泽东才在1955年下半年决定批判右倾保守主义,并加快农业合作化进程,目的就是为了挖掘出各部门的生产潜力,解决农业拖工业后腿的问题。

1955年,农业取得大丰收,客观上为1956年加快建设速度创造了条件,加之政治上的反右倾和社会主义改造高潮的推动,1956年1月全国计划会议在编制1956年度国民经济计划时,就对经济发展速度要求较高,而对国家经济发展潜力考虑不足,提出1956年工业总产值比1955年增长

---

① 刘国光主编:《中国十个五年计划研究报告》,人民出版社2006年版,第96页。

21.7%,粮食产量增长9.2%,棉花产量增长18.3%,均超过"一五"计划规定的1957年应达到的水平。① 为保证目标实现,1956年的基本建设投资、职工工资总额和农业贷款都突破了原定计划,出现了"三管齐下"的过热现象。

一是基本建设规模过大。1956年的计划投资额比1955年增长了71%,占"一五"计划基本建设投资额的35%左右。当年限额以上基建项目由原定的694个猛增到800多个,使1956年继续施工和新开工建设项目大大超过了"一五"计划的规定,铁路建设也由原计划恢复和新建4084公里线路增加到8000公里线路。基本建设投资增速超过了生产资料的增速,当年重工业产值只增长了40%,结果虽然动用了70万吨库存钢材,仍然供不应求,其他建材和生产资料也同样紧缺,导致建设工作中出现不少停工待料和窝工现象。②

二是职工总数增长过快。1956年计划增加职工84万,结果新增职工230万,增幅达到37.7%。因职工人数增加和升级调资,全国职工工资总额增长45.8%,而同期国民收入仅增长11.9%。③ 由于工资增长超过了消费资料的增长,使得1956年生活消费品供不应求,居民持币待购。

三是财政、信贷突破计划,货币发行增加。1956年贷款增长过猛,大大超过原计划。农业贷款计划增加11.2亿元,结果增加到20.3亿元;对城市公私合营企业贷款计划增加2.9亿元,结果增加到9.4亿元。而1956年存款不但没有增加,反而减少7.6亿元,这导致存贷差额扩大,货币发行增加。同时,1956年财政赤字18.3亿元,打破了1951年以来收支平衡、略有结余的局面,进一步加剧了银行货币投放。1956年底,市场货币流通量比1955年增加42%,大大超过了工农业总产值和社会商品零售总额增速。④ 尽管国家动用了商业库存物资,但市场供求关系仍然紧张。

(二)"反冒进"的实施

1956年初,周恩来最先察觉出经济的"冒进"倾向,在1月、2月间,周恩来多次在会议上呼吁:要使我们的计划成为切实可行、实事求是的计划,而不是盲目冒进的计划。提醒领导者不要头脑发热,并要求计委、财政部对计划指标压一压。5月,中共中央开会讨论一届全国人大三次会议(6月

---

① 刘国光主编:《中国十个五年计划研究报告》,人民出版社2006年版,第96页。
② 刘国光主编:《中国十个五年计划研究报告》,人民出版社2006年版,第97页。
③ 刘国光主编:《中国十个五年计划研究报告》,人民出版社2006年版,第97页。
④ 刘国光主编:《中国十个五年计划研究报告》,人民出版社2006年版,第98页。

召开)文件起草问题,与会同志反映了经济"冒进"的问题,会议提出了"中国经济发展要反保守、反冒进,坚持在综合平衡中稳步前进"的方针。在这一方针指导下,《人民日报》在 6 月刊发了《要反对保守主义,也要反对急躁情绪》的社论,重点强调反对冒进,这标志着舆论上已经公开地进行"反冒进"。同时,国务院在 6 月再次压缩 1956 年计划指标,并在预算报告草案中明显增加了"反冒进"的分量。全国人大通过了这一预算,并批准了"既反保守,又反冒进,坚持在综合平衡中稳步前进"的经济发展方针,从而初步遏制住了 1956 年经济建设中的冒进势头。

取得"反冒进"第一回合胜利后,周恩来将主要精力转入修改"二五"计划方案上来。早在 1955 年夏,各部委就提出了"二五"计划的指标,但下半年反右倾之后,各部委不约而同地提高了指标。1956 年夏,在"反冒进"的新氛围下,国务院重新制定了"二五"计划方案,调低了计划指标。9 月,中共八大通过了该"二五"计划方案,并肯定了"既反保守,又反冒进,坚持在综合平衡中稳步前进"的经济建设方针。

八大之后,为彻底消除冒进倾向,周恩来又将主要精力放在了 1957 年度经济计划上。10 月至 11 月,国务院多次召开常务会议,检查 1956 年计划执行情况,研究 1957 年主要计划指标。周恩来提出"必须采取退的方针";陈云也提出"宁愿慢一点,慢个一年两年……稳定一点,就是说'右倾'一点"。11 月 10 日,中共八届二中全会召开,会议同意在 1957 年实行"保证重点,适当收缩"的经济建设方针。这次会议也成为"反冒进"的集中表现。1957 年,经济建设根据"保证重点,适当收缩"的方针,制定了较为宽松的指标,终于克服了冒进的干扰,缓解了 1956 年的紧张局面,顺利完成了"一五"计划并基本实现了国民经济的综合平衡。

二、"大跃进"决策的形成

对于"反冒进",毛泽东从一开始就有不同看法。在他看来,新生的社会主义制度理应推动生产力更多更快更好地发展,而"反冒进"却压制了人民的积极性,给人民的建设热情泼了冷水。1957 年 1 月,在中共中央召开的省区市党委书记会议上,毛泽东对"反冒进"提出了明确批评,指出"反冒进"的结果出了个右倾。他要通过自己的探索,将各方的积极性全面调动起来,推动经济更好更快地发展。

毛泽东对经济发展的看法基本可以概括为两点:一是在计划指标上追求高速度;二是通过提高公有制程度和调动群众积极性来加快建设速度。

这两个观点促使他最终发动了"大跃进"和人民公社化运动。从1957年下半年开始,毛泽东对"反冒进"的批评不断升级,调子越来越严厉,"左"的氛围则越来越浓,一套"左"的方法也随之成形,国民经济最终走上了"大跃进"和人民公社化运动的道路。

在1957年9月的八届三中全会上,毛泽东公开批评"反冒进"。他说去年扫掉了三个东西:一个是多快好省,一个是农业发展纲要,一个是促进委员会。这次会议改变了八大确定的"既反保守,又反冒进"的经济建设方针,通过了1956年初毛泽东主持制定的《农业发展纲要四十条》。会议认为在农业合作化完成以后,有条件也有必要来一个生产上的"大跃进"。同年11月,毛泽东率领中国代表团出席在莫斯科举行的各国共产党和工人党代表会议。会议期间,中国共产党所表现出来的处理国际问题的成熟,得到各国的尊重,中国的国际威望大大提高,但这又与中国落后的经济面貌极不相称。为了加快经济发展,毛泽东回国后加大了对"反冒进"的批评,为"大跃进"做准备。

1958年1月和3月,毛泽东先后在南宁和成都主持召开了有部分中央和地方领导人参加的会议。在南宁会议上,毛泽东在严厉批评"反冒进"之后,提出了用"积极平衡"取代"综合平衡"的思想。综合平衡主张以"短线"(短缺)的产品来制定国民经济平衡计划,以确保经济稳步前进;而积极平衡是以"长线"(供大于求)的产品来制定国民经济平衡计划,提高落后产业的指标和定额,使它适应先进的指标,向先进的定额看齐。这种思想从哲学上看似乎有一定道理,并能够在一定程度上起到激发群众积极性的作用,但它忽视了供、产、销协调,人力、物力、财力配套的问题,也否定了国民经济计划的严肃性和权威性。为了落实这一思想,毛泽东在南宁会议之后写成了《工作方法六十条(草案)》,下发各省区市党委讨论。《六十条》提出了"争取在三年内大部分地区的面貌基本改观"等急于求成的目标,以及"放手发动群众"的建设方法,同时还提出了"三本账"的计划工作方法,即中央定两本账,一本是必成的计划,公布;第二本是期成的计划,不公布。地方也有两本账,地方的第一本账就是中央的第二本账,这在地方是必成的;第二本账是地方期成的。"三本账"方法的实施,使各部门对计划指标层层加码,等到基层时已经是六七本账了,这成为推动"大跃进"高指标的重要原因。原来打算调动群众积极性的做法,也终于演变成了基层的"不能承受之重"。

在成都会议上,周恩来、陈云对"反冒进"做了检讨,全党在政治压力下统一了认识。毛泽东提出了"鼓足干劲,力争上游,多快好省"的社会主义建设总路线的基本点,并提出了"破除迷信,解放思想,敢想、敢说、敢干"的口号。但是,这些口号已经在思想上背离了实事求是,在政治上丢掉了民主作风,造成了"左"比右好、宁"左"毋右的强烈气氛。

1958年5月,中共八大二次会议在"左"的气氛中召开,会议认为中国正处在"一天等于20年"的伟大时期,社会主义建设事业的发展也完全能够达到一个极高的速度。会议通过了"鼓足干劲,力争上游,多快好省地建设社会主义"的总路线,提出工业在15年或者更短的时间内,在钢铁和其他主要工业产品的产量方面赶上和超过英国。会后不久,《人民日报》一则社论写道:"速度是总路线的灵魂","快,这是多快好省的中心环节"。中共八大二次会议标志着"大跃进"运动的开始。

1958年上半年,随着"跃进"气氛的逐步增强,计划指标也逐步提高,并通过"三本账"的方式层层加码。8月,中共中央在北戴河召开的政治局扩大会议把指标推向了最高潮,会议通过了《中共中央关于1959年计划和第二个五年计划问题的决定》《1959年度国民经济计划主要指标》《关于第二个五年计划的意见》等文件,确定"二五"计划期间,农业总产值年均增长30%左右,工业总产值年均增长53%。到1962年,粮食、棉花产量比1957年增长3倍左右,钢铁、原煤、电力、棉纱等产量比1957年增长五六倍甚至十几倍。"二五"期间共投资3850亿元,比"一五"计划增长6.8倍。① 会议还公开号召全党全民为1958年生产1070万吨(比1957年535万吨翻一番)钢铁而奋斗。会后,以大炼钢铁为核心的"大跃进"全面展开。

三、人民公社化运动的产生

在推动工业生产"大跃进"的同时,毛泽东一直在思考提高农村生产力、使农村实现共产主义的方式。

早在农业合作化高潮时期,就已经有了"大社优于小社"的观点,认为组织规模越大、公有化程度越高,越具有先进性。1957年冬至1958年春,有些农业社在兴修水利中联合起来,统一规划,统一施工;有些农业社联合起来修筑道路,有些农业社联合起来集资购买农具,兴办农副产品加工厂、农机具修配厂,等等;也有少数较小的农业社由联合进而合并,统一安排生产建设而取得了成效。这些因地制宜的做法使党的一些领导人认为高级

---

① 刘国光主编:《中国十个五年计划研究报告》,人民出版社2006年版,第148-149页。

社已经不再适应农业生产力发展要求,开始考虑扩大农业合作社规模的问题。

1958年3月,毛泽东基于上述情况,在成都会议上提出了并大社的建议。根据该建议,会议通过了《关于把小型的农业合作社适当地合并为大社的意见》。该《意见》认为:中国农业正在迅速地实现农田水利化,并将在几年内逐步实现耕作机械化,为适应这种需要,在有条件的地方把小型的农业合作社有计划地适当地合并为大型的合作社是必要的。同时,《意见》也提出合并必须有准备有计划地进行,各地农业社是否合并、合并规模多大、合并的时间和步骤,完全由各地自行掌握,不宜强行合并或合并得过早过大。然而,在当时争先进、赶上游的形势下,《意见》形成了"一股风",各地在春夏之间出现了并大社的热潮,并且越并越大,有些地方还出现了手工业社、供销社、信用社、农业社"四社合一"的现象。

对于合并后的大社,毛泽东在1958年二三月间对陈伯达设想说:乡社合一,将来就是共产主义的雏形,什么都管,工农商学兵。5月,陆定一在中共八大二次会议上转达了毛泽东设想的人民公社的基本轮廓:乡村中将是许多共产主义公社,每个公社有自己的农业、工业,有学校、医院、科研机关、商店、服务行业、交通事业等。若干乡村公社围绕着城市,又成为更大的共产主义公社。陈伯达在7月出版的《红旗》杂志中发表文章,第一次向社会透露了"人民公社"这一名称和设想,标志着人民公社设想的成型。而在5月八大二次会议结束后,有些地区就开始试办人民公社。毛泽东在8月7日收到了《嵖岈山卫星人民公社试行简章》草案,"如获至宝"。在8月上、中旬,毛泽东先后在河北、河南、山东等地农村视察时指出:"还是办人民公社好。"随后在北戴河召开的政治局扩大会议,便通过了《关于在农村建立人民公社问题的决议》(以下简称《决议》),对建立人民公社做了一系列政策规定。

《决议》认为:建立人民公社是指导农民加速社会主义建设,提前建成社会主义并逐步过渡到共产主义所必须采取的基本方针;人民公社实行政社合一、工农商学兵相结合的原则。对于所有制和分配制度,《决议》说快的地方三四年、较慢的地方五六年就可以过渡到全民所有制;用"共产主义的精神"教育干部群众,不要算细账,自留地收归集体经营,零星果树、股份基金等在一两年后也变公有。《决议》认为,"我们应该积极地运用人民公社的形式,摸索出一条过渡到共产主义的具体途径"。

《决议》对于人民公社的政策,还是强调了步骤的稳妥性。例如,对于公社的建立,可以将并大社和转公社分两步进行;对公社的规模,一般以一乡一社、两千户左右较为合适,不反对但也不主动提倡较大规模;对公社的所有制,不忙于改集体所有制为全民所有制;对分配制度,条件成熟的地方可以改行工资制,条件不成熟的地方可以暂时仍采用原有的三包一奖或以产定工等按劳动日计酬的制度;暂时保留自留地、零星果树、股份基金等。

然而,《决议》的基本精神是加速社会主义建设,向共产主义过渡。在当时的形势下,稳妥的规定几乎都未能实现,在《决议》公布的9月10日之后,全国出现了发展人民公社的高潮。到9月底,全国已经基本实现人民公社化。截至9月29日统计,全国建起人民公社233973个,加入农户12200多万户,占农户总数的90.4%。到11月初,参加公社的农户已经占全国农户总数的99.1%。人民公社规模很大,全国平均28.5个农业社合并成一个人民公社,平均每个公社有6100余农户,其中1万至2万户的大社有532个,2万户以上的公社有51个。① 人民公社既是一种经济组织,也是一级政权机构,不仅负责农业生产,而且对工、商、学、兵统一管理。公社的公有化程度很高,农业合作社合并为公社后,统一核算。公社实行组织军事化、行动战斗化、生活集体化,大搞公社食堂,实行工资制与供给制相结合的分配制度。

总的来看,毛泽东的探索反映了他本人以及全党全国人民实现国家富强、建设理想社会的迫切心愿,但片面追求高速度远远超过了国力上限,人民公社在所有制和分配制度上也存在着根本性错误。"大跃进"与人民公社化运动的结合,将给中国经济带来灾难性的后果。

第三节 "大跃进"对经济体制的冲击

1958年5月,中共八大二次会议标志着"大跃进"开始,这是一场旨在加速工业化进程的运动。它通过中央向地方放权、政府向企业放权、指标层层加码的方式,以期调动各方积极性,在短时间内实现地方工业自成体系。"大跃进"在很大程度上提高了各地的工业化水平,但权力的仓促下放,造成了经济秩序混乱,不仅破坏了计划经济体制的正常运行,也使市场机制几乎失灵,最终导致国民经济结构严重失衡。

---

① 武力主编:《中华人民共和国经济史(增订版)》,中国时代经济出版社2010年版,第343页。

一、地方工业"自成体系"与"权力下放"

"大跃进"希望通过放权来调动地方政府和企业的积极性,使各地建成独立完整的工业体系。1958年6月1日,中共中央发出《关于加强协作区工作的决定》,将全国划分为东北、华北、华东、华南、华中、西南、西北等7个协作区,要求各协作区应当根据各个区域的资源等条件,按照全国统一的规划,尽快地分别建立大型的工业骨干和经济中心,形成若干具有比较完整的工业体系的经济区域。

工业建设的核心是钢铁生产,在"跃进"的气氛中,各协作区召开钢铁规划会议,纷纷提高钢铁产量指标。华东区首先提出1958年钢产量要达到600万~700万吨,其他各大区也纷纷提出了各自的高指标。东北区提出1959年要达到1100万~1300万吨,华北区提出要达到500万吨,华中区也提出要达到500万吨。在这种争先恐后的气氛下,冶金部党组向中央提出,1959年全国钢产量可以超过3000万吨,1962年可以超过8000万~9000万吨。根据上述报告,毛泽东才认为1958年钢产量可以翻番,北戴河会议内部决定钢产量为1100万吨,公开宣布为1070万吨。

为了完成高指标,地方唯一的办法就是"大炼钢铁""大办工业",而地方之所以有能力"大办",是因为1958年初的经济管理权下放。1958年,在"跃进"的不正常气氛中,1957年制定的经济体制改革方案被实施,经济管理权在短时间内被仓促下放。主要下放的权力如下。

1. 下放企业

1958年,中央各部所属的企事业单位,从1957年的9300多个减少到1200个;中央直属企业的工业产值在整个工业总产值中所占的比重,也由1957年的39.7%降为13.8%。

2. 下放计划管理权

1958年9月,中共中央、国务院在《关于改进计划管理体制的规定》中提出,实行"以地区综合平衡为基础的、专业部门和地区相结合的计划管理制度",在国家统一计划的前提下,由各级地方自下而上逐级编制计划和进行综合平衡。地方在保证完成国家规定任务的前提下,可以对本地区的工农业生产指标进行调整,并对基本建设项目和生产要素进行统筹安排。

3. 下放基本建设项目审批权

中央于1958年4月决定,放松基本建设项目的审批程序,放手让地方扩大基本建设规模;7月,国务院发布《关于改进基本建设财务制度的几项规定》,对地方基本建设投资实行包干制,把年度基本建设投资交给各有关建设部门统一掌握,在保证不降低生产能力、不推迟交工日期、不突破投资总额、不增加非生产建设比重的条件下,自行安排,包干使用。

4. 下放财政权限

从1958年起,对地方财政由"以支定收,一年一变"改为"以收定支,五年不变"。"一五"时期,中央先确定地方的支出,然后按支出划给一定的收入,每年核定一次;而改革确定了地方的收入项目和与中央的分成比例,原则上五年不变,地方多收了可以多支。

5. 下放金融管理权

从1959年起,银行信贷管理体制改为"存贷下放,计划包干,差额管理,统一调度",多存可以多贷。同时,从1959年起实行"全额信贷":之前,国营企业和公私合营企业所需的流动资金,定额部分由财政拨款,超额部分向银行贷款;但从1959年起,一律改由中国人民银行按信贷方式供应。

6. 下放商业、物资管理权限

商业方面,撤销"条条"管理的专业贸易公司,将各省的专业公司改组为省商业厅内部的专业处,各县的公司改为县商业局的经理部,将各级商业行政部门变成"政企合一"的机构,从而将全国统一的纵向商业流通体制改为区域分隔的横向流通体制。物资流通也由纵向改为横向管理,中央统配、部管物资从1957年的532种减少到1959年的285种,保留下来的统配、部管物资也由过去的"统筹统支"改为"地区平衡,差额调拨",中央只管物资的调出、调入。

7. 下放劳动管理权

1958年6月,中央决定放松对招收新工人的审批管理,地方招工计划经省区市确定之后即可执行,不必经过中央批准。随后,中央还放松了对招工方针、职工总数、工资总额计划等的控制。

通过权力下放,中央各部门的经济权力弱化,随之进行了机构精简合并。1958年,撤销合并了国家建设委员会等10多个单位。经过调整,国务院部委减少8个,直属机构减少5个。到1958年底,国务院设68个工作部门。1959年,国务院工作部门又做了进一步调整和撤并,到同年底,国务院设39个部委。图3-1所示为1959年国务院组织机构图。

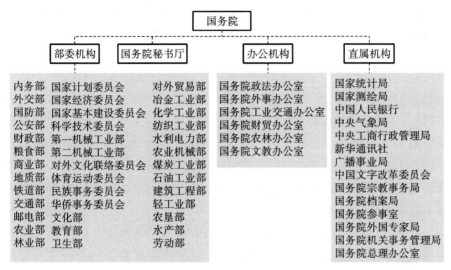

图 3-1　1959 年国务院组织机构图①

二、政府和企业组织行为的变化

这次权力下放引发的变动,其核心在于将中央综合平衡改为地区综合平衡。通过将企业划归地方,并给予地方以财权、物权、人事权、计划管理和基本建设投资等权力,使各协作区自求平衡,调动地方和企业的积极性,促进工业大发展。但是,由于计划指标在"大跃进"中节节攀升、层层加码,地方政府和企业为完成任务,只能依靠扩大投资、大办工业的方法。而权力下放过急使得必要的约束制度缺失,失去约束的地方政府和企业开始了规模空前的投资扩张,行政命令得以毫无顾忌地动员生产资料,使工业投资和生产在短暂的"跃进"之后陷入了严重的失衡。

在当时的历史条件下,地方政府和企业都有扩大投资规模的冲动,在权力下放之前,这种冲动被中央的"条条"管理严格约束着。但权力仓促下放,使得约束制度中出现了一系列严重漏洞,导致地方政府可以用行政命令任意指挥工商业企业和银行的经营行为,经济运行严重背离规律,"地区综合平衡"的目标根本无法实现。

第一,计划管理与基本建设项目审批漏洞。1958 年 9 月以后,为了完成"大跃进"任务,各地采取了"全民大办"的方法加快建设速度,小型工业

---

① 中国网:国务院历次机构改革, http://guoqing.china.com.cn/2013-03/10/content_28191268.htm。

项目遍地开花,建设单位由地县两级扩展到乡社队等基层,动工兴建的项目也从几百、几千而至几十万个。由于钢铁产量翻番在当时已经由生产任务变成了政治政务,所以计划的区域平衡和基本建设的审批制度被忽视甚至废除。计划内项目大量增加,全国施工的大中型项目,1958 年有 1589 个,1959 年有 1361 个,1960 年有 1815 个,每一年的施工项目数都相当于或超过"一五"时期的项目总和;计划外项目更是遍地开花,1960 年计划外施工的大中型项目有 380 个,占全国大中型项目的 20% 以上,同年施工的计划外小型项目更多,约占全国小型项目的三分之一。① 那么,基本建设项目需要的资金和物资又从哪来呢?这就涉及银行、商业和企业管理方面的几个漏洞。

第二,银行信贷膨胀。差额管理的信贷制度要求:地方存款大于贷款的差额上交中国人民银行总行,贷款大于存款的差额由中国人民银行总行补给,在差额包干范围内,多存可以多贷。然而,地方分行为支持"大跃进",提出了"需要多少,就贷多少;什么时候需要,就什么时候贷给"的口号,并将放款必须有物资保证和按期收回等基本原则,当作支持生产的"绊脚石"而予以废除,大撒手地供应资金,导致信贷规模迅速膨胀。1960 年,银行信贷资金高达 954.4 亿元,比 1957 年增长了 2.35 倍,其中工业贷款增长 10.9 倍,商业贷款增长 1.3 倍,国营农业贷款增长 2.1 倍,农村社队贷款增长 0.8 倍。②

第三,商业信用膨胀。为支持"大跃进",商业部门开展了"大购大销"运动,提出了"生产什么,收购什么;生产多少,收购多少;需要什么,供应什么;需要多少,供应多少"的口号,银行为支持商业"大购大销"还提出了"收购多少物资,银行就供应多少资金;在哪里收购,就在哪里供应;什么时候收购,就什么时候供应"的口号。这些做法有两个主要危害:一是商业部门将粗制滥造的工业品统统包下来,这使得生产单位实现了销售收入,因而上交税款和利润,但这部分财政收入对应的是商业部门中的质次价高甚至根本没有使用价值的库存,而这部分财政收入一旦投入使用,就会导致货币超过实物;二是国营商业部门中普遍采用赊销商品的方式,但许多企业无法归还货款,而商业部门预付货款、预付订金,也由于供给紧张而常常无法获得物资,这些都导致了货币超过实物。

---

① 周太和主编:《当代中国的经济体制改革》,中国社会科学出版社 1984 年版,第 73 页。
② 周太和主编:《当代中国的经济体制改革》,中国社会科学出版社 1984 年版,第 76 页。

第四,企业资金乱用。由于企业流动资金采用"全额信贷"制度,管理企业流动资金的机构由财政部门变为银行,约束力大大减弱,导致银行大撒手式的放贷,各单位大量增加流动资金贷款,并突破制度约束而将流动资金挪用作基本建设投资。此外,企业还可以借管理疏漏之机任意挤占国家资金、乱摊成本、偷漏拖欠税款、截留利润,由此获取的资金大多被用来扩大基本建设了。对于基本建设所需要的物资,企业则可以借商业部门开展"大购大销"运动的机会,通过赊购等方式来获取。对于基本建设所需要的劳动力,由于中央在1958年6月规定各地招工计划经省区市确定之后即可执行,不必经过中央批准,所以企业可以放手招工,而这还不包括政府为了"大炼钢铁"而从各行业抽调过去的临时劳动力。解决了资金、物资和劳动力之后,各地方就可以大搞基本建设,而基本建设管理制度的废弛又无法约束这种投资扩张,各地基建规模迅速膨胀,基建战线不断拉长,挤占国家重点建设资金和物资,冲击物资市场,并导致城镇职工人数大幅增加,生产、生活资料供应均陷入紧张局面。

综上所述,地方有增加基本建设投资的冲动,银行和商业信用为之提供资金和物资,建设单位通过挪用资金、赊购、扩大招工等方式将之付诸实施。按照这种模式,1958年兴起了以"大炼钢铁"为核心的工业建设高潮。1958年9月,全国直接参加炼钢的人数超过5000万,已建成的小土高炉激增至60万座;到10月底,全国直接参加炼钢的人数达到9000万,加上其他战线的间接支援,大约有1亿人。以钢铁为中心,还兴起了电力、交通、水利、文教等各条战线的"全民大办",当时称为"以钢为纲,全面跃进"。

但是,工业全面"跃进"的直接后果是货币超发和物资短缺,钱物严重不符,供求严重失衡。1958年,银行的流动资金贷款增加了184亿元,而企业的物资库存只增加了近100亿元,商业和工业部门的银行贷款中,约有80亿元资金没有增加库存。根据当时的清理发现,这80亿元资金的去向主要是:抽出商业资金办工业16亿元,商业部门自己办工业5亿元,商业部门赊销商品和预付货款23.2亿元,预购定金未收回部分占5.8亿元,用于其他方面的商业资金14亿元,其中有一部分被用于基本建设;工业部门用流动资金进行基本建设的10多亿元,主要是地方工业贷款。① 这80亿元没有支撑的贷款,导致1958年下半年物资供应日渐紧张,"地区综合平衡"的规定已经沦为空文,各地物资都是调出的少,调入的多。到1959年,

---

① 陈如龙主编:《当代中国财政 上》,中国社会科学出版社1988年版,第177页。

物资供应已经由"缺口"扩大为"半个月亮"了。各部门、各地区的告急文电纷至沓来,一些本属日常调度的物资供应问题,不得不由国务院领导亲自安排解决。许多生产企业和建设项目停工待料,出现了催货和采购人员满天飞的状况。1959年第四季度,除常驻上海的采购人员外,临时到上海催货、采购物资的人最多时每天有2万多,全市旅馆的住客中约有60%是采购员。辽宁各单位仅派往阜新煤矿催交煤炭的就有700多人。①

为了保钢,其他工业曾一度"停车让路",轻工业和农业更是首当其冲。例如,从1958年下半年开始,分配给轻工业部门生产和建设用的钢材大大减少,原已签订的供应轻工设备的合同也大多被承制的机械工业部门撤销了;交通因运力有限,也只能优先安排重工业的运输任务,轻工业部门生产和建设急需的物资常常被积压在产地、车站,产品也运不出去。这也加剧了生活资料市场的紧张局面。

1958年11月,毛泽东在武昌召开的政治局扩大会议上提出要"压缩空气",把根据不足的高指标降下来。随后召开的一系列会议开始逐步调低指标,纠正"左"的错误。但是,庐山会议后,"反右倾"开始,全国掀起了"再跃进"的高潮,各种"大办"再度兴起,工业领域失衡加剧。最终,因为粮食供应的严重困难,工业"大跃进"也被迫停止。

三、"大跃进"对经济体制的冲击

从体制角度来看,"大跃进"是一场在严重冒进气氛下,地方政府借权力下放的制度疏漏而以行政命令强行集中资源进行工业化的尝试。违背综合平衡原则的干预手段,虽然在短时间内集中了大量资源,但造成了物资严重短缺,信贷规模、职工人数严重膨胀,生产和基建因物资短缺和后续投资不继而停产停工,根本难以持久。而这次工业跃进又畸形偏重重工业尤其是钢铁工业,大量挤占了农业和轻工业生产资源,导致生活资料市场严重短缺,终因人民生活困难而被迫停止。这次尝试,既打破了计划体制的秩序,又导致了市场供求的严重失衡。具体来看,"大跃进"导致以下三个方面的严重损失。

首先,"大跃进"导致国民经济严重失衡。一是财政收支失衡,1958—1960年财政赤字逐年增多,累计达到169.4亿元。二是物资供求失衡。三年间物资可供量平均增速为:钢材38.9%、木材14%、水泥31.6%,都低于

---

① 柳随年主编:《当代中国物资流通》,当代中国出版社1993年版,第19页。

同期基本建设投资额的平均增速40.6%。物资供应十分紧张,不仅挤掉了应当用于生产和维修的材料,还导致许多项目因缺乏物资而不能全部建成投产。三是产业结构失衡,1958—1960年累计轻工业完成基本建设投资共65.7亿元,占同期工业基本建设投资总额的10.7%,其中纺织工业累计完成基本建设投资16.59亿元,仅占2.7%,大大低于"一五"时期的15%和6.4%的比重。① 四是积累和消费失衡。1958—1960年积累率分别为33.9%、43.8%和39.6%,大大超过了"一五"时期平均24.2%和1957年24.9%的比例。而从新增国民收入中新增积累的占比来看,1957年为1/3,1958年超过4/5,而1960年大于100%,即新增积累超过了新增的国民收入,侵占了正常消费。这使得人民生活水平急剧下降,甚至低于保证社会再生产正常循环的最低限度。加之人民公社化运动对农业生产的破坏,国民经济从1959年陷入严重困境,出现了大范围的饥饿问题。

其次,"大跃进"分散了有限的经济资源。摊子越铺越大,分散了人力、物力、财力,导致为全国补短、补缺的国家急需的重点骨干项目建设得不到保证,不能如期建成。大量物力、财力分散在各个项目上,积压在建设过程中不能及时形成生产能力。许多建成的项目也由于设备不配套和相关的项目未能同步建成而不能发挥效益。例如,1960年新增的发电装机容量中,有1/3以上机组因缺乏配套设备发电不足;冶金系统建成投产的大中型项目中,轧机不配套的占30%,高炉不配套的占50%,平炉和矿山不配套的占80%多,为以后建设中的填平补齐造成了极大负担。②

最后,"大跃进"产生了严重的浪费和工程质量问题。由于基本建设审批制度被破坏,许多工程以"三边"方式(边勘测、边设计、边施工)进行,工程质量问题极为普遍。据不完全统计,三年中基本建设工程报废、停建、返工加固、推倒重来以及其他损失达220亿元,占三年累计基本建设投资总额的21.8%。这里还没有包括"全民大办"和"小土群"的大量损失和浪费。以机械工业系统为例,据不完全统计,三年中重大工程质量事故有900多起,1960年一年中机械工业部直属项目用于返工加固的直接费用就达30万元之多。建筑工程部所属系统,1960年一至三季度发生质量事故6968次,其中结构倒塌事故68次,比1959年同期增加30%。③ 没有构成事故的质量隐患更是普遍存在。

---

① 彭敏主编:《当代中国的基本建设 上》,中国社会科学出版社1989年版,第115页。
② 彭敏主编:《当代中国的基本建设 上》,中国社会科学出版社1989年版,第125页。
③ 彭敏主编:《当代中国的基本建设 上》,中国社会科学出版社1989年版,第125页。

"大跃进"的积极意义在于使中国建成了一批生产能力。1958—1960年三年累计基本建设新增固定资产投资702.33亿元,相当于"一五"时期五年累计新增额的152.6%。三年中施工建设的大中型项目达2148个,相当于"一五"时期施工项目的155.2%。三年中建成投产的大中型项目共510个,相当于"一五"时期建成投产的大中型项目总数的85.7%。还有部分建成投产的大中型项目近1000个,比"一五"期间增加近一倍。"一五"期间开工建设的156项骨干项目的续建工程,除三门峡水利枢纽和一个军工项目外,全部在这三年建成投产;"一五"期间动工兴建的其他大中型项目也基本上都在此期间建成投产。① 但是,这些成绩的取得是以扰乱经济体制和违背经济规律为代价的,成绩的背后是经济效益的大大降低。1960年和1957年相比,生铁合格率从99.4%下降到74.9%,全国工业企业每百元产值的生产费用从51.1元增加到56.4元,每亿元工业总产值平均耗用煤炭由10万吨增至21万吨,每亿元工业总产值平均耗用电力由2501万度增至3443万度,全国国营工业企业全员劳动生产率下降了7.8%。在"一五"时期很少亏损的国营企业也在"大跃进"时出现大批亏损,1961年亏损额高达103.2亿元,其中工业企业亏损46.5亿元,相当于整个工业利税的1/3。②

第四节 人民公社化运动对经济体制的冲击

1958年8月,中共中央在北戴河召开的政治局扩大会议通过了《关于在农村建立人民公社问题的决议》,标志着人民公社化运动开始。人民公社的主要特点是"一大二公",这使得公社有权无偿调拨各种生产要素,从而将大量劳动力和生产资料投入到农业基础设施和工业"大跃进"中去。这固然从长远上提高了农村的生产力水平,但也严重干扰破坏了农业生产,导致粮食产量下降,国民经济严重困难。

一、人民公社的特点

人民公社主要有以下五个特点。
一是公有化程度高。集体所有制的范围扩大到公社,原来分属各农业

---

① 彭敏主编:《当代中国的基本建设 上》,中国社会科学出版社1989年版,第118-119页。
② 周太和主编:《当代中国的经济体制改革》,中国社会科学出版社1984年版,第79页。

社所有的生产资料归公社所有,社务委员会可以调度全公社的人力、物力、财力,从事建设事业。一些地方甚至取消了社员自留地和家庭副业,将社员的自留地、自留畜禽、自营果林收归集体所有。原来全民所有的银行、商店和某些企业也下放给公社。

二是政社合一。人民公社不仅是劳动农民集体所有制的经济组织,而且是国家政权在农村中的基层单位。公社的社务委员会或管理委员会同时也是乡政府,公社的社长就是乡长。"一大二公"(一是人民公社规模大,二是人民公社公有化程度高)和"政社合一"是人民公社的两个最典型特征。

三是工资制和供给制相结合的分配制度。公社对社员的口粮和大部分生活消费品实行供给制,同时实行基本工资制。公社每年的收入分配中,社员分配部分首先支付社员的口粮,然后支付社员的基本工资和奖励工资。口粮按国家规定的标准免费供应,工资按社员劳动表现分等级支付,但是供给部分在社员分配中所占比例较高,为60%左右,有的甚至高达70%~80%,而工资部分比例较小,且等级差距很小。分配带有严重的平均主义。

四是生产劳动组织军事化。公社普遍建立民兵组织,劳动力被编入民兵组织,军事训练和生产劳动相结合,往往采用"大兵团作战"的方式进行生产劳动。

五是生活集体化。由公社开办公共食堂、托儿所、幼儿园、青壮年红专学校、敬老院等,其中以公共食堂为主要内容。在实行供给制的时候,有的公社不将口粮分配给社员户,而是分配到食堂,由食堂统一安排,统一办伙食。这样做的目的是解放农村妇女,培养集体生活习惯和集体主义精神,这种方法在人民公社化运动高潮中被普遍推广,被认为是人民公社优越性的一个重要表现。

二、人民公社化运动中的农村经济

不可否认,人民公社有助于克服分散主义,在农田水利建设和提高农业机械化程度方面具有积极作用。但是,人民公社在所有制和分配制度中有两个严重错误:一是认为人民公社是全民所有制,可以无偿调拨人力物力;二是把社会主义和共产主义等同起来,甚至认为人民公社属于共产主义性质。这两个根本错误导致人民公社中"五风"盛行(共产风、浮夸风、瞎指挥风、强迫命令风、干部特殊化风),市场调节几乎被取消,对农村生产力造成很大破坏。

第一，"一平二调"的"共产风"盛行。"一平"指公社内部所有制和分配制上的平均主义。实行公社集体所有制，将原来的穷队和富队拉平，相当于穷队"共了富队的产"。分配制度上，由于反映劳动表现的工资部分占比过低，挫伤了社员的劳动积极性。1959年1月19日，新华社《内部参考》刊载了一篇报道《新会县人民公社在发放第一次工资后出勤率、劳动效率为什么普遍下降》，就反映了供给制对社员生产积极性的打击。此外，公共食堂也是平均主义的典型表现，有些公社提出了"鼓足干劲生产，放开肚皮吃饭"的口号，结果造成极大浪费和少数人多吃多占，引起社员强烈不满，到1958年秋后，许多食堂就已经陷入被迫维持的状态，严重影响社员正常生活。对于当时的平均主义，有人将"组织军事化、生产战斗化、生活集体化"改成了"出工自由化、吃饭战斗化、收工集体化"。

"二调"指公社调拨生产队或农户的人力、物力和财力。为了工业"大跃进"，人民公社开始大炼钢铁、大办社队工业，而所需的生产要素，往往采用无偿调拨的方式，严重干扰了农业生产和农民生活。当时有的顺口溜反映了这种情况："管理区有啥，公社要啥。公社用啥，就来调啥，轻的调一半，重的连根拔"；"办工厂，调原料，调车马带绳套；办食堂，调锅灶，大搞水利调木料；畜牧场，调土地，银行扣款当储蓄；交通设厂调机器"。

"一平二调"给了地方政府尤其是县、乡政府动员资源以从事农业基础设施和工业建设的能力，这也是当时"县县办工厂，乡乡办工厂，规模之大，声势之壮，前所未有"①的根本原因。据1958年5月对安徽安庆地区13个县的统计，仅社办工厂即达到19418个。② 而1958年10月底，全国直接参加炼钢的人数之所以能够达到9000万③，绝大多数是来自人民公社的无偿调拨。由于各地抽调大批劳动力去采矿挖煤、砍树炼铁、兴修水利，留下的老弱妇幼无力完成秋收任务，1958年许多成熟的粮食未能收割入库而烂在地里，丰产却不丰收。

第二，瞎指挥和强迫命令风盛行。政社合一，把集体经济组织和政权机构相混淆，把集体经济组织同上级政权的关系变成下级和上级的关系，助长了干部的瞎指挥和强迫命令的风气，致使集体经济组织的所有权和经营权得不到保障。瞎指挥和强迫命令风与"共产风"相结合，最严重的后果

---

① 国家经委党组：《关于一九五八年度计划第二本账的报告》，1958年3月7日。
② 中共安徽省委编辑室：《农业社大办工业》，安徽人民出版社1958年版，第1页。
③ 胡惠强：《大炼钢铁运动简况》，《党史研究资料》1982年第3期。

是忽视农业生产,忽视农民收入增加和正常休息。1958年和1957年相比,集体总收入增加了11.6%,纯收入增加了11.3%,但集体提留却增加了一倍多,其中公积金增加1.25倍,公益金增加35.7%,而社员分配在总收入中所占的份额减少了5.25%,人均分配仅增加了0.85元,而人均公积金却增加了4.37元。① 同时,这也助长了干部特殊化的风气,滋生了贪污、浪费和官僚主义等问题。有些地方出现了干部徇私舞弊、打骂群众的现象,有的干部甚至用"不准打饭""不发口粮"来处罚社员。

第三,浮夸风盛行。高估产,高征购。本来生产就下降,征购还增加。早在1958年1月,《工作方法六十条(草案)》就要求原定十年实现的《全国农业发展纲要》提前两年、三年、四年普遍实现,并强调要检查评比,以激励人心,大家奋进。结果落后的地方立刻感到巨大的压力,由此产生虚夸。从1958年夏天开始,油菜、小麦、水稻、花生等农作物先后放出高产"卫星",高估产量的浮夸风开始盛行。但是,高估产导致了高征购,结果1958年比1957年粮食总产量增加约2.5%,但净征购量却增加了约23.2%,农村人均粮食占有量反而减少约1.3%。② 加之公共食堂采取"敞开肚皮吃饭",导致1959年春季许多地方农村口粮短缺,牲畜饲料严重不足,以致人畜疾病增多。

第四,极度抑制市场调节。由于人民公社大搞农田水利和工业建设,农村劳动力十分紧张,到集市上买卖东西的人大量减少。更重要的是,"一平二调"的实质在于将农村的资源最大化地动员到工业建设中去,因此取消了农民的自留地和家庭副业,手工业生产合作社升级为合作工厂或进一步升级为国营工厂,小商小贩也大部分过渡到了国营商业,再加上公社社员实行"组织军事化、生产战斗化、生活集体化",因此农村集市贸易基本停止了。

综上所述,人民公社化运动和"大跃进"相结合,导致农村"五风"盛行,市场调节几乎被取消,农村生产力受到破坏。

三、人民公社的初步调整与反复

人民公社化运动的问题引起了中央的高度重视,中共中央和毛泽东开始在一系列会议上,从理论和政策上纠正错误。

---

① 杜润生主编:《当代中国的农业合作制　上》,当代中国出版社2002年版,第536页。
② 杜润生主编:《当代中国的农业合作制　上》,当代中国出版社2002年版,第535页。

1958年11月,毛泽东在第一次郑州会议上提出:必须划清集体所有制同全民所有制的界限,划清社会主义同共产主义的界限;要坚持价格规律,承认商品生产和交换存在的必要性,因此社与队、队与队、社与国家之间,在经济上只能是买卖关系,必须遵守等价交换的原则。随后,毛泽东又在武昌召开的政治局扩大会议上承认,北戴河会议讲三四年、五六年或者更多一点时间,搞到共产主义,这是我们的缺点。紧接着,中共中央在武昌召开八届六中全会,通过了《关于人民公社若干问题的决议》,澄清了两个认识,一是农业生产合作社变为人民公社,不等于把农村中的集体所有制变成全民所有制;二是由社会主义集体所有制变为社会主义全民所有制,不等于由社会主义变为共产主义,农业生产合作社变为人民公社,更不等于由社会主义变为共产主义。这两种过渡,"都必须以一定程度的生产力发展为基础"。在澄清认识的基础上,该《决议》规定:社员个人所有的生活资料和在银行、信用社的存款,在公社化以后,仍归社员所有,而且永远归社员所有;要继续发展商品生产和继续保持按劳分配的原则。

为进一步纠正人民公社体制中的错误,中共中央于1959年2月至3月在郑州召开了政治局扩大会议,即第二次郑州会议。毛泽东在会上批评了"共产风",并且提出要清算旧账,要将公社无偿占有高级社的财产退还。这次会议起草了《关于人民公社管理体制的若干规定(草案)》,规定了人民公社采取"三级所有,队为基础"的方针。这里的"队"指生产队,规模相当于原来的高级社。这一规定使生产队有了所有权和自主权,在一定程度上抑制了公社内部各队之间平均主义的问题。不过以生产队为基本核算单位,仍未解决生产小队之间的平均主义问题,不利于充分调动农民生产积极性。对此,4月召开的八届七中全会通过了《关于人民公社的十八个问题》,规定:以生产队为基本核算单位,以生产队下面的生产小队为包产单位,生产小队有部分的所有制和管理权限,它对土地、耕畜、农具和劳动力等有固定的使用权,超产收入,除按一定比例上缴生产队外,其余由小队使用和支配。同时,《关于人民公社的十八个问题》还要求认真清理人民公社成立以来的各种账目,限制供给制而完善工资制,保证用于农业生产的劳力不少于总数的80%等。八届七中全会之后,中央还采取了许多具体的措施,包括:允许社员私人喂养家禽、家畜,恢复自留地制度,允许社员在完成国家收购任务后将剩余物资拿到市场上交易等。这些规定都对调动农民积极性、恢复农业生产起了重要作用。

遗憾的是,庐山会议打断了纠"左"的进程,反右倾使人民公社再次掀起"大办"高潮:大办钢铁,大办农业,大办粮食,大办县社工业,大办水利,大办交通,大办教育,大办城市人民公社,大办食堂,等等。1960年3月,中央发出《关于城市人民公社问题的指示》,要求各地采取积极态度建立城市人民公社,"上半年全国城市普遍试点","下半年普遍推广"。到1960年7月底,全国大中城市共建立起1000多个人民公社,参加人民公社的人口占城市人口总数的77%。对于农村的公共食堂,中央也在1960年3月指示继续推广,要求全国农村在公共食堂吃饭的人数从1959年底的72%增加到80%。

各种"大办"也使"一平二调"的"共产风"再度盛行。平调范围越来越大,土地、粮食、房屋、生产工具、畜力、劳动力及生活用具等,都无偿调用。平调单位,省、地、市、县、公社和生产队,一级比一级严重。这给国民经济尤其是农业生产造成的危害,比1958年"大跃进"更严重。

四、人民公社化运动的影响

人民公社是农村进行"大跃进"的体制基础,它使县、乡、镇政府得以集中资源推动农业基础设施和农村工业建设迅猛发展,初步改变了农村的面貌。到1960年,社办工业企业总数达到11.7万个,占工业企业总数的46.1%,占集体工业企业总数的74.1%。[①] 这些企业虽然大部分在调整时期下马,但毕竟为后来社队企业(乡镇企业)的发展奠定了基础,积累了经验。从1958年起,农村掀起了兴修水利的高潮,虽然由于不量力而行,半拉子工程很多,但大部分工程经过修改续建,在后来也发挥了作用,特别是这几年对黄河的治理也是有成效的。

但是,人民公社在所有制和分配制度上的严重缺陷,对农业生产造成了严重破坏。粮食产量节节下滑,1958年为19766.3万吨,1959年为16969.2万吨,1960年为14385.7万吨,1961年为13650.9万吨,这其中虽有天灾原因,但"一平二调",以及工业"大跃进"将大量农民从农业生产转移到工业生产,才是造成粮食产量下滑的主要原因。粮食产量下滑的同时,销量随着城市职工人数一起增长。从1958年到1960年,中国粮食销

[①] 汪海波、董志凯等著:《新中国工业经济史(1958—1965)》,经济管理出版社1995年版,第73-74页。

量增长比例分别为14%、9%和5%,结果是从1960年夏天开始,全国出现粮食紧张,引发普遍饥馑,甚至大量人的非正常死亡。

其他农产品的生产也受到影响。从1960年以后,各种副食品和以农产品为原料的工业品都出现供不应求的情况,市场上排队争购现象大大增加,争购最普遍的是饮食和针织品,这使得粮票、布票等票证普遍出现。

第四章

市场因素的复活与高度集中体制的回归（1961—1965）

1961—1965年，国民经济处于调整时期，经济体制总体向着"大跃进"之前的状态回归。一方面，中央将过度下放的经济管理权从地方政府手中收回，并加强国营企业管理，恢复和完善了各项规章制度，使经济体制重新恢复集中统一。另一方面，降低人民公社的公有制程度，确立了"三级所有，队为基础"的农村基本所有制，恢复了家庭副业、自留地和农村集市贸易。这样，中国的经济体制就基本回到了以计划经济为主、以市场调节为辅的状态。但是，这次体制回归又没有完全重复"一五"时期的高度集中统一，而是进行了多种积极探索。首先，在三线和"小三线"建设地区，政府在全国综合平衡的基础上，给予地方政府一定的经济管理权限，在调动地方工业建设积极性的同时，避免了"大跃进"时期的混乱局面。其次，政府开始对物资流通体制进行改革，成立统一的物资管理部门，将分散于各工业部门的销售机构统一起来，按商品流通的办法来提高物资流通效率。再次，政府还在同一地区或同一行业内试办托拉斯企业，统筹各企业的分工协作。最后，农村还自发进行了包产到户的尝试。这些改革探索，都在一定程度上突破了苏联模式的教条，使计划经济体制的运行在60年代中期达到了最好水平。

第一节 政府管理经济的严重失灵和被迫调整

国民经济在"大跃进"和人民公社化运动中严重失衡，不得不从1960

年下半年转入调整,调整农村生产关系,降低工业增速,压缩基建规模。但是,由于各地方、各部门对于调整工作存在分歧,所以国民经济在1961年仍未止住"跃进"势头。1962年,七千人大会统一了全党认识,西楼会议正确分析了经济形势,随后调整工作强有力地展开,迅速扭转了经济结构恶化的趋势。1963年到1965年,国民经济继续贯彻"调整、巩固、充实、提高"的八字方针,但更加注重充实、提高,在进一步优化结构的同时,实现了总量较快增长,达到了历史最好水平。本节着重梳理1960—1965年国民经济调整的过程,其中具体的调整政策与改革措施,将在随后几节详细分析。

一、政府管理失灵与市场供求紧张

"大跃进"导致政府的宏观经济管理失灵,并引发经济秩序混乱和供求严重失衡。

政府失灵,主要表现为地方政府的投资扩张与过度干预经济行为几乎脱离了中央政府的控制。各地为建立起完整独立的工业体系,各自部署了一批骨干项目和配套项目,不顾全国的综合平衡,任意增加职工人数,将重要物资留用于本地建设。针对这种地方主义,陈云在1959年3月的《红旗》杂志上发表了《当前基本建设工作中的几个重大问题》,文章指出,建立完整的工业体系,不是短时间所能解决的。我们的建设力量有限,建立工业体系不能首先从协作区或省、自治区开始,全面铺开,齐头并进,而只能首先从全国范围开始,然后才是一些有条件的省、自治区。现代工业不能没有分工和协作,在一个省、自治区内企图建立完整无缺、万事不求人的独立的工业体系是不切实际的。但是,陈云的这些思想并未被各地区领导普遍接受。"万马奔腾"的投资建设仍在各地持续,从1958年到1960年,施工中的大中型项目分别为1587、1361和1815个,三年中每年施工项目数都相当或超过"一五"计划时期五年的施工项目数。县以上兴建的小型项目,1959年全国建成的就有5万个,1960年施工的达7万个;县以下的小型项目更是无控制地兴建。①

政府失灵对工业、农业和手工业均产生了不利影响。在工业领域,建设规模超过国力上限,导致原料和燃料动力不足,大批工矿企业停工、停产,不少地区发生砍伐树木、拆烧旧屋乃至抢煤事件。摊子越铺越大,还分

---

① 彭敏主编:《当代中国的基本建设 上》,中国社会科学出版社1989年版,第124页。

散了人力、物力、财力,导致为全国补短板的重点骨干项目建设无法如期完工,许多建成的项目也由于设备不配套和相关项目不能同步建成而无法发挥效益。1960年新增发电装机容量中,就有1/3以上的机组因缺乏配套设备发电不足;冶金系统建成投产的大中型项目中,轧机不配套的占30%,高炉不配套的占50%,平炉和矿山不配套的占80%多。[①] 社会再生产循环已经陷入困境。在农业领域,人民公社的"一平二调"严重挫伤了农民的积极性,给农业生产造成巨大损失。在手工业和服务业领域,手工业合作社盲目地转厂过渡,变为合作工厂或国营工厂,集体资产也遭到平调,而且"大锅饭"和官僚主义作风开始盛行,原本面向群众的小生产和服务也出现了品种减少、品质下降、撤点过多等问题,微观经营效率下降。

市场失灵,主要表现为总供求失衡和价格信号错乱。工业生产资料、工业消费品和食品全面短缺。1960年社会商品购买力达到710多亿元,而零售商品货源只有640多亿元,相差70多亿元。1961年集市贸易价格高于国家牌价2.2倍。[②] 粮、油、布、肉和主要生活用品不得不凭票证供应。商品比价关系混乱。一方面,为鼓励农业生产而提高收购价格,因为要保证城镇居民生活而无法顺价销售。另一方面,由于许多项目在技术、管理水平不过关的情况下匆匆上马,产品成本高于国家定价,以冶金工业为例,该部直属企业每吨的生铁生产成本,在1958年约80元,1959年升至93.5元,1960年升至133元。[③] 一些工业基础薄弱地区的生产成本也存在畸高问题。比价不合理给产品的调拨和流通带来了困难,也加剧了商业部门的亏损和国家财政补贴负担。

二、调整的初步进行

1960年,党和政府开始对经济进行降温,确立了调整经济的八字方针。1960年6月,中共中央在上海召开会议,毛泽东在会议期间写了《十年总结》一文,承认"大跃进"和人民公社化运动乱子出得不少,一段时间内思想方法不对头,忘记了实事求是的原则。毛泽东对"大跃进"中一些问题的批评和对实事求是原则的强调,使"左"的气氛开始降温,对纠正错误产生了重要影响。1960年8月至9月,国家计委向周恩来提交的《关于1961年国民经济计划控制数字的报告》中提出,1961年国民经济计划的方针应以整

---

① 彭敏主编:《当代中国的基本建设 上》,中国社会科学出版社1989年版,第125页。
② 郭今吾主编:《当代中国商业 上》,中国社会科学出版社1987年版,第64、311页。
③ 成致平主编:《中国物价五十年(1949—1998)》,中国物价出版社1998年版,第201页。

顿、巩固、提高为主,增加新的生产能力为辅;压缩重工业生产指标,缩短基本建设战线,加强农业和轻工业的生产建设,改善人民生活。周恩来在审查报告时,将"整顿"改为"调整",并增加"充实"二字,从而形成了"调整、巩固、充实、提高"的八字方针,其核心是调整国民经济各部门之间失衡的比例关系。1960年9月,中共中央基本同意并批转了计委《关于1961年国民经济计划控制数字的报告》,第一次正式提出八字方针。

但是,1960年对调整的认识尚不深刻。1960年7月,苏联提出召回全部在华工作的苏联专家,销毁部分技术图纸,撕毁与中国合作的几乎所有经济合同。此事激起了全党全国人民的强烈愤慨,使得7月至8月的北戴河会议通过的《关于全党动手,大办农业,大办粮食的指示》和《关于开展以保粮、保钢为中心的增产节约运动的指示》中,提出了当年炼出2000万吨"争气钢"的目标。这使得高指标又延续了一年多,调整工作才全面开始。

1960年底,调整工作首先从农村开始。1960年11月3日,中共中央发出《关于农村人民公社当前政策问题的紧急指示信》,重申"三级所有,队为基础,是现阶段人民公社的根本制度",至少7年不变,坚决清理"一平二调"的错误做法,坚持按劳分配的原则。11月15日,中共中央又发出《关于彻底纠正五风问题的指示》,要求必须在几个月内下决心彻底纠正十分错误的"五风"问题。这对农业恢复起到了关键作用。

1961年,国民经济正式进入调整时期。1月,中共八届九中全会在北京举行,全会通过了计委《关于安排1961年国民经济计划的意见》的报告,并在会议公报中正式向全党和全国人民宣布,从1961年起对国民经济实行"调整、巩固、充实、提高"的八字方针。全会标志着国民经济停止了"大跃进"和"以钢为纲"的指导方针,进入了调整时期。

但是,全会通过的1961年计划,指标仍然过高,使得国民经济比例失调情况进一步加剧。到7月、8月间,工业生产出现了前所未有的下降趋势,大批企业由于原料不足而停产。1961年8月至9月,中共中央在庐山举行工作会议,会议提出必须当机立断,该退的坚决退下来,以最大的决心把工业指标和基本建设规模,降到可靠的水平上来。会议做出《关于当前工业问题的指示》,不仅为扭转工业滑坡的局面指明了方向,而且为1962年召开七千人大会,动员全党贯彻八字方针铺平了道路。

尽管1961年的调整没能根本触动工业和基建,但在恢复农业、调剂市场和精简职工方面取得了一定成效,并在一定程度上恢复了在"大跃进"时期被破坏的管理体制。

三、调整的全面展开与进一步巩固

对于调整工作,党内始终存在着争论,争论的中心是调整是否必要。一部分同志认为,形势很严重,处于非常时期,不退够就不能前进;也有一部分同志认为,形势并不那样严重,还想伺机而上。这也是1961年调整工作没有放下"大跃进"的架子,工业和基建没有退够的根本原因。

七千人大会在这个紧要关头,统一了全党的认识。1962年1月11日至2月7日,扩大的中共中央工作会议在北京举行,参加会议的除各中央局和各省区市党委负责人以及中央各部门负责人外,还有地(市)、县党委和部分大厂矿及军队各大单位的党委主要负责人,共7118人,因此被称为"七千人大会"。毛泽东在会议上做了自我批评,邓小平、周恩来也分别代表中央书记处和国务院做出自我批评。会议对经济形势做了比较实事求是的分析,为了保证调整工作的顺利进行,会议提出了反对分散主义、加强集中统一领导的要求。这次会议,对统一全党对当时形势和任务的认识,加强团结,坚决贯彻以调整为中心的八字方针,促进国民经济的恢复和发展,起了重大的积极作用。

但是,七千人大会对困难严重性的估计仍然不足,以为经济上最困难的时期已经基本过去。实际上,国民经济并未走出低谷,导致国民经济失衡的根源也并未消除。为此,1962年2月,中央政治局常委扩大会议(又称西楼会议)在北京召开,会议讨论了严峻的经济形势。针对高级干部中存在的"左"的思想,陈云在会上做了《目前财政经济的情况和克服困难的若干办法》的讲话,深刻分析了当前五个困难和克服困难的六点办法,引起了与会者的强烈共鸣。

西楼会议之后,中共中央成立了中央财经小组,任命陈云为组长。中央财经小组有经济决策权力,从而保证了对调整工作的统一领导。随后,一系列强有力的调整措施出台:一是降低工业生产计划指标,压缩工业基本建设规模;二是继续精简职工、压缩城镇人口,关、停、并、转部分工业企业;三是加强支农工业,进一步调整农业政策;四是尽可能地提高轻工业发展速度,进一步搞好商业,活跃市场;五是加强采掘、采伐工业建设。这些努力使国民经济开始走出低谷,1962年底在全面调整中取得决定性进展,经济形势开始好转。农业生产扭转了前三年连续下降的局面。1962年,农业总产值比1961年增长了6.2%,其中粮食增产125亿公斤,人均增加35

公斤;油料增长10.5%,年底生猪存栏数增加2445万头。① 市场供应紧张状况有所缓和,许多商品已经基本能满足需求,城乡人民生活水平略有回升。工业内部比例关系及工业与其他部门间的比例关系得到调整。1962年工业总产值850亿元,其中轻工业产值395亿元,重工业产值455亿元,轻工业产值占比由1961年的42.5%提高到47.2%。农业产值在农、轻、重产值中占比由1961年的34.5%提高到38.8%。② 国家财政扭转了连年赤字局面,实现收支平衡,略有节余。

1962年底,全国计划会议对经济形势分析认为:1962年总的形势正在全面好转,但还只是开始,存在的问题还不少,农业生产还没有达到1957年的水平,基本原料、材料工业特别是木材、煤炭、有色金属、特殊钢材等还是薄弱环节,国防工业的物质基础还很薄弱。因此要巩固已经取得的成绩,争取更大的好转、更好的发展,就必须继续贯彻执行八字方针。1963年7月,为了纠正部分干部的盲目乐观情绪,周恩来在中共中央书记处传达了毛泽东关于1963年至1965年三年继续调整的想法。毛泽东指示,三年调整,重点是巩固、充实、提高。提高质量,增加品种,提高劳动生产率,学会管理,填平补齐,成龙配套。今后三年,必须创造条件,为第三个五年计划做好准备。根据这一指示,1963年9月召开的中共中央工作会议确定:把1963年至1965年这三年作为第二个五年计划与第三个五年计划之间的过渡阶段。这个阶段,经济工作的主要任务是,农业生产达到或超过1957年的水平,工业生产在1957年的基础上提高50%,国民经济各部门的比例关系(主要是工业和农业、工业内部、农业内部)以及消费和积累之间的关系在新的水平上取得基本协调,国民经济的管理工作走上正轨。

因此,1963年至1965年仍然贯彻了八字方针,但和1961年、1962年以调整为中心不同,这三年更着重于巩固、充实、提高。为了贯彻"充实、提高"的方针,各部门加强了设备修理和生产能力配套,努力提高产品质量和增加产品品种,并积极从西方国家引进先进技术设备。从1963年到1966年,中国先后与日本、美国、法国、意大利、联邦德国等国签订近了80多项工程合同。在产业结构上,这一时期除继续加强支农工业以外,还加快了轻工业生产,同时加快了燃料、原材料工业建设。到1965年,国民经济在增长与结构调整上都取得了巨大成绩。1965年,全国工农业总产值为

---

① 赵德馨主编:《中国经济通史第十卷(上册)》,湖南人民出版社2002年版,第271页。
② 《中国统计年鉴1983》,中国统计出版社1983年版,第242-246页。

1984亿元,其中农业总产值590亿元,工业总产值1394亿元,比1957年分别增长59%、10%和98%。工业与农业产值比由1960年的4∶1下降到1965年的2∶1,基本接近当时工农业均衡发展的客观要求;轻重工业产值比从1960年的33∶67上升到1965年的51∶49。化肥、农药和农机等支农性工业产值在工业总产值中的比重由1957年的0.6%升至1965年的2.9%,重工业内部采掘和加工工业的比例也回到1957年的水平。农业内部结构也有较大改善。1965年,粮食产量3890亿斤,比1960年的2870亿斤增产1000多亿斤,与1957年的3901亿斤基本相当。和1957年相比,1965年的棉花产量增加27%,烤烟产量增加45%,甜菜产量增加32%。1963年至1965年,财政收支平衡,累计出现了10亿元的盈余,并还清了外债。人民生活方面,由于农业尚未完全恢复,所以人均食物和棉花的消费量略低于1957年的水平。但总的来讲,中国已经走出了困难时期。①

在介绍了国民经济调整的过程之后,接下来的几节将从不同角度分析这一时期的体制变革。

第二节 公有制程度的退缩和市场机制的初步恢复

国民经济的首要困难是供求失衡,尤其是农产品严重短缺。为此,政府对农村基本经济制度进行了调整,降低公有制程度,恢复了"三级所有,队为基础"的所有制,以及按劳分配、家庭副业和自留地等政策,使农业生产得到了较快恢复。在这个过程中,农村自发的包产到户尝试一度发挥了积极作用。同时,在平衡供求的过程中,政府抓住了流通体制这个核心,恢复了国营商业、合作商业与集市贸易三大流通渠道,并通过一系列流通政策的实施,重新实现了计划流通的有序性与市场调节的灵活性。

一、农村生产关系的调整

1960年,国民经济面临的最大困难是农产品供给严重短缺。因此,经济调整的首要任务是恢复农业生产,而恢复农业生产的关键在于调整农村基本经济制度。

人民公社化运动中,农村经济制度的主要问题有三个:一是所有制上公有制程度过高,以公社为基本核算单位,导致"一平二调""五风"盛行;二

---

① 武力主编:《中华人民共和国经济简史》,中国社会科学出版社2008年版,第119页。

是分配制度上实行供给制和公共食堂制度,导致平均主义和浪费严重;三是取消了自留地、家庭副业和农村集市。受其影响,农民生活水平在1960年降到了最低点,国家的农村政策从下半年开始紧急调整。

1960年下半年,党和政府对农村经济政策的一些严重错误进行紧急纠正。11月,中共中央发出《关于农村人民公社当前政策问题的紧急指示信》(又称《农业"十二条"》),从所有制和经济管理体制上根本纠正"五风"。《紧急指示信》提出12条重大政策:(1)三级所有,队为基础,是现阶段人民公社的根本制度,从1961年算起,至少7年不变;(2)坚决反对和彻底纠正"一平二调"的错误;(3)加强生产队的基本所有制;(4)坚持生产小队的小部分所有制;(5)允许社员经营少量的自留地和小规模的家庭副业;(6)少扣多分,分配给社员消费的部分,一般应该占可分配的总收入的65%左右;(7)坚持各尽所能、按劳分配的原则,供给部分和工资部分三七开,至少在今后20年内坚持按劳分配原则;(8)从各方面节约劳动力,加强农业生产第一线;(9)安排好粮食,办好公共食堂;(10)有领导有计划地恢复农村集市,活跃农村经济;(11)认真实行劳逸结合,保证社员每天睡足8小时;(12)放手发动群众,整风整社。

1961年,农村的基本经济制度和经济政策处于探索徘徊阶段。在《紧急指示信》基础上,1960年12月至1961年1月的中央工作会议,进一步放宽了农村政策:一是社队各级和县以上各级各部门的平调账,都必须认真清理,坚决退赔;二是鼓励家庭副业和手工业,并将社员自留地占当地每人平均耕地面积的比例从5%提高到7%;三是放手活跃农村集市,采取活而不乱、管而不死的方针。1961年5—6月,中共中央通过了《农村人民公社工作条例(修正草案)》,提出了人民公社规模不宜过大,实行公社、生产大队、生产队三级所有,生产大队为基本核算单位;取消供给制和公共食堂。毛泽东在草案讨论中曾提出,把人民公社的基本核算单位放在"脚上"(即生产队),但没有被多数人接受。

1962年,农村的基本经济制度正式确立。经过一年多的试点和调查,1962年2月,中共中央发出《关于改变农村人民公社基本核算单位问题的指示》,决定将基本核算单位由生产大队下降到生产队(但有条件的仍可保持大队为基本核算单位,据统计,这类大队在1962年占全国大队总数的5%),而公社和生产大队主要经营拖拉机站、种子站、水利灌溉设施和生产队无力或不宜经营的非农产业。1962年中共八届十中全会通过了《农村人民公社工作条例修正草案》(又称《农业六十条》),明确规定了人民公社的规模是一乡一社,生产队是人民公社中的基本核算单位,实行独立核算,自负盈亏,直接组织生产,组织收益分配。这种制度定下来以后,至少30年不变。至此,农村基本形成了至1978年改革前长达20年的"三级所有,队为基础"和"政社合一"的农业生产经营制度。1962年,全国平均每个公社有生产大队9.4个,生产队74.6个,农户1793户;平均每个生产大队有生产队7.9个,每个生产队有农户24户。直到1978年,除因人口增加使生产队农户数增加到30户外,农业生产经营体制基本没有大的变化。①

二、农村包产到户的尝试

人民公社体制调整,对于纠正"五风"、调动农民积极性起了很大作用。由于基本核算单位规模小,加上有一些比较切合实际情况的政策措施,同公社化初期那种"一大二公"的人民公社相比,甚至和高级农业生产合作社相比,都是有利于发展生产的。但是,这种调整仍存在局限性,仍不能根除经营管理上的行政命令、生产上的集体劳动和分配上的平均主义,效益仍然较低。因此,当面对严重饥饿的时候,部分干部和农民开始进行以"包产到户"为特征的农业生产责任制。

1961年4月,安徽省委书记曾希圣为恢复生产、渡过难关,率先在安徽推行"包产到田",取得了明显成效。据1961年10月安徽省36个县的典型调查,实行"责任田"的36个生产队,粮食平均产量增加38.9%,而另外36个条件大体相同、未实行"责任田"的生产队,平均只增产12%。据估计,当时全国实行包产到户的生产队约占总数的20%。②

对于分田到户,陈云、邓小平、邓子恢等领导基本采取支持态度。陈云向毛泽东建议:分田到户不会产生两极分化,不会影响征购,恢复只要四年,否则需要八年。邓小平实事求是地指出:"不管是黄猫黑猫,在过渡时期,哪一种方法有利于恢复,就用哪一种方法。……对于分田到户,要认真调查研究一下,群众要求,总有道理。不要一口否定,不要在否定的前提下去搞。过渡时期要多种多样。……总之,要实事求是,不要千篇一律。这几年就是千篇一律。"邓子恢更是当面向毛泽东直言:"责任田"能做到五统一(主要生产资料、生产计划、劳动力、分配、上缴任务统一于集体),不是单

---

① 武力主编:《中华人民共和国经济史(增订版)》,中国时代经济出版社2010年版,第430页。

② 《中国农业合作史资料》,1986年第1期,第14页。

干。"责任田"实际上是一种联产计酬的生产责任制,有强大的生命力。①

但是,毛泽东以他特有的政治敏感,察觉出"包产到户"最终会瓦解集体,产生贫富分化。在1961年试行"包产到户"时,毛泽东并没有明确表态,而是把它作为渡过难关的权宜之计。所以当安徽农业生产恢复时,他就建议曾希圣改变办法。1962年6月、7月间,当他看到一些省份夏收情况比预料好得多,而党内高层有相当一部分人主张包产到户或分田单干时,他觉得这个问题非解决不可。

对于反对单干的理由,毛泽东在1962年8月中央工作会议期间曾有多次谈话,他说:"看来允许百分之几到百分之十几闹单干是可以的,还有百分之九十是集体的嘛!如果全部闹单干,或大部分闹单干,我是不赞成的。如果那样搞,党内势必分裂。"单干以后,"两年都不要,一年多就会出现阶级分化,其中有的还是共产党的支部书记,贪污多占,讨小老婆,放高利贷,买地;另一方面是贫苦农民破产,其中有四属户、五保户,这恰恰是我们的社会基础,是我们的依靠。"而对于农业经营方式和生产效率问题,他指出:"以大队为基本核算单位办得好,又增加生产,就不一定下放到小队。""生产队以二十户左右为宜,太大了不好。田间管理责任制要搞好。有的地段包工到组、到户、到人,这是进步的管理办法,不能说不好。"②

在毛泽东的严厉批评下,陈云、邓子恢等人做了检讨,其他中央主要领导的态度也纷纷转向。尽管毛泽东在讲话中也提出:"对于已经包产到户、分田到户的,现在暂时不要动,不要去强迫纠正,但是要注意做工作。"③但是,他的倾向性是明显的,在强大的政治压力下,包产到户的尝试很快被禁止。

回顾这次争论可以看出,毛泽东坚定地支持农业集体化道路。在这个前提下,他不反对适度缩小核算单位、实行包工到组到户等科学管理方法。然而,从1956年到1978年的22年间,除了苏南、大中城市郊区等经济发达地区和少数经营管理较好的社队(如大寨等先进单位),就全国来看,集体经营并没有发挥出毛泽东预想中的效率,而他捍卫集体化以保护贫苦农民的初衷在许多地区也最终演变成了"共同贫穷"。对于集体经营的弊端,毛泽东并非没有认识,他在中央工作会议期间就曾指出过苏联的前车之鉴:"苏联搞了四十多年,合作化也没有搞好,粮食也没有过关。"他认为中

---

① 逄先知、金冲及主编:《毛泽东传》,中央文献出版社2013年版,第2195-2198页。
② 逄先知、金冲及主编:《毛泽东传》,中央文献出版社2013年版,第2202-2207页。
③ 逄先知、金冲及主编:《毛泽东传》,中央文献出版社2013年版,第2206页。

国"集体化的巩固,必须经过几个回合。我们的集体化已经经过了考验,将来还会继续经受考验的。"他在评价邓子恢的观点时说:"如邓老,你看我,我看你,究竟是单干好,还是集体好,要由历史作结论。"① 为了巩固他理想中的集体化,毛泽东在随后的岁月里不断探索,发动社会主义教育运动、号召农业学大寨,直至发动"文化大革命"。

三、商业体制的调整与自由市场的恢复

经济恢复时期,流通体制的变化较大,但根本的方向是承认流通体制的独立性,使流通的作用由"大跃进"时期地方政府干预经济的工具,恢复成为具有独立性的沟通生产和消费的渠道,并通过扩大市场调节的范围来弥补计划流通体制的不足。

首先,在一定程度上恢复国营商业的集中管理。"大跃进"时,曾将商业专业公司下放给地方政府,结果为企业赊购商品、包销低质商品开了方便之门,并出现地方封锁问题。1962 年 5 月,国务院发出《关于商业部系统恢复和建立各级专业公司的决定》,分三类恢复商业专业公司的垂直管理:第一类专业公司为五金机械、交电器材、化工原料等公司,以总公司领导为主;第二类为纺织、百货、糖烟酒、食品、医药、石油、煤炭、建材等公司,由总公司和省区市商业厅(局)分级领导;第三类为民族贸易、蔬菜、饮食、服务业、劳保用品、仓储运输等公司,商业部不设总公司,只设相应的专业管理局,完全由地方管理,商业部只对经营方针、政策和商品计划方面做必要的统一安排。到 1965 年,商业部共成立了百货、纺织品、五金交电、化工原料、石油、煤建、食品、糖业烟酒、医药、中药材等 10 个专业公司和饮食服务、蔬菜、民族贸易、劳保特需品等专业局。同时,加强商业部管理权。从 1961 年起,商业企业主要财权由商业部和省区市商业厅(局)集中管理;从 1962 年起,商业部门的利润实行中央七成、地方三成的财政分成制度,统计、会计、物价、基建、劳动工资等也由商业部统一规定,地方结合具体情况制定实施办法,但不得随意变更。

其次,恢复供销合作社的集体经济性质。与国营商业加强集中相反,供销合作社的调整方向是分散。1958 年,供销合作社曾与国营商业合并,由集体所有制变为全民所有制,这导致社员股金被国营商业平调。而且由于供销社照搬国营商业的工作方法,导致民主管理制度废止,服务质量和

---

① 逄先知、金冲及主编:《毛泽东传》,中央文献出版社 2013 年版,第 2214 页。

经营管理水平下降,特别是在农产品收购中强迫命令、估买估卖、压级压价现象时有发生。1961年3月,中央工作会议提出恢复供销合作社。6月,中央发出《关于改进商业工作的若干规定(试行草案)》(简称《商业四十条》),肯定了供销合作社的集体经济性质,恢复独立核算、自负盈亏,要求国营商业退还社员的股金和积累基金。到1961年底,全国恢复了基层供销社31000多个,县供销社联社1300多个,省级联社18个。1962年5月,中共中央、国务院又发出《关于供销合作社几个问题的通知》,再次强调:供销合作社是集体经济性质,是国有商业的有力助手,是现阶段中国商品流通渠道之一。到1962年底,全国基层供销社达到33294个,省、县联社全面恢复。①

最后,恢复合作商店、合作小组,允许个体经营,开放集市贸易。"大跃进"时期,合作商店和合作小组经历了两次升级过渡:第一次是人民公社化运动,第二次是1959年底建立城市人民公社,多数地区将合作商店、合作小组中的大部分小商小贩过渡为国营商业或供销社人员,少部分转为从事农业生产。到1960年底,留在合作商店、合作小组中的小商小贩只有90多万人,比1957年减少了200多万。② 这些小商小贩虽维持合作商店、合作小组的形式,但大部分实行与国营商业统一核算。这不仅导致网点大量减少,给人民生活造成不便,而且转为国营、吃"大锅饭"的合作商店、合作小组的服务效率明显下降。1960年1月,中央决定有计划、有步骤地将已经并入国营和供销合作社的小商小贩重新划出去,让他们再度走合作化的道路。但是,由于工作复杂、思想转弯困难,直到1962年5月,商业部和国家工商行政管理局才印发《关于合作商店、合作小组的若干政策问题》,对恢复合作商店、合作小组的方式做了比较合理的规定。1962年9月,中央在《关于商业工作问题的决定》中明确指出:国营商业和供销合作社,应该加强对城乡合作商店、合作小组和商贩的领导和管理,适当安排他们的业务和生活,发挥他们的积极作用,制止他们的投机行为。据1962年9月统计,从国营商业、供销合作商业中退出的小商小贩共88万人。到1964年底,全国共有小商小贩247万人,其中由国营商业归口管理的134万人,由供销合作社归口管理的113万人;合作商店160多万人,合作小组20多万人,个体商贩50多万人。③ 关于农村集市贸易,早在1959年9月,中共中央、国务院就发出《关于组织农村集市贸易的指示》,提出"农村集市贸易是

---

① 程宏毅主编:《当代中国的供销合作事业》,中国社会科学出版社1990年版,第44页。
② 郭今吾主编:《当代中国商业 上》,中国社会科学出版社1987年版,第92页。
③ 郭今吾主编:《当代中国商业 上》,中国社会科学出版社1987年版,第93页。

社会主义统一市场的一个组成部分",要求各地开放农村集市贸易。但是,当时各地正积极通过"一平二调"来进行工业建设,农产品供给日益紧张,开放集市会使农民争相从事贸易,不仅会削弱集体劳动,而且会加剧农产品统购难度,所以集市恢复得非常缓慢。直到1960年11月《关于农村人民公社当前政策问题的紧急指示信》发出,"一平二调"的"共产风"刹住之后,集市才开始全面恢复。到1961年底,全国开放农村集市41437个,相当于公社化以前的99%。①

1962年,党和政府重新肯定了流通的"三大渠道",将调整的成果以制度形式固化下来。9月,《关于商业工作问题的决定》指出:现阶段中国商品流通有三个渠道——国营商业,合作社商业,集市贸易。国营商业是全民所有制经济,是商业的主体和领导力量,应该按照国家的政策和统一的计划,领导全国统一的社会主义市场,组织全国的商品流通。合作社商业是国营商业以外的社会主义商业的另一种形式,它是社会主义集体所有制经济,是国营商业的有力助手。集市贸易是在农村还保存着社员自留地和家庭副业的情况下,农民之间互通有无、调剂余缺的场所,是不以人们意志为转移的客观需要,也是国营商业和合作社商业的必要补充。

在规范流通渠道的同时,商业政策也由临时性、应急性政策向着常态化、标准化政策转型。在国民经济最困难时期,商业政策带有临时性,目的是平衡市场供求,保障人民生活。为解决粮食危机,国家从1960年开始在国内紧急调运粮食,从国外进口粮食,并压缩城镇人口和社会集团购买力。为应对商品少、货币多、集市商品价格猛涨、计划商品变相涨价问题,除对生活必需品采用票证供应外,国家从1961年开始逐步敞开供应高价糖果、糕点、烟酒、自行车、手表、针织品等,从1961年到1965年累计销售120多亿元,比平价销售多回笼资金60多亿元。② 农产品购销政策调整中,为解决收购过头问题,《商业四十条》提出"先留后购""留够留足"的政策。随着市场供求平衡,商业政策也开始规范化。在农产品领域,1961年《关于目前农产品收购工作中几个政策问题的规定》将农副产品按重要程度分为三类:第一类是粮、棉、油,实行统购统销;第二类是其他重要农副产品,当时规定有24类,实行派购;第三类是其他农副产品,实行议价收购。基本收购政策的规范使农民得以休生养息。在工业品领域,国家取消了统购包

---

① 郭今吾主编:《当代中国商业 上》,中国社会科学出版社1987年版,第97页。
② 郭今吾主编:《当代中国商业 上》,中国社会科学出版社1987年版,第123页。

销、"大购大销"的错误做法,恢复商业部门包销、订购、选购和工厂自销等灵活的购销形式,重新理顺了工商、产销关系。

第三节 高度集中管理体制的恢复和三线建设

"大跃进"中,各地方、各部门利用下放的经济管理权限大规模上马基本建设项目,造成国民经济结构尤其是产业结构失衡。为此,中央从1961年开始集中经济管理权限,将基建计划审批和财政、信贷、物资、劳动力等要素管理权都收归中央,从根本上控制住了基建规模,这也使得集中的计划经济体制再度建立起来。但是,这次计划体制的回归并没有完全回到"一五"时期高度集中的状态,而是给地方和企业保留了一些合理的权力。而且,随着三线建设的开展,中央在保持全国一盘棋的同时,给三线地区和各地"小三线"建设都下放了一定权限,取得了较好的效果。

一、集中管理体制的初步恢复

(一) 1960年的紧急调整

1960年下半年,国民经济的困难已经表面化。这一年中央采取了一些应急措施,重点压缩基建规模。9月,国务院决定,在不调整1960年基本建设计划的条件下,责成建设银行通过拨款监督手段,在第四季度减少基本建设拨款支出40亿元。经过建设银行的努力和各部门的支持,实际压缩支出38亿元,使1960年的基本建设投资规模,由铺开的450亿元的摊子压缩到实际完成388.69亿元。① 同时,为了缓解供求紧张局面,中共中央、国务院于12月发出《关于冻结、清理机关团体在银行的存款和企业专项存款的指示》,要求银行从12月15日起,对各机关、团体、部队、事业单位的存款(包括地方预算外存款),国营企业(包括建筑包工企业和事业部门的附属企业)的专项存款(不包括流动资金),基本建设单位的已完工程包干结余资金存款和自筹资金存款,一律暂时予以冻结。这些措施对紧缩支出,避免形势加剧恶化起到了一定作用,但都属于应急的治标之策。

(二) 1961年的初步调整

1961年,国民经济进入调整时期,这一年的调整工作的核心是压缩基本建设规模,手段以集中权力、封堵漏洞为主。1月,中共中央做出了《关于

---

① 周道炯主编:《当代中国的固定资产投资管理》,中国社会科学出版社1989年版,第32页。

第四章　市场因素的复活与高度集中体制的回归(1961—1965)

调整管理体制的若干暂行规定》,重新强调中央"大权独揽、小权分散"的原则,提出经济管理的大权应该集中到中央、中央局和省(市、自治区)委三级。最近两三年内,应该更多地集中到中央和中央局。将1958年以来下放给市、县、公社和企业的人权、财权、商权和工权,放得不适当的,一律收回。《规定》提出了集中权力的各项原则,要求各中央局,各省(自治区、市)委,中央各部、委党组根据这些原则拟出改进管理体制的具体方案。

总的来看,1961年调整的核心是压缩基本建设规模。导致基本建设规模膨胀的根本原因有两个:一是自上而下指标层层加码的压力;二是地方利用"大跃进"时期权力下放的漏洞,将银行和财政资金挪作基本建设投资。因此,1961年的调整首先加强计划管理,强调全国一盘棋,上下一本账,取消了"两本账",停止了自上而下层层加码的做法;其次是针对各地方利用预算外资金、银行信贷扩大基本建设规模的问题,主要采取了三方面措施。

第一,对预算外资金采取"纳、减、管"的方式进行整顿,即有的纳入预算,有的减少数额,都要加强管理。控制住预算外资金的来源和使用范围,不经中央批准,不许增加项目,提高比例;不准化预算内收入为预算外收入,或将预算外开支挤入预算内。从而尽力控制地方用预算外收入进行盲目和重复建设。

第二,责成建设银行加强投资拨款管理。"大跃进"时期建设银行对基建单位往往是"要钱就给,什么时候要,什么时候给"。从1961年起,各省区市的地方级基本建设支出预算,一律同地方财政预算脱钩,改为由财政部通过建设银行总行对各地区实行专案拨款,这就在很大程度上控制住了各地方基本建设投资规模。同时,建设银行总行和各省区市分行,直接根据国家批准各部门、各地区的年度基本建设计划,逐级抄转下达,作为拨款依据,各基层建设银行,严格按照总、分行抄转下达的计划拨款,这就有力地制止了计划外工程。而对于1960年应完未完需要继续建设的项目,一律重新报计划,经批准后统一纳入下年计划之内,至于这些项目在1960年底的结余存款,由于其中很大一部分是没有物资保证的,所以一刀砍掉,不再结转使用。建设银行的这几项措施充分发挥了"守计划、把口子"的作用,对压缩基本建设规模起到了极大的作用。

第三,改革流动资金管理方式。针对企业将流动资金挪作基本建设支出的问题,国务院从1961年7月起,将企业的流动资金由银行一家供应改为:除了超定额流动资金仍由银行发放超额贷款以外,工业、交通运输部门所需的定额流动资金经过核定以后,总额的80%由财政部门通过企业主管部门拨给企业,作为企业的自有流动资金,其余20%由财政部门统一拨给银行,由银行向企业发放定额流动资金贷款。这就降低了银行贷款在企业流动资金中的占比,从而减小了企业将银行贷款挪作基本建设支出的操作空间。同时,国务院又规定任何地区、部门或单位不得以任何名义向财政部借款,堵住了财政借款搞基本建设的漏洞。

以上三项改革,大大减少了地方扩张基本建设的经费,使得1961年基本建设投资降至127.42亿元,较1960年压缩了三分之二以上。① 但是,1961年的调整仍没有将基本建设和财政、信贷规模压缩到更合理水平。原因有三点:

一是基本建设规模变相扩张。当时出现了编制计划留有缺口的虚假现象,不少部门和单位有意少列投资额以应付上级下达的投资规模控制指标,多列建设内容以使扩大的建设规模合法化,从而出现了计划所列投资额和计划要求完成的建设内容不符的情况。有的部门和单位采取预留投资缺口,"先上马后加鞭"的做法;有的采取"年初争项目、榜上有名好说话,年中争投资、水多掺面面多掺水,年末争储备、没钱就拖欠、迫使财政拿钱清欠"的"三部曲"做法;有的则在大型设备安装工程中,只列安装费,不列设备费,过后靠动用国家库存设备来扩大投资规模。例如,一个装机容量10万千瓦的火力发电厂,汽轮机、发电机、锅炉三大件设备价格约占整个项目投资的20%,而安装它们的费用只占4%左右,1961年电力部门的基本建设计划中就有5家电厂的计划投资额只列安装费,不列设备费,但建设内容上又要求建成发电,结果只好动用库存设备,扩大5倍于计划投资额的建设规模。

二是银行信贷被挪作财政性开支。除用银行贷款进行基本建设外,由于一些企业草率上马,产品质量低劣,销路不畅,导致经营困难,因此有些企业挪用银行贷款来弥补亏损,发放工资,缴纳利润,或用于职工福利开支和"四项费用"(企业技术措施费、新产品试制费、劳动保护费、零星固定资产购置费)。这些财政性开支大多无法偿还,致使银行信贷规模继续膨胀。

三是财政资金被侵占、挪用。由于企业亏损加剧,财务混乱,所以出现了10种典型的侵占财政资金的现象,包括挪用应当上缴的税款和利润,挪用银行贷款,挪用应当归还其他单位的货款,把生产成本范围以外的开支挤入生产成本,挪用企业的定额流动资金,挪用固定资产变价收入,挪用固定资产折旧基金和大修理基金,自行提高各项专用基金(附加工资、大修理

---

① 彭敏主编:《当代中国的基本建设 上》,中国社会科学出版社1989年版,第130页。

基金等)的提取比例,挪用企业的"四项费用",挪用基本建设单位储备材料和设备的资金。这些做法加剧了国家财政收支平衡的困难。

由于上述三个漏洞没有堵住,1961年的财政信贷仍然无法统一平衡,当年增发货币近30亿元,年末市场货币流通量高达125.7亿元,比上年末增加31%。①

二、集中管理体制的全面恢复

1962年西楼会议后,中央开始用更严格的制度来加强集中统一,在完成调整任务的同时使国民经济回到了高度集中的计划体制。

（一）加强财政金融管理

为实现财政和信贷的平衡,中共中央和国务院于1962年2月做出了《关于切实加强银行工作的集中统一,严格控制货币发行的决定》,即《银行工作六条》;4月,又做出了《关于严格控制财政管理的决定》,即《财政工作六条》。两个"六条"堵住了银行和财政资金流向基本建设的口子。

《银行工作六条》基本恢复了集中统一的金融体制,堵住了信贷资金漏出的口子。一是收回几年来银行工作下放的一切权力,银行业务实行完全彻底的垂直领导。二是严格信贷管理,加强信贷的计划性。非经中国人民银行总行批准,任何地方、部门和企事业单位不得在计划以外增加贷款,各级党政机关不得强令银行增加贷款。遇有特殊情况,确定需要增加指标时,必须按照程序先上报总行,经批准后方能用钱,决不容许"先斩后奏"。三是严格划清银行信贷资金和财政资金的界限,不许用银行贷款作财政性支出。一切非偿还性的开支,只能使用财政预算资金,按财政制度办事。四是加强现金管理,严格结算纪律。一切单位,超过规定限额的库存现金,必须随时存入中国人民银行。一定数量以上的交易,必须通过中国人民银行转账结算,不得直接支付现金。不准携带现金到处抢购物资,不准开空头支票,不准相互拖欠,不准赊销商品,不准预收和预付货款。中共中央和国务院还责成中国人民银行进行严格的工资监督,各单位的工资支付必须按国家批准的指标范围进行,不得超过。五是各级中国人民银行必须定期向当地党委和人民委员会报告货币发行、工商贷款、工资基金、企业盈亏等情况。六是加强银行工作的同时,必须严格财政管理。财政和银行都按计划办事,谁的支出谁安排,谁的漏洞谁堵塞。

---

① 尚明主编:《当代中国的金融事业》,中国社会科学出版社1989年版,第138页。

《财政工作六条》则堵住了财政资金漏出的口子。一是切实扭转企业大量赔钱的情况。一切国营企业,除国家特别批准的以外,都必须盈利,不准赔钱。各级党委和人民委员会对此负有责任。二是坚决制止一切侵占国家资金的做法,针对企业中 10 种侵占财政资金的现象,党中央和国务院重申十条禁令。三是坚决制止各单位之间相互拖欠货款。工业企业购进货物,必须持有人民银行签署的关于支付能力的证明;基本建设单位订购货物,必须持有建设银行签署的该工程已列入国家计划并已批准拨款的证明。四是坚决维护应当上交国家的财政收入。凡是逾期不交税或偷税漏税的单位,税务部门应及时催收,催收无效的,通知人民银行从其存款中扣交,并加收滞纳罚金。五是严格控制各项财政支出。六是加强财政监督。

(二)加强基本建设管理

基本建设管理的关键有两点:一是管住项目审批权,二是管住资金。1962 年 5 月,国务院先后颁布了《关于加强基本建设计划管理的几项规定》《关于编制和审批基本建设设计任务书的规定(草案)》《关于基本建设设计文件编制和审批办法的几项规定(草案)》。一方面,加强对基本建设计划和建设项目审批权限的集中统一管理。一切基本建设必须纳入国家的统一计划,各地区、各部门一律不准在计划外乱上项目;中央各部直属大中型建设项目由国务院审批,地方大中型建设项目中的重大项目也由国务院审批。另一方面,实行基本建设资金的高度集中统一管理。基本建设资金不再由地方财政包干,改为由中央财政专项拨款,由建设银行统一管理。到 1963 年,国务院颁布《关于加强基本建设拨款监督工作的指示》,正式形成了"四按拨款法",即建设银行要"严格按照国家基本建设计划拨款,严格按照基本建设程序拨款,严格按照国家批准的预算拨款,严格按照工程进度拨款"。基本建设管理重新实现规范化。

(三)加强企业和物资管理

为加强权力集中,中央从 1961 年开始陆续收回一批下放不当的企业,尤其是将国防工业企业一律收归国防工委直接领导,将全国铁路收归铁道部统一管理。从 1958 年下放之后到 1965 年,中央各部直属企事业单位数由 1200 个增加到 10533 个。[①]

为克服"大跃进"时物资供应渠道紊乱、各地区和部门各自为政、物资调度不灵等问题,中央从 1962 年初成立由薄一波、谷牧、袁宝华领导的全

---

① 武力主编:《中华人民共和国经济史(增订版)》,中国时代经济出版社 2010 年版,第 402 页。

国清仓领导小组,号召全国各行各业开展物资大检查。5月,中央批准了国家经委《关于在物资工作上贯彻执行集中统一方针、实行全面管理的初步方案》,该方案的基本指导思想就是:全面管理生产资料,统一管理供销业务,集中管理中转仓库,建立全国统一的物资管理系统和业务经营网。1963年,原来设在国家经委内的物资管理总局改为国家物资局,开始从一些生产部门将销售机构接管过来,实行物资流通的统一领导。1964年,物资局升格为物资管理部,原由各工业部门分管的统配物资销售机构,大多交由物资部统一管理。

(四)加强劳动力管理

为减轻财政和信贷的支出压力,配合财政金融和基本建设方面的改革,国家同时进行精简职工、企业裁并工作。1961年5—6月,中央明确做出大幅精减城镇人口的重大决策,制定了《关于减少城镇人口和压缩城镇粮食销量的九条办法》,决定在1960年底城镇人口1.3亿基础上,三年内减少城镇人口2000万以上,并要求1961年至少减少1000万,同时压缩粮食销量15亿~20亿公斤。1961年国家职工减少了873万,工业职工减少547万,城镇人口减少了1000万左右,粮食销量减少了20亿公斤。1962年5月,中共中央、国务院做出《关于进一步精减职工和减少城镇人口的决定》,提出精减职工与工业调整、企业裁并结合起来进行,要求全国职工数再减少1056万~1072万,城镇人口再减少2000万,在1962年、1963年基本完成,1964年扫尾。当时,根据原材料、燃料、动力供应的可能,农业和市场的需要,以及企业的具体情况,综合平衡,进行排队,然后制定统一的"关、停、并、转"的调整计划,限期执行,使得1962年全民所有制工业企业数由7.1万个降至5.3万个,较1960年减少4.3万个。企业裁并推进了职工精减,1962年底,全国精减职工900万,城镇人口减少1200万,商品粮少销40.5亿公斤。1963年1月至6月,全国又精减职工128.4万人,城镇人口减少了300万人,基本完成了1962年5月规定的任务。[1] 到1963年,劳动力和工资管理实现规范化,党中央和国务院强调:国家计划规定的职工人数指标,必须严格遵守,不得超过。各地方、各部门在国家计划外增加职工,必须单独请示报告,经过中央主管部门审批后,转报中央批准。

上述改革彻底控制住了基本建设规模,1962年基本建设投资额降至

---

[1] 武力主编:《中华人民共和国经济史(增订版)》,中国时代经济出版社2010年版,第391-394页。

71.26亿元。① 国家财政扭转了前四年连年赤字的被动局面,实现了收支平衡,略有节余。企业扭亏增盈也从1963年开始显现成效,1963年,全国亏损企业亏损总额64.4亿元,比1962年减少28.7亿元;同年,全国各国营企业实现利润177.9亿元,比1962年增加20.7亿元。②

随着国民经济的调整,经济体制也回到了高度集中的状态。由中央管理的工业产品增加到400种左右,这些产品的产值占工业总产值的60%左右。中央管理的农副产品有30种左右,产值占农业总产值的70%左右;中央管理的主要零售商品有90种左右,零售额占社会商品零售总额的70%左右。中央统一分配的主要生产资料增加到200种左右,生活资料10种左右。③ 随着权力集中,国务院不仅恢复了一些被撤销的机构,而且增加了新的机构。到1965年底,国务院的机构数达到新中国成立后的第二次高峰。图4-1所示为1965年国务院组织机构图。

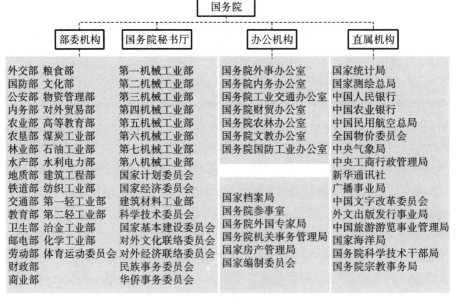

图4-1 1965年国务院组织机构图④

---

① 周道炯主编:《当代中国的固定资产投资管理》,中国社会科学出版社1989年版,第32页。
② 陈如龙主编:《当代中国财政 上》,中国社会科学出版社1988年版,第225页。
③ 武力主编:《中华人民共和国经济史(增订版)》,中国时代经济出版社2010年版,第402-403页。
④ 中国网:国务院历次机构改革,http://guoqing.china.com.cn/2013-03/10/content_28191242.htm。

三、三线建设对经济体制的影响

(一) 三线建设的决策制定

60年代初,国际形势再度紧张。1960年,中苏关系破裂,苏联在中苏边界部署重兵。蒋介石在美国支持下叫嚣"反攻大陆"。美国侵略越南的战争也步步升级。1964年,毛泽东在听取计委关于"三五"计划的汇报时提出:制订计划要考虑打仗,要搞三线基础,一、二线也要搞点军事工程。8月,中央书记处召开会议讨论三线建设问题,毛泽东在会上强调:要准备帝国主义可能发动侵略战争。现在工厂都集中在大城市和沿海地区,不利于备战。工厂可以一分为二,要抢时间迁到三线去。各省都要建立自己的战略后方。根据这一指示,会议决定:首先集中力量建设三线,新建项目都要摆在内地;沿海能搬的项目要搬迁,两年内不能见效的续建项目一律缩小规模,沿海所有部门要求增加的投资一律"顶住"。

三线建设的决定改变了"三五"计划原定的"解决吃穿用,加强基础工业,兼顾国防和突破尖端"的方针,转变为"积极备战,以国防建设第一,加快三线建设,逐步改变工业布局"。1965年建设的指导思想,明确规定为:争取时间,大力建设战略后方,防备帝国主义发动侵略战争。在中国纵深地区建立起一个工农结合的、为国防和农业服务的、比较完整的战略后方基地。

(二) 三线建设中的体制调整

三线建设是计划体制回归集中、中央政府恢复了对宏观经济的统一管理之后,所发动的一次对区域经济和产业结构的大调整。从体制来看,三线建设又是将中央的集中统一与地方积极性相结合的一次较为成功的探索。

一方面,三线建设由中央统一领导,没有出现地方基本建设失控的局面。由于三线建设要求各工业部门将已有生产能力从沿海向内地搬迁,并将新的建设投资主要部署在内地,仅从经济效益的角度来看,它有违各部门和沿海地区的利益,因此需要党中央和国务院的强力推动。从1964年下半年开始,在中共中央、国务院直接部署下,建立了强有力的指挥系统。各部门领导亲自带队到三线地区选择新建项目的厂址。1965年4月,国家重新成立建委,明确规定其主要任务之一是:切实抓好西南、西北战略基地和一、二线后方基地的建设及重点项目的建设。从1965年开始,基本建设的重点转到了战备方面,形成了三线和各地战略后方的建设高潮。但是,要指出的是,这次建设高潮是集中统一领导下进行的,并没有打破综合平衡的原则,因而没有出现1958年权力下放后,各地基本建设蜂拥而起的失控局面。

另一方面,三线建设采用"条块结合"的管理方式,既兼顾全国的综合平衡,又给予地方一定的自主权。以物资供应为例,"大跃进"时的物资管理权曾下放给地方,结果导致各地留用得多、调出得少,最终导致地方和全国都出现供求失衡。三线建设汲取了教训,物资管理部在西南、西北、中南地区成立了物资供应总指挥部,西南、西北地区由物资部各派一名副部长担任总指挥长,中南总指挥长由大区选派。总指挥部在兼顾全国综合平衡的前提下,统率本地区各级物资部门(包括物资一级站、各储运公司、各省区物资局、各地区物资局和所属公司),与各项目主管建设指挥部和地方有关单位配合,做好本地区的物资调度、供应工作。总指挥部在本地区内有一定自主权,可以打破条条块块的束缚,统一调度、灵活调剂本地区的物资供应,大大提高了物资流通效率。而且,为避免"大跃进"时大小项目一起哄抢物资的情况重演,地区物资局还按建设项目的轻重缓急分为歼灭战项目、重点项目、一般项目,既保证重大项目不停工,又兼顾其他项目。工业部门也都采用了类似的"条块结合"的方式,例如,在铁路建设上,成立了由中共中央西南局第一书记李井泉主持的,由铁道兵、铁道部和有关部门主要领导人参加的西南铁路建设总指挥部,统一领导西南铁道建设;在国防工业建设上,成立了由国防工业企业、地方领导机关、施工设计单位、物资部门共同参加的现场工程指挥部,由现场指挥部对各参建单位实行统一领导;在冶金、能源、机械等领域,也都成立了地区指挥部,采取这种"条块结合"的管理方式。

总的来看,三线建设是在全国统一领导、综合平衡的前提下,向三线地区下放权力,从而在全国不乱的情况下调动起了地方的积极性。而且,这次下放把住了财政、金融和劳动力管理等领域的口子,也没有采用层层下放的方式,从而避免了地方基建一哄而起的情况。从1965年到1975年,三线地区共完成基本建设投资1269.67亿元,其中国家预算内投资1119.4亿元,占88.2%,预算外投资只占不到12%[①],如果除去1970年权力下放和林彪集团破坏的影响,预算外投资占比更低,这说明三线建设避免了"大跃进"中的地方投资失控的问题。尽管"靠山、分散、隐蔽"的原则导致了效

---

① 彭敏主编:《当代中国的基本建设 上》,中国社会科学出版社1989年版,第163页。

益低下问题、过度强调战备忽视了农业和轻工业发展,但是仅从计划管理体制变革的角度来看,三线建设将计划的统一性和地方的积极性较好地结合了起来,不失为一次比较成功的体制调整。

(三)"小三线"建设中的体制调整

各省、区战略后方的建设,称为"小三线"建设。它以地方军工项目为主,并相应进行钢铁、机械、煤炭、电力、交通运输等地方工业、交通项目的建设。

"小三线"建设中的军工项目,由地方政府根据国家批准的建设规模,自行组织选厂定点、设计、施工。整个建设工作和建成后的生产经营均由地方负责。由于发挥了地方的积极性,各行各业都来支援,加上规模较小,所以建设速度普遍较快,一年左右即可建成一个工厂,迅速形成生产能力。

"小三线"建设中的地方工业项目,其主要目的是为了提高地方自力更生能力,为农业生产服务,为地方军工生产和建设配套。从1965年到1975年,各地采取了多种措施进行小工业项目的建设。对于地方工业项目,国家按资金来源和项目规模来分级分类管理。地方工业建设项目,按资金来源可以分为国家预算投资项目和地方自筹资金项目。从1966年开始,国家预算内安排的地方工业基本建设,大中型项目由中央安排,小型项目由中央各部会同地方安排,此类项目节约的投资归地方使用。而对于地方自筹资金进行的基本建设,由省区市自行安排,其中大中型项目报国家计委审批。地方农牧业、农业机械站和修理网、农垦、林业、水利、气象、水产、交通、商业、银行、高教、卫生、文化、广播、体育、科学、城市建设等部门的投资,划归地方统筹安排,中央各部不再下达建设项目和投资指标。同时,为扶持地方小型钢铁企业发展,国家还对小钢铁厂的产品给予免税照顾;允许地方自行规定产品的出厂价格,如有营业亏损,地方在保证完成国家财政任务前提下,可以从地方财政中给予补贴。这些政策使得地方钢铁、煤矿、电站、机械、化肥等"五小"工业继"大跃进"之后再度发展起来。但是,由于"文革"破坏,直到1970年权力下放才形成第二次高潮。从1965年到1966年的实践来看,"小三线"与"大三线"建设类似,也是在集中统一、综合平衡的前提下调动了地方积极性。这不失为对计划体制的一种改革探索,遗憾的是"文革"的爆发打断了这一探索。

第四节 国营企业改革尝试和试办托拉斯

国民经济调整除在宏观上重新划分中央和地方政府的权力之外,还要在微观上加强国营企业管理,以克服生产混乱、经营低效的问题。1961年公布的《工业七十条》建立健全了企业的各项规章制度,提高了国营企业的管理水平和经济效率,也成为计划经济时期国营企业管理的纲领性文件。为进一步提高国营企业的运行效率,政府开始探索成立物资管理部门,统一接管原属各工业部门的销售机构,成为物资流通的"总后勤部";同时,还探索将同一地区、同一行业的企业组织成为托拉斯,以增强协作效率。这两方面的探索均取得了积极成效,但也由于突破了计划经济体制原有的利益关系,而受到了工业部门或地方政府不同程度的反对。

一、加强国营企业的管理

加强国营企业管理是调整国民经济、从微观上治乱的重要手段。当时的国营企业存在严重问题:不讲经济核算,工资、奖励制度存在平均主义,党委包揽日常事务,瞎指挥、乱操作现象很普遍,生产秩序混乱,经济效益差等。

调整经济的若干指示虽然对加强国营企业管理有一定作用,但是光靠原则性指示还不够,必须有具体的规章制度。1961年6月,邓小平主持中央书记处会议,正式确定起草工业企业工作条例。会后,经过详细调研、酝酿、讨论、修改,拟定了《国营工业企业工作条例(草案)》(即《工业七十条》)。1961年8月,在庐山召开的中共中央工作会议通过了该草案;9月16日,《工业七十条》由中共中央公布试行。

《工业七十条》针对当时国营工业企业管理工作中存在的问题,明确规定了国营工业企业的性质和基本任务,重新肯定了党委领导下的厂长负责制,要求建立和健全必要的责任制和各项规章制度,强调计划管理、按劳分配、企业经济效益和职工物质利益等项原则,并做出许多具体规定。《工业七十条》不仅在当时指导着工业企业的整顿工作,而且在此后很长一个时期内成为中国工业企业管理的纲领性文件。"党委领导下的厂长负责制"是《工业七十条》的核心,它既保证了党的领导,又限制了党委对生产行政工作的过多干预,强化了厂长及车间主任、工段长对生产的指挥权。这对纠正当时企业领导制度执行中发生的偏差,推动工业企业整顿起了很大作用。

《工业七十条》政策明确,办法具体,下发后受到企业干部和职工的广泛拥护。各地区各部门选择不同行业和大、中、小不同类型的企业进行试行。通过试行和整顿,一些在"大跃进"中受到破坏的工业企业较快地恢复了元气,开始出现新气象,正如刘少奇在"七千人大会"的报告中所说:"在那些认真讨论和试行工业七十条的企业,成绩都比较显著。"①1962年第一季度,国家经委会同各地区各部门,对《工业七十条》的贯彻执行情况进行了检查。第一批试点的中央和地方工业企业近3000家,都不同程度地调整了企业内部关系,改善了管理工作,生产逐步好转。

但试行工作也存在阻力,并始终伴随着争论。试行的阻力来自地方各级党委。"党委领导下的厂长负责制"受到了许多企业党委的强烈反对。对此,邓小平态度十分坚决,要求必须不折不扣地执行厂长负责制。1961年12月,他在中共中央书记处会议讨论企业整顿问题时指出,企业生产指挥权一定要集中在厂长负责制上,至少三年内如此。②

《工业七十条》得到了毛泽东的支持。在1961年8月中央工作会议上,毛泽东说:"这次会议搞了几个好文件,如'工业七十条'、'高教六十条'等,证明我们的经验比较多了。"③邓小平后来多次对具体负责条例起草工作的薄一波说:"毛主席直到临终时,还把《工业七十条》的文件摆在枕边,始终没有提出过批评。"④

不过,《工业七十条》解决的只是企业的微观管理问题。随着计划体制向着高度集中回归,各工业部门"条条"分割的弊端再次暴露出来。对此,中央进行了两方面的改革探索:物资流通体制改革和试办托拉斯。

二、试行物资按商品流通

随着工业企业数量的增加,原有的物资计划分配体制日益暴露出低效的问题。由于各个部门都要建立自己的仓储、运输和销售机构,所以造成机构重叠,价格不统一,甚至出现同城倒库、相向运输等问题。对此,刘少奇早在1956年就提出,"许多生产资料可以作为商品进行流通",应该采取商业的办法,由统一的物资部门来组织所有生产资料的流通。1958年以

---

① 《刘少奇选集 下卷》,人民出版社1985年版,第357页。
② 王永华:《"工业七十条"争论始末》,《党史博采》2010年第2期。
③ 逄先知、金冲及主编:《毛泽东传》,中央文献出版社2013年版,2135页。
④ 薄一波:《若干重大决策与事件的回顾(下)》,中共党史出版社2008年版,第687页。

来,他多次提出国家要建立统一管理全国物资流通的专业机构——物资部。物资部相当于"第二商业部",成为沟通物资产销的渠道。与商业部不同的是,多数物资由于体积和质量庞大,无法像日用百货一样集中到同一个商场里销售,而是要根据物资性质,不同的物资建立不同的仓储、销售机构。在物资部成立之前,这些仓储、销售机构分属于不同的工业部门,而建立物资部的关键,就在于将这些机构划归物资部统一领导。

1959年8月,国家经委物资办公室成立。1960年2月,国家经委召开了第一次全国物资工作会议,会上不少同志认为:应当研究建立由各级物资部门对生产资料的收购、供应、调度及物资仓库,实行统一组织管理的体系;为了实行统一管理,应该把各工业部门的产品销售业务连同其机构、人员交由物资部门管理,形成一个统一的"总后勤部"。1960年5月,中央同意了经委关于加强物资管理的意见,批准成立国家经委物资管理总局。到1960年底,经委物资管理总局已经接管了各生产部门的销售业务、机构和仓库,并在各部销售办事处的基础上建立了61个一级供应站,其中金属站5个,机电站28个,木材站10个,轻工站7个,建材站6个,化工站5个。[①]然而,1961年初,中央做出《调整管理体制的若干暂行规定》,从地方收回权力,其中规定:"中央各部直属企业的行政管理、生产指挥、物资调度、干部安排的权力,统归中央主管各部。"当时,多数工业部门对实行物资统一管理意见较大,主张实行"部门产供销一体化"。经委物资管理总局只得将煤炭、石油、化工、建材、轻工和火工产品的销售机构、人员交回主管部门,经委物资管理总局工作人员也由1000多人减少到400多人。

随着国民经济的恢复,物资分散、渠道混乱、调度不灵、流通不畅、供需矛盾等问题再次凸现,中央决定重启物资体制改革。1963年,经委物资管理总局升格为国家物资管理总局,开始对全国物资管理机构、经营网点、财务工作进行统一管理。化工、建材、火工产品的销售机构、人员,又划归国家物资管理总局。1964年,国家物资管理总局改为物资管理部,全面组织生产资料的经营管理工作。到1965年底,物资管理部已拥有金属、机械、建材、木材、化工、储运6个总公司。全国物资系统已设有各种物资经营网点3744个,生产资料服务公司152个,共有职工20万人,初步形成了遍布全国的物资管理系统和经营网络。[②]

[①] 柳随年主编:《当代中国物资流通》,当代中国出版社1993年版,第27-28页。
[②] 柳随年主编:《当代中国物资流通》,当代中国出版社1993年版,第29页。

改革提高了物资流通效率。金属材料、机电设备、化工材料、木材、建筑材料、火工产品的销售业务和机构,都已经由国家物资部统一管理,其余统配物资也在国家物资部门统一组织下进行订货,这使得这一时期国家订货合同基本上得到兑现。原来执行合同较差的钢材和水泥,在1963—1965年的国家订货合同也全部完成。冶金、一机、石油、化工、水电、煤炭、农机、建工、轻工、交通、地质、林业部和手工业合作总社等13个中央部门还将中转仓库移交给了物资部门,这使得物资部门可以统一调度物资,提高了仓库利用率,并制定了全国统一的管理费标准,使管理费较1962年以前降低了20%左右。[①]

改革还使物资部门能够按经济区域就地就近统一组织供应。为克服相向运输、同城倒库等问题,物资管理部先后在石家庄、无锡、徐州和三线建设地区,进行打破条块分割、按经济区域由当地物资部门就地就近组织供应的试点,起到了减少中转环节、降低流通费用的效果。特别是三线重点建设项目所需的主要建筑材料,由物资部门负责确保供应,效果更为突出。江苏、河北、河南、湖南、吉林等13个省区参照上述做法,自行组织试点,按经济区域合并重叠的物资管理和供销机构,调整物资流向,统一组织供应,也取得了较好效果。如河南全省就撤销了14套重叠机构,精简10%人员,充实了基层供应站。此外,许多地方的物资部门还建立了生产服务队,实行下厂、下乡服务,为加强产销衔接、提高流通效率发挥了积极作用。

三、试办托拉斯

之前的改革只是中央和地方政府之间进行权力的再分配,而试办托拉斯则是要确立企业的主体地位。

随着工业企业数量逐渐增多,同一地区的工业企业之间有了联合的需要,但是由于它们隶属于不同的部门,简单的横向联合往往需要复杂的行政程序。根据1963年经委对沈阳463户国营工业企业的调研,其中中央直属企业102户,省属企业54户,其余为市属企业。这些企业又分别隶属于中央17个部委的38个局、省18个厅和市的20个局或公司,各种管理机构纵横交错,关系复杂。[②] 行政体制妨碍了企业之间的合作,因此各部门、各地方都追求"大而全""小而全""不求人",结果造成了浪费低效。

---

① 柳随年主编:《当代中国物资流通》,当代中国出版社1993年版,第32页。
② 武力主编:《中华人民共和国经济史(增订版)》,中国时代经济出版社2010年版,第405页。

早在1960年春,中央就考虑过搞托拉斯。邓小平在1960年3月的一次会议上说:所谓搞托拉斯,就是以一个行业为主,兼管其他行业。比如淮南,有煤有铁,还有化工,搞一个托拉斯,或者归煤炭部管,或者归冶金部管,都可以。又比如石景山钢铁厂,京西煤矿就在它的门口,还有迁安铁矿、龙烟铁矿,这几个点可以建几个钢铁基地、几个化工基地,搞个托拉斯来管。但是,由于当时国民经济正在调整,所以没有具体改革部署。

1963年经济好转,中央重新考虑工业管理体制改革,认为管理工业企业,主要是用经济办法,而不能片面地依靠行政手段;可以考虑利用像托拉斯这一类生产、交换和科学试验的综合性的组织形式,来为社会主义服务。10月,刘少奇在听取薄一波关于工业情况的汇报时指出:要按行业组织专业公司,减少行政干预。由行政机关管,不如由公司管,即用托拉斯这种经济组织代替行政组织来管理经济,并把各部、省的厅、局由以前的行政机构改为企业组织,从而进一步接近生产、接近企业。1964年4月,国务院批准在徐州成立华东煤炭工业公司,第一个托拉斯试点企业成立。8月,中共中央、国务院批转了经委党组《关于试办工业、交通托拉斯的意见的报告》,要求各中央局,各地方党委,中央各部委,国家各部委党委、党组参照执行。

第一批获准试办的托拉斯有12个,其中全国性的9个,地区性的3个:轻工业部所属的烟草公司和盐业公司,煤炭工业部所属的华东煤炭工业公司,第一机械工业部所属的汽车工业公司,农业机械工业部所属的拖拉机、内燃机配件公司,纺织工业部所属的纺织机械公司,冶金工业部所属的制铝工业公司,化学工业部所属的橡胶工业公司和医药工业公司,地质部所属的地质机械仪器公司,水利电力部所属的京津唐电力公司,交通部所属的长江航运公司。这些公司根据行业性质不同,分别集中了数量不等的中央和地方企业,例如烟草公司和医药工业公司集中管理全国所有的烟厂和药厂;地质机械仪器公司则仅管理原有的中央直属企业;而其余的全国性托拉斯,除管理原有中央直属企业外,还上收了数量不等的地方企业,如汽车工业公司从全国169个地方专业汽车配件厂中上收了42个,盐业公司集中了全国的大盐场和盐业销售机构。与此同时,部分省、市也试办了一些由地方管理的托拉斯,如黑龙江的糖业公司,北京的玻璃总厂和塑料总厂等。1965年,国务院又试办了石油工业公司、仪器仪表工业公司和木材加工工业公司等3个托拉斯,并决定将工交各部的专业安装队伍和土建队伍按行业组成若干个全国性的建设托拉斯。1966年7月,经委又批准了几个地方性托拉斯。

这些托拉斯组建之后,即着手改组生产组织,改革管理制度,建立适应社会化大生产和专业化分工协作的经营管理方式,促进了设备利用和生产技术水平提高,收到了较好的经济效果。例如,医药工业公司将全国297个药厂调整为167个,精减职工4700人,使六大类原料药产量在1965年第一季度同比提高29%,同时提高了产品质量,增加了品种。汽车工业公司按地区组成了长春、北京、南京、重庆4个分公司,济南、武汉2个汽车制造总厂和围绕分公司的专业化协作网,由总公司统一领导、统一规划,按专业化协作原则对企业进行调整和改造,使1965年全国汽车产量增长40%多,并试制成功15种新型汽车。[①]

但是,试办托拉斯也遇到了一些问题。一是全国性托拉斯与地方的矛盾,主要是地方反对将本地企业上收或调整,例如上海工业基础雄厚,希望自己组织专业化生产和协作,反对医药、橡胶托拉斯上收其企业。江苏、山东、北京等地也有类似问题。二是托拉斯内部统一经营与所属企业分级管理的矛盾。总公司要统一管理产供销、人财物,受到一些曾经独立核算的厂矿反对。三是托拉斯同原有计划体制矛盾。例如财政管理体制,托拉斯上收的地方企业大多是效益好的,上收会导致地方财政收入减少,这是改革受到地方反对的主要原因。再如物资管理体制上,物资是按企业隶属关系分配的,托拉斯对归口管理的地方企业,只管计划,却不管物资供应,物资分配渠道没有打通,导致这些企业难以完成计划。

1965年5月至6月,经委党组召开了托拉斯试点工作座谈会,总结试办一年的经验教训。刘少奇在会上肯定了托拉斯改革的方向,他指出:办托拉斯就是要组织起来,组织起来才能搞专业化、标准化,才能增加产量,提高质量,发展新品种。托拉斯不是只办几个,要把眼光放大一点,全面看问题。邓小平还提出托拉斯章程问题。

遗憾的是,"文革"爆发打断了这种积极的探索,刚刚兴办的托拉斯或者被迫解散,或者名存实亡。例如,上海工交系统组织了批判托拉斯的誓师大会,许多工厂企业先后举行了揭露、控诉、批判大会。中国医药工业公司(托拉斯)上海分公司所属的医药厂,指责上级公司"大权独揽""管字当头",搞"行业自治",不接受地方党组织领导。1968年10月,中国医药工业公司(托拉斯)解体,恢复成立上海市医药工业公司,重归上海市化工局领

[①] 武力主编:《中华人民共和国经济史(增订版)》,中国时代经济出版社2010年版,第408页。

导,恢复独立核算。托拉斯受到的批判之猛,应该说与地方政府的利益不无关系。

第五节 社会主义教育运动对经济体制的冲击

国民经济调整时期,随着公有制程度降低、集市贸易恢复,以及地方自发的"包产到户"实践,个体经营和商品经济暗潮在1962年再次涌动,对单一公有制和计划经济形成威胁。同时,"大跃进"和人民公社化运动中遗留下来的财产、账目不清,干群矛盾等问题,也需要解决。为解决这些问题,让计划经济体制发挥出预想中的优越性,中央发动了一场社会主义教育运动。这场运动包括农村"四清"运动和城市"五反"运动,其中"四清"是运动的核心,它对经济体制乃至中国经济社会的走向都产生了深远影响。

一、"四清"的提出与初期实践

社会主义改造结束之后,由于改造后期的"四过"问题(要求过急、工作过粗、改造过快、形式过于简单划一)和公有制经济管理还不成熟,国有经济尤其是农村集体经济存在着不少问题,由此引起少数农民希望单干和不少合作社要求实行分散经营的责任制。这本属正常现象,应当通过改革和制度建设来正确引导。但是,1957年反右派斗争以后,毛泽东对社会主义社会的主要矛盾估计发生了变化,认为无产阶级与资产阶级、社会主义与资本主义道路的矛盾仍然是主要矛盾,并由此出发,将对公有制和计划经济的批评和纠正都看作是对社会主义的否定和走资本主义道路,并以群众运动的方式予以消除。因此,1957年下半年,城市开展大规模"反右运动"的同时,农村也开展了声势浩大的"社会主义教育运动",批判农村中所谓的"资本主义"倾向。1959年庐山会议后,为继续贯彻"左"的政策,中央再一次提出在农村进行社会主义教育。

从1960年开始,毛泽东和党中央一再号召农村开展"三反"(反贪污、反浪费、反官僚主义)运动、整风整社运动和社会主义教育。除了继续巩固集体化道路之外,还要彻底反掉"五风",扭转那些被"地富反坏分子、蜕化变质分子和官僚主义分子"占据的社队的局面,巩固和重建党的领导权。

1962年冬,河北保定地区结合整风整社运动,在公社开展了清理账目、清理仓库、清理财物、清理工分的经济"四清"(通称"小四清")工作。查出了一些干部多吃多占、盗窃等行为,让犯错干部做了检讨,并积极退赔。与此同时,山西晋东南地区也开展了清财物账目、清工分、清物资的"三清"工作。还有一些地方开展了类似的"五清""六清"工作。这在一定程度上改善了干群关系。湖南则在同一时期开展了社会主义教育运动,侧重揭露"阶级敌人"的破坏活动。当时湖南省委在给中央的报告中反映:当前阶级斗争是激烈的,不论农村或城镇,阶级敌人的破坏活动是嚣张的。

1963年2月,毛泽东在中央工作会议上肯定了河北"四清"及湖南社会主义教育运动的经验。会议印发了两省关于"四清"和社会主义教育运动的报告,决定在城市开展"五反"运动,在农村普遍开展一次社会主义教育运动。

"四清"运动初始,虽然也提阶级斗争,但对农村阶级斗争的形势估计还不十分严重,强调以正面教育为主,必须团结绝大多数(百分之九十几)的干部和群众,适当地解决人民内部矛盾,即解决程度不同的不正常的干群关系问题。对坏人坏事,也要有分析。必须以教育为主,以惩办为辅。毛泽东提出"四清"中对干部要"洗温水澡",不洗不行,水太烫也不行。还提出:过去站起来看不见地上蚂蚁,现在蹲下去也不要看成地上净是蚂蚁。

各地的社会主义教育运动形式不同,例如东北三省用讲村史、家史、社史、厂史的方法教育青年群众。而河南则组织阶级队伍,打击阶级敌人。根据河南省委反映,仅是90个县三级干部会议上新揭发的材料中,就发现大小投机倒把活动十万多起,反革命集团活动1300多起,地富反攻倒算26000多起,反动会道门活动8000多起,巫婆、神汉、阴阳先生活动5万多起,续家谱1万多宗,买卖婚姻近5万起。① 而河南的主要做法是训练干部,在群众中扎根串连,组成阶级队伍,打击阶级敌人。

对于各地不一的情况,中央认为有必要进行系统说明,统一指导。

二、"四清"运动的全面开展与纠偏

1963年5月,毛泽东在杭州召集部分中央政治局委员和大区书记参加的小型会议,讨论农村社会主义教育问题,并主持制定了《关于目前农村工作中若干问题的决定(草案)》(简称为《前十条》),提出了当前农村工作中的十个根本问题。它们是:形势问题;在社会主义社会中是否还有阶级、阶级矛盾和阶级斗争存在的问题;当前中国社会中出现了严重的尖锐的阶级斗争情况;我们的同志对于敌情的严重性是否认识清楚了的问题;依靠谁

---

① 杜润生主编:《当代中国的农业合作制 上》,当代中国出版社2002年版,第680页。

的问题;目前农村中正确地进行社会主义教育运动的政策和方法问题;怎么组织革命的阶级队伍的问题;"四清"问题;干部参加集体生产劳动问题;用马克思主义的科学方法进行调查研究的问题。

中央认为,上述十个问题,是对农村工作中存在的问题的明确系统的说明。根据《前十条》的指示,"四清"运动的方针是:说服教育,洗手洗澡,轻装上阵,团结对敌。所谓团结,是要团结95%以上的群众,团结95%以上的干部,同阶级敌人做斗争。对运动中揭发出来的坏人坏事,也要区别对待,教育为主,惩办为辅。

从《前十条》的内容可以看出,农村社会主义教育运动虽然以反修防修为主要目的,是一场政治运动,但其主要内容是以经济为主,即改善干群关系、开展"四清"。至于城市中的"五反"运动,则更是以经济内容为主了。

然而,《前十条》错误提出了"严重的阶级斗争",将运动引向了"左"的境地。由于"大跃进"中一些农村干部的做法损害了群众利益,引发农民不满,所以清经济成了一个引子。一些地方没有以清理公社内部经济上的"四不清"为主,去建立健全社队的各项规章制度,而是以打击和粉碎资本主义势力的猖狂进攻为出发点,导致正确处理人民内部矛盾的方针没有被执行,出现了打人和乱搞斗争的现象。一些地方甚至把全部村支书集中起来"学习",让他们交代问题,批斗犯有一般错误的基层干部的现象也普遍发生,严重伤害了干部和群众感情。

为解决《前十条》试行过程中混淆两类矛盾、打击面过宽的问题,邓小平、谭震林在1963年9月主持制定了《关于农村社会主义教育运动中一些具体政策的规定(草案)》(简称《后十条》)。《后十条》在11月经政治局讨论通过发出,毛泽东亲自为中央起草了印发和宣传《后十条》的通知。《后十条》对运动规定了一些具体政策界限,提出:对群众只能采取"团结—批评—团结"的方法,不容许开大会斗争,不准乱戴帽子,更不准动手打人,乱抓乱斗,甚至使用刑罚等违法乱纪的现象发生;要看到绝大多数的农村基层干部都是好的,是能够坚持社会主义道路的;不能笼统地反对上中农;对地富反坏分子,也不能把打击面扩大到他们的子女身上。为缩小打击面,防止运动向"左"的倾向发展。中央还规定各地将两个"十条"一同印发,向全体党员和全体农民宣读清楚。

然而,《后十条》未能阻挡住运动继续向"左"的方向发展。

三、阶级斗争扩大化

1964年,一批比《前十条》更"左"的办法在全国得到推广。

第四章　市场因素的复活与高度集中体制的回归(1961—1965)

1964年7月,王光美总结了她在河北唐山桃园大队参加社会主义教育运动试点工作的经验,经验要点是:先搞扎根串连,宣讲"双十条",初步组织贫下中农的阶级队伍;再搞"四清",队干部洗澡放包袱;然后搞对敌斗争;最后搞组织建设,掀起生产高潮。总结报告提出:干部犯"四不清"错误,不仅有下面的根子,还有上面的根子,包括上级机关里蜕化变质分子,和一些干部的不良作风的影响;不解决上面的根子,"四清"就搞不彻底。现在是政治上的"四不清"、经济上的"四不清"、思想上的"四不清"和组织上的"四不清"混在一起。所以现在我们搞的"四不清"的内容,已经不止是清工、清账、清财、清库,而是一切不利于社会主义的事情都要清。报告还进一步提出:土改不彻底、民主革命不彻底的地方,要补课;社会主义革命不彻底,甚至没有好好搞社会主义革命的地方,也要补课。中央肯定了桃园经验,并要求各地组织各种会议,听取桃园经验总结报告。

1964年8月,刘少奇主持制定了《后十条》修正草案,肯定了用工作队搞扎根串连、进行对敌斗争、重建地方基层组织的做法。毛泽东曾口头指示参加修改工作的田家英:第一,不要把基层干部看得漆黑一团;第二,不要把大量工作队员集中在一个点上。但是这些意见没有被采纳。中央在发出《后十条》的同时,决定成立"四清""五反"指挥部,由刘少奇挂帅。1964年下半年,中央各部和省、地、县机关都抽调了大批干部到基层去搞"四清""五反"。中央工业、交通战线的16个部、局共抽出3901人,占干部总数的26%,其中正副部长、司局长分别抽出34%和31%。据中央组织部部长安子文说,全国下去搞"四清"和"五反"的,共有156万人。[①] 这不可能不影响刚刚恢复正常的经济工作。

1964年,华北局书记李雪峰写信给刘少奇,反映山西、河北两省的地、县干部对社会主义教育运动有抵触,他坚决采取了两条措施:第一,打出"反对右倾"的旗帜,使得形势大变,从而在山西96个县中,揭出44个问题较大的县,其中完全烂掉的2个,严重"右倾"的17个,严重闹宗派、闹分裂的5个,相当"右倾"的20个,在河北省也揭出县委有严重"右倾"问题的县35个。[②] 第二,由省、地委领导和帮助县委"挑兵选将""练兵练将",将选出的工作队干部集中到进行"四清"的县,集中力量打歼灭战。中央很快向全国批转了李雪峰的信。

---

① 薄一波:《若干重大决策与事件的回顾(下)》,中共中央党校出版社1993年版,第1120页。
② 杜润生主编:《当代中国的农业合作制　上》,当代中国出版社2002年版,第696页。

紧接着,中央又批转了天津市《关于小站地区夺权斗争的报告》,并发出夺权的指示。陈伯达在小站蹲点时,抽调大批干部加强工作队,在"四清"运动中将当地三个中共支部打成"反革命集团",进行了夺权斗争。中央对小站经验的肯定,使社会主义教育运动升级为夺权的政治斗争,许多地方不断总结出越来越"左"的经验,如河南"信阳经验"、甘肃"白银经验"等。一些地方对"四清"的提法也开始改为"清政治、清经济、清思想、清组织"("大四清"),机关的社会主义教育也叫"四清",不再叫"五反"了。

为解决阶级斗争扩大化的问题,中央于1964年12月召开工作会议,毛泽东批评了"四清"运动中的一些错误做法。会议通过了《农村社会主义教育运动中目前提出的一些问题》(简称《二十三条》)。《二十三条》指出:运动必须逐步做到,依靠群众大多数,依靠干部大多数(包括放了包袱的干部),实行群众、干部、工作队"三结合"。工作队的工作不要神秘化,不要只在少数人当中活动。也不要大轰大嗡,防止简单粗暴的做法,严禁打人和其他形式的体罚。看待干部,要用一分为二的方法。要采取"惩前毖后""治病救人"的方针。不要把坏干部的集团划得太多,划得太宽。对地富反坏和蜕化变质分子,对犯了严重"四不清"错误的人,都要给出路,等等。这纠正了一些过"左"的做法。

但是,毛泽东在会上错误地提出,这次运动"重点是整党内走资本主义道路的当权派",这一错误提法被写进了《二十三条》。当时,由于"四清"运动尚未在全国城乡开展,而且不少工作队对这个新提法还不理解,因而没怎么执行。"文革"爆发后,中央规定把"四清"纳入"文革","四清"运动实际上也就不了了之。

四、"四清"对经济体制的影响

从1962年八届十中全会以后到"文革"爆发之前,全国大约有三分之一左右的县、社开始了"四清"运动,共抽调百万干部参加工作队。"四清"在部分地区对于纠正一些基层干部多吃多占、特殊化、强迫命令、欺压群众等不良作风,对于改进一些社、队的经营管理,特别是财务管理,起了一定的积极作用,也在一定程度上打击了贪污盗窃、以权谋私和封建迷信活动。由于"四清"也强调运动要同生产紧密结合,干部要参加生产劳动,要把生产增产与否作为衡量运动搞得好坏的一个标准,对生产发展给予了关注,在一定程度上减轻了运动对农业生产造成的损失。

但是,"四清"导致《农村人民公社工作条例修正草案》(《农业六十条》)

提出的一些经济政策难以落实,人民公社体制不稳定。又因基层干部普遍受到冲击,无法进一步解决公社化以来遗留的许多问题。在"批判资本主义"的斗争中,一些"左"的政策又恢复实行,在农民中造成思想混乱。据当时中央办公厅收到的各地来信反映,河南、辽宁、黑龙江、山东、江西、浙江、福建、甘肃、新疆等地有些县、区、社和生产大队,违反《农业六十条》规定,随便没收社员的自留地、开荒地;有的规定自留地里收的粮食一律顶口粮,余粮要卖给国家;有的将社员房前屋后的零星基地全部没收,有的决定将社员的自留牲畜、羊全部收归集体。所有这些做法,都是在"社员的小自由搞得太多了,资本主义太严重了"的思想指导下,为了"消灭资本主义"而采取的措施。同时,广东有的地方重新推行大队核算,把原属生产队的山林收归大队所有,动摇了"三级所有,队为基础"的所有制。四川、陕西、山东、吉林等地,则发生为了办水电而硬性摊派集资任务的做法,还有的挪用生产资金,挤占社员分配等。这些做法都损害了农业生产和农民生活。

第五章

走向混乱的计划经济
（1966—1976）

1966年到1976年是"文化大革命"时期，这一时期可以分为三个阶段。从经济角度来看，"文革"初期的动乱对经济产生了严重冲击；"文革"中期进行的第二次经济管理权下放改革，促进了中国工业化的第二次"跃进"，也造成了国民经济的再一次失衡；"文革"后期的经济则在治理整顿与政治运动间波折前行。在这十年里，计划经济体制受到了严重冲击，许多行之有效的制度被极左思想否定，国民经济遭到严重破坏和干扰。但另一方面，被破坏的计划体制出现了大量漏洞，给市场和半市场调节提供了发展空间，从而形成了极左做法与市场调节在"文革"中后期并存的独特现象。而在受极左思想影响较小的对外交流领域，中国抓住70年代有利的国际形势，在扩大外贸、引进技术、学习经验和解放思想等方面都加快了步伐。

第一节 计划管理机构和运行机制的破坏

计划经济体制存在着"条块分割"的弊端，难免陷入一放就乱、一收就死的循环。为此，毛泽东发动了"文化大革命"，希望通过发动群众和改造思想观念，来提高体制运行效率。但是，"文革"初期的动乱严重冲击了国民经济，证明了这种探索是根本错误的。"文革"中期，随着政治形势稍为稳定，政府进行了第二次大规模的经济管理权限下放，这次放权调动了地方工业建设的积极性，但由于过分强调备战，加之一批有效的管理体制被废弛，导致国民经济再度出现冒进和失衡。"文革"后期，周恩来和邓小平相继主持国民经济整顿工作,重新加强计划的集中性,但由于"文革"的错误没有被根本否定,"四人帮"一再干扰破坏,所以国民经济两度徘徊,计划经济体制只能在权力分散的状态下勉强运行。

一、计划体制的条块矛盾与改革出路

计划经济的"条条"管理存在着低效率问题。通过层级制度,中央各部门对所属企业采取"一竿子插到底"的"条条"管理方式。这就导致了中央各部门工作负担过重,而地方政府因所属企业很少且财力非常有限,限制了地方发展经济的积极性。同时,这种"条条"管理方式限制了一个地区之内各行业企业的横向联合。这种上传下达的科层制度,让两个同处一地的企业无法进行直接的业务合作和物资交流,而各工业部门为了避免这种上传下达的低效率,都倾向于追求"大而全"的产业体系,从而加重了重复建设和产能过剩的问题,在整体上造成更大的低效率。例如,第六机械工业部和交通部在上海扩建和改建的江南、沪东、上海等船厂,它们的多余铸锻能力达75%,多余铸钢能力达90%。[①]

为了打破"条条"束缚,发挥地方积极性,提高同一地区内各行业的协作效率,中央于1958年进行了第一次大规模的经济管理权限下放。但是,由于权力下放过度,加之地方政府的"大跃进",出现投资规模膨胀、产业结构失衡等问题。国民经济调整时期,中央开始重新强化层级管理,在很大程度上恢复了"条条"管理体制。

第一次权限下放导致的严重混乱,反映出计划经济体制面临两难的困境,即"一收就死,一放就乱"。后来的理论和实践都证明,在计划体制内通过中央和地方政府之间的放权收权,无法根本调动积极性。要提高效率,必须培育真正的市场主体,在国民经济调整时期,曾经出现了包产到户、试办托拉斯、物资流通商品化等尝试,这些尝试都取得了明显成绩,因为它们都在不同程度上给予了微观主体以自主权利。然而,这些尝试都未得到中央的普遍肯定。毛泽东在严厉批评这些做法的同时,开始探索另一条提高计划体制效率的道路。他认为从中央到地方的"走资产阶级道路"的当权派阻碍了群众生产积极性的发挥,希望通过"文化大革命"来发动群众打倒这些"当权派",并通过共产主义文化来克服人的私心,最大限度地发挥主观能动性,使计划经济体制实现理想中应有的效率。但是,这种探索给国

---

① 刘国光主编:《中国十个五年计划研究报告》,人民出版社2006年版,第425页。

民经济造成了严重的负面影响。

二、"文革"初期对经济体制和运行的冲击

从1966年5月"文化大革命"发动,到1968年8月工人、解放军宣传队进驻各基层单位,各省市开始建立革命委员会以缓和动乱为止,这一时期是"文革"对经济体制冲击最剧烈的时期。冲击形式由阻碍经济发展逐步升级为直接破坏经济建设,造成了巨大的损失。

"文革"最初在学生中间发动,从1966年8月到11月,毛泽东先后在北京接见1300万红卫兵和学校师生,各地学生纷纷到北京和其他城市进行"大串联",这给交通运输造成巨大压力。铁路运输到年底估计有1000万吨物资被积压待运,其中主要是煤炭、木材、水泥、钢铁、矿山建筑材料、食盐、农副产品等,大部分是江南地区和三线建设急需的。公路运输普遍紧张,黑龙江省11—12月汽车货运量共有900万吨,但运力只有500万吨,有98万吨粮食集中不起来,其他各省也都有数十万吨物资积压。水运、港口物资积压也十分严重,上海港积压14万吨,广州港积压14万吨,重庆港积压3.4万吨。①

此时的"文革"还抱有"促进经济建设"的初衷。7月2日,在刘少奇、邓小平建议下,经毛泽东批示同意,中央发出《关于工业交通企业和基本建设单位如何开展文化大革命运动的通知》,号召各级党委"必须抓革命、促生产,做到革命和生产建设双胜利"。8月8日,八届十一中全会通过的《关于无产阶级文化大革命的决定》(即"十六条")中指出:"文化大革命",就是要使人的思想革命化,因而使各项工作做得更多、更快、更好、更省,它"是使中国社会生产力发展的一个强大的推动力。把文化大革命同发展生产对立起来,这种看法是不对的"。

然而,动乱日渐升级,各地党委、政府和领导干部开始受到冲击,生产指挥难以正常进行。为了落实"抓革命、促生产",确保经济建设正常进行,11月17日全国计划、工业交通会议在北京召开。大多数与会者强烈反对陈伯达起草的《关于工厂文化大革命的十二条指示(草案)》(简称"十二条")中提出的"允许工厂成立派系组织""允许学生到工厂串联"等条款。谷牧根据会议意见和周恩来指示,起草了《工交企业进行文化大革命的若

---

① 武力主编:《中华人民共和国经济史(增订版)》,中国时代经济出版社2010年版,第522-523页。

干规定》（简称"十五条"），规定工厂不能停产闹革命，工人参加"文革"只能在业余时间，学生不能到工厂串联，毛泽东也同意这些意见。但是，在12月的中共中央政治局扩大会议上，林彪和中央"文革"小组严厉批评了工交计划会议精神，提出要让"文化大革命"席卷每一个领域。会后，中央发出了"十二条"，以此为转折点，动乱扩大到工业交通企业，农村也突破了原有规定，由"四清"转入造反夺权。

1967年1月，在上海"一月夺权"带动下，全国掀起夺权浪潮，动乱严重升级。各级党和政府组织陷入瘫痪，生产建设处于混乱状态，武斗和停工停产现象普遍发生。7月，在中央"文革"小组借武汉事件煽动下，全国又掀起了冲击军队的浪潮，群众组织之间的武斗事件更加剧烈。国家出现了失控的"全面内战"局面。严重局势终于使毛泽东下决心改变原来的支持群众造反夺权的方针，采取了一系列控制局势的强制性措施。他呼吁各派群众组织要实现大联合，要抓革命、促生产、促工作、促战备，还下令逮捕了煽动动乱的中央"文革"小组成员。根据毛泽东指示，中央多次发出解散跨行业、系统的群众组织，严禁武斗、抢夺枪支和破坏国家财产，并出动军队强制执行。1968年8月，工人、解放军宣传队进驻各基层单位，随后9月各省市都建立了革命委员会，全面动乱局面才得以缓和。

然而，动乱使国民经济陷入无计划、无政府状态，国务院各部委和各省市经济部门一度陷入瘫痪。1968年2月，周恩来在谈到国务院系统领导干部的现状时说："现在四十二个单位，部长级干部站出来工作的只有九十人，占总数二百八十人中的百分之三十二。其中第一把手（部长、主任）只有三人，其他统统靠边站了。"[①]他对造反派"打倒一切"的行径批评指出："不能认为带长字的一个不要。那么多部长、副部长都统统不要了吗？不能，局长也不能。"[②]国务院只能由周恩来、李先念、余秋里、袁宝华等少数领导组成"业务组"，起着"救火队"的作用。计划管理体制基本瘫痪，1967年年度计划到当年2月，绝大多数地区仍没有安排进行。1968年连年度计划都无法制定，成为新中国成立以来唯一没有国民经济计划的一年。

各行业秩序普遍被打乱，有的甚至陷入瘫痪。交通运输受到严重冲击。从1967年上半年起，京广线长江以南，津浦路徐州、蚌埠地区，广西柳州、桂林、南宁地区，东北长春、四平地区等许多路段被迫停止通车或断续

---

① 《周恩来传(1898—1976)》，中央文献出版社2008年版，第1761页。
② 《周恩来传(1898—1976)》，中央文献出版社2008年版，第1725页。

通车。1967年铁路日平均装车数仅为计划的46%。煤炭生产节节下滑，1967年因武斗而停产、半停产的煤矿有16个，到12月，煤炭部直属矿务局日产煤量只有正常水平的50%左右，是新中国成立后的最低水平。交通运输和煤炭生产的紧张局面，直接影响了冶金、电力等行业，引起国民经济连锁反应，导致整个国民经济不能正常运转。工农业生产总值连续两年负增长，1967年下降9.6%，1968年又下降4.2%。主要工农业产品产量下降，1968年和1966年相比，粮食减少2%，棉布减少18%，原煤减少12%，发电减少13%，国民收入减少13.2%，财政收入减少35.3%。[①]

如果按照1953年至1965年工农业总产值7.9%的年均增速来估算，则1967年和1968年的工农业总产值应达到5220亿元，而实际只有4119.8亿元，两年损失工农业总产值达1100亿元。[②]

三、"文革"中期的经济体制改革

从1968年工人、解放军宣传队进驻各基层单位，各省市开始建立革命委员会开始，到1971年"林彪事件"为止，属于"文革"中期。经济体制这期间进行了第二次以放权为主要内容的改革。

1969年，政治形势趋于稳定，经济得到恢复。当年，中央发布了各种通令，整顿生产秩序，恢复和加强全国各地区的经济计划领导班子，对仍然发生动乱的地区进行强力整顿，并针对一批被停顿的"三五"计划重点工程，连续发布文件，召开相关会议，组织军队参与接管，严令限期完成。在多种强力措施的干预下，经济在1969年有了较大的恢复。

随着经济的恢复，体制改革再次被提上了日程。事实证明动乱只会破坏经济，体制改革必须在稳定的社会环境下进行。这次改革的指导思想是毛泽东在1966年时阐述的，他当时在给刘少奇的信中说："一切统一于中央，卡得死死的，不是好办法。"他批评中央部门收上来的企业多了，凡是收的都叫它们出中央，到地方上去，连人带马都出去。由于"文革"爆发，这一想法一直未能得到贯彻。1969年，全国进入"斗批改"阶段，在"改革不合理的规章制度"口号下，以权力下放为核心的经济体制改革被重新提上日程。

权力下放的核心是下放企业。1969年2月，全国计划会议提出，企业

---

① 刘国光主编：《中国十个五年计划研究报告》，人民出版社2006年版，第292-295页。
② 刘国光主编：《中国十个五年计划研究报告》，人民出版社2006年版，第295页。

要以地方管理为主,中央直属企业可以分为地方、中央,以及地方和中央双重管理三种形式。经毛泽东亲自决定,5月1日全国最大的企业鞍山钢铁公司下放给鞍山市管理。以此为开端,全国掀起下放企业高潮。到1970年底,中央各部属企事业单位只剩下500家(其中工厂142家),比1965年减少86.5%,工业产值只占国营工业总产值的8%。① 一些下放到省区市的企业甚至被继续下放到市县。

计划经济管理体制的改变很大程度上是以企业的隶属关系的变化为基础的。企业隶属关系变了,财政收入、物资分配、投资安排、劳动力管理等权力都要随之改变。首先,财政权力下放,实行财政大包干。1968年,为应对紧急状况,中央和地方暂时实行了收入全部上交国家、支出全部由中央财政分配的收支两条线办法。从1971年到1973年,财政实行收支"大包干",即地方收支指标经中央核定后,收入大于支出的,包干上缴中央财政;支出大于收入的,由中央按差额包干补助。其次,物资管理权下放,不仅统配、部管物资从1966年的579种减少到1972年的217种,而且从1970年开始对水泥、煤炭、木材、钢材、生铁等12种重要物资,在全国范围或部分地区试行"地区平衡,差额调拨"的办法。② 再次,试行基本建设投资大包干,即按国家规定的建设任务,由地方负责包干建设。投资、设备、材料由地方统筹安排,调剂使用,结余归地方。而且为了支持地方工业自成体系,自给自足,国家在1970年还提出,在今后五年内,安排80亿元专项资金,由地方统一掌握。最后,下放劳动工资管理权。允许地方将常年性生产岗位上的临时工、轮换工改为固定工,并将增加临时工的权力下放给地方。

权力下放后的国务院各部委被虚化,于是进行了精简、归并和撤销。1970年,国务院的79个部门撤销合并为30多个,其中10多个还由部队管理,达到新中国成立以来中央政府机构数的最低点(见图5-1)。③ 其中计划管理机构被严重削弱,原负责计划管理的国家计委和经委,与国务院工交办、国家物委、物资部、地质部、劳动部、统计局、中央安置办公室等部门合成新的国家计委。此外,由于批判"物质刺激""利润挂帅",否定用经济办

---

① 周太和主编:《当代中国的经济体制改革》,中国社会科学出版社1984年版,第137页。
② 周太和主编:《当代中国的经济体制改革》,中国社会科学出版社1984年版,第141-142页。
③ 中国网:国务院历次机构改革,http://guoqing.china.com.cn/2013-03/10/content_28191239.htm。

法管理经济,因此税收和信贷等经济杠杆的作用被削弱。税制进行简化的试点,将工商统一税及其附加、城市房地产税、车船使用牌照税、盐税、屠宰税合并为工商税,并将科目由108个减为44个,将税种由141个减为82个,还将一部分税收管理权下放给地方,使地方有权对当地新兴工业、"五小"工业、社队企业等征税或免税。金融方面,中国建设银行并入中国人民银行,中央下放部分信贷管理权给地方,同时简化利率种类,降低存贷款利率水平,从而使建设银行对基建投资拨款的监督作用,以及利率对经济的调节作用大大降低。

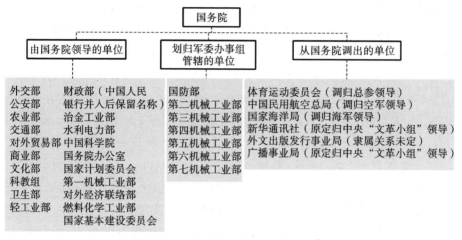

图 5-1　1970年国务院组织机构图①

权力下放促进了地方工业,尤其是"五小"工业、社队企业的蓬勃发展,但这次权力下放是在不正常的政治环境下进行的。一是紧张的备战情绪,尤其是1970年3月珍宝岛自卫反击战使中国感受到强烈的战争威胁。1970年全国计划会议提出:把全国划为十个大协作区,各自建立工业体系,自己武装自己,因而这次权力下放带有强烈的备战色彩。二是极左的政治气氛。"斗批改"使专业干部不敢对经济进行正常管理,对违背管理制度的行为无法禁止。在这种环境中下放权力,不仅再次出现仓促"一刀切"的问题,而且激发了许多在"文革"中走上领导岗位的军事干部的盲目热情,导致了许多违背经济规律、超越国力限度的不当指挥行为和经济结构的再度失衡。具体表在以下三方面。

---

① 中国网:国务院历次机构改革,http://guoqing.china.com.cn/2013-03/10/content_28191239.htm

首先，企业下放过多过快，效益下降。由于一些大型骨干企业的产品面向全国（如鞍钢、武钢、首钢等 24 家钢铁公司），所以其生产计划不得不仍由中央安排，但中央在制订计划时不知道地方能给多少物资，地方分配物资时又不知道中央会安排多少生产任务，计划与物权、财权、人权衔接困难，导致许多企业陷入多头管理，加之企业管理制度遭到破坏，效率进一步降低。1970 年工业劳动生产率比 1969 年提高了 10％，但 1971 年、1972 年则分别比前一年下降了 0.2％和 1.5％。①

其次，基本建设规模膨胀。1970 年 2 月召开的全国计划会议拟定了《1970 年计划和第四个五年国民经济计划纲要（草案）》（简称"四五纲要（草案）"），规定工业年平均增速高达 12.8％，各项指标都带有跃进性质，并且被各地区、部门层层加码，比赛翻番。尽管毛泽东指出："不要太急了，急了会吃亏。现在要防止有些人动不动就要翻一番。"②但是，总体跃进的指导方针并未改变，国民经济又重回领先、高投资、盲目追求高速度的老路。1969 年的基建投资为 186 亿元，而 1970 年猛增至 295 亿元，增幅达 58.6％，1971 年又增加 26 亿元。③ 地方投资规模增长迅速，除正常下放的财政收入之外，中央下放给地方用于设备更新改造的一部分基本折旧基金也被挪用于基本建设。据估计，1975 年有 1/3 的折旧基金被挪用，数额达 30 亿元，而地方安排的投资占预算内投资的比重，也由 1969 年的 14％上升到 1974 年的 27％左右。④

最后，地方盲目扩张，导致国民经济出现"三个突破"，即职工人数突破 5000 万，工资支出突破 300 亿元，粮食销量突破 800 亿斤。工资总额增长还导致货币超发，1971 年和 1972 年两年共增发货币 27.6 亿元，超计划 12.6 亿元，出现了"第四个突破"，商品供不应求矛盾更加突出。⑤

在极左思潮与林彪集团的干扰下，经济出现严重失调。主要表现为积累率过高，农轻重比例进一步不合理。1969 年积累率为 23.2％，但 1970 年和 1971 年则分别升至 32.9％和 34.1％。1971 年，农业投资只占投资总额的 10％，还有一部分被地方基建挪用，工业投资高达 65.2％，工农业投资悬殊程度超过 1958 年；工业投资中轻工业投资仅占 5.8％。基建规模过

---

① 周太和主编：《当代中国的经济体制改革》，中国社会科学出版社 1984 年版，第 138 页。
② 毛泽东与美国作家斯诺的谈话，1970 年 12 月 18 日。
③ 刘国光主编：《中国十个五年计划研究报告》，人民出版社 2006 年版，第 314 页。
④ 周太和主编：《当代中国的经济体制改革》，中国社会科学出版社 1984 年版，第 143 页。
⑤ 武力主编：《中华人民共和国经济史（增订版）》，中国时代经济出版社 2010 年版，第 548 页。

大,战线过长,还降低了投资效率。1971年计划建成投产的356个项目,实际只建成115个;1972年计划投产的260个大中型项目,实际只完成120个。①

客观地说,这一次权力下放,较之1958年有很多进步之处。一是企业下放保留了一定限度。对于产销面向全国的大型企业的计划安排和物资供应计划,在短暂混乱之后仍恢复中央直接下达,这些企业称为"直供企业",当时在全国就有2000个,从而保护了重点企业的生产协作关系。二是物资包干采用试点的方法,从1972年起只在华北协作区和江苏省进行以地区为单位的"地区平衡、差额调拨"试点,避免了全国范围内的物资严重短缺,没有出现"大跃进"时期采购员满天飞的现象。三是这次权力下放与1958年那次最大的不同在于没有伴随人民公社化运动,虽然在农业学大寨运动中也出现了升级核算单位和"一平二调"现象,但在农民和多数地方干部的抵制下,没有出现普遍的、大规模的"一平二调"现象,农业生产基本上得以正常进行,除1972年严重受灾外,1969—1976年的粮食产量缓慢增长,因而没有出现"大跃进"后期的严重粮食短缺问题。

但是,这次权力下放在是极左的氛围和林彪集团最为嚣张的时期进行的。林彪集团借备战之机,为扩大势力而过度强调军工建设,乱上重点项目,挤压民用工业资金,废除计划管理制度,不讲经济效益,加剧了国民经济比例失调和浪费。他们提出不要计划、不要设计、不要配套、不要检验、不要质量、不要生产管理的"六不要",还提出"什么比例不比例,打仗就是比例"。军费和军工建设费用在国家预算中的比重,由"二五"时期的16.5%上升到1971年的33.6%,这还不算民用工业基建投资和事业费中用于军工生产的部分。② 而极左和备战的氛围也刺激了"文革"中上位的地方干部,特别是军事干部的瞎指挥,专业干部不敢管,无政府主义盛行,这是经济比例失调和效益下降的主要原因。

四、"文革"后期的整顿与冲击

从"林彪事件"之后到粉碎"四人帮"为"文革"后期。这一时期的经济形势与政局波动密切相关。周恩来和邓小平先后对国民经济进行了两次整顿,经济体制向着集中的方向回归。但由于"四人帮"的破坏,整顿工作

---

① 刘国光主编:《中国十个五年计划研究报告》,人民出版社2006年版,第314页。
② 刘国光主编:《中国十个五年计划研究报告》,人民出版社2006年版,第319页。

屡受挫折,计划经济体制也处于一种半松散的状态下,这一方面造成国民经济运行低效,但另一方面又为市场调节、准市场调节提供了更多空间。

林彪"九一三"事件之后,周恩来抓住批判林彪极左思潮的机会,对经济进行调整,主要是加强统一领导,健全规章制度。在1972年召开的一系列全国性专业经济会议上,他多次强调,要批判受林彪鼓吹的"突出政治"而不敢抓业务、不敢抓生产的倾向,要求业务干部大胆站出来。1972年2月,全国计划会议在周恩来指示下提出了会议纪要,制定出一系列重要措施,包括加强国家计划,整顿企业管理,落实各项政策,反对无政府主义等,还具体规定了恢复和健全岗位责任制、经济核算制、考勤制度、技术操作规程、质量检验制度、设备管理和维修制度、安全生产等七项重要规章制度。1973年2月,国家计委在周恩来支持下,又起草了《关于坚持统一计划,加强经济管理的规定》,提出十条原则:加强统一领导,搞好综合平衡,严格控制基建规模,中央集中控制职工总数、工资总额、物价等,中央下放的大中型企业不能再层层下放,企业实行党委领导下的厂长负责制,坚持按劳分配原则等。由于"四人帮"反对,这两份文件最终没有下达,但是在经济领域产生了影响,使广大经济管理干部统一了认识。在各级干部共同努力下,经济体制中的极左做法和无政府主义得到一定程度的克服。

周恩来调整经济的另一个重要方面是降低过高的指标,重点解决"三个突破"问题,并转变过分强调备战和三线建设的方针。随着中美、中苏关系缓和,中国回归联合国,紧张的国际形势逐步缓和。1972年8月,国家计委向中央报送的《关于当前国民经济中几个问题的报告》,改变了以往把备战放在经济首位的提法,提出要把农业放在首位,并把支援三线作为一、二线的"重要任务"而不再是"主要任务"。1973年1月至3月,全国计划会议在北京召开,会议决定:一要大力加强农业;二要缩短基本建设战线;三要压缩国防费和行政费占财政支出的比重。1973年5月,中央工作会议决定对"四五"计划的高指标进行调整,并决定今后三线建设一般不再上新的项目,这标志着三线建设开始走向尾声。

周恩来主持的调整工作取得了显著成效。"三个突破"基本得到控制,1973年全民职工人数和工资总额分别只增长了2.6%和4.1%,大大低于前两年的平均数8.5%和11.2%。1973年也成为"一五"计划以来经济增长最快的一年,工农业总产值达到3967亿元,完成计划的102.8%;工业总产值2789亿元,完成计划的102.3%,增长9.5%;农业总产值1179亿元,完成计划的103.9%,增长8.4%。经济效益也有提高,全民工业劳动生产率在连续两年下降后,在 1973 年提高了 3.3%,固定资产净值使用率也提高了 13%。①

然而,周恩来的整顿触动了"四人帮"的利益。1974 年 1 月,"四人帮"发动了"批林批孔"运动,攻击周恩来,提出"法家抓革命,儒家抓生产"等谬论,鼓吹"不为错误路线生产"。上海港务局贴出了"做码头的主人,不做吨位的奴隶"大字报,福建、浙江、河南等一些地区的造反派头目乘机冲击生产领导班子,抢夺权力,许多抓生产的领导干部被冲击或赶跑。1974 年也成为"四五"时期经济受破坏最严重的一年。许多企业处于半瘫痪状态,交通堵塞,国家计划大部分指标未能完成。全国工农业总产值完成计划的 95.6%,仅增长 1.4%;工业总产值完成计划的 93.2%,仅增长 0.3%;大部分工业产品都没有完成计划,许多产品产量还有下降。由于农村对运动的疲惫和抵制,农业生产受冲击比工业较轻,农业总产值完成计划的 101.5%,增长 4.2%,粮食产量增加 3.9%,但棉花产量下降 202 万担,其他主要经济作物除黄红麻外均未完成计划。②

1975 年 1 月,拖延五年之久的第四届全国人民代表大会召开,毛泽东一再指示要"安定团结",周恩来抱病做了《政府工作报告》,重申了四个现代化的目标。四届人大成为从乱到治的转折点。会后,经毛泽东批准,邓小平开始主持国务院工作,进行了大刀阔斧的整顿。整顿的核心仍是加强统一领导,但更为雷厉风行。整顿始于铁路,邓小平在讲话中指出:解决铁路问题的办法,还是要加强集中统一。对铁路工作,中央从来是强调集中统一的,但是近几年这方面实际上大大削弱了。中央的决定是根据铁路的特性,重申集中统一。他还指出:只敢抓革命,不敢抓生产,是大错特错的。解决铁路问题的办法是要加强集中统一,建立必要的规章制度和纪律,对少数闹派性的坏头头,要坚决予以处理。由于果断调整领导班子,逮捕造反派头目,建立规章制度,铁路迅速通车,到 4 月,20 个局已有 19 个局完成计划,煤炭日装车量 58 个月来、卸车量 57 个月来首次完成计划。整顿的第二步是钢铁。5 月,邓小平在全国钢铁工业座谈会上的讲话道出了整顿的核心:第一,必须建立一个强有力的领导班子,克服软、懒、散状况,不称职的立即撤换;第二,必须和派性、闹派性的人进行坚决斗争;第三,要认真落实政策,调动群众特别是老工人、老劳模的积极性;第四,必须建立必要

---

① 刘国光主编:《中国十个五年计划研究报告》,人民出版社 2006 年版,第 325 页。
② 刘国光主编:《中国十个五年计划研究报告》,人民出版社 2006 年版,第 326 页。

的规章制度，严肃执行，宁可严一些。6月，整顿初见成效，全国钢铁日产量超过全年计划水平。按照同样的思路，8月，整顿在工业战线全面铺开。9月，全国农业学大寨会议开始了农业整顿，军队、国防、教育、文艺等领域也相继开始了整顿。

治乱初见成效后，就有条件通盘考虑整个经济工作和体制改革的问题了。1975年6月，国务院召开会议指出：当前经济生活中的主要问题还是"乱"和"散"，必须进行领导班子、职工队伍、企业管理的全面整顿。在计划体制上，要实行自下而上、上下结合、"块块"为主的管理办法，国家计划不能层层加码，也不能随便降低指标。在企业管理体制上，凡跨省市的铁路、邮电、电网、航运、民航、输油管和专业施工队伍、重要科研设计单位、重点建设项目以及大油田等少数关键企业，要以中央各部委为主进行管理，其余由地方管理，但也不能层层下放。在物资管理体制上，物资部门管通用物资，专业部门管专用物资。在财政体制上，推行"收支挂钩，总额分成"的办法；大中型企业的折旧基金，由中央集中20%～30%。这些意见虽不是系统的改革设计，但基本总结了新中国对计划体制进行探索的经验，也反映了这一时期整顿的方向。经邓小平提议，周恩来决定，成立了国务院政治研究室，起草了《关于科技工作的几个问题（汇报提纲）》、《关于加快工业发展的若干问题》（简称《工业二十条》）、《论全党全国各项工作的总纲》等文件，集中反映了这一时期在整顿国民经济、改进经济体制方面所做出的努力和达到的认识水平。这三个文件批判了极左的做法，在实际上否定了"文革"，也成为后来改革开放的重要理论渊源。邓小平后来回顾这段历史时说："说到改革，其实在一九七四年到一九七五年我们已经试验过一段。……那时的改革，用的名称是整顿，强调把经济搞上去，首先是恢复生产秩序。凡是这样做的地方都见效。"①1975年整顿工作在半年时间内取得明显成效。1—9月全国工业总产值同比增长17.7%，全年工农业总产值增长11.9%，其中工业总产值增长15.1%，农业虽遭受特大洪水但仍然增长4.6%。②

但是，整顿工作再次触动了"四人帮"的利益。"四人帮"借机发动"批邓反击右倾翻案风"，将邓小平再一次打倒。但整顿的成效与"四人帮"的倒行逆施形成鲜明对比，人们开始反思"文革"。随着毛泽东逝世和粉碎"四人帮"，经济体制终于开始摆脱极左路线，走上了实事求是的改革道路。

---

① 《邓小平文选　第三卷》，人民出版社1993年版，第255页。
② 刘国光主编：《中国十个五年计划研究报告》，人民出版社2006年版，第331页。

总的来看,"文革"时期计划经济体制没有停止改革探索,但初期动乱式的"探索"被证明是完全错误的,中期的权力下放又由于极左气氛和林彪集团的干扰而导致国民经济再度失调。在"左"的路线没有根本纠正的情况下,体制运行太容易受到无政府主义和瞎指挥的干扰破坏,一度陷入瘫痪、半瘫痪状态,只能依靠整顿来勉力维持,即使是增长也带有恢复性质。可以说,极左路线使得本就存在弊端的计划经济体制变得更加低效。

第二节 思想理论走向极端

计划经济体制从根本上说,是为了工业化而人为建立的与经济规律存在矛盾的体制,在生产力条件没有达到一定程度的情况下,单一公有制和高度集中的计划体制,难免会出现道德风险、官僚主义等问题。"大跃进"和人民公社化运动的失败,使得探索不得不退后,在所有制上放弃"一大二公",在体制上也更多地寻求市场调节和规章制度,这其中必然会产生合理的分工不同、收入差异。这是制度和体制对生产力的妥协,也是生产关系适应生产力发展水平的规律使然。但是,毛泽东坚定地认为应该走公有制的道路,公有制计划经济那种"计日程功"的优越性之所以发挥不出来,是因为资产阶级当权派推行的违背人民利益的路线,以及人心中"封资修"的观念妨碍了体制的高效运行。必须从人心深处发动一场反对封资修的革命,重建人们的思想价值观念,并以此为出发点,建立一套与公有制高度自洽的体制机制,这也是他把运动称为"文化大革命"的原因。但是,这种超越生产力发展水平的做法不仅没能彻底改变人心,反而让极左思想大行其道,对经济产生了破坏作用。

一、极左思想及其对新中国成立以来正确探索的否定

单一公有制的计划经济体制存在低效率问题。为克服低效率,新中国在"大跃进"时期进行了权力下放,结果导致严重混乱,不得不重新加强集中统一。从而出现了第一轮"一收就死,一放就乱"的怪圈。为了既避免混乱,又提高效率,调整时期的经济体制从两个方面进行了改革:一是加强规章制度建设,突出表现为当时制定的《工业七十条》《商业四十条》《农业六十条》《手工业三十五条》《银行工作六条》《财政工作六条》等一系列规章;二是从单一公有制和高度集中的计划体制中退回来,放开对个体经营、生产责任制的限制,改革物资管理体制,试办托拉斯,对企业进行放权让利,

遵循价值规律,以市场的方式来调节经济。

但是,改革触动了当时社会主义理论的教条。当时的主流理论认为:社会主义应以单一公有制为基础,即使被迫承认一定个体经营的存在,也只是权宜之计,而农村的生产责任制会导致贫富分化、地主富农经济"死灰复燃";对企业放权让利、放宽市场调节、把利润作为主要考核指标会引发自由竞争,导致资本主义制度"复辟"。其实,即使采取单一公有制,在当时也不是完全不可以,只要加强管理,同样能够在一定历史时期内推动一穷二白的中国进行工业化建设。但是,毛泽东一直反对"条条专政",认为那样做把地方限制得死死的,也压制了群众的热情,使得建设场面"冷冷清清",还会引发管理人员与群众脱离,产生一个新的"吸工人和农民血的阶层"。可见,当时的主流观点反对的是一切可能产生不公平的制度,而没有看到,在现有生产力条件下,这些不公平产生的必然性,也切断了通过改革探索来逐步消除这些不公的道路。

在反对一切"不公平"的基础上,产生了一套极左的理论。这套理论集中体现在1967年8月25日《文汇报》和《解放日报》联名发表的《两条根本对立的经济建设路线》一文中。文章总结了社会主义建设的五项基本原则:坚持政治挂帅;加强党的领导;大搞群众运动;实行"两参一改三结合"(即干部参加生产劳动,工人参加企业管理,改革企业中不合理的规章制度,在技术改革中实行企业领导干部、技术人员、工人三结合的原则);大搞技术革命。根据这五项原则,理想的社会主义经济制度应该是这样的:从宏观上看,它遵循有计划、按比例的原则,整个国民经济是一个高度协调的整体,从而否定了个体经济的存在,也否定了把企业作为一个逐利的市场主体,不存在市场调节,也不必遵循价值规律;从微观上看,"政治挂帅"取代了"利润挂帅"、物质刺激,企业采用"两参一改三结合"的经营方式,农村走集体经营道路。由于不能提倡物质刺激,又无法通过解雇、降低工资等惩罚性措施,只能通过宣传集体主义思想、树立榜样来激励劳动积极性。当时,工业领域学习大庆精神,农业领域学习大寨精神,全国人民学习解放军,目的都是为了树立集体主义价值观。

然而,这套理论存在缺陷。一方面,公有制和计划经济无法覆盖全部领域,也不符合中国复杂多样的国情,个体经营、分田到户总会自发地产生出来,市场调节也是客观的需要,不仅民间自发交易从来没有断绝,而且"五小"工业、社队企业一直生存在计划的夹缝之中,就连国营企业也自发进行着大量物资调剂。另一方面,政治挂帅、精神激励存在着边际效果递减的趋势,其效果不仅在老一代和新一代职工的身上逐步递减,而且即使对于同一个人来说,经年累月的宣传也无法达到始终如一的效果。此外,对于强调科学管理、技术创新的现代工业来说,"大呼隆式"的发动群众,即使调动起了冲天干劲,也未必能真正提高经济效益。

这套极左理论在实践中必然遇到阻碍,而"文革"则用了更"左"的办法来强力推行它。正如《两条根本对立的经济建设路线》文章所说:一九六三年,毛主席又提出了"阶级斗争、生产斗争和科学实验",是建设社会主义强大国家的三项伟大革命运动。在这三项运动中,"阶级斗争"无疑是最有"力量"的。它将个体经营、市场调节上升到了"走资本主义道路"的高度,采用"大批判"、群众运动等手段予以强力消除。而且,"文革"将精神激励的作用严重夸大,提出了"思想革命化""灵魂深处爆发革命""狠斗私字一闪念"等口号,形成了一股强大的政治压力。但是,结果不仅没有提高效率,反而让单一公有制的计划经济应有的效率都无法正常发挥出来,并给国家带来了深重灾难。

二、极左思想对经济体制的影响

(一)破坏组织机构

由于有了"阶级斗争"这个有力的"武器",又有了"走资本主义道路的当权派"这项大帽子,党和国家的组织机构,尤其是管理经济的组织机构,便陷入了长期动乱之中。"文革"初期,处处、层层揪斗"走资派",各级党政领导机关和经济管理机构,上至中央各部委,下至企业的生产指挥系统,都受到冲击,有的甚至被撤销。各级领导干部大多数挨批斗,被当成"走资派"排斥。大量宝贵的档案资料被抢劫或销毁。还有一些投机分子、打砸抢分子和阴谋分子乘机爬上各级领导岗位。国家已经不能正常地行使管理国民经济的职能。"文革"中后期,极左思想成了"四人帮"等排斥异己、攫取权力的工具。他们借口"左"的理论发动一场又一场政治运动,用"批林批孔"打断了周恩来的整顿工作,用"反击右倾翻案风"打倒了主持整顿的邓小平。

(二)破坏规章制度

随着"走资本主义道路的当权派"被打倒,刘少奇、邓小平等主持制定的规章制度也被当作资本主义、修正主义的东西遭到了批判和否定。首当其冲的是《工业七十条》,它所提出的各项规章制度和有关国营企业管理体制的指导原则,还没有来得及很好贯彻,就被全盘否定了。例如,《工业七十条》规定,国营企业是国家计划指导下的、独立的生产经营单位,有权自主地使用国家交给的固定资产和流动资金,有权与别的企业订立经济合同,有权选择工人的工资、奖励形式,等等。这本是对原有经济体制的改进,却被扣上一顶"把社会主义企业蜕变为资本主义企业"的大帽子。又如,《工业七十条》规定,企业实行党委领导下的厂长负责制,企业党委的主要任务是搞好调查研究、实行检查监督和加强思想政治工作,而不要代替厂长,包办行政事务。这被斥为"摆脱党的领导""让走资派篡夺企业领导权"。《工业七十条》在建立生产责任制、贯彻按劳分配、搞好企业民主管理等许多方面提出的基本原则,也都遭到了否定。这对企业管理体制造成的消极影响,是非常严重的。

其他规章制度也遭到破坏。例如,1966年11月,江青接见"红色劳动者造反总团"头头时说,现行的合同工、临时工制度"就像资本主义对待工人一样","非造这个反不可"。在她的支持下,该造反派强迫当时中华全国总工会和劳动部负责人签发了一个《联合通告》,规定合同工、临时工一律不准辞退,已经辞退的,要召回来,并补发全部工资。从而引发全国各地大批工人外出闹转正、闹晋级、闹福利待遇的风潮,严重冲击了国家劳动工资管理制度。

关于经济体制的正确理论观点也受到批判,其中最典型的是孙冶方的观点。他曾在50年代末60年代初提出一些新见解,如在计划工作中重视价值规律的作用;要注意运用经济杠杆,提高利润指标在经济管理中的地位;要扩大并适当规定企业经营管理的权限,正确处理国家集中领导和企业独立经营的关系;要提高固定资产折旧率,并把折旧基金全部留给企业等。这些观点早在"文革"前就被不公正批判,使孙冶方被扣上了"经济战线最大的修正主义者"的罪名;"文革"时期,这些观点更是被当作"修正主义的黑标本"进行批判。这不仅混淆了是非,而且堵塞了研究道路,使经济理论界万马齐喑。

(三)破坏经济运行和人民生活

批斗"封资修"的运动扩展到了经济生活的各个领域,干扰破坏了经济运行。1966年6月,《人民日报》发表《横扫一切牛鬼蛇神》的社论,提出破"四旧"(旧思想、旧文化、旧风俗、旧习惯)的口号。扫"四旧"之风很快席卷全国,商业首当其冲。老商店招牌统统被破坏,大量"有问题"商品被停售,传统服务项目全被取消。这些"有问题"商品包括以下三类。一是商品本身"有问题",服务于"封资修",如口红、香水等化妆品,耳环、项链等金银首饰、西装、高跟鞋等时尚服装,玩具、扑克牌、麻将等文体用品,以及高档烟酒、高档食品、古玩字画、工艺美术品等。二是商品名称"有问题",或带有"封建色彩",如天王补心丹、乌鸡白凤丸、东坡肉等;或带有"资本主义""修正主义"色彩,多见于外来音译商品,如阿司匹林、盘尼西林、夹克衫、巧克力等。三是商标、图案"有问题",其中含有神话传说、帝王将相、才子佳人、福禄寿喜、龙虎凤凰等"封建糟粕"。据典型调查,1966年8月北京百货大楼停售的"有问题"商品达6800多种,占原经营品种总数的22%。① 高级饭馆一律改营普通饭菜;有些城市不仅取消了雅座,而且取消了送餐到桌,一律改为顾客自己端盘、自己洗碗;浴池取消了擦背、搓澡、修脚等服务。红卫兵还把个体工商业者当作"投机倒把分子""走资本主义道路的小商贩"加以取缔,或批斗以后遣送回乡。1967年底,全国城镇个体工商业者由1965年的102万人减少到86万人。1968年到1969年,各地按《人民日报》文章提出的"我们也有两只手,不在城里吃闲饭"的口号,把一大批个体工商业者当作吃闲饭的人赶到乡村,使1969年底全国城镇个体工商户只剩约71万人。此后多次的运动,使工商业屡受冲击,到1977年底,全国城镇个体工商户仅剩14万人。②

其他领域也同样受到干扰。例如在金融领域,金融管理失控,造反派勒令银行滥发资金,甚至到银行强行提款、拦截银行库款、抢劫国家金库,使得货币投放过量,1968年市场货币流通量达到134亿元,比1966年增加23.6%。③ 储蓄业务也被说成"公私融化论"和"不劳而获"的剥削,有些地区同时开设"有息存款"和"无息存款"两个窗口,施加政治压力。在对外经济领域,出口被污蔑为"为外国资产阶级服务",学习外国先进技术被污蔑为"洋奴哲学""爬行主义",出口运输保险也受到影响。

三、极左思想对基本经济制度的影响

极左思想对基本经济制度的影响主要体现在农村,具体表现为脱离各地实际的"学大寨"。

(一)推广"穷过渡",冲击"三级所有,队为基础"的所有制

1962年的《农业六十条》确立了"三级所有,队为基础"的农村所有制,

---

① 郭今吾主编:《当代中国商业 上》,中国社会科学出版社1987年版,第75页。
② 费开龙、左平主编:《当代中国的工商行政管理》,当代中国出版社1991年版,第415-416页。
③ 尚明主编:《当代中国的金融事业》,中国社会科学出版社1989年版,第160页。

生产队是人民公社中的基本核算单位,实行独立核算,自负盈亏,直接组织生产,组织收益分配。大寨则实行以大队为核算单位,这被当作先进经验向全国推广,在部分地区刮起了"穷过渡"风。据北京、山西、河北、上海、江苏、浙江等11省市统计,1970年以大队为核算单位的由1962年的5%上升到14%。① 这种"穷过渡"将生产条件、发展水平不平衡的穷队、富队在分配上拉平,实际上是穷队"共"了"富"队的"产",挫伤了富队社员的积极性,也没能很好地调动起穷队的积极性。

(二)批判"工分挂帅",破坏"按劳分配"

1967年到1968年,农业部召开学习大寨劳动管理经验现场会,在会议纪要中提倡彻底批判"工分挂帅""物质刺激",推广大寨按"政治思想"评工分,按"工分不悬殊"原则缩小社员之间工分差距的经验。这一时期,山西、上海、天津、山东等地已经有70%以上的生产队,广东、广西、河北、陕西、黑龙江等地也有半数以上生产队实行了这种管理经验②,被员工称为"大概工",造成平均主义思想严重,"出工不出力,出力不出活"现象泛滥,挫伤了社员劳动和学习技术的积极性。

(三)减少或取消自留地,限制或消灭家庭副业

一些地区提出"多一分地就多一分私心""自留地种得好就是私心重"的批判口号,解决"三自留"(自留地、自留时间、自留人)和"三争"(自留地和集体争季节、争肥料、争劳力)问题,大砍自留地,有些地区甚至干脆取消自留地,收归集体所有。

一些地区采取命令手段,强行规定社员饲养家禽、家畜数量,甚至提出"鸡头不许超过人头"。据统计,全国以农村社员交售为主的鲜蛋年收购量,从1966年的53.9万吨,下降到1968年的38.1万吨。有些社队在批判所谓"重个人、轻集体"之后,取缔了社员家庭养猪、养蚕、养兔、养蜂等副业,代之以集体统一经营。但是,有些比较适宜分散的家庭经营,在集体统一经营后受生产力水平和经营管理水平限制,反而出现减产和亏损。1967年到1969年,全国农村社队办的集体养猪场虽然逐年增加,但全国生猪年末存栏数量却由19336万头下降至17251万头。③ 取消自留地和家庭副业,给农民种植蔬菜、经济作物和饲养禽畜都造成极大不便,也使城市人民

---

① 杜润生主编:《当代中国的农业合作制 上》,当代中国出版社2002年版,第718页。
② 杜润生主编:《当代中国的农业合作制 上》,当代中国出版社2002年版,第715-716页。
③ 朱荣等主编:《当代中国的农业》,当代中国出版社1992年版,第257页。

生活和出口贸易都受到了影响。

（四）限制和取消农村集市贸易

农民到集市出售自己饲养的鸡生的鸡蛋和种植的蔬菜，都被扣上"资本主义自由市场"的罪名，大批农村集市贸易被勒令取消，自发进行交易者遭到批判和没收。按牌价计算，1976年农村集市贸易农副产品成交额占农民出售农副产品总价值的比重，由1962年的21.4%下降到10.8%。①

这些极左的政策不得人心。1970年8月至10月，国务院召开了以推广"农业学大寨"运动为主要内容的北方地区农业会议。在会上，极左派与务实的干部发生了严重分歧，结果会议虽然仍批判"三自一包，四大自由""工分挂帅""分光吃尽，不留集体""自由种植"等做法，但是会议文件采用了"既要……又要……"的写法，如："既要肃清三自一包，四大自由的瘤毒，但在保证集体经济的发展和占绝对优势的条件下，社员可以经营少量的自留地和家庭副业"；"既要坚决肃清物质刺激、工分挂帅的余毒，又要坚持按劳分配的原则，反对平均主义"；"既要批判分光吃尽的错误倾向，也不要一下子积累过多，影响社员的当年收入"；"在服从国家统一计划的前提下，要允许生产队因地制宜种植的灵活性"；"要提倡社会主义协作，逐步发展公社、大队经济，但切不可重犯穷富拉平的一平二调错误"；"不要因为动员农民支援国家建设，就过多地从生产队抽调劳动力，影响生产队的生产和建设"。这些"自相矛盾"的提法反映了当时农业工作在"左"的压力下的尴尬境地。"四人帮"对这份文件很不满意，一直压着不发，后来毛泽东批了"照发"，文件才得以在各地试行。但在各地产生的效果往往取决于各地"左"的程度，一些正确的做法也无法"理直气壮"地坚持。直到1971年"林彪事件"发生之后，周恩来主持发出《关于农村人民公社分配问题的指示》，通过批判林彪、陈伯达一伙在农村强迫并队、没收自留地、砍家庭副业、搞"一平二调"的错误，才得以将一些正确做法给恢复过来。②

第三节 市场调节的扩大

"文革"时期，一些"左"的政策虽然极度抑制市场调节，但由于计划水

---

① 武力主编：《中华人民共和国经济史（增订版）》，中国时代经济出版社2010年版，第567页。

② 参见魏登峰、王翔：《段碧应同志口述：我所亲历的农村变革（6） 1970年北方地区农业会议有点特别》，见《农村工作通讯》，2014年17期。

平较低且计划工作屡受冲击,计划也往往是粗线条且存在许多疏漏之处的。随着国营企业数量增加和集体企业蓬勃发展,计划夹缝中的市场、半市场调节愈发普遍,形成了一个规模可观的物资市场。在生活资料流通领域,集市贸易几经打压而活力不减,以"黑市"形式或明或暗地顽强存在着。这些市场因素普遍存在于国民经济的各个角落,为日后的改革积蓄着力量。

一、国营企业的物资协作

国营企业的物资购销虽服从国家计划,但它们仍然进行着大量市场或半市场的交易行为,这些行为统称为"物资协作"。由于物资普遍短缺,所以国营企业申请的统配、部管物资往往不能全额获得批准,按企业界的说法:"计划批准数仅占企业申请数的1/3。"[①]物资缺口都要企业通过非计划渠道自己解决。而且为了应对上级削减指标的问题,企业在申请物资时也往往多申多报,所谓"头戴三尺帽,不怕砍一刀"。物资分配与申请部门之间的博弈,使得物资分配结果与生产实际往往存在出入,即使是国家批准下达的物资,也存在着时间、规格、型号不匹配的问题,客观上也要求各企业进行相互调剂。此外,品种繁多的三类物资难以纳入计划,一般通过物资、商业企业门市供应。而企业在完成国家指令性计划的前提下,自行组织超产的自销产品,也需要通过市场渠道销售。可见,国营企业进行物资市场、半市场交易是计划水平落后、计划与生产实际不符所导致的必然现象。

早在"大跃进"时期,物资供求矛盾就催生了百万采购大军"满天飞"的情况。经济调整时期,不仅企业之间的物资协作越来越频繁,而且为了帮助企业克服物资供求的矛盾,有些地方物资部门还办起了生产资料服务公司,专门从事各企业间的物资调剂。这种在计划体制夹缝中自发产生的专业公司,也得到了国家的承认。1963年12月,国务院批准了国家物资管理总局制定的《生产资料服务公司业务组织试行办法》,推动了各地物资部门在大城市和工矿企业集中的中等城市比较普遍地建立生产资料服务公司,开展生产资料的代购、代销、代加工、代托运和调剂串换业务(简称"四代一调")。生产资料服务公司的出现,事实上在计划分配体制下,开了一个市场流通的口子和市场交易的场所。到1965年,全国已经建立起生产资料

---

① 夏兴园主编:《地下经济学概论》,湖南人民出版社1994年版,第66页。

服务公司170家。各公司之间互通信息,互相代办业务,形成全国生产资料服务网,为生产建设单位解决了大量"少、小、难、急"的物资需求,赢得了用户的信赖。①

"文革"期间,物资协作被当作"不正之风""歪门邪道""挖社会主义墙脚",遭到批判和禁止。但实际上一些地方、部门和企业,为了维持生产的正常进行,物资协作从未停止。而且随着工业企业数量不断增加,物资协作也从单纯的以物易物发展为多层次、多形式的协作,如相互协作、调剂串换、补偿贸易等。其中补偿贸易是指由缺乏能源、原材料的地区,向能源、原材料产区投入资金(或提供技术,或派出人才),由产地安排使用;产地在商定的期限内,按照商定的价格,补偿投资方一定数量的短缺物资。"文革"后期,国家承认了物资协作的正当性。1975年,经国务院决定,在国家计委物资局基础上成立国家物资总局,为国务院直属局。国家物资总局成立了协作办公室,组织管理全社会的物资协作工作。随后,各省区市除西藏外都先后建立了物资协作管理机构。

形式多样的物资协作,克服了计划水平低、计划统得过死的问题,也给了地区、部门和企业一定的自主权,调动了其因地制宜发展经济的积极性。尤其是江苏、浙江等许多经济发达地区深感物资协作的重要性,他们在改革开放后说:"没有物资协作,就没有今日的发达经济。"②

二、集体企业的市场行为

集体企业,包括城市集体企业和农村社队企业。它们在计划经济的夹缝中、在历次体制变革与政治运动的冲击下,虽几经起落但一直顽强生存了下来,它们是计划经济时期从事市场交易活动的主体。

(一)集体企业发展的原因

集体企业之所以能顽强发展,主要原因有以下三方面。

一是供给的严重不足,尤其是国家优先发展重工业和城市,导致轻工业产品、农用生产资料短缺。市场广阔,只要能生产就不愁卖,这是集体企业源源不断地产生的根本原因。以70年代市场上奇缺的铁锅为例,据1974年对山东招远县8个公社1600户的调查,共有2700口锅,其中打过补丁的占21.7%,残破无法使用的占14.8%。广西田阳县一次开物资交

---

① 柳随年主编:《当代中国物资流通》,当代中国出版社1993年版,第126页。
② 柳随年主编:《当代中国物资流通》,当代中国出版社1993年版,第134页。

流会卖铁锅,群众抢购竟导致3人被挤倒踩伤。浙江平湖县黄姑公社永乐大队6个小队43户农民两年只买到3口锅。① 铁锅只是一个例子,生活用品、农用生产资料和地方工业所需原料、燃料普遍短缺,是当时的常态。

二是党和国家的支持。早在1958年,毛泽东就设想将人民公社办成一个"工农商学兵结合、农林牧副渔全面发展"的小社会,作为一个向共产主义过渡的细胞。当时围绕大炼钢铁,各地公社迅即办起了一大批小型炼铁、小矿山、小煤窑、小农机修造、小水泥、食品加工和交通运输等方面的企业。后因国民经济严重失衡,中央被迫提出社队一般不办企业的规定,许多社队企业被关停并转。然而,在调整时期,许多社队企业仍在坚持发展。1966年5月7日,毛泽东做了著名的"五七指示",提出农村以农为主,也要兼学军事、政治、文化,在有条件的时候也要由集体办些小工厂。"五七指示"使许多地方开始名正言顺地发展集体企业。1970年,全国北方农业会议提出,为实现农业机械化,要大办地方农机厂、农具厂和与农业有关的其他企业,这给办集体企业提供了"红头文件",集体企业蓬勃发展起来。虽然屡受"左"的思想的干扰,但势头一直不减。1975年,邓小平根据毛泽东的意见以中央名义向全国印发了《社队企业具有强大的生命力》《积极发展社队企业,加速实现农业机械化》等文件。此后,集体企业得到了更快的发展。

三是集体企业的所有制形式更灵活。集体所有制在经营管理上实行"独立核算,自负盈亏"。而且,随着城乡人口不断增长,集体企业也是解决城镇就业、转移农业剩余劳动力和增加农民收入的最重要途径。因此,群众对其分外珍视。在经济调整和"四清"运动中,许多地方通过把企业"转入地下"、缩减一些人员务农、保留骨干人员坚持生产等方式保护这些企业。"文革"时期,当国营工厂工人进行"大串连"或"停产闹革命"时,大多数集体企业生产却比较稳定。此外,1970年经济管理权下放增加了地方的物力、财力,知识青年下乡和干部下放为农村提供了人才资源,这些都成为集体企业发展的有利条件。

(二)集体企业的生产经营

党和国家虽然鼓励集体企业发展,但中央给予的资金支持和物资安排都很有限。集体企业基本依靠自力更生,艰苦创业。资金主要靠农业的微薄积累和银行的有限贷款;厂房常常是利用废弃的旧房、破庙、祠堂、仓库

---

① 季龙主编:《当代中国的集体工业 上》,当代中国出版社1991年版,第316页。

等;机器,有的是购买城市工业淘汰的旧设备,有的是自己制造的土设备,有的是从废旧物资回收部门买到的报废设备,加以修旧利废;技术,主要依靠聘请国营工厂退休的老师傅传帮带,农民边干边学,从实际操作中逐步掌握技术要领。这些集体企业的发展定位是:围绕农业办工业,工业为农业服务;为城市工业加工服务。集体企业也得到了地方政府和国营企业的支持。以辽宁为例,据1960年7月统计,全省有2132个厂矿企业同47个农村人民公社挂上钩,建立起427个农业机械修配厂,培训各种人员9000多人。1960年7月3日,时任辽宁省委第一书记的黄火青在《辽宁日报》发表《厂社挂钩是加强工农联盟的一种新形式》一文,肯定了厂社挂钩的做法。进入70年代后,厂社挂钩进一步普及,据本溪、大连、沈阳、抚顺、鞍山统计,支援发展社队工业的设备716台,钢材、生铁850吨,废次材1200吨。丹东市组织大工业用更替的旧设备1560多台,武装了88个公社和300多个生产大队的农机修造厂。① 企业站住脚之后,通过"滚雪球"的办法,弃旧更新,扩大生产能力;或以"孵蛋"的方法,老厂办新厂,大厂带小厂。创业之初,职工实行"在厂记工,回队分配"的制度,收入很低。企业的管理干部,样样都干,又当领导,又跑供销,又下车间顶班劳动。不少工厂用电无保障,职工往往就睡在机器旁,什么时候来电什么时候干活。

  对于集体企业来说,最大的困难在于原料供应和产品销售没有稳定的渠道。为此,各地只能自己闯路,发扬"走遍千山万水,吃尽千辛万苦,想尽千方百计,说到千言万语"的精神去开拓市场,依靠"能人"和各种关系搞供销。以社队企业发展得最好的苏南地区无锡市玉祁镇为例:1963—1965年,玉祁公社由下放工人吴国明挑头担任供销,办起砂轮、织布厂,继而又发展起玉祁电珠厂、扩大工具厂;1966年春,民主大队利用下放干部和工人创办起民主五金厂,随后又建起砖窑、工具厂、农机厂。1970年前后,公社又创办起农药厂,周伟金、刘泉生在省科技厅支持下,依靠下拨的20万元经费和浙江大学提供的技术资料,开始生产农药二甲苯。1971年1月,公社革委会成立工交办公室,统一领导全社所属工业、交通运输、建筑等企业,确定一名副书记专职抓工业生产。这期间,玉祁利用靠近大中城市的区位优势,物色起用大批下放干部和工人、插队知青,以及农村中的能工巧匠,依靠他们熟悉经济以及与城市商业、机关、科研单位千丝万缕的联系,疏通渠道,促进社队工业发展。从1971年到1982年,玉祁又陆续办起农

---

  ① 于驰前、黄海光主编:《当代中国的乡镇企业》,当代中国出版社1991年版,第176-177页。

机厂、水泥制品厂、汽车修配厂、印制线路板厂、电梯厂、砖瓦厂、铸件厂和家具厂等一批社队企业。1970年,玉祁首份工业报表显示,全年工业产值69.29万元,年末职工人数139人,工资总额42625元。到1978年,企业个数达到78个,职工人数3815人,工业总产值1994万元(其中队办企业总产值1224万元)。① 玉祁是全国集体工业发展的一个缩影。1961年,全国集体工业产值117.1亿元,1965年增至138.4亿元,1966年升至165.6亿元,1968年降至159.8亿元,1970年回升至267.6亿元,1971年进一步增至326.9亿元,1973年达到401.4亿元,1974年为440.6亿元,到1976年已经升至613.5亿元。②

在集体企业发展得较好的地区,集体企业与国营企业在计划之外形成了一个规模可观、协作紧密的市场。根据1976年对辽宁省抚顺、本溪、鞍山3市的不完全统计,国营企业向社队工业扩散带料加工产品的产值达2900多万元。③ 而辽宁省负责人在学习上海发展"五小"工业的经验后的一番讲话,更是道出了当时市场化协作的程度之高:"我们看了一个冶金厂,烟筒是竹坯子做的,连泥都不抹。轧钢也就是两个小设备,一个有桌子那么长的机器,两个人用土办法就生产。一问可不简单,几层的合金片都能轧出来。这个厂切边,那个厂子就用这边角料作扣子,这个厂剩下,另一个厂子再用,吃干用净。所以人家创造的价值确实比我们高得多。就像大鱼后面跟着一群小鱼一样,大鱼不吃的小鱼吃,原材料吃光榨净。产品都挺新,水平都达到国家要求,所以,帮助我们配套的都是三五十人的小厂。人家都是些家庭妇女。我们辽宁省的老大嫂就不如上海的老大嫂?人家工资不高,产值高,就业率高,人民生活水平也高。上海很多事就是怪。卖鱼先问你要不要鳞,你说不要马上就给你刮掉,就有专门的厂子用鱼鳞作黏胶剂。不怕不识货,就怕货比货。总理说,不要批评辽宁傻大黑粗,要批评他们工业瘸腿,批评他们不配套。……这些小企业是有生命力的,砍掉的小厂又长起来了。客观本身有一个规律,需要它们作为国民经济的一个环节。"④ 作为计划体制建立最早、计划最完备的辽宁省,其负责人的这番讲话也反映出了计划与市场体制的效率差异。

---

① 中国社会科学院经济研究所课题组:《从苏南模式到科学发展——江苏省无锡市玉祁镇经济与社会调研报告》,中国社会科学出版社2008年版,第62-63页。
② 季龙主编:《当代中国的集体工业 上》,当代中国出版社1991年版,第291、306、310、312、313、315、324页。
③ 于驰前、黄海光主编:《当代中国的乡镇企业》,当代中国出版社1991年版,第176-177页。
④ 石建国:《"文革"时期放权改革对东北工业的影响》,《当代中国史研究》2008年第3期。

三、若明若暗的集市贸易

大中城市的集市贸易，在"文革"前虽已宣布取消，但是农民进城出售农副产品的情况依然存在，只是由明转暗，由集中转为分散，同时，一些小城市的集市贸易，也还是允许存在的。"文化大革命"中，这些都被视为"黑市"，在"巩固无产阶级专政，维护社会主义经济秩序"的口号下，被强行关闭。为彻底取缔"黑市"，一些城市专门建立了监管市场的群众组织，分片包干，出售农副产品的农民和流动小商贩只要一进入这个地区，一经发现就取缔。在农村，由于学大寨走上极端，把集市贸易与资本主义等同起来。许多地方把关闭集市作为实现"大寨县"的必要措施，下令取消集市贸易。全国市场都被搞得冷冷清清。

实际上，城乡集市贸易是城乡居民调剂余缺的必然产物，而且在物资普遍短缺的情况下，市场价格往往高于官方牌价，这也是驱使农民进行"黑市"交易的动力所在。所以，"黑市"交易无法禁绝，"从集镇转到了村头，又从村头转到了炕头"。

1975年4月，商业部工商管理局在部分省市参加的加强集市贸易管理的座谈会上提出"适当利用，加强限制，严格管理，逐步代替，最后消亡"的二十字方针。虽然迫于"左"的思想的压力而提出了"最后消亡"的说法，但是在实践中还是承认了集市贸易存在的必然性。整个"文革"时期，集市数量呈下降趋势，但始终没有禁绝，至于"黑市"交易的规模，虽无法统计，但普遍存在于城乡居民的生活之中。表5-1所示为1965年、1974—1976年农村集市贸易基本情况统计。

表5-1　1965年、1974—1976年农村集市贸易基本情况统计[①]

年份	集市数量/个	成交额/亿元	相当于社会商品零售额（按市价计算）/（%）	相当于社会商品零售额（按牌价计算）/（%）	占农民出售农副产品总值/（%）
1965	37000	68	10.3	9.0	13.5
1974	32000	114	10.0	6.3	14.0
1975	31058	105.5	8.5	5.2	12.3
1976	29227	102	7.8	4.6	10.8

---

① 费开龙、左平主编：《当代中国的工商行政管理》，当代中国出版社1991年版，第233页。

第四节　对外经济开启封闭大门

五六十年代,中国在不利的国际局势下,一直积极谋求扩大对外经济交流。七十年代,国际形势出现了有利变化,中国加快了对外开放的步伐,进出口贸易规模不断增加,技术引进出现了新中国成立以来的第二次高潮。同时,中国开始更加主动地学习发达国家的先进技术和管理经验,研究资本主义经济,对外开放、试办经济特区等思想也在"文革"后期开始萌芽。

一、60年代中国的对外经济交流

计划经济时期,中国的对外交流较为有限,给人留下了封闭的印象。但是,这并非中国的本意。相反,整个计划经济时期,中国一直在谋求打开对外交流的局面。50年代,主要受冷战、朝鲜战争、台湾问题等因素影响,中国选择了"一边倒"的外交政策,接受苏联的援助,开始了工业化起步。然而,中国因反对苏联大国沙文主义而与苏联关系恶化,陷入了较为孤立的境地。

60年代,中国并未中断对外经济交流,尽管这种交流较为有限。在对外贸易领域,苏联于1960年撕毁合同,撤走专家,并逼迫中国偿还外债,给我们的外贸工作带来了极大压力。当时,外贸部门主要采取了两项措施以增加出口:一是从1960年开始,建立出口商品生产基地和出口专厂、专车间;二是从1961年开始,扩大1957年外贸部实行的"以进养出"的出口政策面,即主要进口原料,加工成品出口。由于中苏关系紧张,中国对外贸易的主要对象开始转向资本主义国家和地区。为适应资本主义国家市场需求,中国对商品的生产工艺、品质、规格、款式、包装等都进行了显著改进,新品种迅速增多,如1963年,出口纺织品增加了840多种,轻工业品增加了400多种。[①] 在贸易方式上,改变了过去只采用出口即期信用证带电汇条款和进口货到付款等方式,开始采用国际贸易中通行的灵活做法,以利扩大进出口。从1963年到1965年,中国对外贸易额持续迅速回升。1965年进出口总额达到42.45亿美元,比1962年的26.63亿美元增加59%,平均每年递增16.8%。到1965年,中国已同100多个国家和地区建立了贸

---

① 沈觉人主编:《当代中国对外贸易　上》,当代中国出版社1992年版,第30页。

易关系。① 而中国在1965年的进出口总额中,对西方资本主义国家的进出口总额占比由1957年的17.9%上升至52.8%。② 1966年,中国的对外贸易额仍有一定增长。但是,从1967年开始,对外贸易领域成为"文革"的重灾区,1969年进出口贸易总额只有40.29亿美元,比1966年的46.14亿美元下降12.7%。③

在对外引进设备和技术方面,中国从60年代前期开始从西方国家进口成套设备和技术。当时,日本经济出现生产过剩危机,中国抓住这一时机,经毛泽东批准,周恩来亲自部署,于1963年同日本签订了第一个采用延期付款方式进口维尼纶成套设备的合同,打开了西方国家从技术上封锁中国的缺口。随后,中国又从法国、英国、联邦德国、瑞典、意大利、瑞士、荷兰、比利时、奥地利等9个国家引进了冶金、石油、化工、矿山、精密机械、电子、轻纺等成套设备和技术,共84项。④ 毛泽东甚至提出:在一定时候,可以让日本人来中国办工厂、开矿,向他们学技术。

总的来看,中国在60年代非常孤立的国际环境下,仍没有中断对外经济交流。但是,旧中国半殖民地的经历,以及苏联撕毁合同的做法都给中国人造成了"利用外资危险"的认识。而且受"左"的思想影响,中国在当时也有些片面地强调自力更生,在某种程度上产生了"无须利用外资"的思想。加之"文革"干扰,对外经济交流也受到了严重阻碍。

二、国际形势的积极变化

步入70年代,国际形势发生了有利于中国的积极变化。中国外交工作在毛泽东、周恩来亲自领导和直接掌握下,较早地排除了"文革"的极左思想干扰,持续地正常开展对外活动。1969年9月,周恩来在北京机场会见了苏联部长会议主席柯西金,中苏关系有所缓和。而正在冷战中处于下风的西方资本主义国家,面临着新一轮经济危机,亟须寻求新的战略同盟,并扩大对外经济交流。此时的中国,不仅在国防尖端领域取得了重大突破,而且凭借着与第三世界国家的友好关系逐渐成长为维护世界稳定的重要力量。

在这种大背景下,中国同西方资本主义国家的外交打开了新局面。

---

① 沈觉人主编:《当代中国对外贸易 上》,当代中国出版社1992年版,第32页。
② 沈觉人主编:《当代中国对外贸易 上》,当代中国出版社1992年版,第31页。
③ 沈觉人主编:《当代中国对外贸易 上》,当代中国出版社1992年版,第34页。
④ 沈觉人主编:《当代中国对外贸易 上》,当代中国出版社1992年版,第31页。

1970年和1971年,中国先后同加拿大、意大利、奥地利和比利时等国建立外交关系。1971年,联合国恢复了中国的合法席位。1972年,美国总统尼克松访华,中美发表《联合公报》,在正式建立外交关系之前先恢复了贸易关系。由此引发了连锁反应,1972年以后,中英、中荷外交关系由代办级升格为大使级,中日邦交实现了正常化,联邦德国、西班牙等西欧国家以及其他地区许多国家纷纷同中国建交,1975年5月中国与欧洲经济共同体建立正式关系。中国对外关系出现了势如破竹的进展。

70年代的中国,急需世界先进技术。继50年代苏联援建的156个重点项目之后,中国虽然对外仍有引进设备和技术,但规模有限。整个60年代,中国的工业化建设基本上是在这156个项目的水平上进行外延式扩张。而在这十年里,中国与世界先进水平的差距不是缩小,而是扩大了,中国自身的产业结构中也存在着诸多技术短板与瓶颈,因而迫切需要对外进行第二次大规模技术引进。而1969年之后,中国的政治形势趋于稳定,虽然极左思想的干扰仍然存在,但在对外交流领域,由于毛泽东、周恩来的亲自抓,得以正常开展工作,从而在70年代打开了对外经济新局面。

三、新中国第二次大规模技术引进

1971年林彪事件后,周恩来主持经济工作,与李先念、余秋里及相继复出的陈云、邓小平等人,积极推行毛泽东打开对外经济工作局面的决策。1972年,中国抓住西方资本主义国家在经济危机中急于出口的有利时机,引进了多项技术设备。1972年1月,李先念向周恩来报送国家计委《关于进口成套化纤、化肥技术设备的报告》,建议引进中国急需的化纤新技术成套设备4套、化肥设备2套,以及部分关键设备和材料,约4亿美元。经周恩来呈报,毛泽东立即圈阅批准了这个报告。随后,周恩来等人以此为突破口,将对外引进交流的规模进一步扩大。国家计委提出了《关于进口一米七连续式轧板机问题的报告》,建议引进这项国内钢铁工业急需的设备。8月,毛泽东、周恩来予以批准。11月,国家计委再次提出《关于进口成套化工设备的请示报告》,建议进口6亿美元的23套化工设备。在周恩来批准这个报告的同时,又将总额33亿美元的另一进口方案送他合并考虑,准备采取一个更大规模的引进计划。

1973年,中国正式启动大规模引进先进技术设备的"四三方案"。1月,国家计委向国务院提交《关于增加设备进口、扩大经济交流的请示报告》,对前一阶段和今后的对外引进项目做出总结和统一规划。报告建议,利用西方处于经济危机,引进设备对我有利的时机,在今后三五年内引进43亿美元的成套设备。其中包括:13套大化肥、4套大化纤、3套石油化工、10个烷基苯工厂、43套综合采煤机组、3个大电站、武钢1.7米轧机,及透平压缩机、燃气轮机、工业汽轮机工厂等项目。① 这个方案被通称为"四三方案",是继50年代156项引进项目后的第二次大规模引进计划。此后,在此方案基础上,又陆续追加了一批项目,计划进口总额达到51.4亿美元。利用这些设备,通过国内自力更生的生产和设备改造,兴建了26个大型工业项目,总投资额约214亿元。到1982年,26个项目全部投产。其中投资额在10亿元以上的有武钢1.7米轧机、北京石油化工总厂、上海石油化工总厂一期工程、辽阳石油化纤厂、黑龙江石油化工总厂等。这些项目基本体现了60年代以来国际上技术革新的主要发展方向,对中国追赶世界发达国家、促进经济发展和技术进步起到了重要作用。尤其是一批大型石油化工项目的引进和建设,既为从数量上和质量上解决人民"吃穿用"问题发挥了重要作用,也为后来工业现代化建设、调整产业结构、提高生产效率和经济效益打下了重要基础。

四、对外经济交流的全面展开

"四三方案"的批准实施,带动了对外经济工作的全面开展,中国不仅扩大了对外贸易规模,而且在对外经济思想上也进行了许多积极的探索。

首先,对外贸易规模逐年增长,对外贸易体制更加开放。根据周恩来制定的"外贸要立足于国内,要把生产、使用和科研结合起来,推动国内生产的发展"的方针,李先念等人积极恢复了"文革"初期遭到严重破坏的出口生产工作。工艺美术品、农产品等出口生产基地得到了较快恢复。1972年9月,新中国成立以来规模最大的全国工艺美术展览会在北京开幕,历时4个多月。从1973年开始,中国对外贸易规模迅速扩大。1973年,中国对外贸易总额达到109.76亿美元,是1970年45.8亿美元的2.4倍;1975年,对外贸易总额达到147.51亿美元。② 1974年,国家放宽了各级、各部门从事外贸的权限。第一,除原有的上海、广州、大连、青岛、天津5个口岸直接经营远洋、近洋、港澳地区的进出口贸易和北京、福建、河南、湖北、湖南、江西、安徽、广西、云南9省区市经营港澳地区和其他地区部分商品出

---

① 《当代中国》丛书编辑部,《当代中国的对外经济合作》,中国社会科学出版社1989年版,第320页。

② 沈觉人主编:《当代中国对外贸易 上》,当代中国出版社1992年版,第37页。

口业务外,增辟江苏、浙江、河北 3 省为直接经营外贸的口岸。第二,除西藏外,内地其他省、区可以直接向港澳发运出口物资。第三,内地省、区外贸专业分公司经外贸专业总公司批准,也可以经营远洋贸易。第四,轻工业部、建筑材料工业部、农业机械工业部、石油化学工业部、冶金工业部等部门分别成立出口供应公司,负责对外交货或向外贸公司供货,第一机械工业部成立产销结合的机械设备出口公司。这些措施虽然没有根本打破统制体制,但对发展对外贸易起到了积极作用。

其次,在利用外资和借鉴国外先进管理手段方面,产生了新的认识。陈云在协助周恩来研究指导外贸工作中强调"对资本主义要很好地研究",他指出:现在我们外贸主要面向资本主义国家这个趋势,"我看是定了",因此,不研究资本主义,我们就要吃亏。不研究资本主义,就不要想在世界市场中占领我们应占的地位。[①] 陈云提出要恢复外贸金融研究机构,认真研究西方资本主义经济资料,并亲自拟定了了解世界经济状况的 10 个重要问题。陈云还大胆地提出,要利用资本主义国家的商品交易所和期货市场。根据他的这一思想,外贸部门在购买国内需要的物资时,灵活运用期货手段,积极参与国外交易市场活动,在完成购买任务的同时,为国家赚取了外汇。

最后,产生了设立经济特区的思想。中国处于"文革"动乱之时,亚洲"四小龙"经济已经开始起飞。周恩来注意到了台湾设立经济特区、引进外资的做法。他在 1972 年 4 月接见广交会代表时,询问了台湾产品加工出口情况,感慨地说:为什么台湾能搞,我们搞不了? 1973 年 6 月,周恩来在接见美国银行家洛克菲勒时,颇具意味地说:通过两国银行往来推动两国贸易的发展,这是一个有效的渠道。我们过去不会运用银行。……很直率地说,这一点我们还赶不上台湾的严家淦。……他对做生意、搞贸易有那么一套。……引进美国、日本和其他国家的外资。进口原材料,然后加工,专门供出口。他还在台湾高雄划了一个像香港一样的自由港,不收税。这样,台湾的贸易额就大了。……原来我很奇怪,它的贸易额为什么这么高?一调查,清楚了。[②] 1973 年 10 月,周恩来在和澳大利亚总理会谈时说:蒋介石在台湾省有一个高雄港是自由港,没有税,吸引外资带着原料去建厂,利用台湾的廉价劳动力、劳务费,然后把商品回销外国。这样吸引很多外

[①] 《陈云同志在听取银行工作汇报时的谈话》,《中国金融年鉴(1988)》,中国金融出版社 1988 年版,第 26 页。

[②] 《周恩来经济文选》,中央文献出版社 1993 年版,第 644-645 页。

资到台湾去投资。① 周恩来一再提起台湾的做法，表明在他心里已经开始思考中国内地设立经济特区、引进外资、来料加工的可行性了。只是由于极左思想仍然占有主流地位，所以这种设想无法实践，甚至无法予以明确肯定。但这一思想无疑已经包含着改革开放的因素在内了。

总的来看，70年代的中国对外经济交流已经迈出了步伐，虽然仍受到"四人帮"的干扰，但开放已经成为大势所趋。正如胡乔木所说：1974年到1975年的整顿"实际上内容不但包含了改革，也包括了开放"。②

---

① 《周恩来年谱(1949—1976) 下卷》，中央文献出版社1997年版，第630-631页。
② 《胡乔木文集 第二卷》，人民出版社1993年版，第248页。

第六章
市场机制的回归与改革的开始
（1976—1984）

"文革"结束之后，中国开始逐步回归以经济建设为中心的正确轨道，探索加快经济发展、提高经济效率的道路。十一届三中全会拉开了改革开放的大幕，中国的经济体制也在改革探索中逐步趋向市场化。一方面，农村自发的改革实践最终确立了家庭联产承包责任制，承包制的推行不仅提高了农业生产率，也促进了农村专业化生产，使多种经济成分和多种经营方式发展起来，乡镇企业异军突起，农村市场迅速发育。另一方面，城市对国有企业放权让利的改革和对集体、个体经营限制的放宽，也使市场调节的规模不断扩大。城乡改革殊途同归，共同促进了国内市场的发展。同时，中国扩大了对外开放，积极吸引外资，并在沿海地区开辟经济特区。外国商品的进口将国际价格引入了中国市场，外国资本的流入将国际规则引入了中国的经济体制，因此，开放也成为加速国内市场化进程的重要推动力。在改革与开放的共同作用下，中国由单一公有制的计划经济向着多种经济成分共存、计划与市场双轨并行的方向转型过渡。

第一节 农村的体制改革与市场发育

十一届三中全会之后，在中央的引导和支持下，农村自发进行了包产到户、包干到户的实践，逐步探索并确立了家庭联产承包责任制。相应地，人民公社社政合一的体制也随之解体，农村重新建立了基层政权组织和经济合作组织。承包制的推广，不仅提高了农业生产力，而且促进了农村的专业化生产,农村开始形成多种经济成分、多种经营方式并存的局面。尤其是剩余产品和剩余劳动力的大量涌现,还为乡镇企业的异军突起提供了条件。面对蓬勃发展的农村经济,政府及时减少了计划干预,引导和扶持农村市场不断发育完善。

一、改革开放前的农村经济体制

"文革"十年,农业生产发展缓慢。从 1965 年到 1976 年,全国农业总产值年均增长 2.8%,粮食总产量年均增长 3.6%,油料总产量年均增长 1%,而棉花总产量则在十年中下降了 2%。① 仅以粮食为例,从 1976 年到 1978 年,国家粮食形势逐步恶化,全国需要调入粮食的省区市较"四五"计划时期增加了 4 个,年均调入量增加近 40 亿斤;而全国可以调出粮食的省区减少了 4 个,年均调出量减少了 27 亿斤。国家从 1977 年到 1978 年两年净进口粮食 265.79 亿斤,仍不足以满足国内需求,只得动用储备粮,致使库存不断减少。②

从农业的微观运行体制来看,人民公社对农业生产力的促进作用已经非常有限,甚至在一些地区开始阻碍农业生产力进一步发展。1976 年,全国平均每个农业劳动力创造的农业净产值为 319 元,低于 1952 年 323 元的水平;平均每个农业劳动力生产的粮食为 972 公斤,低于 1957 年 1031 公斤的水平;每个农民年平均纯收入为 113 元,仅比 1965 年增加 6 元。1976 年,全国农村人民公社社员平均每人从集体经济分配到的收入比 1974 年减少 3 元多,人均口粮减少 1.5 公斤多,社员超支户占全国农户总数的 1/3。以安徽为例,全省农村年人均纯收入在 50 元以下的生产队有 9.13 万个,占全省生产队总数的 30% 以上。③

从 1976 年底到 1978 年,党和国家采取了一系列措施,加强农业生产建设。这些措施的共同特点,是在原有的人民公社制度和农产品计划流通体制框架内,通过加强管理和加大投入力度来推动农业生产。

这些措施中最主要的办法是继续进行农业学大寨。1976 年 12 月,第二次全国农业学大寨会议召开,继续把学大寨当作提高农业生产力的最重要手段。按照会议精神,1977 年,各地农村继续开展农业学大寨和普及大

---

① 朱荣等主编:《当代中国的农业》,当代中国出版社 1992 年版,第 298-299 页。
② 《当代中国》丛书编辑部、赵发生主编:《当代中国的粮食工作》,中国社会科学出版社 1988 年版,第 167 页。
③ 朱荣等主编:《当代中国的农业》,当代中国出版社 1992 年版,第 297-299 页。

寨县的运动。运动再次要求各地实现基本核算单位由生产队向大队过渡，并要求1977年冬季至1978年春季再选择10%左右条件成熟的大队，先行过渡。这次"过渡风"在群众中引发了很大波动，一些生产队为应对过渡，出现了不搞积累、乱砍树木等现象。

在坚持学大寨、再刮"过渡风"的同时，国家主要通过加大投入来促进农业发展。一方面，增大农田基本建设和农业机械化投入。1977年7—8月，全国农田基本建设会议召开，部署了1977年至1978年农田基本建设任务，要求1980年实现每个农业人口有1亩旱涝保收、高产稳产的农田。另一方面，坚持"1980年基本实现农业机械化"的口号。从1976年到1978年，农业基本建设投资额由44.5亿元增至56.5亿元，国家财政支持农业的资金由110.5亿元增至150.7亿元，用于农业和农业机械的钢材由248万吨增至289万吨，农机总动力由863亿瓦特增至1175亿瓦特，化肥施用量由582.8万吨增至884万吨。[①]

总的来看，这一时期国家对农村工作的重视程度、对农业生产的投入力度不可谓不大，但工作思路没有脱离"文革"时期"左"的一套做法。

二、农村自发改革探索与制度变革

1978年十一届三中全会之后，党和国家在农业指导方针上的转变与农村自发的实践一起，共同推动了改革在农村的"破冰"。从改革的方式来看，中央一般只提出原则性的改革方向，而后由地方根据中央精神进行实践探索，中央则对此给予积极肯定，由此推动改革的范围扩展和程度深化。

改革大体上分为三个阶段。从1978年十一届三中全会到1979年底为农村改革探索的第一个阶段。十一届三中全会肯定了实践是检验真理的唯一标准，否定了"两个凡是"，为冲破旧体制提供了思想基础。会议明确提出：摆在面前的首要任务，就是要集中精力，使还很落后的农业尽快得到迅速发展。会议原则通过了《中共中央关于加快农业发展若干问题的决定（草案）》，并发到各省、区、市进行讨论和试行。该《决定》强调发挥农民的积极性，并指出要做到这一点，一定要在思想上加强对农民的社会主义教育的同时，在经济上充分关心他们的物质利益，在政治上切实保障他们的民主权利。尽管《决定》中规定"不许包产到户"，"不许分田单干"，但文件中提出的"物质利益"，仍是向全国释放了改革的信号。按照《决定》精

[①] 朱荣等主编：《当代中国的农业》，当代中国出版社1992年版，第303页。

神,农村改革在国家推动与农民自发实践的双重作用下开始起步。在国家方面,政府利用计划经济体制增加对农业的投入。国务院从1979年3月起,陆续提高了粮食、油料、棉花、生猪、菜牛、菜羊、鲜蛋、水产品等18种主要农产品的收购价格,平均提价幅度为24.8%,其中粮食的全国平均提价幅度为20%,油料为25%,棉花为15%;同时规定超过统购计划出售给国家的粮食、油料再加价50%,棉花再加价30%或每超售1公斤皮棉奖售1公斤商品粮。① 同时,国务院还降低了一部分农业生产资料的销售价格。农村自发实践走在了全面改革的前头,一些地方开始实行政策所禁止的"包产到户"。1978年秋到1979年春,安徽、四川、贵州、甘肃、广东、河南的一些生产发展较差的社队,先后实行了包产到组、包产到户。其中实行包产到户最早的是安徽。1978年,安徽发生特大旱灾,为应对灾荒,肥西县山南公社首先实行了包产到户,结果麦子总产量比历史最高水平增产1435万斤。在省委书记万里的支持下,到1978年底,全省实行包产到户的生产队达到1200个,占生产队总数的0.4%。② 而对于地方的实践,中央虽不予以支持,但也未明确反对。

从1979年9月的十一届四中全会到1981年底,为农村改革探索的第二个阶段。经过近一年的实践,十一届四中全会修改并正式通过了《中共中央关于加快农业发展若干问题的决定》,将草案中"不许包产到户,不许分田单干"改为"不许分田单干。除某些副业生产的特殊需要和边远山区、交通不便的单家独户外,也不要包产到户",这就在政策上又放宽了一步。从1980年起,安徽、贵州、内蒙古、甘肃等省区,开始允许"三靠"(吃粮靠返销、生产靠贷款、生活靠救济)地区实行包产到户。贵州省1980年上半年实行包产到户、包干到户的生产队已占总数的17.8%。安徽省1980年8月前实行包产到户的生产队占总数的30%。③ 许多生产长期上不去的困难队,实行包产到户后,产量显著增加。例如安徽凤阳县小岗村,1979年包产到户,当年粮食总产量相当于该队1966年至1970年产量的总和,油料总产量超过合作化以来20多年的产量总和,从落后村一跃成为"冒尖村"。1980年5月,邓小平高度赞扬了安徽农村实行包产到户所引起的变化。9月,中共中央印发了各省区市党委第一书记座谈会纪要——《关于进一步加强和完善农业生产责任制的几个问题》,充分肯定了专业承包联产计酬

---

① 朱荣等主编:《当代中国的农业》,当代中国出版社1992年版,第327页。
② 朱荣等主编:《当代中国的农业》,当代中国出版社1992年版,第309页。
③ 朱荣等主编:《当代中国的农业》,当代中国出版社1992年版,第311页。

责任制,对包产到户和包干到户也给予一定地位,指出:在那些困难的生产队,群众对集体经济丧失信心,因而要求包产到户的,应当支持群众的要求,可以包产到户,也可以包干到户,并在一个较长的时间内保持稳定。在该纪要推动下,包产到户、包干到户(简称"双包")迅速发展。到1981年10月,全国实行"双包"的生产队已占全国生产队总数的50.8%。[1]

从1982年到1983年底,是农村改革探索的第三个阶段。1981年10月,中央农村工作会议对各种形式的联产承包责任制予以肯定,并对包干到户予以定性,指出在土地公有制基础上,它不同于合作化以前的小私有经济,而是社会主义农业经济的组成部分。1982年1月1日,中共中央将会议《纪要》作为一号文件批转全党。由于一号文件肯定了"双包"的社会主义性质,消除了人们的顾虑,所以联产承包责任制在全国迅速推广。到1982年11月,全国实行联产承包责任制的生产队已占92.3%,其中"双包"的占78.8%;在贵州、安徽、宁夏、广西、甘肃、福建等11个省区,实行"双包"的均占90%以上,贵州甚至达到99.7%。到1983年末,全国农村实行联产承包责任制的生产队已占总数的99.5%,其中实行包干到户的占97.8%。[2] 1982年以后,农村社队集体经营的林业、畜牧业、渔业,也逐步建立了多种形式的联产承包责任制。

家庭联产承包责任制的普遍实行,使得政社合一的人民公社体制不再适应生产发展要求。1983年1月,中共中央发出《当前农村经济政策的若干问题》,对人民公社体制改革做出两方面规定:实行生产责任制,实行政社分设。所谓政社分设,指改变人民公社政社合一的体制,分别建立作为基层政权组织的乡政府和独立自主经营的合作经济组织。从1983年到1985年,全国共建立了9.2万多个乡(含民族乡)、镇政府,其中绝大部分地区都是以原公社为单位建乡。农村合作经济组织的建立则根据生产发展要求和群众意愿,采取多种形式:有的以原生产队为单位设置,有的以村(原大队)为单位设置,有的同村民委员会分立,有的与村民委员会一套班子两块牌子。在这些基层经济单位之上,有的以乡为单位设立了不同形式的联合组织或协调服务组织,这些基层和联合组织,有的叫农业合作社,有的仍保留人民公社、生产大队和生产队的名称。这些组织在性质上属于劳动群众集体所有制的合作经济,经营方式实行集体统一经营与农户分散经

---

[1] 朱荣等主编:《当代中国的农业》,当代中国出版社1992年版,第313页。
[2] 朱荣等主编:《当代中国的农业》,当代中国出版社1992年版,第314-315页。

营相结合的双层经营体制,农户承包经营的同时,将水利灌溉、植物保护、农业机械、繁殖良种等一些需要统一组织的生产环节,交由集体统一组织、管理和经营。

三、农村市场的发育

家庭联产承包责任制的推广和人民公社的解体,使农村的生产方式发生了根本变化,农民由集体劳动变成了以户为单位自主从事生产。政府对农村经济的干预程度大大降低,政府权力的退出使农村的市场加速发育、市场主体加速成熟,而政府在这个过程中对农村市场的建立健全给予了积极的扶助。

(一)生产专业化

家庭联产承包责任制推行之后,由于不少合作经济组织对商品性较强的种养业采取了专业承包的方法,农村中的一些"能人"由此涌现出来,成为种植、养殖领域的"承包专业户"。同时,由于允许农户购置加工机具、拖拉机、汽车等生产资料,经营家庭手工业和个体工商业、服务业,所以又产生了各种"自营专业户",从事手工业、运输业、商业或生产服务业。这样一来,农村开始形成多种经济成分、多种经营方式并存的局面。

对于专业户的出现,中央高度重视并及时给予支持。1981年,中共中央、国务院转发《关于积极发展农村多种经营的报告》,提出在统一经营的前提下,按专业承包、联产计酬的生产责任制,组织各种形式的专业队、专业组、专业户、专业工;积极鼓励和支持社员个人或合伙经营服务业、手工业、养殖业、运销业等,允许一些半劳动力和辅助劳动力不出集体工,以便专心从事力所能及的家庭副业。1983年1月,中共中央在《当前农村经济政策的若干问题》中进一步指出:近年来随着多种经营的开展和联产承包责任制的建立,出现了大批专业户,包括承包专业户和自营专业户。它们一开始就以商品生产者的面貌出现,讲求经济效益,充分利用零散的资金和劳力,发挥了农村各种能手的作用,促进了生产的专业分工和多样化的经济联合。据统计,1985年各种专业户共有317.7万户,占农村总户数的1.66%;共有劳动力771.4万人,加上请的帮工、带的徒弟,共886.1万人,占农村劳动力总数的2.3%;总收入214.9亿元,占农村经济总收入的3.9%;专业户中从事第一产业的占21.9%,从事第二产业的占40.1%,从事第三产业的占 37.9%。①

农村的自营专业户,还出现了发展壮大的趋势,成为个体工商户。从 1981 年到 1987 年,登记在册的农村个体工商户由 96.1 万户增至 1034.2 万户,从业人员由 121.9 万人增至 1666 万人,达到农村劳动力总数的 4.2%。农村个体户的经营范围也逐步扩大到手工业、商业、餐饮业、服务业、修理业、运输业、工业、建筑业等。为引导和规范其发展,国务院于 1984 年颁布了《关于农村个体工商业的若干规定》,对农村个体工商业的经营范围、规则和贷款、价格、税收等问题做了规定。

在专业户的基础上,还出现了一批专业村。专业村一般是以一业或一种产品为主,以自然村为单位的小型商品生产基地。随着生产发展,有的逐步形成了自己的产供销体系;有的吸引了周边的同类生产者和供销人员,形成了专业市场;有的甚至成为跨省区的某种商品的集散地。例如:福建省连江县大涂养鸭专业村,共 19 户村民,户户养鸭,年提供蛋品 18.85 万斤,成为一个商品鸭蛋基地;浙江省温岭横峰村,413 户村民户户做鞋,日产 2 万双,行销 25 个省区市,年产值达 537 万元。②

(二) 乡镇企业异军突起

家庭联产承包责任制在调动农民生产积极性的同时,使剩余劳动力得以从土地中解放出来,尤其是人地矛盾突出的南方沿海地区,剩余劳动力为农村社队企业发展提供了充足的人力资源,乡镇企业由此异军突起。

1978 年到 1979 年,国家为了增加农民收入、提高农业生产力水平,制定了扶持社队企业发展的许多政策。社队企业成为国民经济中最为活跃的主体,由于它所需要的能源、原料、资金、运输和技术服务没有国家计划保证,所以社队企业往往动用更多时间和人力去"找米下锅",所生产的产品也主要是服务于农业或是为国有企业"打下手"。社队企业的经营具有两面性:一方面,灵活高效,因其投资少、规模小、费用低、反应快、自主权大,所以在市场中蓬勃发展,甚至在国营企业发生亏损时,它们仍能盈利;另一方面,由于其经营方式不拘一格,所以也被指责为"乱中起家""以小挤大""以落后挤先进""不正之风源头"等,尤其是受到一些国有企业的排斥,这也导致社队企业在经济调整中受到限制甚至打压。

1984 年,中共中央、国务院转发《关于开创社队企业新局面的报告》,将

---

① 朱荣等主编:《当代中国的农业》,当代中国出版社 1992 年版,第 322 页。
② 朱荣等主编:《当代中国的农业》,当代中国出版社 1992 年版,第 322 页。

连同社队企业在内的多种农村企业统称为"乡镇企业",并且指出:乡镇企业已经成为国民经济的一支重要力量,是国营企业的重要补充;各级党委和政府,对乡镇企业要和国营企业一样,一视同仁,给予必要的扶持。根据这个文件精神,各地对乡镇企业的重要地位和作用有了新的认识,因地制宜地制定了一系列促进乡镇企业发展的政策,从而推动乡镇企业进入了一个新的发展阶段。从 1984 年到 1986 年,全国乡镇企业总产值增长 2.48 倍,年均增长 51.5%。到 1988 年,全国农村社会总产值中非农产业产值达到 6670 亿元,占 53.2%,比 1978 年上升了 22.7 个百分点。[①] 这标志着农村已经由单一农业经营转向了一、二、三产业全面发展。

（三）农村市场建立健全

计划经济时期的农村市场流通,几乎全部由国营和合作社商业承担。改革开放初期,政府逐步缩小对农村市场流通的干预,并积极推动农村市场的建立健全。

一方面,政府在农村市场流通中逐步"后退",这种后退主要体现在农产品的收购政策上。从 1979 年到 1980 年,国家先后重新限定了统购派购的范围和数量,规定粮食、棉花、油料、木材为统购品种,烤烟、茶叶等 127 种农产品是派购品种,并对主要派购品种规定了收购基数,几年不变;超过部分,则加价收购或议价收购。此后,统购、派购的品种和范围不断缩小,到 1984 年,属于统购、派购的农产品只剩下 38 种,统购、派购的范围也大大缩小,1984 年国家按计划牌价统购、派购的比重已由 1978 年的 84.7%降至 39.4%。[②] 而对于统购、派购之外的农产品,则允许其多渠道经营,在计划流通体系之外,初步形成了多渠道、少环节、开放式的流通体系。从 1984 年开始,除个别品种外,国家不再向农民下达农产品统购、派购任务,实行合同定购和市场收购。至此,除少数品种外,长达三十余年的农产品统购、派购制度宣告取消。

另一方面,政府对农村自发出现的市场予以引导和扶持。首先,政府推动城乡集市贸易的恢复和发展。十一届三中全会对农村集市贸易给予了肯定,到 1979 年底,全国农村集市贸易的数量和规模,已大体恢复到了 1965 年的水平。1980 年,各地普遍恢复了传统的定期集、插花集、早晚市、庙会、骡马大会、物资交流会等交易形式,农村集市贸易成交额达到农业合

---

① 朱荣等主编:《当代中国的农业》,当代中国出版社 1992 年版,第 354-355 页。
② 朱荣等主编:《当代中国的农业》,当代中国出版社 1992 年版,第 329 页。

第六章 市场机制的回归与改革的开始(1976—1984)

作化以来的最高水平。1983年,中共中央发布的《当前农村经济政策的若干问题》,进一步推动了农村集市贸易的发展。到1988年底,全国城乡集市已达到71359个,成交额达到1621.3亿元,分别比1980年增长了74.9%和5.89倍。[①] 其次,恢复了供销合作社的合作商业性质,并鼓励农民自办商业组织。随着主要农产品购销的市场化,供销合作社的职能由原来以辅助国营商业为主,转向服务农民为主,在经营内容和经营方式上也发生了很大变化:开始同农民联合兴办种植、养殖业商品生产基地,共同举办农副产品加工或兴建流通服务设施;对商品经营也由单纯的买卖变为对农民实行代理制,为农民代购、代销、代贮、代运商品。除转变供销合作社职能外,政府还鼓励农民自愿组织起来,兴办多种形式的商业组织。最后,政府帮助建立农副产品批发市场,在乡镇企业发达的地区兴办各类专业市场。随着农产品生产专业化、社会化程度提高,城乡集市贸易已无法满足大宗农副产品流通需求。因而中央要求大城市在继续办好农贸市场的同时,要有计划地建立农副产品批发市场,有条件的地区要建立沟通市场信息、组织期货交易的贸易中心。到1986年底,全国大中城市的农副产品批发市场已发展到450多个。对于乡镇企业的发展及由此形成的专业市场集聚,政府采取了鼓励和引导的态度。到1986年底,全国已涌现出各类专业市场1000多个。如浙江省永嘉县桥头镇形成全国最大的纽扣专业市场集散地,其经销的商品包括全国各地370家纽扣厂生产的12大类1300个品种[②];温州也形成了十大专业市场,交易商品涵盖塑料编织袋、塑胶鞋、低压电器、皮革、铝塑标识等日用小商品和生产原料;河北省出现了类似的十大专业市场,这些专业市场将每个从事小工业或手工业生产的农户都联结起来,每户家庭往往承担一种产品的一个或几个生产环节。

第二节 城市经济体制改革与市场发育

从1978年开始,城市对国有企业进行了放权让利的改革。获得了更多经营自主权的国有企业,得以在市场上自销更多产品,从而扩大了计划外流通的规模。同时,为了解决城镇就业问题,国家放开了对集体和个体经营的限制,这些经济成分从诞生之初就通过市场来解决原料供给和产品

---

① 朱荣等主编:《当代中国的农业》,当代中国出版社1992年版,第333页。
② 朱荣等主编:《当代中国的农业》,当代中国出版社1992年版,第339页。

销路问题。国企放权与多种所有制发展共同促进了市场规模的扩大,使经济体制出现了计划与市场双轨运行的状态。

一、国有企业放权让利改革

在农村改革探索的同时,城市改革也从 1978 年开始起步。改革的初衷是为了提高国有企业的经济效益,搞好搞活国有企业。为此,改革的方式是对国有企业进行放权让利,调动其积极性。

1978 年 10 月,四川省在宁江机床厂等 6 个国有企业首先进行了扩大企业自主权的试点。其基本内容为发动职工讨论增产节约计划,确定在增产增收的基础上,企业可以多提留一些利润,职工可以获得一定的奖金。改革取得了较好效果。1979 年初,四川省将试点企业扩展到 100 个。根据四川经验,1979 年 5 月,国家在北京、天津、上海等地选择了首都钢铁公司等 8 个大型企业进行试点,在利润分配、生产计划、产品销售等方面给予企业部分权利。7 月,国务院在总结试点经验的基础上,下达了以扩大国有企业经营自主权为核心的 5 个文件,包括扩大国营工业企业经营管理自主权、实行利润留成、开征固定资产税、提高折旧率和改进折旧费使用办法、实行流动资金全额信贷等,要求各地选择少数企业试点,从而使试点扩展到全国。

放权让利的一项重要内容,是赋予企业一定的自产自销权。从 1979 年开始,放权的程度逐渐扩大,从而在计划流通之外,形成了一个规模日趋庞大的商品市场。根据 8 个大型企业的试点办法,生产企业在完成国家计划和供货合同的前提下,燃料、原材料和动力有节余时,可以根据市场需要,生产适销对路的产品。对于这部分产品,先由商业、外贸和物资部门选购,余下部分企业可以按国家价格政策自行销售。1981 年 8 月,国务院批转了《关于工业品生产资料市场管理暂行规定》,其中对企业自销产品问题进一步提出:各生产企业在完成国家下达的生产计划、分配计划和供货合同的前提下,对于按规定分成的产品、自己组织原材料生产的产品、试制的新产品以及物资部门不收购的超计划生产的产品,不再列入分配计划,允许企业在一定的范围内自由销售。1984 年 5 月,国务院颁发了《关于进一步扩大国营工业企业自主权的暂行规定》,企业的自销权进一步扩大:除了可以自销超计划生产的产品以外,对计划内钢材,还可自销 2%;对机电产品,除国家安排原材料生产的由国家调拨分配以外,其余的均可由企业自销;自销产品的价格,一般在不高于或低于国家定价的 20% 的幅度内,由企业自行规定。在这一时期,企业自销的比重逐年扩大。以钢材为例,1979年全国钢材自销总量仅为 87 万吨,占年产量的 3.5%;1985 年自销钢材总量增加到 530 万吨,占年产量的 14.3%。①

二、集体和个体经济的市场行为

计划经济时期,集体经济和个体经济长期受到限制。然而,就业压力使这种情况在改革开放后逐步发生改变。

随着知识青年回城,1979 年城镇待业人员将近 2000 万,达到新中国成立以来待业人数及占人口比重的最高峰。为了增加就业门路,国家开始改革所有制结构,鼓励集体和个体经济的发展。1979 年,中共中央、国务院批转《关于安排城市青年就业问题的报告》,广泛宣传了北京市广开就业门路,大力组织集体所有制和各种生产服务事业,解决青年就业问题的经验。1980 年 8 月,中央召开全国劳动就业工作会议,提出鼓励和扶持个体经济适当发展。为了打消思想观念上的疑虑,并为个体经济发展提供场所和供销渠道上的便利,国务院于 1981 年 7 月颁布了《关于城镇非农业个体经济若干政策性规定》,明确宣布:在社会主义公有制占优势的根本前提下,实行多种经济形式和多种经营方式长期并存,是党的一项战略决策,绝不是权宜之计。对于如何扶持个体经济,国务院规定:积极安排发展个体经济所需铺面、网点、场所、摊位;允许个体户采取多种多样的经营方式,允许他们经营和贩运可以自由购销的商品;个体户所需原材料和货源,属于计划供应部分,要一视同仁,合理分配,并享受批发价格;所需资金,自筹不足的可以向银行申请贷款;经营社会急需而又紧缺的修理、加工、饮食和服务业,可以酌情减免税收。

个体经济的发展并非一帆风顺,它与计划经济也出现过摩擦,并一度受到较为严厉的整顿,其中以 1982 年温州的"八大王事件"最为典型。1981 年,温州的个体工商企业已经超过 10 万,约占全国总数的 1/10,这些企业想尽各种办法从国有企业弄到原料,甚至挖走人才,生产出来的产品也有很多卖给国有企业,当时奔波各地的温州经销员多达 30 万人,成为一支令国有企业头疼不已的"蝗虫部队"。② 由于这些个体企业在经营手段上过于不拘一格,甚至出现违法违规行为,对国有企业、计划经济体制都造成

---

① 万典武:《当代中国商业简史》,中国商业出版社 1998 年版,第 219 页。
② 吴晓波:《激荡三十年:中国企业 1978—2008 上》,中信出版社、浙江人民出版社 2007 年版,第 88 页。

了很大冲击,因此,国家从1982年起对经济犯罪进行整顿,其中个体经济成为整顿的重点对象。到1982年底,全国立案各种经济犯罪16.4万件,结案8.6万件,判刑3万人,追缴款项3.2亿元。① 在这次整顿中,温州的八个较大的个体工商户被公安部以"投机倒把""严重扰乱经济秩序"罪全国通缉,由于他们的企业在各自领域经营得风生水起,所以他们被称为"电机大王""线圈大王""目录大王""螺丝大王""矿灯大王""合同大王""电器大王""旧货大王"。这就是轰动全国的"八大王事件"。1984年,时任温州市委书记的袁芳烈组织调查组,对全部案卷进行复查,得出的结论是:"除了一些轻微的偷漏税外,八大王的所作所为符合中央精神。"② "八大王事件"反映出改革开放初期,个体经济与国有经济、市场机制与计划体制之间的矛盾冲突,也反映出在当时政府对于如何调控市场、如何协调多种经济成分的关系方面,还缺乏经验,在遇到问题时仍习惯用行政力量来强行干预市场。

尽管出现"八大王事件",但集体和个体经济的发展已是大势所趋。因此,国家很快就对集体和个体经济的地位给予了更高的肯定。1983年3月,中共中央、国务院发出《关于发展城乡零售商业、服务业的指示》,进一步明确了发展集体和个体商业的指导方针和具体政策:在流通领域,长时期内需要以国营商业为主导的多种经济形式同时并存;集体和个体零售商业、服务业,是国营商业的有力助手和补充;在办好国营商业和供销社商业、服务业的同时,要把积极发展集体和个体零售商业、服务业作为发展社会主义商业、服务业的一个基本指导思想。零售商业、服务业中的有些行业,如饮食、缝纫、浴池、理发、修理、洗染、照相等主要依靠提供劳动和技术的服务业,可以基本上让集体或个体去经营。

国家对集体和个体经济的支持,使得市场结构发生了很大变化。1984年,社会商业、饮食服务业零售网点有915万个,比1978年增长了629.08%。其中国营网点27.2万个,减少了40.1%;集体网点159.4万个,增加了55.86%;个体728.1万户,增长了将近40倍。③ 同时,生产自销、信托货栈、联营商店、小商品批发市场、农工商联合体等多种经营形式

---

① 吴晓波:《激荡三十年:中国企业1978—2008 上》,中信出版社、浙江人民出版社2007年版,第89页。

② 吴晓波:《激荡三十年:中国企业1978—2008 上》,中信出版社、浙江人民出版社2007年版,第102页。

③ 万典武:《当代中国商业简史》,中国商业出版社1998年版,第193页。

相继出现。

三、市场调节范围的扩大

国有企业放权让利,使得越来越多的商品和物资流向了市场,而集体和个体经济凭借着从国有企业中流出来的要素,纷纷从事加工工业,使得市场从产业链的下游向着上游发展,逐渐由供不应求向着供求平衡乃至过剩发展。这种变化,也促使商品流通方式发生着变化,从而在改革开放初期形成了计划流通与市场流通并存的局面。

由于下游商品市场逐渐饱和,原来固定的计划价格、计划差价就再不适应新的供求形势了。政府因势利导,根据市场供求情况逐步放开了下游小商品价格,使小商品价格由市场供求关系来决定。1982年,国务院批转国家物价局、轻工业部、商业部《关于逐步放开小商品价格实行市场调节的报告》,决定放开160种(类)小商品价格,实行市场调节,企业定价。这对企业产生了竞争压力,对于降低成本、减少经营环节,都起到了促进作用。但是这次放开小商品价格,范围过小,不能适应市场要求。1983年,国务院决定再放开第二批350种(类)小商品价格,凡是放开的小商品,购销双方包括工商、工贸、批发企业之间,批发同零售企业之间,国营企业同集体、个体经营者之间,实行协商定价,不受现行进销差价、地区差价、商业内部调拨价格等办法限制。1984年,国务院批准全部放开小商品价格。

市场调节的出现,使得商品的购销形式也发生了变化。随着价格的放开,下游各类工业消费品的价格开始随着供求关系、质量高低而呈现分化趋势。优胜劣汰的市场竞争,使得各类商品在市场中的受欢迎程度各不相同。工业和商业部门的关系也随之向着市场化方向发展:对于紧俏商品,双方都倾向于由自己经销;对于冷背商品,则都倾向于推给对方。这样一来,原来单一的由国营商业统购包销的方式,变得多样化。从1981年开始,工业品开始实行四种购销形式。一是统购统销商品,由国家委托的商业部门统一收购和经营,而工业部门可以搞新产品试销;二是计划收购商品,按国家收购计划,工业部门保证按计划交售,商业部门保证按计划收购,超产部分工业部门可以自销,商业部门也可以协商收购;三是订购商品,由工商双方根据市场需求搞好产销衔接,生产计划由工业部门自订,收购计划在商业部专业会议上平衡,订购合同由工商企业协商签订;四是选购商品,工业部门可以自销,商业部门可以选购。对于工业部门有权自销的商品,工业部门可以自设门市部,也可以委托商业经销商代销。据统计,

1981年的收购总额中,统购统销商品占26%,计划收购商品占30%,订购商品占10%,选购商品占34%。① 1982年,商业部与轻工业部联合发出通知,在以上四种形式的基础上,又增加了代批代销的形式,即由工商双方协商议定价格,商业部门为工业部门代批代销,帮助开拓销路。此后,又增加了工商联营联销的形式。

这六种购销形式的出现,打破了统购包销的单一模式,形成了一种计划流通与市场调节并存的格局。这在一定程度上密切了产销间的联系,初步改变了生产与市场脱节的现象,使得企业盲目生产的现象有所改观,产品适销率提高。以上分析的是工业消费品流通,在这个领域,虽然计划与市场并存,但由于行业门槛低,集体和个体经济纷纷涌入,所以市场调节的作用更大。

在产业链的上游,即物资流通领域,计划的制约作用仍然很强,主要企业的物资生产任务和分配计划仍由国家统一管理。然而,随着放权让利改革的推进,物资流通领域中市场调节的范围也在逐渐扩大。在放权让利的改革中,国家下放了部分物资的价格决定权,从而改变了主要生产资料价格由国家统一制定、流通中一律按统一价格交易的做法。如前文所述,1984年国务院《关于进一步扩大国营工业企业自主权的暂行规定》中,允许企业对自销的和完成计划后超产的工业生产资料,在国家定价20%的幅度内自行定价。而随着经济形势的发展日趋高涨,物资的实际成交价往往突破20%的幅度,催生了许多转手倒卖现象,所以国家取消了20%的浮动幅度,允许企业按稍低于当地市场价格的水平出售自销产品,而国家计划内的产品则仍执行计划价格。由此产生了同一市场、同一产品,不同价格的"双轨制"。而随着"市场轨"物资的逐渐增多,专门的生产资料市场和专业的生产资料流通企业也由此产生。到1985年底,仅物资部门创建的物资贸易中心就达到644家。②

四、改革开放初期的政府调节

改革开放初期,市场日益发展壮大,与计划经济的冲突也开始增加。诸多矛盾往往由政府出面解决,但这一时期的政府调节往往带有较强的计划经济与行政命令色彩。而财政税收体制的改革也使得地方政府成为经

---

① 万典武:《当代中国商业简史》,中国商业出版社1998年版,第187页。
② 万典武:《当代中国商业简史》,中国商业出版社1998年版,第224页。

济运行中一个独特的利益主体。

为调动地方政府积极性,中国实行了财政包干体制。1980年2月,国务院颁发了《关于实行"划分收支、分级包干"财政管理体制的暂行规定》,决定从1980年起,实行"分灶吃饭"的财政包干制,即划分中央和地方的财政收支范围,以1979年财政收支预计执行数为基础,确定地方财政收入包干基数:凡收入大于支出的地区,多余部分按一定比例上缴;支出大于收入的地区,不足部分从中央和地方共享的工商税中按一定比例留给地方,作为调剂收入。

财政包干制使地方政府有了一定的自主权,而且财权和事权比较明确统一,加强了地方政府当家理财的责任心,调动了地方发展经济、增加收入的积极性。但另一方面,财政包干制削弱了中央财力,而许多开支仍由中央承担,导致中央财政不断发生巨额赤字。更严重的是,它在一定程度上导致了地方政府行为的扭曲。首先,它强化了地方政府对企业的干预,因为在放权让利和财政包干过程中,地方政府更接近企业,使企业不但难以独立经营,而且原有的行政直接干预更为严重。其次,地方政府开始热衷于扩大投资、"经营企业",企业上缴利税是地方政府财政收入的主要来源,在分成收入的利益驱动下,各级政府争相铺摊子、上项目,拉长了基本建设战线,扩大了重复建设规模,给后来的经济调整造成了很大障碍。最后,各地出现"诸侯经济"的趋势,地方政府了为保护本地企业,而封锁本地市场,争夺稀缺资源,阻碍了商品流通。

改革开放初期,由于国家尚未明确改革的市场化方向,所以政府对于市场的态度还不够严谨。往往根据市场形势,采用行政命令的方式,短缺时收紧,宽松时放开,政府行为仍带有相当大的任意性。尤其是当国有和集体、个体经济发生矛盾时,往往采用较为极端的行政强制手段来抑制市场,前述的"八大王事件"就是典型。

而当财政包干制推行之后,地方政府则积极利用行政手段来干预企业经营,尤其是通过干预流通企业来掌控市场流通,以实现为地方谋利的目的。随着市场规模的扩大,国家开始有意识地推进流通体制改革,将原来多层级、多环节、封闭式的流通体制,改为少环节、开放式的统一市场。为此,中央政府于1984年开始改革流通体制:取消日用工业品的一、二、三级批发层次,将商业部设在上海、天津、广州的日用工业品一级站下放到所在市,省属二级站同时下放,同市批发公司合并为市属企业。同一城市同一行业,不得按行政层次设置国营商业批发公司;批发公司都是自主经营的经济实体,相互之间是平等的市场关系。改革后,商业部和省商业厅、地区商业局不再直接管理国营批发企业,市、县商业局改变对批零企业经济上的直属关系,由市、县公司管理企业,省、地商业行政性公司原则上予以撤销。中央的改革初衷是好的,是想取消政府对流通企业的干预,实现政企分离,流通企业自主经营。然而,一、二级站下放到市后,批发企业的行政附属地位仍未改变,只是由中央、省级行政管理变为市级行政管理,而且行政干预更为直接,市、县政府通过干预流通企业的购销行为,保护本地生产企业,垄断本地市场,争购稀缺资源。政府干预流通企业,是"诸侯经济"得以出现的一个重要原因。

可见,在改革开放初期,政府的调节能力与市场发展的要求并不适应,政府不仅存在着调节手段简单化的问题,而且存在着任意干预市场流通的倾向。要纠正这些问题,既需要党和政府对于市场经济的地位给予明确的肯定,又需要政府自身转变职能,由建设型的全能政府向公共服务型的效能政府转型,而这无疑需要很长的历史过程。直至今天,中国仍在进行着这方面的改革努力。

第三节 经济特区:政府、开放、市场的三重驱动

1980年,中国开始设立经济特区,通过体制宽松和政策优惠,吸引外商投资,发展出口加工工业,以增加外汇收入,学习先进技术。然而,经济特区创立之初,为外国商品涌入中国提供了通道,也为国内企业从事倒买倒卖提供了条件。在政府的调整和引导下,经济特区更加注重招商引资的行业类别、资本实力与技术水平,不断优化外资结构,逐步将特区真正办成了吸引技术、学习经验与改革示范的窗口。

一、经济特区决策的形成

世界上有许多国家和地区都有设置经济性特区的做法,这些经济性特区,一般都是从本国或本地区内划出一定区域,在对外经济活动中采取更加开放的政策,用减免关税等优惠办法吸引外商进行经济贸易活动和投资,以达到特定的经济目的。这些特区,有的是设在国境之内、关境之外,允许外国货物自由进出的自由港或自由贸易区;有的是设在本国(地区)港口或交通枢纽附近,以发展出口产品为目的的出口加工区;有的是设在本国(地区)边境地带,吸收外资办厂,发展边境经济的自由边境区;有的是在

第六章　市场机制的回归与改革的开始(1976—1984)

本国(地区)专门划出专门区域,发展高科技产业的科技工业园区(或称科学城)。第二次世界大战之后,随着国际上商品交换、资金融通、技术交流的扩大,经济性特区不但数量激增,而且形式和内容都不断出新;不但发达国家设立经济性特区,而且发展中国家和地区也出现了一大批以加工出口为主、兼营其他对外经济合作业务的经济性特区。其中"亚洲四小龙"的特区尤为成功,如新加坡的裕廊出口加工区、韩国的马山出口加工区、中国台湾的高雄出口加工区和新竹工业园等。这些特区的基本共同点是,在区域范围内减免关税,提供一套优惠办法,有效开展对外贸易和吸引外资。

中国设立经济特区的条件在70年代末基本成熟。"亚洲四小龙"的经验启发了中国,周恩来就曾经多次谈及台湾设立经济性特区的经验,语气中颇有希望中国内地学习借鉴的意思。十一届三中全会提出要"对经济管理体制和经营管理方法着手认真的改革,在自力更生的基础上积极发展同世界各国平等互利的经济合作,努力采用世界先进技术和先进设备,并大力加强实现现代化所必需的科学和教育工作"。这为冲破旧体制束缚,扩大对外交流合作奠定了思想理论基础。而70年代末,西方发达国家和港澳台地区与中国内地合作的愿望也空前强烈,不仅中国的市场强烈吸引着国际商品和资本的流入,而且中国具有低成本的劳动力和大量可开发的土地。"亚洲四小龙"实现经济起飞后,由于劳动力和土地等要素成本上升,正在寻求将加工工业向外转移,这与中国对外开放的政策可谓不谋而合。

1979年4月,中央召开专门讨论经济建设问题的工作会议。广东省领导习仲勋在会上提出,希望中央下放若干权力,让广东在对外经济活动中有必要的自主权,允许在毗邻港澳的深圳市、珠海市和重要侨乡汕头市举办出口加工区。邓小平向中央倡议批准广东省的这一要求。1979年7月,中共中央、国务院批转了广东和福建两省分别提出的关于对外经济活动实行特殊政策和灵活措施的两个报告,批准在深圳、珠海、汕头、厦门四个市各划出一定区域试办出口特区。1980年3月,广东、福建两省在广州召开会议,研究特区建设问题。会议明确指出:特区的管理在坚持四项基本原则和保障国家主权的条件下,可以采取与内地不同的体制和政策;主要吸收侨资、外资进行建设;要先搞好水、电、道路、通信等基础设施,为外商投资创造条件;先上些投资少、周转快、收效大的项目。考虑到特区在发展中不但要办出口加工业,也要办商业、旅游等行业,不但要拓展出口贸易,而且要在全国经济生活中发挥多方面的作用,所以这次会议采纳了广东提出的建议,经中央同意,将"出口特区"这个名称,改为具有更丰富内涵的"经济特区"。

1980年8月,第五届全国人民代表大会常务委员会第十五次会议,审批批准建立深圳、珠海、汕头、厦门四个经济特区,并批准公布了《广东省经济特区条例》。此后,国务院相继批准了四个经济特区的位置和区域范围。从1980年下半年起,经济特区建设全面展开。

二、特区的经济体制

建立经济特区的初衷是招商引资,重点发展出口加工工业,学习先进技术和管理经验,增加外汇收入。建设经济特区的关键有两点:一是基础设施建设,二是招商引资。对于前者,中央政府通过给经济特区乃至广东、福建两省放权的方式,赋予地方更多自主权,以利其调动各种因素投入建设;对于后者,则由政府制定各种形式的优惠政策,创造宽松的经营环境,以吸引外商投资。

(一)中央政府的放权

中央政府给予经济特区优待政策,主要体现在财政、外贸、信贷和项目审批等方面。在财政和外贸方面,中央政府对广东、福建两省实行财政包干,两省有权安排和经营自己的对外贸易,两省的外汇也实行大包干,即外贸和外汇以1978年实绩为基数,从1980年开始,除外贸出口外汇增长部分上缴中央三成外,其他各项外汇收入(包括加工装配、补偿贸易、合资经营及各种非贸易外汇)的增长部分,全部留给两省,由省内综合平衡,包干安排。

在银行信贷方面,除了由国家银行每年安排一部分固定资产投资贷款以支持经济特区基础设施建设外,主要采用更为宽松的信贷政策,由经济特区自己筹集信贷资金。当时,深圳特区的信贷计划单列,由中国人民银行总审批,深圳分行统一安排贷放;珠海、汕头、厦门特区实行多存多贷、差额包干,吸收的存款全部留用;允许国营各专业银行在特区的分行实行一业多为,交叉经营业务,提高信贷资金利用率;特区银行可以向内地银行拆借资金。归结起来,特区信贷政策的特点是:特区吸收的存款全部留作自己的信贷资金,同时又从内地拆借一部分存款增加特区的信贷资金,提高特区银行筹集资金的积极性和资金使用效率。此外,特区还可以在国际金融市场上筹借贷款。交通部香港招商局在深圳蛇口工业区开发建设初期,依靠本企业的信誉,经香港上海汇丰银行许可,以透支的方式从该行筹得部分资金,投入蛇口基础设施建设;厦门高崎国际机场的建设,利用了一部分科威特阿拉伯基金会的长期低息贷款;珠海的基础设施建设,使用了国际商业贷款。

此外,特区还率先采用土地有偿使用的办法来筹集资金。以土地筹集资金的做法分为两个阶段。1980年到1987年为第一阶段,主要方式是政府给使用单位划拨土地,并收取土地使用费。特区土地为国家所有,使用单位用地由特区政府按实际需要提供,并根据不同行业和用途,规定不等的使用期限,收取不同标准数额的土地使用费。特区政府还将一定区块土地所应收的土地使用费折算作为中方资金,与外商举办中外合资、合作企业。从1988年起,土地商品化进入第二个阶段,实行土地使用权有偿转让。1988年4月通过的《中华人民共和国宪法修正案》规定:"土地的使用权可以依照法律的规定转让。"1988年12月,修改后的《中华人民共和国土地管理法》规定:"国有土地和集体所有的土地的使用权可以依法转让。"各特区根据这些法律,实行土地使用权有偿出让和转让,彻底改变了政府给使用单位无偿划拨土地的办法,以协议、招标、拍卖等办法,有偿出让土地使用权。1988年到1989年,四个特区通过有偿出让土地使用权,收取土地使用权出让金近8亿元,进一步使土地成为筹集建设资金的另一个重要来源。[1]

为了利于吸收外资工作的展开,国家还放宽了对经济特区利用外资建设项目和引进技术的审批权限,授予经济特区相当于省、自治区一级的权限。总之,中央政府给予了经济特区,乃至广东、福建两省以更大的自主权,使之可以通过更多手段筹措资金,投入经济特区基础设施建设,为招商引资做好前期准备。

(二)政府的招商引资政策

中国对外商投资企业给予了一系列优惠政策,而对于经济特区的外资企业,优惠力度更大。其中主要优惠政策有以下的8个方面。

第一,低税率。外商投资企业的企业所得税,税率为30%;地方所得税,税率为3%。而设在经济特区的外商投资企业和外国企业,则按15%的税率征收企业所得税;地方所得税,特区人民政府有权给予减征、免征优惠。

第二,生产性外商投资企业,经营期在十年以上的,从开始获利的年度

---

[1] 何椿霖主编:《当代中国的经济特区》,当代中国出版社1993年版,第40页。

起,第一年和第二年免征企业所得税,第三年到第五年减半征收企业所得税。在经济特区设立的从事服务性行业的外商投资企业,外商投资超过500万美元,经营期在十年以上的,可以从开始获利年度起,第一年免征企业所得税,第二年和第三年减半征收企业所得税。

第三,从事港口、码头建设的中外合资企业,经营期在十五年以上的,可以从开始获利的年度起,第一年到第五年免征企业所得税,第六年到第十年减半征收企业所得税。在海南(1988年被划定为经济特区)设立的从事机场、港口、码头、铁路、公路、电站、煤矿、水利等基础设施项目的外商投资企业和从事农业开发经营的外商投资企业,经营期在十五年以上的,可以从开始获利的年度起,第一年至第五年免征企业所得税,第六年至第十年减半征收企业所得税。

第四,外商投资举办的先进技术企业,在依法免征、减征企业所得税期满后,可以按照税法规定的税率延长三年减半征收企业所得税。外商投资举办的产品出口企业,在依法免征、减征企业所得税期满后,凡当年出口产品产值达到当年企业产品产值70%以上的,可以按照税法规定的税率减半征收企业所得税。经济特区符合上述条件的先进技术企业和产品出口企业,按10%的税率征收企业所得税。

第五,外商投资企业的外国投资者,将从企业取得的利润直接再投资于该企业,增加注册资本或投资开办其他外商投资企业,经营期不少于五年的,可以退还其再投资部分已缴纳所得税的40%税款。而外国投资者将从海南的企业获得的利润直接再投资海南经济特区内的基础设施项目和农业开发企业,可以全部退还其再投资部分已缴纳的企业所得税税款。

第六,外国企业在中国境内未设立机构、场所,而有取得来源于中国境内的利润、利息、租金、特许权使用费和其他所得,或者虽设立机构、场所,但上述所得与其机构、场所没有实际联系的,都应当缴纳20%的所得税。但来于经济特区的所得,除依法免征所得税的以外,都减按10%的税率征收所得税。其中提供资金、设备条件优惠,或者转让的技术先进的,特区人民政府还有权给予更多减征、免征优惠。

第七,外商投资企业生产的出口产品,除国家限制出口或者另有规定的少数产品外,免征出口关税和工商统一税。为生产出口产品而进口的原材料,免征进口关税和工商统一税。外商投资企业的外方投资者作为投资或企业增加投资而进口的机器设备、零部件等物料,以及企业进口自用的交通工具、办公用品,外方职工自用品,在合理数量内,均免征进口关税和工商统一税。外商投资企业将使用进口原料加工的产品运往内地,对其所用进口原料要依法补征关税和工商统一税,在特区内销售的产品,可减半征收;除各种矿物油、烟、酒等按照税法规定的税率,减半征收工商统一税外,特区人民政府可以自行确定对少数产品照征或减征工商统一税,其他产品都不再征收工商统一税。

第八,对来往于经济特区的外籍人员、华侨和港澳台同胞,简化出入境手续。与中国有外交关系或官方贸易往来的国家或地区的外国人进入深圳、珠海、海南经济特区,可临时在口岸办理入境手续。

三、特区对全国经济的影响

设立经济特区的初衷,是为了学习国外先进技术,促进出口加工工业,赚取更多外汇收入。但是,经济特区发展的最初几年,却出现了意想不到的结果。

从外资的角度来看,他们最渴望的有两点:一是将产品通过经济特区打入广阔的中国市场,二是将本国本地区因成本上升而经营困难的加工工业转移到中国内地。所以,到1983年时,经济特区的发展成效与最初目标出现了背离:本打算"产品以出口为主",结果1983年的进口大于出口4.84亿美元;本打算"引进以先进技术为主",但引进的主要是中国香港、日本的被淘汰不用的设备。而且就营商环境来看,虽然中国政府给予了外资以最大限度的宽松政策,但由于改革刚刚起步,还没有建立完善的法制环境,所以在西方投资者眼中,经济特区的环境并不如他们想象中那么好。美国《财富》杂志上曾刊登了一篇观察稿说:"深圳的治理,机构重叠,缺乏商业经验。一位投资者说,在许多国家只要一个电话就能解决的问题,在深圳需要很多时间和官方讨论。"因此,西方投资者在经济特区发展初期,投资不够积极。相比之下,港澳商人似乎更能适应这种投资环境。所以,"投资以外资为主"的初衷,在实践过程中变为了外资只占投资的30%,绝大部分都是港资。①

从国内的角度来看,经济特区提供了一个冲破计划经济的窗口,这也是改革之初所没有料到的。由于经济特区的产品出口更加便利,所以内地各省、区、市的政府纷纷到这里开设公司,内地的企业也纷纷与经济特区合

---

① 吴晓波:《激荡三十年:中国企业 1978—2008 上》,中信出版社、浙江人民出版社 2007 年版,第 109 页。

作,形成了中(特区)—中(内地)—外(境外客商)联合投资、共同经营的"外引内联"模式。电子工业、船舶工业、航空航天工业等部门首先与深圳合作,随后纺织、轻工、机械等部门也参加了内联的行列,并扩大到其他三个经济特区。由于大部分生产资料的价格在经济特区被放开,进出口手续都更加便利,所以经济特区中发展最红火的是商业、金融业、房地产业,而非工业,甚至形成了一个由内地、特区、境外三地共同组成的商业链条,专门从事倒买倒卖。1983年,深圳工业生产总值为7.2亿元,而社会零售总额为12.5亿元。有学者记叙过这样一个实例:一些上海人跑到深圳买了一把折叠伞,发现竟是从上海运去香港,又转回深圳的。上海人很高兴,说是比在上海买少花了几块钱;深圳人也高兴,说赚了几块钱;香港百货公司也高兴,同样说赚了几块钱,真不知谁见鬼了!① 更为严重的是,由于内地市场需求逐渐被释放出来,境外的商品开始以各种方式流入境内。例如,当时内地进口家电、汽车需要由国务院审批,而海南岛却拥有自己进口的特权,结果海南岛在1984年到1985年的一年多时间里,高价从全国21省区市及中央15个单位炒买外汇5.7亿美元用于家电、汽车进口,而内地人则带着人民币涌向海南,通过各种渠道购买汽车,再倒卖到内地,当时海南黑市上美元和人民币的比价甚至达到1∶6(牌价为1∶2.8)。一年多的时间里,海南共进口汽车8.9万多辆,电视机286万台,录像机25.2万台。② 因各类违法违规行为所引发的外国商品进口乃至走私,以及倒买倒卖行为,破坏了国内经济秩序,冲击了民族产业,严重背离了建立经济特区的初衷。

针对经济特区出现的一些问题,国内出现了赞成和反对的两种不同声音。1984年春节前后,邓小平视察了深圳、珠海、厦门三个经济特区。他回到北京后,同中央几位领导人谈了特区的开放政策和怎样进一步开放的问题,他说:"这次我到深圳一看,给我的印象是一片兴旺发达。深圳的建设速度相当快……""深圳的蛇口工业区更快,原因是给了他们一点权力,五百万美元以下的开支可以自己作主。""特区是个窗口,是技术的窗口,管理的窗口,知识的窗口,也是对外政策的窗口。""特区成为开放的基地,不仅在经济方面、培养人才方面使我们得到好处,而且会扩大我国的对外影

---

① 吴晓波:《激荡三十年:中国企业1978—2008 上》,中信出版社、浙江人民出版社2007年版,第109页。
② 吴晓波:《激荡三十年:中国企业1978—2008 上》,中信出版社、浙江人民出版社2007年版,第148-150页。

响。"①邓小平在给深圳的题词中写道:"深圳的发展和经验证明,我们建立经济特区的政策是正确的。"邓小平的重要讲话,解除了对举办经济特区的疑虑。1984年3月,中共中央、国务院决定进一步开放天津、上海、大连、秦皇岛、烟台、青岛、连云港、南通、宁波、温州、福州、广州、湛江和北海等14个沿海港口城市,并扩大这些地方的经济管理权限,对外商投资实行类似经济特区的优惠政策;还批准厦门特区的范围扩大到厦门全岛,珠海和汕头特区扩大范围。1985年2月,中共中央、国务院又决定将长江三角洲、珠江三角洲和闽南厦漳泉三角地区的59个市县开辟为经济开放区。1988年4月,国家决定设立海南省,划定海南岛为海南经济特区。中国初步铺开了由经济特区—沿海对外开放城市—沿海经济开放区—内地这样一个有重点、多层次的梯级推进的格局。

  国家在肯定举办经济特区的方向的同时,也对经济特区的发展模式进行了调整。1985年2月,在深圳举行的经济特区工作座谈会上,中共中央书记处书记、国务委员谷牧在总结讲话中强调:特区应在继续完善投资环境的同时,把重点转向增加工业生产,积极扩大出口创汇方面来,新上的外引内联型企业都要按此精神审批,要重点建设一批技术水平较高、能够出口创汇的项目,培育一批能够进入国际市场的骨干产品,尽快建成以工业为主、工贸结合、农牧渔和旅游业同时发展的外向型的综合性经济特区。谷牧还强调对于外向型经济的具体要求是:特区产业结构应以具有先进技术的工业为主,工业建设以吸收外商投资为主;产品以出口为主,争取工业制成品60%以上能够外销,外汇收支平衡并有节余;千方百计提高经济效益,扎扎实实通过发展生产、改善管理来取得最佳的经济效益;完善投资环境,除继续搞好基础设施的配套以外,更要在健全经济立法、提高办事效率、加强人才培养等"软件"上下功夫;深入进行经济体制改革,在进一步搞好企业、搞活经济的同时,努力建立完善的宏观控制和调节系统,探索微观放开搞活与宏观加强管理密切结合的经验。

  根据座谈会提出的要求,经济特区对自身的产业结构和发展模式进行了调整。首先,调整投资结构,实行"压""保"结合的方针:下决心停建一批可以缓建的工程项目,主要是非生产性项目,深圳就在1986年从建设计划中削去18层以上的高层楼宇51座,此后两三年又先后四次停建、缓建总计建筑面积为341万平方米的280个项目,压缩基建投资31亿元;重点确

---

① 《邓小平文选　第三卷》,人民出版社1993年版,第51-52页。

保对生产力增长作用大的项目和完善基础设施配套项目,使固定资产投资中工农业生产、运输、邮电、科研项目所占比重上升。其次,着重发展工业生产,抓好产品品种质量。在外引内联项目中,重点接纳工业生产项目,在工业项目中优先安排出口创汇项目和先进技术项目。从1985年到1990年,四个特区的工业产值翻了两番多,达到296.2亿元,工业门类发展到电子、机械、纺织、食品、饲料、医药、轻工、化工、印刷、包装、建材、通信器材、航空配件等30多个行业,产品达1000多种。再次,大力拓展国际市场,扩大外贸出口。一方面扶植产、技、贸三结合的重点企业,联合内地科技力量,强化产品研发,将内地富余的原材料、初级产品在特区进行深加工,以"精、小、轻、新"的产品打开国际市场;另一方面,同海外公司发展合作关系,借其渠道扩大出口,同时有计划地到海外办企业,开辟自己的商情和经销网络。通过艰苦开拓,四个经济特区的外贸出口额在1986年突破10亿美元,1988年突破30亿美元,1990年达到46.85亿美元。最后,清理整顿商贸公司,治理流通乱象。1988年到1989年,四个特区先后对5000多家公司进行了清理整顿,撤并1100多家,查处620多家,取消了59家公司的进出口经营权。在很大程度上遏制了投机倒卖的盈利空间,为发展外向型经济创造了较为健康的经营环境。①

从80年代经济特区吸收外资的数量和质量来看,经历了逐步提高的三个阶段。从1980年到1983年为第一阶段,外资大多投向资金少、风险小、周转快的项目,主要是劳动密集型的加工装配生产项目,以及旅游业、房地产项目。1984年到1986年为第二阶段,开始出现一批生产规模较大、技术档次较高的项目,如深圳的中美泰合资经营的浮法玻璃有限公司、与港方合营的深圳中华自行车有限公司、中日合营的华强三洋电子有限公司、厦门的厦门华侨电子企业有限公司等,1986年外商投资企业的工业产值近29亿元,占全部工业产值的42%。1987年到1990年为第三阶段,外商投资的数量和质量都有明显提高。以深圳为例,新增外商直接投资项目2305个,其中工业生产项目占90%以上,出现了一批对经济发展作用较大的引进项目,如彩色显像管、电脑软磁盘、光纤光缆、激光音像制品等,产品外销比也在70%以上。② 经济特区逐渐成为中国吸收外资的最重要窗口,而经济特区的发展模式也在政府积极干预下日益走向集约与高效。表6-1

---

① 何椿霖主编:《当代中国的经济特区》,当代中国出版社1993年版,第21-22页。
② 何椿霖主编:《当代中国的经济特区》,当代中国出版社1993年版,第56-57页。

所示为经济特区历年吸收外资情况。

表 6-1　经济特区历年吸收外资情况　　（单位:项、万美元）①

特区	项目	1980年	1981年	1982年	1983年	1984年	1985年	1986年	1987年	1988年	1989年	1990年	累计
深圳	外商直接投资项目	33	70	66	253	334	282	224	310	591	647	757	3567
深圳	实际吸收外资总额	3264	11282	7379	14394	23013	32925	48933	40449	44429	45809	51857	323734
珠海	外商直接投资项目	9	24	14	22	127	137	76	95	252	225	385	1366
珠海	实际吸收外资总额	1575	1367	5633	2939	12694	9104	7568	6963	21762	16947	10828	97380
汕头	外商直接投资项目	—	—	—	11	24	23	16	21	78	140	141	454
汕头	实际吸收外资总额	—	—	—	153	779	784	1178	2270	3440	6977	8368	23949

---

① 何椿霖主编:《当代中国的经济特区》,当代中国出版社 1993 年版,第 59-60 页。

续表

特区	项目	1980年	1981年	1982年	1983年	1984年	1985年	1986年	1987年	1988年	1989年	1990年	累计
厦门	外商直接投资项目	—	—	—	20	86	105	34	50	198	225	262	980
厦门	实际吸收外资总额	—	—	—	794	4044	9341	7076	5322	16409	23822	17307	84115
海南	外商直接投资项目	—	—	—	—	—	—	—	294	463	378	252	1387
海南	实际吸收外资总额	—	—	—	—	—	—	—	9255	12771	16097	18982	57105

注：汕头、厦门1983年数据为1980—1983年累计数；海南1987年数据为建立特区前1980—1987年的累计数。

第四节　对外开放与市场机制的作用扩大

十一届三中全会之后，中国将对外开放上升为基本国策，开始加快学习国外先进技术和经验，引进国外资金和技术的进程。一方面，中国开始对外贸管理体制进行以放权让利为核心的改革，调动各方面积极性，扩大出口换汇，为购买先进设备、原料和国内急需商品筹措资金。另一方面，中国打开国门，改革国内的管理体制，制定涉外法律法规，为利用国外贷款和外商直接投资营造了较好的环境，而这也促进了国内经济体制向着市场化和法制化的转轨。

第六章　市场机制的回归与改革的开始(1976—1984)

一、中国对外经济战略的转型

"文革"结束之后,国际和国内环境的变化,促使中国的对外经济战略开始转型。计划经济时期,对外经济的作用被局限于互通有无,调剂余缺。产生这种情况,有外在和内在的两方面原因。新中国一直积极发展同世界各国的友好合作关系,但是由于西方国家的封锁禁运和苏联撕毁合同,中国的国际地位一直较为孤立,客观上限制了我们融入世界。同时,受国内生产条件和观念制约,中国对外开放进程也屡受挫折。

70年代末期,国际和国内环境都发生了重大变化,中国对外开放的条件已经成熟。当时,美国在冷战中处于下风,因而在政治上主动接近中国,寻求共同对抗苏联的战略伙伴,这使得中国在70年代以破竹之势与众多西方国家建立外交关系,经济合作范围迅速扩大;同时,刚刚经历滞胀的资本主义世界面临着资本过剩、市场狭窄和产业结构升级的压力,亟待开拓市场、为产业转移寻找要素成本更为低廉的投资目的地,而拥有庞大人口和丰富资源的中国自然成为国际资本竞逐的新高地。1978年4月,谷牧副总理率团出访欧洲各国,所到之处,官员和商人无不表示出与中国合作的强烈意愿。法国驻华大使对谷牧说:"听说你们要搞120个大项目,我们法国很愿意有所贡献,给我们10个行不行?"联邦德国巴符州州长说可以贷款50亿美元给中国,并马上可以签字;北威州则表示贷款100亿美元也问题不大。[①] 可见,当时的外部条件已经基本成熟,整个资本主义世界都在期待着中国的对外开放。从国内来看,开眼看世界也使中国自身坚定了改革开放的决心。中国的改革开放实际上是从"文革"结束后的重新开眼看世界开始的,1978年谷牧率团访问欧洲,林乎加率团访问香港等地,邓小平访问日本、新加坡,都看到了世界发展在加快,而中国因十年"文革"与世界的差距拉大了,大陆人民生活水平不仅比日本大大落后,比香港、台湾也大大落后了。1978年,中国的国内生产总值在世界的占比仅为1.7%[②],中国出口额占世界出口总额的比重也仅为0.75%,在世界排名中居32位。[③] 全国全民所有制单位职工的平均工资仅比1957年增加7元;全国居民平均

---

① 吴晓波:《激荡三十年　中国企业1978—2008 上》,中信出版社、浙江人民出版社2007年版,第22页。

② 根据世界银行数据计算得出。http://data.worldbank.org.cn/indicator/NY.GDP.MKTP.CD?view=chart。

③ 沈觉人主编:《当代中国对外贸易　上》,当代中国出版社1992年版,第39页。

消费水平为175元,仅比1957年增长44%,其中农民增长34.5%,非农业居民增长68.6%[①];根据恩格尔系数衡量,城镇居民处于温饱阶段,农村居民处于贫困阶段。如何证明社会主义的优越性,如何捍卫中国共产党执政的合理性,这个问题使全党产生了危机感,也意识到改革已经迫在眉睫。正如邓小平在1978年10月10日会见德意志联邦新闻代表团时所说:"我们派了不少人出去看看,使更多的人知道世界是什么面貌。关起门来,固步自封,夜郎自大,是发达不起来的。"[②]

1978年,中国对世界经济的认识发生了战略性转变,对外开放上升为基本国策。计划经济时期,中国的主要任务是建立完整独立的工业体系,当时如果全面对外开放,则工业基础薄弱的中国会在国际分工中处于劣势地位,从事原料出口和加工装配等低利润环节,无法构建完整的工业基础。所以,尽管当时我们也很重视对外经济,周恩来还在1970年提出了外贸促生产、促内贸、促科研的方针,但是当时的对外经济仍然处于从属地位,中国更偏重自力更生。随着工业体系的建立,中国经济有了坚实的基础,对外开放也就上升为了基本国策。十一届三中全会提出,在自力更生的基础上积极发展同世界各国平等互利的经济合作,努力采用世界先进技术和先进设备,并且提出社会主义现代化建设要利用两种资源——国内资源和国外资源,要打开两个市场——国内市场和国外市场,要学会两套本领——组织国内建设的本领和发展对外经济关系的本领。邓小平指出,对外经济工作是关系四个现代化建设的一个战略问题。

二、外贸体制改革

中国要改变国内落后的面貌,就要学习国外的技术和经验,引进国外的设备和原料等要素,这都需要有充足的外汇储备,而这也正是中国最为短缺的。所以,扩大对外开放的首要任务,就是扩大对外出口,增加外汇收入。这就促进了中国的对外贸易体制的改革。

外贸体制改革首先要建立适应新形势的外贸行政管理机构。1979年,中国成立了进出口管理委员会和外国投资管理委员会,以加强对进出口、外汇平衡、引进技术和利用外资的管理。1980年,原属对外贸易部管理的海关管理局改为中华人民共和国海关总署,直属国务院领导;原属对外贸

---

① 马洪主编:《现代中国经济事典》,中国社会科学出版社1982年版,第571页。
② 《邓小平文选 第二卷》,人民出版社1994年版,第132页。

易部的全国商品检验总局改为中华人民共和国进出口商品检验局,作为国务院下属的一个机构,委托对外贸易部代管。1982年,对外贸易部、对外经济联络部、国家进出口管理委员会和外国投资管理委员会合并,成立对外经济贸易部。对外经济贸易部的职能范围,较之计划经济时期大大拓宽,但对外贸企业的直接干预则开始减少,其职能主要有:研究、制定、组织实施和监督执行对外贸易法令、方针、政策和规章制度;组织统制全国的外贸规划;归口审批外贸机构的设置、合并和撤销;审批和发放进出口许可证;管理和分配进出口商品的配额;组织进出口商品的检验工作;研究制定鼓励或限制进出口商品的经济措施;组织政府间贸易谈判,签订贸易协定并组织实施;组织国际市场调研和信息情报交流等。

外贸体制改革的核心是下放外贸经营权,调动各地方、各部门的积极性,广开门路,增加出口创汇。一是调动外贸企业积极性,下放外贸企业的经营权。例如,国家开始缩小指令性计划管理的范围,实行指令性计划、指导性计划和市场调节相结合,逐步取消外贸出口收购和调拨计划。再例如,外贸系统自1978年起试行企业基金办法,凡属独立核算的外贸企业,全面完成销售额、进货额、利润额、费用水平和资金周转次数等五项指标,按照全年工资总额的5%提取企业基金,从而把企业利益与其经营好坏、贡献大小直接挂钩。二是调动地方积极性,各地方经过批准可以成立地方外贸公司。北京、天津、上海、辽宁、福建等省市分别成立了外贸总公司,在不同程度上增加了外贸自营业务。尤其是对于广东和福建两省,中央的放权力度最大,两省可以自主安排和经营本省的对外贸易,批准设立产销结合的省属外贸公司,外汇收入则以1978年为基数,超过基数的部分可以留成使用。三是调动各部门和大型企业的积极性。批准19个中央有关部委成立进出口公司,如中国冶金进出口总公司、中国机械设备进出口总公司、中国原子能技术进出口公司、中国长城工业公司、中国电子技术进出口公司、中国航空技术进出口公司、中国北方工业公司、中国船舶工业公司等,还成立了对丝绸实行产供销一条龙经营的中国丝绸公司,将原来由对外贸易部所属进出口公司经营的一些进出口商品,分散到有关部门所属的进出口公司经营,扩大了贸易渠道,增强了产销结合。同时,陆续批准一些大中型生产企业经营本企业产品的出口业务和生产所需的进口业务。据统计,从1979年下半年到1987年,全国共批准设立各类外贸公司2200多家,其中包括广东 810 多家,福建 200 多家。①

为配合外贸体制改革,外汇、税收等领域也出台一系列措施,鼓励扩大出口。例如,根据国内外物价变动和外贸发展的需要,对人民币汇率和外汇分配进行多次调整,包括调整汇率、调整出口收汇留成比例等;实行出口商品退还产品税或增值税等国内流转税;对外贸企业和出口生产企业实行出口收汇奖励金制度等。同时,外汇和税收等制度还起到了优化出口结构的作用,例如对机电、轻纺产品的出口收汇实行优惠的留成比例,促进这些行业发展。

外贸体制改革广泛调动了积极性,但外贸经营主体的增加、外贸商品种类和数量的激增也加大了管理的难度,对此国家加强了外贸行政管理。1980 年,国家恢复了进出口许可证制度,对进出口商品均按重要性程度进行分类分级管理,通过发放进口许可证将有限的外汇用于国家急需物资的进口,通过发放出口许可证来平衡国内和国际两个市场。其中实行出口许可证管理的商品,大体有两种类型:一种是国家需要平衡协调并实行计划列名管理和国家限制出口的商品,以及国家实行配额管理的商品,这类商品往往关系国计民生;另一种是因经营不善以致造成出口秩序紊乱和导致出口市场混乱需要加强协调管理的商品。同时,为了履行中国同有关国家签订的国际贸易合同,中国还对一些特殊出口商品实行配额管理,以限制出口数量,受到出口配额管理的商品包括:对美国出口的纺织品、钢材、仲钨酸铵、三氧化钨;对加拿大、瑞典、芬兰、奥地利、挪威出口的纺织品;对欧洲共同体十二国出口的纺织品、鞋类、木薯干、红薯干、蘑菇罐头、猪鬃漆刷等。这些商品的出口要由对外经济贸易部签发出口证书。此外,为了加强对外经贸部的行业综合管理职能,重新设立驻口岸的特派员办事机构,加强了海关、商检、外汇管理等外贸行政管理职能。

三、利用外资的体制机制

除出口换汇外,中国还通过招商引资的办法,直接利用国外资金。利用外资的渠道主要有三类:第一类是借用外国资金,包括外国政府贷款、国际金融机构贷款、出口信贷、外国商业银行贷款、发行国际债券等形式;第二类是吸收外商直接投资,包括合资经营企业、合作经营企业、外商独资企业、合作开发资源等形式;第三类是比较灵活的方式,如补偿贸易、对外加

---

① 沈觉人主编:《当代中国对外贸易 上》,当代中国出版社 1992 年版,第 72 页。

工装配、国际租赁等形式。

中国利用外资首先要破除思想束缚。当时最大的顾虑是担心吸收外商直接投资会引起所有制的倒退,影响国家的社会主义性质。邓小平在这一问题上推动了思想的解放,他说:"我国是以社会主义经济为主体的。社会主义的经济基础很大,吸收几百亿、上千亿外资,冲击不了这个基础。吸收外国资金肯定可以作为我国社会主义建设的重要补充,今天看来可以说是不可缺少的补充。"[1]改革开放初期,中共中央、国务院也多次指出,凡国际上通用的利用外资的方式,都可以根据不同情况择优采用。随着思想不断解放,中国利用外资工作进入了一个新时期,相关的各项制度也建立起来。

第一,合理利用外资的关键在于使外资符合国民经济发展需要。为实现这一目的,中国对于吸收外资实行统一计划、分级管理的体制,由国家计划委员会、对外经济贸易部和国家经济委员会分工负责。首先,国家计划委员会根据国民经济发展需要,提出中长期和年度利用外资的规模、使用方向和限额以上的项目,并组织有关部门及地区做好重大项目选择和方案论证;组织审批限额以上的利用外资项目的建议书、可行性报告;安排落实国家重大的利用外资项目的人民币配套资金;对各部门、各地区统制的利用外资计划进行综合平衡,统一审定后,分别纳入各级国民经济计划和财政预算。其次,对外经济贸易部负责管理外国政府贷款和审批外商投资企业。早在1979年,国家设立外国投资管理委员会;1982年,外国投资管理委员会和国家进出口管理委员会、对外贸易部、对外经济联络部合并成对外经济贸易部。对外经济贸易部下设外国贷款管理局和外国投资管理局,分别负责管理外国政府贷款和外商直接投资的具体业务。对外经济贸易部负责草拟利用外资的法律法规和政策,组织谈判和签订协定,归口管理举办外商投资企业的对外洽谈、签约、合同审批;会同有关部门同外国政府谈判签订双边鼓励和保护投资协定;对各部门、各地区利用外资工作进行业务指导;汇总统计全国利用外资情况。最后,国家经济委员会负责组织有关部门协调解决外商投资企业生产、经营、企业管理方面的问题。此外,外商投资企业的有关业务活动,还应分别接受税务、审计、劳动、物价、外汇管理、海关、商检、工商行政管理等部门的管理和监督。

第二,有效利用外资的关键在于给予外商以合理的鼓励支持政策和充

---

[1] 《邓小平文选 第三卷》,人民出版社1993年版,第65页。

分的经营自主权。中国对于中外合资企业、外资企业都给予了税收减免优惠,如合营期在十年以上的中外合资经营企业,从开始获利的年度起,第一年和第二年免征所得税,第三年到第五年减半征收所得税;凡从事农业、林业、牧业及深井开采煤矿等利润低的企业,经营期在十年以上的,从开始获利的年度起,第一年免征所得税,第二年和第三年减半征收所得税。在外汇管理上,为鼓励出口,中国规定外商投资企业在原则上应通过出口本企业的产品来达到外汇收支平衡,但如果外商投资生产的是中国需要进口的产品,那么因内销中国而导致外商外汇收支不能平衡的,可由地方政府或国务院主管部门在留成外汇中调剂解决。在经营自主权上,外商投资企业有权自行制定生产经营计划,筹措运用资金,自行确定工资标准、工资形式和奖励、津贴制度;外商投资企业有权从中国国内市场或国际市场直接购买其所需的原材料、燃料、设备、配套件等,并在中国国内市场或国际市场销售自己的产品;外商投资企业可以按照有关规定建立本企业的财务会计制度及其他经营管理制度,决定本企业的利润分配方案、财务收支和预决算;外商投资企业可以自行确定其机构设置和人员编制,聘用和辞退管理人员,增加或裁减员工,不受国家劳动计划指标限制,不承担国家有关部门下达的指令性安置任务。这些优惠措施,受到了外国投资者和外商投资企业的广泛好评。

第三,规范利用外资的关键在于完善相关的立法。为了创造和规范有利于外商投资的环境,中国加紧了涉外经济法规制定工作。首先,为了加快推进招商引资工作,中国颁布了外商投资的相关法律。1979年,全国人大通过了《中华人民共和国中外合资经营企业法》,以法律形式向世界宣告:中国实行对外开放,欢迎外商来华投资举办合营企业。随后,中国开始制定与之配套的法律和实施细则,包括《中华人民共和国中外合资经营企业法实施条例》、《中华人民共和国中外合资经营企业所得税法》及其施行细则、《中华人民共和国个人所得税法》及其施行细则、《中华人民共和国外汇管理暂行条例》、《中华人民共和国中外合资经营企业登记管理办法》、《中华人民共和国中外合资经营企业劳动管理规定》等。其次,为了适应对外经济技术合作和对外贸易广泛深入发展的需要,中国制定了一些重要的经济法律,如《中华人民共和国商标法》《中华人民共和国专利法》《中华人民共和国涉外经济合同法》等。最后,中国还利用一些行政法规和政策文件来督促国内行政部门加强对外商投资的服务,并引导外商投资方向。如国务院于1986年发布的《关于鼓励外商投资的规定》(俗称"二十二条"),

着力解决一些外国投资者反映的某些费用高、企业开办初期外汇收支不能平衡、企业经营自主权没有保障、有些政府部门办事效率低等问题,同时强调给产品出口企业和先进技术企业以特别优惠,通过区别对待来调节外商投资结构。从1979年到1986年,中国的涉外经济立法工作取得了较大进展,先后颁布实施的涉外经济法律、法规共204个,其中由全国人大及其常委会通过的法律10个,国务院颁布的行政法规包括条例、规定和实施细则73个,国务院有关部门规章共121个,初步形成了比较齐全的法律体系。而涉外经济立法工作,在很大程度上也促进了国内经济立法,加速了中国经济体制市场化和法制化的进程。

第七章
市场机制的扩大与经济治理
(1984—1992)

20世纪80年代,中国逐步明确了经济体制改革的市场化方向,改革目标由1982年中共十二大提出的"计划经济为主、市场调节为辅",转变为1984年十二届三中全会提出的"有计划的商品经济",进而过渡为1987年十三大提出的"国家调节市场、市场引导企业"。按照市场化方向,改革从培育市场主体、完善市场体系、建立政府宏观调控体制等三个方面不断推进,中国经济体制呈现出市场经济与计划经济双轨并行的状态。在放权让利的改革中,地方政府与企业扩大投资和消费的冲动被释放了出来,但相应的约束机制却没有建立完备,导致总需求迅速扩张,信贷规模与货币投放量激增,通货膨胀严重干扰国民经济正常运行。因此,从1988年下半年开始,国民经济转入治理整顿阶段,政府主要运用行政手段压缩总需求、提高总供给、平抑通货膨胀,从而导致一些领域出现计划经济"回潮"。但是,市场化改革仍为大势所趋,即使在政府重新加强计划管理的时候,改革也仍在继续。在治理整顿所产生的低通胀与信用紧缩环境下,价格改革取得重大突破,证券市场作为直接融资的最主要渠道也正式建立,改革在波折中持续前行。

第一节 1984年关于商品经济的认识和经济体制改革的决定

1984年,党的十二届三中全会转变了对经济体制的认识。中共十二大认为中国的经济体制应以"计划经济为主、市场调节为辅",而十二届三中全会顺应了商品经济发展的必然趋势,通过了《关于经济体制改革的决定》。该《决定》指出经济体制改革的目标是建立"有计划的商品经济"。按照这一方向,中国的经济体制改革沿着培育市场主体、完善市场体系、建立政府宏观调控体制三方面展开。

一、1984 年对商品经济的认识

改革初期的探索,在一定程度上肯定了个体经济和市场调节的作用。但是,这些新因素在经济体制中仍处于从属地位,整个国民经济仍以公有制和计划经济为主体。因此,1982 年中共十二大仍然强调"计划经济为主、市场调节为辅"的原则,"我国在公有制基础上实行计划经济。有计划的生产和流通,是我国国民经济的主体。同时,允许对于部分产品的生产和流通不作计划,由市场来调节","由国家统一计划划出一定的范围,由价值规律自发地起调节作用。这一部分是有计划生产和流通的补充,是从属的、次要的,但又是必需的、有益的。国家通过经济计划的综合平衡和市场调节的辅助作用,保证国民经济按比例地协调发展"。[①]

不过,十二大报告仍强调要把中央、地方、部门、企业和劳动者的积极性都充分调动起来,并提出要在"六五"计划期间巩固和完善经济管理体制方面已经实行的初步改革,抓紧制定改革的总体方案和实施步骤。从而延续了改革势头,使得市场机制和多种所有制经济继续快速发展。

1984 年 10 月,中共十二届三中全会召开,这次全会的任务是提出一个全面指导经济体制改革的纲领。而全会之前的经济发展新形势,使全会对经济体制改革的方向做出了新的定位。这一时期,改革实践使越来越多的人认识到发展商品经济的必然性。第一,日益壮大的城乡非公有制经济的发展,要求价格体制、流通体制、金融体制、财政税收体制均进行相应改革。第二,对外开放浪潮中,外资经济的产生也要求国内建立商品经济体制。第三,国有企业在指令性计划的束缚下,难以应对个体私营和外资经济的竞争,这也要求改革原有的计划经济体制。从经济形势来看,计划为主、市场为辅的提法,已经不再适应新的形势,也难以继续指导经济改革和发展。

[①] 中共中央党校教务部编:《十一届三中全会以来党和国家重要文献选编(一九七八年十二月——二〇〇七年十月)》,中共中央党校出版社 2008 年版,第 132 页。

基于新形势，十二届三中全会通过了《关于经济体制改革的决定》，明确了改革的市场取向。该《决定》指出：商品经济的充分发展，是社会主义经济发展的不可逾越的阶段，是实现中国经济现代化的必要条件。因而改革计划体制，首先要突破把计划经济同商品经济对立起来的传统观念，明确认识社会主义计划经济必须自觉依据和运用价值规律，是在公有制基础上的有计划的商品经济。

可以看出，在放权让利改革使得商品经济的发展已成不可逆的趋势时，1984年的改革因势利导，主动利用商品经济来继续实现搞活经济、调动各方积极性的目标。正如《决定》所说，"只有充分发展商品经济，才能把经济真正搞活，促使各个企业提高效率，灵活经营，灵敏地适应复杂多变的社会需求"。而对于商品经济可能带来的自发性、盲目性问题，《决定》强调"必须有计划的指导、调节和行政的管理"。

二、1984年经济体制改革方案

1984年的经济体制改革方案，是围绕着"建立有计划的商品经济"而设计的。商品经济体制，从基本构成来看，主要包括：合格的市场主体，开放的市场体系，有效的政府宏观调控。1984年的改革方案，虽然没有如此完备，但在基本构成上，已经具备了这三方面的雏形。

（一）市场主体改革方案

1984年改革方案虽未确定"市场经济"的改革目标，但"商品经济"的改革目标已经内在地包含着培育合格的市场主体这样一个改革任务。此时经济中最重要的主体是国有企业，它们也是改革的重点，因此1984年改革方案将"增强企业活力"作为经济体制改革的中心环节。

对于如何增强企业活力，改革方案基于所有权与经营权可以分离的理论，提出要使企业真正成为相对独立的经济实体，成为自主经营、自负盈亏的社会主义商品生产者和经营者，具有自我改造和自我发展的能力，成为具有一定权利和义务的法人。

要把企业培育成独立的经济实体，需要解决两方面问题：一是确立国家和全民所有制企业之间的正确关系，扩大企业自主权；二是确立企业和职工之间的正确关系，调动劳动者的积极性。前者需要让企业在服从国家计划和管理的前提下，拥有更多生产经营的自主权；后者需要使劳动者的民主权利在企业的各项制度中得到保障，并让劳动表现与自身的物质利益紧密联系。而实现这两方面目标，有一个共同的切入点，就是建立多种形式的经济责任制,打破平均主义,让国家对企业、企业对个人都真正实现按劳分配。

此外,在市场主体改革方面,方案还强调要积极发展多种经济形式。对于各种经济成分,方案给予了明确的定位,即全民所有制是社会主义经济的主导力量,集体经济是社会主义经济的重要组成部分,个体经济是社会主义经济必要的有益的补充。方案把坚持多种经济形式和经营方式共同发展确立为长期方针,强调要注意为城市和乡镇集体经济和个体经济的发展扫除障碍,创造条件,并给予法律保护;提出发展全民、集体、个体经济之间灵活多样的合作经营和经济联合,允许有些小型全民所有制企业租给或包给集体或劳动者个人经营。

(二) 市场体系改革方案

改革方案强调,中国要建立有计划的商品经济,而非完全由市场调节的市场经济。在原有计划经济体制的基础上,改革采取渐进式的方法,即在原计划经济体制下,分三个层次来进行改革。

首先,在经济体制的最基层,扩大市场调节的范围,主要是对部分农副产品、日用小商品和服务修理行业的劳务活动,逐步放开,使之由市场调节。其次,将计划分为指令性计划与指导性计划,其中指导性计划主要依靠运用经济杠杆来实现。最后,指令性计划虽然带有行政强制性,但它也必须顺应价值规律。

在"指令性计划-指导性计划-市场调节"三个层级组成的经济体制中,有步骤地适当缩小指令性计划的范围,适当扩大指导性计划的范围,并鼓励市场调节的发展,从而最终建立起一个合乎价值规律要求、有计划的商品经济。

可以看出,这种改革思路带有过渡性质,它一方面没有完全脱离计划经济体制,另一方面又明确了市场化的改革方向。对最终由计划经济过渡到社会主义市场经济起到了承上启下的作用。然而,为了过渡的平稳性,改革方案对关系国计民生的重要领域,仍保留了单一公有制下的计划经济体制。方案认为:在中国社会主义条件下,劳动力不是商品,土地、矿山、银行、铁路等一切国有的企业和资源也都不是商品。

而之所以对重要领域仍采用计划经济体制,与当时的价格体系扭曲有密切联系。改革方案指出了中国价格体系扭曲的主要表现:同类商品的质量差价没有拉开,不同商品之间的比价不合理,特别是某些矿产品和原材料价格偏低,主要农副产品的购销价格倒挂,销价低于国家购价。由于一些资源的价格严重偏低,所以不能仓促商品化,否则会造成价格猛涨,冲击整个国民经济。

可见,改革方案不仅设计出了"指令性计划-指导性计划-市场调节"的三层体制,并且抓住了市场化改革的症结所在,即理顺价格体系。同时,改革方案还强调要通过完善税收制度、改革财政金融体制来增强政府对社会总供求、产业结构、生产力布局等方面的调控能力,从而更快地理顺价格体系。

(三)政府调控改革方案

由于要将企业培育成相对独立的经济实体,并要缩小指令性计划的范围,所以必然要求政府实行政企分开、简政放权的改革。

一方面,政府机构直接管理企业的做法要逐渐停止。另一方面,政府机构要承担起特有的经济管理职能,具体包括:制定经济和社会发展的战略、计划、方针和政策;制定资源开发、技术改造和智力开发的方案;协调地区、部门、企业之间的发展计划和经济关系;部署重点工程特别是能源、交通和原材料工业的建设;汇集和发布经济信息,掌握和运用经济调节手段;制定并监督执行经济法规;按规定的范围任免干部;管理对外经济技术交流和合作,等等。

除经济管理职能外,政府还要行使法律手段。一方面,立法机关要把经济关系和经济活动准则用法律形式固定下来;另一方面,司法部门要加强审判、检察等法律执行工作。

而政府职能的转变,要求政府的组织机构、思想作风也要相应转变。按照精简、统一、效能的原则,改造机关作风,提高工作人员的素质。重点扫除因计划经济体制运行效率下降而引发的机构重叠、人浮于事、职责不明、互相扯皮的官僚主义积弊。

三、经济体制改革的主要措施

《关于经济体制改革的决定》通过之后,国家即开始对经济体制施行一系列重大改革举措。这些举措基本也是按照市场主体、市场体系与政府调控三方面的框架展开的。

(一)市场主体的改革

建立商品经济与建立市场经济,二者的关键都在于培育合格的市场主体。而中国经济体制中最大的问题在于国有企业缺乏独立性。为此,政府加大了改革和放权力度,重新确定了企业和政府的关系,并通过改革工资制度而重塑了企业和职工的关系,目的都是使企业能够成为具有独立经营权的市场主体。

首先,进行"拨改贷"和"利改税"两项改革,稳定政府和企业的资金关系。在传统计划经济中,国有企业的资金主要来自财政拨款,而对于企业的利润,政府具有剩余索取权,这种关系导致企业对于提高资金使用效率和经济效益缺乏积极性。所以,培育企业独立性的关键在于按照现代企业制度的要求,将企业与政府的资金联系市场化。一方面,对基本建设投资实行改财政拨款为银行贷款,由无偿划拨变为有偿借贷。早在1981年,部分实行独立核算、有还款能力的企业已经进行了小范围试点。1980—1984年,每年由财政拨款改为银行贷款的投资量约占当年国家预算内投资的10%。[①] 1985年,除国防科研单位、行政事业单位、学校等10类单位无还款能力的建设项目外,其他单位全面实行"拨改贷"。另一方面,国有企业改上缴利润为征收所得税,稳定国家和企业的分配关系。早在1983年,大部分有盈利的企业已经开始了这项改革试点,当时实行税利并存,即凡有盈利的国有大中型企业实现的利润,先按55%的税率交纳所得税,税后利润再以包干办法由国家和企业分享。从1984年9月起,税利并存开始向全面利改税过渡。

其次,减少指令性计划,逐步切断行政指令对企业的直接干预。计划经济时期,企业的生产和购销活动主要听命于行政指令;改革开放后,政府不断减少行政指令的范围。1984年之后,政府进一步加大了放权的力度。只对煤炭、原油及各种油品、钢材、有色金属、木材、水泥、基本化工材料、化肥、重要机电设备、化纤、新闻纸、烟、军工产品等重要工业产品中的一部分,由国家制定生产和分配的指令性计划,以保证重点建设需要。其余部分及其他非重要工业品,由指令性计划改为指导性计划。国家计委管理的实行指令性生产计划的工业品由123种减少为60种;国家统一计划分配的生产资料,由原来的256种减少为65种左右。[②] 各部门管理的指令性指标也大幅减少。

最后,改革工资制度,重塑企业和职工的关系。计划经济时期,国企职工基本为终身制,工资也为全国统一的八级制,使得企业没有足够的力量

---

① 刘树成、吴太昌主编:《中国经济体制改革30年研究》,经济管理出版社2008年版,第376页。

② 刘树成、吴太昌主编:《中国经济体制改革30年研究》,经济管理出版社2008年版,第375页。

对职工进行激励和约束。企业的经营自主权,内在地包含着人事权。因此,1985年起全国工资制度开始改革,实行以职务工资为主要内容的结构工资制。把工资分为基础工资、职务工资和年功工资三个部分。其中基础工资用以保障职工基本生活,实行统一标准;职务工资按工作的复杂程度、繁重程度等因素确定,占主导地位;年功工资是对职工的工作经验、劳动年限等积累给予的补偿,随工作年限增加而递增,但居次要地位。结构工资制打破了平均主义,大多数企业实行了奖励基金随企业经济效益浮动的办法。

(二)市场体系的改革

商品经济的核心在于构建开放有序的市场,使各个主体能自由交易,各种商品能自由流通。这就要求打破原计划流通体制,不仅要打破原单一的流通渠道,而且要理顺价格体系。

首先,取消农产品统购派购制度。1985年1月,中共中央发布《关于进一步活跃农村经济的十项政策》,改革农产品统购派购制度。从1985年起,除个别品种外,国家不再向农民下达农产品统购派购任务,转而实行合同定购和市场收购。其中粮食、棉花改为合同定购,由商业部在播种季节前与农民协商,签订定购合同。定购以外的粮食、棉花可以上市自销。生猪、水产品,以及大中城市、工矿区的蔬菜,也逐步取消派购,自由上市。统购派购制度取消后,农产品不再受原来经营分工的限制,实行多渠道直线流通。农产品经营、加工、消费单位均可直接与农民签订购销合同;农民也可以通过合作组织或建立生产者协会,主动与有关单位签订购销合同。同时,政府发展农副产品批发市场,除引导原已自发形成的批发市场发展外,政府有计划地建立起一批批发市场。

其次,改革工业品购销制度。在工业消费品领域,计划经济建立的一、二、三级批发站加零售商店的"三固定"(固定供应对象、固定供应区域、固定供应价格)的流通体系已经不再适应商品流通的要求,商品经济要求商品向着利润最大化的方向自由流动。因此,改革按照"开放式、多渠道、少环节"的原则进行,减少批发层次,将原兼具行政职能的一、二、三级批发站下放到市,并与市批发公司合并为自主经营的经济实体,各批发企业、零售企业之间均可直接交易。同时,政府开始在城市建立贸易中心,对所有工商企业、各种所有制企业都开放。截至1985年底,全国共组建这样的贸易中心1001个,成为工业消费品批发的重要场所。在生产资料领域,随着指令性生产和分配的产品种类减少,计划外物资市场交易规模和范围扩大,政府同样建立起物资贸易中心。到 1987 年底,地区以上的物资贸易中心已发展到 400 家。①

最后,调整价格体系。商品经济要求商品自由交易,价格随行就市。但是,这一目标无法一蹴而就。一方面,重点建设需要政府仍掌握一部分重要物资的流动方向;另一方面,长期价格冻结下,产业结构的变化导致价格体系扭曲已非常严重,主要表现为农产品价格长期偏低,工业品中矿产品价格偏低,交通运输和邮电等基础行业收费严重偏低,服务行业、公用事业和房租等领域也存在价格不合理问题。这些扭曲的价格如果仓促放开,会从产业链上游产生巨大的涨价压力,使国民经济难以承受;而如果维持扭曲的价格,则会干扰企业的正常盈亏,使企业改革难以推进,并且给财政造成日益沉重的价格补贴负担。在这种情况下,1984 年之前采取了"调放结合,以调为主"的方式,通过调价来缓解压力;从 1985 年起,改革转为"调放结合,以放为主",并计划用五年左右时间基本理顺价格体系。对于价格体系的调整,主要分三部分进行。

第一,调整农产品价格。统购派购取消后,大部分农副产品的价格已经放开,但粮、棉因其重要性,尚不能随行就市。粮、棉改为合同定购后,国家按"倒三七"的比例给粮食定价,按原统购价的 30% 和超购价的 70% 计算出综合平均收购价格;定购的棉花,在北方按"倒三七"、南方按"正四六"的比例计算综合平均收购价格。定购以外的粮、棉可以自由上市。在粮食销售端,为保障生活,在收购价格提高的情况下,政府通过补贴来保证平价供应。猪肉、水产、禽蛋、蔬菜等副食,在政府指导下议价收购、议价销售。

第二,调整工业品价格和基础行业收费。在过去分批放开小商品价格的基础上,1985 年 4 月放开了供求基本平衡的缝纫机、国产手表、收音机、电风扇等 4 种工业消费品的价格;1986 年 8 月又放开了自行车、黑白电视机、电冰箱、洗衣机、收录机、中长纤维布、80 支以上纯棉纱及其制品等 7 种工业消费品的价格,使绝大多数工业消费品的价格逐渐改为市场调节。同时,将客运价格提高 36.8%,货运价格每吨加收 4 元附加费,以缓解铁路运力紧张的问题。

第三,采用"双轨制"作为价格改革的过渡方式。在短缺情况下,按市场供求关系形成的价格往往大大高于计划价格,中国的渐进式改革对此采

---

① 武力主编:《中华人民共和国经济史(增订版)》,中国时代经济出版社 2010 年版,第 757 页。

取了"双轨制"的过渡方法。这在农产品和工业品领域均有体现,但主要表现在工业生产资料领域。1984年5月,国务院在《关于进一步扩大国营工业企业自主权的暂行规定》中,对国家统配的几种主要产品的企业自销权和定价权做了规定:在价格上,企业自销的和完成国家计划后的超产部分,一般在不高于或低于国家统一定价20%的幅度内,企业有权自定价格或由供需双方协商定价,即形成"双轨"价格。然而,由于需求日益旺盛,许多产品加价20%后仍与市场价格相差悬殊,导致大量倒买倒卖,所以,1985年1月改为按略低于当地市场价格出售。由此引发价格"双轨制"大行其道。

(三) 政府调控的改革

随着企业独立性增强和市场的发展,政府职能由原来直接参与经济转向以宏观管理为主。政府职能转变主要体现在以下三个方面。

首先是财政管理的分权化。计划经济时期,财政权力主要集中于中央政府。改革开放后,为调动地方政府积极性,中央对地方实行了财政包干体制。1980年起,实行"划分收支,分级包干"的体制,主要是按企业的隶属关系来划分中央与地方的财政收支,在此基础上对地方财政实行收入包干上缴、补助包干下达。随着政企分离改革的推进,按隶属关系划分收支的做法已经不再适用。1984年,企业实行利改税第二步时,国家大幅度调整了税种和税率。在此基础上,1985年3月起实行"划分税种,核定收支,分级包干"的新财政管理体制,即中央与地方的财政收入,按税种的不同分别归属中央财政固定收入、地方财政固定收入、中央和地方财政共享收入;财政支出仍按隶属关系划分。各地收支相抵,收大于支的,定额上缴中央;支大于收的,中央给予定额补助。同时,给予地方、部门更大的固定资产投资审批权,即从1985年起,凡地方、部门自筹投资计划、自借自还的利用外资投资计划,在国家确定的额度内自行审批,并允许在90%范围内浮动;非生产性基本建设项目,凡地方、部门能自行解决的,原则上可自行审批;用自筹资金安排的中小学建设,县以下医疗文体设施,职工宿舍,扩建公路,增加公共交通车辆等五类建设,可不纳入基本建设计划。这就使地方政府有了更大的财政收支自主权和基建投资审批权,在减少中央政府对经济的直接干预的同时,给予了地方政府以更多参与经济活动的权力。

其次是金融调控的初步建立。银行体系担负着为经济提供货币、配置资金的职责,其改革关系着整个国民经济。计划经济时期的银行相当于政府的会计和出纳机构,信贷投放遵循统一计划,导致资金利用效率低。随着改革开放,越来越多的企业和个人有了调剂资金余缺的需求,客观上要求银行承担这一使命。因此,中国从改革开放之初即开始建立新的金融体系,到1983年基本恢复了中国人民银行作为中央银行,工、农、中、建四大行为商业银行的银行体系,并恢复了保险,建立了信托,初步建立了金融体系。为了有效管理货币发行和配置资金资源,政府对银行的运行体制进行了改革。1980年,将计划时期的"统存统贷"改为"统一计划,划分资金,存贷挂钩,差额包干"的体制,使各级银行在完成存贷差额的前提下,多存可以多贷。这一做法使银行有动力去吸收剩余资金并将其贷放出去,以提高资金利用效率。然而,存贷差额的分配仍具有"大锅饭"的性质,各级银行对贷款差额指标"不争白不争"。因此,从1985年起,实行"统一计划,划分资金,实贷实存,相互融通"的体制:将中央银行与专业银行账户分开,资金分开;专业银行运用自有资金和吸收的存款来自主经营,多存可以多贷;对专业银行的存款建立准备金制度,中央银行通过调整准备金率来调控信贷;允许专业银行之间拆借融通。这就实现了信贷由计划配置向市场配置的初步转变。

最后是经济计划由短期向中长期的转变。随着指令性计划范围缩小,政府对钱、物等具体指标的管理越来越少,主要精力转向实现宏观经济平衡和长期增长。一方面,要通过财政和金融等调控手段,实现供给与需求、货币与实物、国内经济与对外收支等领域的平衡;另一方面,简化年度计划,转向制定五年计划等中长期计划,编制行业规划、地区规划、专项规划等,增强规划的战略性,以促进国民经济的长远健康发展。

第二节　中共十三大关于加快市场经济导向改革的决策

1987年,中共十三大提出社会主义初级阶段理论,从根本上阐明了多种所有制共同发展和实行商品经济的必然性,将经济体制改革的目标从"有计划的商品经济"进一步确立为"国家调节市场、市场引导企业",改革的市场化方向基本明确。按照这一方向,改革继续沿着培育市场主体、完善市场体系和构建宏观调控体系的三个方面深入推进。

一、社会主义初级阶段理论的提出

1987年,中共十三大召开。这是一次备受瞩目的大会,因为改革开放已经进行了九年,国民经济出现了许多新的变化,也遇到了一些新的问题,如何对这些新变化进行解释,如何应对新出现的问题,并回应由此产生的质疑,科学总结经验,指引改革开放进一步前进,成为这次大会的一项重要任务。

国民经济中的新变化,主要体现在所有制结构和分配制度上。计划时期公有制占绝对主体地位的时代已经过去了,国民经济中出现了大量个体、私营和外资经济,这些新经济成分的产生,源于改革开放之初"摸着石头过河"的探索,其出现带有现实必然性,但如何从理论上予以科学的解释,如何进一步引导其发展,需要对传统社会主义理论做出突破。而随着多种所有制的产生和国有企业放权改革,分配制度也由原来的按劳分配、平均主义变为多种分配方式并存,且打破了平均主义,这是否符合社会主义的要求,也需要在理论上予以阐明。同时,商品经济迅速发展,带来经济增长的同时,也导致了经济过热、政府调控失灵、通货膨胀等新问题,由此引发了对商品经济的质疑,甚至有声音要求退回到计划经济体制去。如何正确认识商品经济,也成为中共十三大迫切需要解决的问题。

针对这些问题,中共十三大报告以"社会主义初级阶段"为立论依据,实事求是地分析了中国的国情和社会性质,从而对新现象、新问题给出了科学的阐释。

中共十三大报告指出:中国正处在社会主义初级阶段。这其中包括两层含义:一是中国社会已经是社会主义社会,二是中国的社会主义社会还处在初级阶段。而这个初级阶段,是中国作为一个生产力落后、商品经济不发达的国家建设社会主义所必经的特定阶段。它是逐步摆脱贫穷、摆脱落后的阶段;是由以农业人口占多数的手工劳动为基础的农业国,逐步变为非农业人口占多数的现代化的工业国的阶段;是由自然经济半自然经济占很大比重,变为商品经济高度发达的阶段。正因为落后,所以社会主义初级阶段的根本任务是发展生产力,发展生产力是全部工作的中心。因此,我们考虑一切问题的出发点和检验一切工作的根本标准,即是否有利于发展生产力,而非任何理论教条。

在当时国情下,非公有制经济的发展有利于促进生产,活跃市场,扩大就业,更好地满足人民的多方面需求,所以必然要求多种所有制共同发展。在不同的所有制内部,分配方式必然不尽相同,而且为了调动一切生产要素来发展生产力,必须对要素给予相应回报,所以我们在坚持按劳分配为主体的同时,允许其他分配方式并存。例如,资金的提供者可以获得利息或股息、红利收入,企业投资者可以获得剩余索取权,技术所有者可以凭技术入股以分享企业收入等。这些收入分配方式都是生产力发展所自然产生的结果,政府允许善于经营的企业和诚实的劳动者先富起来,允许合理的收入分配差距,同时坚持共同富裕的方向,防止贫富悬殊。

允许多种所有制、多种分配方式共同发展,自然要求商品经济高度发达。也就是说,商品经济并非资本主义的"专利",并非是与社会主义对立的。社会主义的本质包括解放生产力,发展生产力,而商品经济正是解放和发展生产力的一种手段。中国要建设社会主义,不仅不能排斥商品经济,反而要大力发展商品经济。因此,改革的方向不是退回到计划经济,而是坚持市场化改革方向,进一步建设更加发达、完备的商品经济。

二、对经济体制改革的新认识

基于社会主义初级阶段理论,中国基本确立了市场化的改革方向,要建立高度发达的商品经济。为此,中共十三大报告对计划与市场的关系进行了新的定位。所谓计划,不再是指令性计划,而是建立在商品交换和价值规律基础上的国家调节,它包括经济手段、法律手段和必要的行政手段。这实际上就是市场经济下的政府调控,只是在名称上还保留着"计划"二字而已。因此,中共十三大报告中所提的计划与市场的关系,实际上是政府调节与市场调节的关系,故报告中说新的经济体制,是"国家调节市场,市场引导企业",这与"市场经济"相比,就只差一层窗户纸了。

中共十三大报告指出,经济发展中矛盾的焦点是经济活动效益太低,必须从粗放经营为主逐步转向集约经营为主。而实现这一目标的手段,即以政府调节下的市场来引导企业,使之提高经济效益。因此,改革的基本思路由三部分组成:一是进一步搞活企业这个市场主体,二是加快培育社会主义市场体系,三是健全宏观经济调控。

(一)市场主体改革

国有企业是最重要的市场主体,中共十三大对国企改革提出了"两权分离"的基本思路,即所有权和经营权分离,把经营权真正交给企业,使企业成为自主经营、自负盈亏的市场主体。

所有权和经营权分离的关键在于建立经营责任制,形成企业对国家负责、经营者和职工对企业负责的新型责权利关系。从而让精明强干、勇于开拓的企业家,技术过硬、责任心强的职工都能在这种新型关系中涌现出来。

要建立这样的新型关系,主要的手段仍是承包、租赁等经营责任制,以及新试点的股份制。尽管这些手段与目标之间存在一定偏差,但它们对于提高国企经济效益在总体上是有益的。

(二) 市场体系改革

中共十三大对市场体系的认识突破了十二届三中全会时的认识,不仅承认消费品和生产资料等商品市场,而且承认了资金、劳务、技术、信息和房地产等生产要素市场,并认为社会主义市场是一个完整的体系,具有竞争性和开放性。

改革的目的是通过建立统一的市场体系,来形成一个充分竞争的环境,使国有企业在竞争压力下焕发活力,也使资源得到更有效的利用,从而提高国民经济整体效益。

改革方案看到了要建立这样一个市场体系的最大的障碍所在——扭曲的价格体系。商品价格、要素价格扭曲,使各企业面临的市场环境、成本收益核算方式都不尽相同,由此导致的经营决策也是扭曲错乱的。这还会加重财政补贴负担,刺激投机、寻租行为,因此,改革的关键是要推进价格改革,理顺价格体系。

(三) 政府调控改革

中共十三大报告指出,宏观调节与搞活企业、搞活市场三者缺一不可。政府调控应从以下两方面进行改革。

一方面,要进一步减少原有的直接管理方式,尤其是对生产要素的调拨分配,否则会干扰市场对要素的合理配置,妨碍企业的自主经营。因此,要继续原简政放权的改革方向,在资源配置上进一步让位于市场。

另一方面,政府要将计划管理的重点转向产业政策,通过综合运用各种经济杠杆,来促进产业政策的实现。而要有效利用各种经济杠杆,关键在于改革两种体制。一是改革金融体制,要加强银行在宏观经济调节体系中的地位和作用,按照货币流通规律适当控制信贷规模和货币供应量,有效聚焦和融通资金,以推动经济协调增长和结构调整。二是改革财政税收体制,根据公平税负、促进竞争和体现产业政策的原则,来合理设置税种、确定税率;在合理划分中央和地方的财政收支范围的前提下实行分税制,正确处理中央和地方,国家、企业和个人的经济利益关系。

三、中共十三大之后的改革举措

中共十三大之后的改革,主要集中于1988年,基本按照市场主体、市场体系、政府调控三个部分展开的。

(一)市场主体改革

市场主体改革包括公有制经济与非公有制经济两部分。

对于公有制经济,改革的重点仍是国有企业改革。由于从80年代中期开始,国家财政赤字不断扩大,通货膨胀也趋于严重,所以利改税已经难以保证财政收入的稳定增长。所以,国企改革的重点转向承包制。1983年初,根据农村承包制改革的经验,国有企业普遍推行了承包制,但它很快导致了经济秩序混乱和物价上涨,所以被停止推行。1987年,承包制重新成为国企改革的主要手段,到1987年底,全国80%大中型国有企业实行了承包制。当时承包制的主要形式包括:上缴利润定额包干;利润比例分成;上缴利润递增包干;亏损企业减亏包干;两保一挂(保上缴利润,保技改项目,工资总额和实现税利挂钩)。

国有企业承包制改革,也是为了贯彻中共十三大报告中"所有权和经营权分离"的改革思路。1988年,以国有企业承包制为蓝本的《中华人民共和国全民所有制工业企业法》制定,它规定:企业的财产属于全民所有,国家依照所有权和经营权分离的原则授予企业经营管理。企业对国家授予其经营管理的财产享有占有、使用和依法处分的权利。

中共十三大提出的鼓励发展个体和私营经济的方针,使非公有制经济得以进一步发展。1988年4月,七届人大一次会议通过《宪法修正案》,其第11条规定:"国家允许私营经济在法律规定的范围内存在和发展。私营经济是社会主义公有制经济的补充。国家保护私营经济的合法权益和利益,对私营经济实行引导、监督和管理。"由此,个体私营经济进一步壮大,国有经济与民营经济在工业总产值中的份额呈现明显的此消彼长之势。图7-1所示为1978—1997年工业总产值中各种经济类型所占比重。

(二)市场体系改革

建立和培育市场体系,在当时面临的最大问题是价格体系扭曲。80年代中前期,中国通过调放结合的改革,已经实现了大部分商品价格的市场化,但在农产品收购、基本工业品尤其是能源和原料等重要领域,仍实行政府定价。而从80年代中期开始,经济屡屡过热,需求过旺,货币发行过多,导致市场价格持续上涨,与计划价格的矛盾日益突显。首先,物价总水平上涨导致基本工业品特别是能源、原料比价下跌,全行业亏损。其次,农业生产资料价格上涨的幅度超过了农产品收购价格,特别是粮食收购价格上涨的幅度,农民收入受到影响。最后,城镇生活成本上升,广大职工要求提高工资,增加补贴。此外,在"双轨制"下,生产资料的市场与计划价格差距

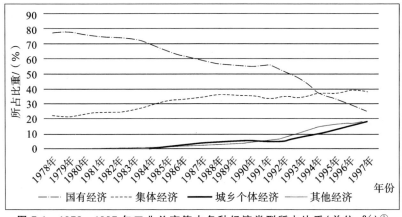

图 7-1　1978—1997 年工业总产值中各种经济类型所占比重(单位:%)①

拉大,为倒卖、寻租提供了机会。

价格扭曲成为市场改革的最大障碍,为此,中央决定迅速推进价格改革。1988 年上半年,许多单项价格改革措施陆续出台。4 月,调整了部分粮食、油料、棉花及茶叶、木材等农产品收购价格,少量调高煤炭、原油、电力等生产资料价格及部分航线的运价;5—7 月,全国各地先后放开了猪肉、大路菜、鲜蛋和白糖 4 种主要副食品零售价格,对城镇居民的"菜篮子"实行暗补改明补;5 月以后,全国彩色电视机实行浮动价格;7 月,进一步扩大了棉纱、棉布价格的浮动幅度,由 5%～10%扩大到 20%～25%。这些措施的集中出台,使 6 月和 7 月的物价涨幅分别达到 16.5%和 19.3%。②

与此同时,一些"价格闯关"的宣传相继出现,在社会上造成了更强烈的涨价预期。1988 年 8 月 17 日,当中共中央通过《关于价格、工资改革的初步方案》的消息在报纸上公布时,群众以为新一轮涨价即将开始,突击提取存款,全国性抢购风潮爆发。8 月 30 日,国务院发出《关于做好当前物价工作和稳定市场的紧急通知》,要求各地坚决执行国务院关于 1988 年下半年不出台新的涨价措施的决定。市场改革受挫。1988 年 9 月,中央工作会议正式做出治理经济环境、整顿经济秩序、全面深化改革的决定。国民经济进入治理整顿阶段。

(三) 政府调控改革

根据"政府调节市场"的要求,十三大之后,政府职能开始转变。当时

---

① 该图根据《中国工业经济统计年鉴 1998》数据做出。
② 武力主编:《中华人民共和国经济史(增订版)》,中国时代经济出版社 2010 年版,第 814 页。

主要体现在两个方面。

一是政府的投资职能发生了转变。过去,中央政府对投资包揽过多,投资结构不合理,资金来源不稳定,各地争抢"大锅饭",投资效益不高。十三大之后,政府对投资的范围和方式进行了调整。划分中央、地方、企业的投资范围,明确国家投资一般只限于公用事业、基础设施、较少数大型骨干企业和战略产业,其中全国性的项目由中央政府投资,区域性的项目由地方政府投资。而一般经营性行业,投资主体逐渐由政府转向企业,由企业用自有资金、银行贷款、社会集资、国家补助等办法自筹资金,自负投资责任。在政府投资方式上,建立基本建设基金制,将国家财政内建设性预算收入,作为固定资金,构成基本建设资金,实行专款专用,以保证投资有稳定的资金来源。对于基本建设基金的使用方式,成立投资开发银行,管理该基金,发放基本建设贷款;同时成立投资公司,通过招投标和投资包干等方法进行投资,讲求经济效益。

二是政府直接管理经济的职能向着间接调控转变,由此带动政府机构改革。1988年,为弱化专业经济部门分钱分物、直接干预企业的职能,国务院进行了机构改革。改革重点是经济管理部门,撤销了国家计委和经委,组建新的国家计委,工作重点从每年分钱分物中摆脱出来,专注于中长期计划的制定;煤炭、石油、核工业、航空、航天、机械、电子等工业部分别取消,重新组成能源部、航空航天部、机械电子工业部,原各部管理企业生产经营活动的职能交由下属企业集团承担,重要物资的分配归并到物资部,新成立的各部则专注于制定行业规划,抓好重点工程建设和编制各项政策法规。

遗憾的是,由于国民经济在1988年下半年转入整顿,计划管理重新被加强,政府宏观调控的改革在一定程度上又有反复。但"强化宏观管理职能,淡化微观管理职能,政府的经济管理部门从直接管理为主转变为间接管理为主"的大方向,基本未出现大的动摇。

第三节 放权改革中的经济过热和市场管理失控

放权改革赋予了地方政府和企业更大的投资决策权,在短缺经济下,双方都热衷于大上项目,扩大投资和消费规模。而由于金融领域改革滞后,金融系统无法严格控制信贷,导致信贷规模激增,货币投放过量,从而引发通货膨胀。在计划与市场双轨并存的情况下,通货膨胀导致市场价格与计划价格差距拉大,价格体系扭曲日益严重,干扰了国民经济正常运行。为此,政府决定在不大幅度压缩总需求、不降低经济增速的情况下,理顺价格体系,进行"价格闯关"。但是,价格改革引发了群众恐慌,反而导致突击提款和抢购风潮,使得经济更加混乱,通货膨胀加剧,以至于财政也因物价上涨而出现虚盈实亏,国民经济被迫转入治理整顿。

一、改革中地方政府和企业行为机制的变化

80年代,以放权让利为核心的改革调动了地方政府和企业的积极性,但也导致了二者的行为机制与国民经济健康运行的目标之间出现了偏差,即形成了地方政府与企业之间的利益结合,推动了地方固定资产投资和消费过度膨胀,使整个国民经济持续处于供不应求的过热状态。

(一) 地方政府行为机制的变化

从地方政府的行为来看,1980年,中国对16个省实行了"划分收支,分级包干"的财政放权改革,并对其他省区市实行了形式不同的财政包干体制。这种体制,使地方政府有了一定的自主权,调动了地方发展经济、增加收入的积极性。地方政府增加收入的主要途径是发展地方企业,在短缺的背景下,一些短线行业的投资利润较高,所以各地竞相扩大基本建设投资,通过上项目、铺摊子的方式扩大经济规模,从而爆发了"投资饥渴症"。

1985年,随着利改税第二步的实现,中国实行了"划分税种,分级包干"的财政体制。国有企业应上缴国家的财政收入被设为11个税种,由税利并存逐步过渡到完全以税代利。而中央和地方则根据税种不同来划分财政收入。此举意在稳定中央政府、地方政府和企业之间的利益关系,但造成了地方政府行为的新扭曲。地方政府为了增加收入,有意滥用下放的税收减免等权力,减少企业税收中上缴中央的部分,增加地方税种的比重,同时变税为费,通过减税加费的方式将企业收益留在地方。这一方面导致中央收入在财政收入中的占比持续下降。1988年和1989年,地方组织收入中新增的部分,中央分成仅占3.3%和4.8%。[①]另一方面,也导致政府和企业关系的扭曲,地方政府通过以费代税、强行摊派等手段筹集财政收入。图7-2所示为1978—1992年中央、地方财政收入在全国财政收入中的占比。

---

① 吴敬琏:《当代中国经济改革教程》,上海远东出版社2010年版,第237页。

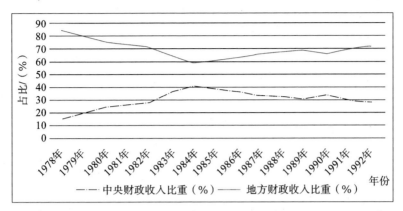

图 7-2　1978—1992 年中央、地方财政收入在全国财政收入中的占比①

80年代,各地投资的主要是一些周期短、收益高的加工工业,由此造成两个长期性影响:一是基础工业的瓶颈日益严重,生产资料短缺问题加剧;二是加工工业的市场迅速走向饱和,竞争趋于激烈,利润率下降。在这种情况下,地方政府再次加强了对市场的不当干预,主要表现为地方保护主义兴起。地方保护主义广泛采用地区封锁、税费歧视、变相补贴等办法保护本地企业在与外地企业的竞争中处于优势地位,甚至造成了"诸侯经济"的现象。

(二)国有企业行为机制的变化

对于国有企业,国家放权的初衷是为了调动其积极性,使之有更大的自主权,以改善经营管理、提高技术水平、降低成本,从而走上集约化的发展道路。然而,手段与目标之间存在着极大的落差。

80年代的国企改革,经历了利润留成、拨改贷、利改税和承包经营责任制这样几个大的步骤。其目的均是划清企业与政府的关系,增加企业自主权。这些改革在一定程度上起到了搞活企业的目的,但不能最终解决国企效益低下的问题,并且随着宏观经济环境的变化而引发了日趋严重的问题。

拨改贷,是将原来由财政拨款方式提供给企业使用的投资资金和运营资金改为以银行贷款的方式提供,其目的是以银行来约束企业,使之提高资金使用效率。这种改革在1958年时曾经有过尝试,但由于银行"大撒手"放贷而导致了信贷规模急剧膨胀,从而宣告失败。改革开放后,拨改贷

---

① 数据来自国家统计局网站年度数据库。

被普遍推行,这使国有企业获得了借贷的自主权,但也使国有企业从国家预想的"集约化发展"转向了粗放型发展的道路。

具体来看,在加工工业品短缺的背景下,地方政府与企业都有着很强的投资冲动,金融体制改革的漏洞,使得银行依旧没能把好信贷关,结果固定资产投资在80年代中后期迅速膨胀。此外,国有企业面临着日趋庞大的工资、福利开支,倾向于增加消费基金规模,甚至是通过借贷来提高职工工资福利。投资与消费的动机相叠加,使国有企业极力扩大信贷,而地方政府的干预压力,使得基层银行无力把守信贷关口。这是造成信贷膨胀、货币超发的根本原因。

而债务负担日趋增加的国有企业,并没有普遍增强预算约束意识。由于国有企业与政府的特殊联系,所以国有企业的偿债动力并不强。1987年,国有企业中普遍推广了"包死基数、确保上缴、超收多留、欠收自补"的利润承包制。然而在实际执行中,"超收多留"可以实现,"欠收自补"却成为一纸空文,"包盈不包亏"成为通行做法。据统计,承包企业欠收总额多达51亿元,只有37%即约19亿元由企业"自补",余下的约32亿元都成了财政预算的亏空。①

在企业积极扩张信贷,甚至政府也通过信贷来弥补财政赤字的情况下,不仅银行体系无法控制信贷规模,而且在非银行体系中,信贷规模也急剧膨胀,这其中主要表现为信托行业的迅速发展。改革开放之后,市场上对资金的需求不断增加,而地方政府和企业的自有资金也在增多,资金供求双方迫切需要对接。然而银行系统由于计划体制下信贷规模管理的制约,无法通过存贷的方式来沟通双方。在信贷规模管理体制尚未改革之前,国家通过发展信托行业来突破束缚,从而绕开银行来变相地进行吸存放贷。

1980年9月,中国人民银行下达《关于积极开办信托业务的通知》,指示各分行开办信托业务,特别是要把委托放款、委托投资业务办起来,以进一步搞活银行业,支持经济发展。此后,不仅银行体系,各地区、各部门也纷纷自行组建信托投资公司,在银行体系外形成了一个信托体系。1982年底,全国信托机构发展到620多家。②

信托行业的兴起与企业承包、财政包干等改革形成合力,使信贷膨胀,

---

① 吴敬琏:《当代中国经济改革教程》,上海远东出版社2010年版,第236页。
② 李扬、王国刚等著:《中国金融改革开放30年研究》,经济管理出版社2008年版,第172页。

脱离了中国人民银行的控制。企业和政府的自有资金通过信托渠道而流向投资和消费,而银行业则面临业务流失的竞争。一些地方政府为了使地方所属的信托投资公司扩大融资规模,甚至公开下发文件要求地方管辖的国营企业、集体企业和其他行政事业单位的自有资金和专项资金必须在信托投资公司开户存款。信托业的无序发展,成为固定资产投资扩张、信贷规模膨胀和货币超发的重要原因。为了制止金融乱象,控制信贷规模,中国于1982年、1983年和1988年分别对信托行业进行了三次清理整顿,但信贷膨胀的问题始终没有得到根本解决。

二、宏观经济政策的偏差与转轨中的矛盾

地方政府、国有企业和金融系统三方面的结合,使得80年代的信贷和货币发行脱离了中央政府的控制,而中央政府在改革与发展政策上的偏差,也为这种失控提供了宏观环境。

80年代,放权改革使地方政府发展经济的积极性空前高涨,结果导致了通货膨胀现象。地方政府的积极性主要表现为"投资饥渴症",为追求"超计划"生产和"高指标"业绩,不断扩大投资规模,铺展基建摊子,导致信贷与货币发行激增。从1985年到1989年,中国在整体上处于一个通货膨胀周期。该周期始于1984年的改革。1984年,在基本建设拨改贷与职工工资制度改革中,不适当地规定了改革后的贷款总额和工资总额以1984年数额为基数,导致1984年第四季度突击贷款和突击发放工资奖金,1984年银行信贷总额比上年增长了28.8%,仅12月就同比增加了84.4%。[①]从1985年第二季度起,物价迅速上扬,全年CPI(居民消费价格指数)为9.3%,这对长期适应物价稳定的中国居民来说,是一个不小的冲击。

为抑制通胀,中央决定立即压缩需求,治理经济。邓小平在1985年9月党的全国代表大会上讲话指出:"速度过高,带来的问题不少,对改革和社会风气也有不利影响,还是稳妥一点好。一定要控制固定资产的投资规模,不要把基本建设的摊子铺大了。"[②]1986年,国民经济开始执行"巩固、消化、补充、改善"的八字方针,重点控制固定资产投资和消费基金的过快增长,改善供应,以力求社会总需求和总供给大体平衡。1986年,社会固定资产投资增长16.7%,其中全民所有制单位增长15.3%;1987年,社会固

[①] 吴敬琏:《当代中国经济改革教程》,上海远东出版社2010年版,第340页。
[②] 《邓小平文选 第三卷》,人民出版社1993年版,第143页。

定资产投资增长16.5%,其中全民所有制单位增长14.4%。① 这两年突出存在的问题是,国家预算内直接安排的基本建设投资能控制住,但地方安排的投资和预算外投资却过多,导致全社会固定资产投资规模连年大幅增加。除投资需求外,全社会的消费基金也连年增加,许多机关团体、企事业单位滥发奖金实物、铺张浪费的风气一直得不到遏制。总需求过度扩张,导致1986年和1987年的CPI分别为6.5%和7.3%。表7-1所示为1978—1992年价格指数。

表7-1　1978—1992年价格指数/(单位:%)②

项目 \ 时间数据	1978年	1979年	1980年	1981年	1982年	1983年	1984年	1985年
居民消费价格指数(CPI)	0.7	1.9	7.5	2.5	2.0	2.0	2.7	9.3
项目 \ 时间数据	1986年	1987年	1988年	1989年	1990年	1991年	1992年	—
居民消费价格指数(CPI)	6.5	7.3	18.8	18.0	3.1	3.4	6.4	—

通货膨胀的势头得不到遏制,不仅妨碍了居民生活水平的提高,而且使国民经济的结构性矛盾加剧。首先,基础工业、基础设施的"瓶颈"制约加剧。由于轻纺和机电等加工工业超常增长,年均增长14%左右,乡镇企业更是以39.4%的年均增速成长,导致交通、能源、原材料等领域全线紧张,加之1987年底货币流通量已达到1454亿元,较1983年增加925亿元,所以,能源、原料的市场价格猛涨。③ 其次,通货膨胀导致生产成本上升,推动了工农业产品的价格上涨,而政府又在1985年取消了农产品统购派购制度,使得农产品价格无法相应提高,农业生产积极性受挫,农业产量再度徘徊不前;农产品价格抬升又迫使政府对城镇居民实行补贴;而基础工业品的价格仍保留着相当比例的指令性价格,从而加剧了这些行业的亏损和财政补贴负担。最后,通货膨胀还导致了市场混乱。在价格双轨制下,货币超发和需求过旺导致市场价格远高于计划价格,形成了巨大的谋利空间。一些党政军举办的公司凭借行政权力,倒卖紧俏商品,引发了改革开放后最早的寻租行为。市场发展过程中,法治的滞后也滋生了欺行霸

---

① 刘国光主编:《中国十个五年计划研究报告》,人民出版社2006年版,第497、498、503页。
② 吴敬琏:《当代中国经济改革教程》,上海远东出版社2010年版,第338页。
③ 武力主编:《中华人民共和国经济史(增订版)》,中国时代经济出版社2010年版,第798-799页。

市、投机倒把、偷税漏税等乱象。总的来看,市场的无序发展,使得国民经济的结构性矛盾日趋严重,企业亏损、财政赤字、物价上涨、市场混乱、寻租腐败、居民生活水平徘徊不前等诸多问题一齐涌现,改革开放之初城乡居民、企业、政府各方齐受益的"帕累托改进"已无空间,经济运行日渐走入僵局。

在通货膨胀的背景下,经济运行的突出表现是价格扭曲日益严重,相应的亏损、补贴负担也日趋加重。在这种情况下,中央主持经济工作的同志听从了"通胀有益无害"的观点,没有选择消除通胀的根本性措施,而是选择了以理顺价格为改革的突破口。1988年8月,中共中央政治局会议通过了《关于价格、工资改革的初步方案》,其基本方向是:少数重要商品和劳务价格由国家管理,绝大多数商品价格放开,由市场调节,让市场自发形成均衡价格体系;而对于居民,则提高农产品收购价格,给城市居民发放食品补贴,使其免受价格体系调整的波及。这个方案的初衷是想在不紧缩货币、不降低经济发展速度的前提下,放开价格和提高居民收入,以兼收改革、发展与稳定三重功效。

三、经济过热与治理整顿

对于在通货膨胀的背景下进行价格改革的方案,且不说这种方案是否可行、是否会对国民经济产生严重冲击,仅方案实施前的不当宣传,便使得方案无法推行。1988年6月和7月,《人民日报》多次发文,为价格改革造势,本意在消除居民对价格改革的紧张心理,却刺激了通胀预期。结果在8月17日,中共中央通过《关于价格、工资改革的初步方案》的消息在报纸上公布时,群众以为新一轮大幅涨价即将开始,突击提款,掀起了全国性抢购风潮,导致8月全国商品零售额同比增长38.63%,城乡储蓄减少26.8亿元。[①]

由于对经济调控不力,加之改革方案失误,1988年投资与消费双双膨胀。1988年固定资产投资较1987年增长856亿元,而原计划是减少300亿元,超计划1000多亿;而1988年的工资总额也增加了23.1%。投资、消费的激增导致了银行信用进一步扩张。1—8月各项贷款增加了927.1亿元,同比多增加了556.9亿元。全年货币投放量突破计划已成定局,货币

---

① 武力主编:《中华人民共和国经济史(增订版)》,中国时代经济出版社2010年版,第815页。

形势十分严峻。价格改革和货币超发导致1988年物价总水平大幅上涨,居民消费价格指数达到了空前的18.8%的水平,生产资料价格同样大幅上涨,据不完全统计,1—9月,15种生产资料计划内外销总指数同比上升18.5%,其中煤炭涨价18.5%,钢材涨价20.9%,木材涨价26.5%,铜铝涨价40%,烧碱涨价49.3%。①

通胀率超过了财政收入增幅,财政收入因货币贬值而负增长,而收支相抵后的赤字达80亿元,如果加上内外债务则高达340亿元,较1987年增加99亿元。不仅中央财政有较大赤字,地方财政有赤字的省份也不断增多。②

针对抢购风潮和经济乱象,国务院于1988年8月30日发出《关于做好当前物价工作和稳定市场的紧急通知》,要求各地坚决执行国务院关于1988年下半年不出台新的涨价措施的决定。9月15—21日,中共中央政治局召开中央工作会议,正式做出治理经济环境、整顿经济秩序、全面深化改革的决定。

第四节 经济治理整顿期间的徘徊与改革探索

1988年9月26日,中共十三届三中全会在北京召开,会议分析了经济形势,确定了治理经济环境、整顿经济秩序和全面深化改革的方针。从1988年9月到1991年9月,国民经济处于治理整顿阶段。政府主要运用行政手段,压缩总需求,扩大有效供给,并重新加强对信贷和流通的计划性管理,较快实现了供求总量的基本平衡,平息了通货膨胀的势头。但是,以行政手段为主的治理整顿也造成了国民经济的"硬着陆",市场出现萧条迹象。于是,政府一方面开始对需求和供给进行结构性调整,重新启动新一轮增长;另一方面利用萧条所带来的低通胀环境,及时放开了一批商品价格,初步完成了价格改革。此外,由于信贷、信托等间接融资渠道在治理整顿中被大大压缩,社会资本开始寻求直接融资渠道,这也促使证券市场正式成立。

---

① 武力主编:《中华人民共和国经济史(增订版)》,中国时代经济出版社2010年版,第815-816页。

② 武力主编:《中华人民共和国经济史(增订版)》,中国时代经济出版社2010年版,第816页。

一、经济治理整顿的基本方针

1988年9月26日,中共十三届三中全会在北京召开,会议分析了经济形势,确定了治理经济环境、整顿经济秩序和全面深化改革的方针。从1988年9月到1991年9月,国民经济处于治理整顿阶段。

从经济形势来看,中国经济在1988年已经陷入总量失衡与结构性矛盾并存的困境之中。由于投资和消费基金双膨胀,而信贷又没能把住口子,导致总需求超过总供给,且货币投放过量。而从计划到市场的体制转轨,使得价格体系并非整体同步上涨,而是出现了严重的结构性扭曲:农产品收购价格未能有效提升而生产资料价格上涨,导致农业减产,农产品供给不足,农民收入徘徊不前;基础工业品成本上涨而价格仍以计划为主,行业大幅亏损,并因下游加工工业的过度扩张而出现严重短缺;加工工业因各地"投资饥渴症"爆发而过度扩张,面临产能过剩;职工工资上涨已经难抵物价上涨幅度,生活水平无法进一步提高,而国家被迫增加补贴支出,不仅加重财政负担,而且增加了货币投放,有引发螺旋式通胀的风险。通货膨胀引发的双轨价差,还提供了投机倒把与寻租腐败的空间,市场秩序与社会风气均受到很大冲击。

经济治理整顿的任务,就是化解这种结构性矛盾。从方针上来看,主要包括三方面。第一,压缩总需求,不仅要压缩投资和消费,而且要收紧银根,将货币发行控制在合理水平。第二,提高有效供给,改善供给结构,重点发展农业和基础工业,稳定国民经济基础,缓解瓶颈制约;对加工工业进行结构性调整,去除低质低效产能;发展新的行业,分流社会购买力。第三,治理整顿经济秩序,重点治理借价格扭曲而从事投机经营的公司,整顿市场秩序。

二、前期治理整顿的政策措施

从1988年9月到1989年第三季度,是治理整顿的第一阶段,主要目标是迅速抑制通货膨胀,为此大幅压缩总需求,增加有效供给,并大刀阔斧地整顿流通领域。由于经济乱象产生于从计划到市场的转轨过程中,因而在市场体制的宏观调控无法在短期内完善的情况下,治理方式主要表现为计划手段的回归,以计划手段为主、市场手段为辅来进行治理。

(一)压缩总需求的手段

政府压缩总需求是从投资、消费、信贷三方面着手的。

在投资领域,十三届三中全会提出,要把1989年全社会固定资产投资规模压缩500亿元;到1989年初,党和政府进一步把压缩目标提高到920亿元,其中全民所有制单位压缩510亿元。① 为了实现这一目标,采取的手段多为行政性的。一方面,成立专门机构,直接用行政命令压缩投资:清理计划外私人和农村集体投资的所有在建项目,砍掉一批在建的楼堂馆所和其他不必要的非生产性项目;对生产性项目也根据财力物力的可能性,重新安排以缩短战线;对已经提前超额完成计划的机床、汽车等一般机电产品,对消耗紧缺原料和电力的非生活必需品(如易拉罐、铝合金门窗等),叫停生产。另一方面,回收基本建设管理权:集中部分投资审批权,控制新开工项目,将原来下放给地、市的百万元以上的投资项目的开工审批权重新上收到省区市。

在消费领域,通过行政与市场手段并用的方法来压缩消费规模。一方面,严格限制集团消费,要求1989年支出在1988年实际支出的基础上,按可比口径压缩20%,超出部分银行不予支付现金;实行全地区、全部门企业工资总额同经济效益挂钩,严格审核预算外资金的使用,压缩财政事业费开支,将工资总额和其他个人收入控制在经济增长和劳动生产率增长的幅度之内;在压缩投资、关停公司的过程中,减少一批职工,让近几年进城的农民工返回农村,以控制消费并加强农业生产。另一方面,对于广大居民,通过提高储蓄利率,开办保值储蓄等方式,吸引货币回流;对彩电、汽车等高档消费品高额征税,以限制消费;进行住房、社会保障等改革试点,为拓展新的消费领域创造条件。

严格控制货币发行。为了实现1989年货币发行控制在400亿元以内的目标,政府采用了行政手段为主的紧缩银根政策。1988年8月和9月,国务院两次做出决定,要求贷款规模必须按照人民银行总行批准的计划执行,违反者追究领导人责任;人民银行提高存款准备金率1%,按"有保有压"的原则对信贷结构进行调整。但在治理前期,主要表现为"压",除了农副产品生产和收购、外贸出口商品收购、适销对路工业品生产和计划内重点建设项目的合理资金需求外,对于低质低效、与大企业争原料的小厂,产品积压滞销、倒卖物资的企业,计划外建设项目,坚决停止贷款;从1988年10月起,各级各类信托投资公司一律停止发放信托贷款,一律停止拆出资

---

① 武力主编:《中华人民共和国经济史(增订版)》,中国时代经济出版社2010年版,第823页。

金;到1989年,银行投资贷款一律实行指令性计划管理,银行基本不给城乡集体和个体经济投资性贷款。

(二) 增加有效供给的手段

增加有效供给,指的是在供求失衡最严重的领域,即农业、基础工业、交通、短缺的日用工业品等领域,行政与市场手段并用,提高产量。

在农业领域,要求农村增加粮食播种面积;增加化肥、农膜、农药等主要农业生产资料的供应数量,增加农业资金投入;提高粮、棉、油收购价格;发动和组织农民积极进行农田基本建设,整修和兴办水利工程。由于人民公社已经解体,所以调整农业生产、组织农民生产活动的主要方式,是动用财政资金,以市场购买商品和劳务为主要手段。

在工业领域,综合运用信贷、财政补贴、产业政策等手段调整产业结构。主要通过控制信贷来压缩长线滞销产品、低质低效产品、过多消耗能源原料的产品,把节省下来的财力、物力用以支持短缺的基础工业、生活必需的短线加工工业;为加强政府对投资的引导,国务院于1989年3月颁布了治理整顿时期的产业政策,使各部门按统一的产业序列去支持或限制各行业发展,加强基础产业和重要短线产业的发展。

此外,政府还积极调整外贸结构。一方面控制国内市场短缺的原料出口;另一方面大力组织国内资源丰富和增产潜力较大的产品出口,在进口方面尽量偏重粮食、化肥,减少工业设备进口。

总的来看,政府由于掌握着数量占优势的国有企业以及财政、信贷资金,所以可以综合运用行政指令和市场的方式来调整供给结构,在较短时间内对产业结构进行"截长补短",使之趋于合理。

(三) 整顿流通的手段

抑制通胀是治理整顿的核心任务,也是当务之急。压缩总需求和增加有效供给,是为了消除通胀的根源,但社会稳定的目标要求在短期内迅速平抑物价,为此,政府采取了以行政手段为主的做法。

首先,以行政指令强行稳定物价。1988年10月,国务院做出《关于加强物价管理严格控制物价上涨的决定》,规定城市居民定量供应的粮食、食油价格一律不动,大中城市要由市长负责,保证"菜篮子"价格基本稳定;同人民生活密切相关的日用工业品也要安排好生产和供应,不使断档脱销;重要生产资料,暂停由地方审批临时价格,改由中央定价。

其次,在一定程度上恢复计划流通体制。在通胀尚未根本消除的情况下,执行限价指令的代价是财政补贴负担加剧。为减轻负担,政府再次对重要商品采取行政专营与计划流通的方式。1988年8月和9月,国务院决定棉花由供销社统一经营,关闭棉花市场;大米由粮食部门统一经营,同时逐步建立粮食批发市场,有秩序有组织地进行市场调节。9月,国务院决定对化肥、农药、农膜销售实行专营,由供销社和农业生产资料公司统一经营;11月,国务院决定对市场紧缺的冷轧薄钢板、冷轧硅钢片、镀锡钢板、镀锌钢板实行专营,对部分计划外钢材实行定点定量供应;1989年2月,国务院决定对彩电实行专营,并征收特别消费税和国产化发展基金。此外,对物资进行清理整顿,少数短缺原材料、燃料中属于重点企业生产的部分,纳入国家指令性计划。在供求矛盾未解决之前,恢复计划流通,消除价格双轨,可以使重要商品按国家意志进行有序分配,兼顾各方需求。

最后,清理整顿流通领域。大量公司,尤其是有党政军背景的公司是投机倒把、哄抬物价的主力。1988年10月,中共中央、国务院做出清理整顿公司的决定,要求对利用行政权力进行经营活动的公司,进行严格清理整顿,取消公司的政府行政职能,按核定的经营范围依法经营。清理整顿的重点是1986年下半年以来成立的公司,特别是综合性、金融性和流通领域的公司。而通货膨胀加剧、双轨价差拉大正是从1986年开始的,这些公司从事的多为商业和金融投机活动。同时,严格执行中共中央、国务院关于党和国家干部不得经营办企业的决定,清理在公司兼职的在职人员和离退休人员。

三、在治理整顿中寻求发展

针对经济乱象,政府主要采用行政的手段来治理整顿,它的好处是立竿见影,但消极影响也很明显,就是经济出现了"硬着陆"。80年代中后期,经济的高速发展,尤其是个体、私营、集体经济的发展,在很大程度上依赖市场的无序发展,尤其信贷的过度膨胀,给了这些经济成分以更大的空间。而以行政手段压缩投资,收紧银根,导致全社会资金紧张,虽然中央要求银行"有保有压",但"压"的力度明显偏大,而且在多种所有制经济事实上不平等的情况下,一旦收紧银根,最先"失血"断裂资金链的就是乡镇集体企业、个体私营经济,以及大量全民所有制加工工业,这使国民经济陷入新的困境。

具体来看,由于前几年货币投放过多,到1989年累计停留在流通领域的货币还有500亿元之多,从而使1989年的CPI仍然高达18%。这就使政府不得不投入大量财政补贴以稳定重要商品价格,1989年的财政赤字仍然高达92亿元,较1988年增加13亿元。① 在总需求规模没有完全降下来的同时,中国又面临着有效需求不足的结构性矛盾。由于压缩投资和消费、收紧信贷的力度过猛,市场从1989年第三季度起出现销售疲软,8—11月销售额连续下降,12月稍有回升,也只比1988年同期增长0.3%。② 农村市场疲软程度较之城市更为严重。企业效益下降,利润减少,亏损增加,偿债负担加剧,不仅使财政更加捉襟见肘,而且给就业和居民增收造成不利影响。1989年底,待业人数达到378万人,同比增加82万人。尤其是在农村,乡镇企业在经济治理中首当其冲,数量减少了20多万个,职工减少了179万人,许多农民又重新回到土地,而这又迫使政府不得不持续提高农产品收购价格,以维持农民收入。

在一定程度上,中国经济在1989—1990年已经出现"滞胀"迹象。为此,1989年11月的十三届五中全会对治理整顿做出新的部署。

(一) 对总需求进行结构性调整

回顾1988年的治理思路,国家主要通过压缩总需求、紧缩货币来抑制通胀。这种做法在很大程度上遏止了通胀恶化的势头,但它无法回收已经过量投放出去的货币,而仓促掐断信贷供应,使得经济遭受由过热向萧条的"硬着陆"。在这种情况下,1989年治理思路除继续把住信贷的口子之外,还要适当放松最终需求,使经济回暖,从而消化掉超发的货币。

一方面,继续坚决控制总需求。压缩的重点是政府支出,以逐步消灭财政赤字,使货币发行逐步做到当年发行量与经济增长的合理需要相适应。主要做法是财政开源节流,减少中央对地方的补贴,对有上缴任务的省市适当提高上缴比例;督促企业抓好清仓利库,减少资金占用,银行对不合理占用资金的单位拒绝给予贷款。

另一方面,适当放松最终需求,增加投资和消费。在投资领域,1990年银行和财政都适当追加了一些投资,与年初相比,投资规模扩大了450亿元,主要用于计划内重点建设项目、企业技术改造、城市中低档职工住宅建设、用以工代赈的方式搞一些水利建设和公路建设。1991年,政府又较大幅度地增加了固定资产投资规模,计划安排比1990年增长14%。在消费领域,适当增加城镇消费,对国有企事业和行政机关普调了一级工资,适当

---

① 武力主编:《中华人民共和国经济史(增订版)》,中国时代经济出版社2010年版,第825页。

② 武力主编:《中华人民共和国经济史(增订版)》,中国时代经济出版社2010年版,第826页。

提高了各类专业技术人员的起点工资,全年职工工资总额同比增长12.7%,并降低直至取消了储蓄存款保值补贴利率,调减某些高档耐用消费品价格①;积极开拓城乡市场,尤其是农村市场,大力搞活流通,疏通渠道,坚持废除各种为保护落后而采取的封锁市场的办法,对治理期间重新计划管理的商品,再次陆续放开价格,放开市场调节。

(二)继续提高有效供给

在1988—1989年全面紧缩的治理中,企业普遍面临着财力、物力短缺的问题,从而陷入大面积萧条。这种状态不可持续,但又不能重回普遍宽松的状态。因此,政府采取了区别对待的办法。

一方面,用"双保"政策来确保骨干企业的生产经营。政府确定了234户在国民经济中影响大、承担国家指令性计划比例大、经济效益好、出口创汇多和国家产业政策支持的骨干企业,要求这些企业保证向国家上缴利税385亿元,上缴统配产品原煤3.25亿吨、原油1.36亿吨、电力3671亿度、钢材2617万吨、化肥1386万吨、汽车8.06万辆、发电设备695万千瓦;政府对这些企业所需的能源、原材料、运力和资金等主要生产资料,实行倾斜政策,优先保证最基本的供应。② 这234户企业的正常运营,可以为国民经济的正常运行提供基本保证。

另一方面,以市场疲软来倒逼其他大多数企业进行结构性调整。80年代中期经济过热,服装加工、家电装配等加工工业盲目发展,已经出现了产能过剩,经济萧条使问题暴露了出来。政府把市场疲软作为调结构、提效益的动力,引导企业开发新产品,增产名牌优质产品、市场紧缺产品、出口产品和进口替代产品,特别是增产适应农村群众需求的日用消费品。同时,对过剩行业实行限产压库,使工业品库存从1991年9月起开始下降,经济逐渐回暖。

四、在治理整顿中探索改革

治理整顿与改革开放密不可分,党和政府一再强调治理整顿要在改革开放的总方针下进行,尤其是要抓紧推进那些对治理通胀有重大作用的改革。治理整顿期间,主要的改革进展表现为两方面:一是价格改革取得重

---

① 武力主编:《中华人民共和国经济史(增订版)》,中国时代经济出版社2010年版,第830页。

② 武力主编:《中华人民共和国经济史(增订版)》,中国时代经济出版社2010年版,第830页。

大突破;二是股票市场初步形成。

(一)价格改革的突破

治理整顿创造了一个紧缩的环境,需求受到抑制,许多商品的市场价格下降,这就为生产资料价格"双轨制"并轨创造了条件。从1989年底开始,政府对生产资料价格进行结构性调整,提高了计划内原油、部分钢材、部分化工产品、煤炭和棉纺织品等19大类产品的价格;各地相继调整了一部分地方产品和服务价格,全国调价总金额达600亿元,是近几年调整计划价格步子迈得最大的一年。1991年,政府又调整了钢铁、水泥、原油、铁路货运等价格,生产资料计划价格与市场价格差距缩小,有的实现了并轨。应该说,1988—1989年的紧缩政策,已经让许多企业经受了冲击,大量企业停产,在这种情况下,价格改革的冲击反而显得不那么严重了。而经历这一次萧条阵痛的中国经济,将甩掉计划价格的制约,重回繁荣时面对的将是多数商品从此由市场定价。

粮油价格改革也在治理期间取得重大突破。1979年以来,中国先后6次提高粮油收购价格,1990年与1978年相比,稻谷、小麦、玉米3种粮食的国家定购价格平均提高了1倍,加上农民按议价和市场价出售的部分,实际价格已经提高了2.25倍;国家定购的食油收购价也提高了1.5倍。而国家还在采取价格补贴的办法来维持对城镇居民的粮油低价供应,从而出现了收购价高于销售价的价格倒挂现象。1990年,国家用于粮油的财政补贴高达400亿元。由于国家一直在提高城镇居民收入,使其恩格尔系数不断下降,所以粮油支出在居民生活支出中的比重持续下降,对价格的敏感程度也随之降低,改革时机日渐成熟。1991年5月,粮油销售价格改革方案出台,面粉、大米、玉米3种粮食平均提价68%,实现了60年代中期以来第一次调整粮食统销价格;食油则实现购销同价,6种食油平均提价170%;提价后的粮油仍实行凭票定量供应,将国家对粮油购销的补贴由"暗补"改为"明补",对每个城镇居民每月发放6元粮油补贴。改革没有引发物价的普遍上涨,居民比较顺利地接受了提价,这不仅大大减轻了财政负担,而且为后来取消粮食统销、彻底实现购销同价建立了良好的开端。①

(二)股票市场的初步形成

中国从1984年开始试点企业股份制。当时由全民所有制企业改造的

---

① 武力主编:《中华人民共和国经济史(增订版)》,中国时代经济出版社2010年版,第838、840页。

"北京天桥百货股份公司",发行了 300 万元股票,分别由国家持股 50.97%,银行持股 25.89%,企业参股 19.68%,职工个人持股 3.46%。同年,上海飞乐音响公司改制为股份有限公司,向社会公开发行 50 万元股票,由工商银行上海分行静安信托分部代理发行。据不完全统计,到 1991 年底,全国有各类股份制试点企业约 3220 家,其中向社会公众发行股票的有 89 家。

　　股票公开发行,催生了股票市场。1986 年 8 月,沈阳市信托投资公司代客买卖证券,开展了股票柜台交易业务;9 月,静安信托成立专门的证券业务部,公开挂牌代理买卖股票。1987 年 1 月,人民银行上海分行试行《证券柜台交易暂行规定》,放开了股票转让价格,实行随行就市。

　　由于治理整顿,银行业收缩信贷,各类信托机构停办,所以社会游资没有了投资渠道,转而涌向股市,引发了上海股市暴涨,私下交易泛滥。为取缔场外交易,引导股市健康发展,1990 年 12 月,上海证券交易所成立,结束了上海股票柜台交易的历史,股票全部在证券交易所以委托、竞价的方式交易。1991 年 7 月,深圳证券交易所成立。中国股票市场初步形成,不过当时上市的多为中小企业,大中型企业为防国有资产和控制权流失,基本不上市流通。

第八章

市场经济体制的确立
（1992—2002）

中共十四大确立了社会主义市场经济体制的改革目标，此后中国在市场主体、市场体系、宏观调控等方面都进行了大刀阔斧的改革：国有企业开始建立现代产权制度，基本上成为自主经营、自负盈亏的市场主体；产品、资金、劳动力等市场迅速建立，社会保障体系初步成形；财政、金融等领域的改革强力推进，政府宏观调控手段基本成熟；政府职能和机构设置也相应改变。中国经济在剧烈转型之后，初步建成了社会主义市场经济体制。

第一节 建立社会主义市场经济的决策

90年代初，国内外形势迫切要求中国加快改革与发展的步伐，但国内围绕改革"姓资姓社"的争论却让改革与发展一度徘徊不前。1992年，邓小平南方谈话破除了相关顾虑，再一次为人们解放了思想。随后，中共十四大正式确立了建设"社会主义市场经济"这一改革目标。围绕这一目标，十四届三中全会对改革进行了总体部署和具体规划。

一、90年代初的经济形势与邓小平南方谈话

90年代初，国内和国际形势在总体上有利于改革和发展。

从国内的角度来看，经过经济治理整顿，中国已经初步理顺了价格，形成了一个低通胀的环境，1990年到1992年的粮食产量均为历史最好水平，工业体系的结构性矛盾大为缓解，存款余额从1989年起突破1万亿并不

断增加,有条件加快经济改革与发展。同时,从中国工业化进程来看,居民消费已经在总体上解决温饱,开始向小康迈进,对耐用消费品的需求不断增加,并开始向着汽车和住宅等高档消费品过渡,消费规模扩大和水平升级要求投资加速扩张,由此带动重化工业和建筑业迅速增长,从而带来国民经济的高速增长。日本、亚洲四小龙等都先后经历过这种经济高速成长阶段。

从国际角度来看,中国面临着总体有利的国际形势。在全球产业分工上,新技术革命使得传统产业由发达国家向发展中国家转移,而中国在资源、劳动力等要素禀赋上的低成本优势,对跨国公司形成巨大吸引力,利用国际市场和国际资源来发展中国经济正当其时。所以,尽管西方国家一度借口1989年政治风波制裁中国,但很快就放弃了经济制裁,转而加强与中国的经济合作。

中国不仅在客观上具有加快改革发展的可能性,而且在主观上也具有这种必要性。苏联和东欧剧变的教训警示中国,必须加快经济发展,不断缩小与西方发达国家之间的差距,才能彰显社会主义的优越性,巩固社会主义制度。苏联解体后,在冷战中胜出的发达资本主义国家把斗争的矛头直指中国,我们能否顶住压力,坚持社会主义制度,关键在于我们能不能取得较快的发展速度。

然而,中国在90年代初对改革与发展的认识存在分歧,争论的焦点主要在改革"姓资姓社"的问题。反对改革者认为,和平演变的危险主要来自经济领域,"三资"企业是和平演变的根源,股份制改革是私有化,农村家庭联产承包责任制是瓦解公有制等。改革不敢前进,发展也迈不开步子,1991年计划安排国民经济生产总值增速只有4.5%,生怕经济失衡,社会不稳。

为了推动改革与发展,已经退休的邓小平曾在1990年到1991年多次提醒有关同志:现在特别要注意经济发展速度问题,不要因为过分强调稳定,而丧失发展时机。1992年1月,经过两年深思熟虑的邓小平去南方视察,在武昌、深圳、珠海、上海等地发表了公开谈话,澄清对改革与发展的认识。

邓小平强调"发展才是硬道理",社会主义的本质是解放生产力,发展生产力,消灭剥削,消除两极分化,最终达到共同富裕。对于发展时机,邓小平强调现在中国条件具备,国际环境有利,再加上发挥社会主义制度能够集中力量办大事的优势,在今后的现代化建设过程中,出现若干个发展速度比较快、效益比较好的阶段,是必要的,也是办得到的。

邓小平强调,要以改革解放生产力,以改革促发展。社会主义基本制度确立以后,还要从根本上改变束缚生产力发展的经济体制,建立起充满生机和活力的社会主义经济体制,促进生产力的发展。邓小平鼓励大胆改革:改革开放胆子要大一点,看准了的,就大胆地试,大胆地闯。而对于改革"姓资姓社"的顾虑,邓小平强调,判断改革的标准不是"姓资姓社",而是"三个有利于",即是否有利于发展社会主义社会的生产力,是否有利于增强社会主义国家的综合国力,是否有利于提高人民的生活水平。而计划多一点还是市场多一点,不是社会主义与资本主义的本质区别。计划经济不等于社会主义,资本主义也有计划;市场经济不等于资本主义,社会主义也有市场。计划和市场都是经济手段。

邓小平南方谈话,为改革扫除了理论障碍,为发展注入了强劲动力。讲话在全党全国引发强烈反响,讲话精神也成为正在起草中的中共十四大报告的主线,深刻影响了改革的进程。

二、中共十四大确立社会主义市场经济改革目标

中共十四大总结了改革开放十四年来的历史经验,系统阐述了建设有中国特色的社会主义理论,并在该理论框架下对经济体制改革的目标进行了科学定位。

(一)改革的意义

中共十四大报告指出,中国共产党之所以能够在改革开放中取得举世瞩目的成就,根本原因是坚持把马克思主义基本原理同中国具体实际相结合,逐步形成和发展了有中国特色社会主义的理论。

建设有中国特色社会主义理论从中国的国情入手,指出中国仍处于社会主义初级阶段,这是制定一切方针政策的根本依据。而现阶段中国社会的主要矛盾是人民日益增长的物质文化需要同落后的社会生产之间的矛盾,所以要把发展生产力摆在首要位置,以经济建设为中心,推动社会全面进步。经济建设的主要动力有两个:一是科学技术,它是第一生产力;二是改革,它是一场解放生产力的革命,也是中国走向现代化的必由之路,僵化停滞没有出路。

(二)经济体制改革的目标

改革之路不仅不能回头,而且要快马加鞭。改革的核心是经济体制改革,而在经济体制改革的道路上,最大的问题在于如何处理计划和市场的

关系。如果处理不好这对关系,改革就难免走回头路。中共十四大报告肯定了邓小平南方谈话的精辟论断,即计划与市场都是手段,二者谁多一点,不是社会主义与资本主义的本质区别。这就为改革扫清了理论障碍,从而使改革能够实事求是地面对中国经济体制的现状,确定科学的改革方向。

中共十四大报告指出,改革开放十多年来,市场范围逐步扩大,大多数商品的价格已经放开,计划直接管理的领域显著缩小,市场对经济活动调节的作用大大增强。实践已经证明,市场作用发挥比较充分的地方,经济活力就比较强,发展态势也比较好。所以中国经济要优化结构,提高效益,加快发展,参与国际竞争,就必须继续强化市场机制的作用。基于这种客观分析,中共十四大报告明确提出,中国经济体制改革的目标是建立社会主义市场经济体制。而建立这种经济体制的关键,在于正确界定政府与市场的关系。要使市场在社会主义国家宏观调控下对资源配置起基础性作用,使经济活动遵循价值规律的要求,适应供求关系的变化;通过价格杠杆和竞争机制的功能,把资源配置到效益较好的环节中去,并给企业以压力和动力,实现优胜劣汰;运用市场对各种经济信号反应比较灵敏的优点,促进生产和需求的及时协调。同时也要加强和改善政府对经济的宏观调控,依据客观规律的要求,运用好经济政策、经济法规、计划指导和必要的行政管理,以克服市场的弱点和消极方面,引导市场健康发展。

中共十四大报告还指出,社会主义市场经济与社会主义基本制度结合在一起,即二者可以相容,这就否定了"市场经济会瓦解社会主义"的错误论调。中共十四大报告指出:首先,社会主义市场经济体制在所有制结构上,以公有制为主体,个体经济、私营经济、外资经济为补充,多种经济成分长期共同发展,不同经济成分还可以自愿实行多种形式的联合经营;其次,社会主义市场经济体制在分配制度上,以按劳分配为主体,其他分配方式为补充,兼顾效率与公平,运用包括市场在内的各种调节手段,以鼓励先进,并防止两极分化,逐步实现共同富裕;最后,社会主义市场经济体制在宏观调控上,能够依靠国家来把人民的当前利益与长远利益、局部利益和整体利益结合起来,更好地发挥计划和市场两种手段的长处。

中共十四大报告通过系统阐述建设有中国特色社会主义理论,不仅论证了改革的必然性,而且指出了经济体制改革之所以选择社会主义市场经济这一目标的必然性。在这一理论的指导下,中国在90年代所进行的经济调控,没有走计划经济的回头路,而是迎难而上,从而初步建立了社会主义市场经济体制。

三、十四届三中全会的经济体制改革框架

中共十四大对改革和发展的任务进行了总体部署,1993年十四届三中全会则对经济体制改革进行了具体规划。1993年11月,十四届三中全会通过了《中共中央关于建立社会主义市场经济体制若干问题的决定》(以下简称《决定》),制定了建立社会主义市场经济体制的总体设想和具体规划。从总体设想来看,社会主义市场经济框架包括四个主要方面:一是合格的市场主体,二是开放的市场体系,三是有效的政府调控,四是合理的分配制度与多层次的社会保障制度。围绕这四方面,该《决定》给出了各项改革的具体规划。

(一) 市场主体改革

企业是最重要的市场主体。企业改革的核心和难点在于国有企业改革。《决定》确定了国有企业改革的方向——建立现代企业制度。《决定》对现代企业制度的特点给予了阐明,可以概括为"产权清晰、权责明确、政企分开、管理科学"这16个字。在产权关系上,企业中的国有资产所有权属于国家,企业拥有包括国家在内的出资者形成的全部法人财产权,成为法人实体。在权责分配上,企业以其全部法人财产,依法自主经营,自负盈亏,照章纳税,对出资者承担资产保值增值的责任;出资者则按投入企业的资本额享有所有者的权益,即资产受益、重大决策和选择管理者等权利;企业破产时,出资者只以投入企业的资本额对企业债务负有限责任。在政府和企业关系上,企业按市场需求组织生产经营,以提高劳动生产率和经济效益为目的,政府不直接干预企业的生产经营活动。在管理上,建立科学的企业领导体制和组织管理制度,调节所有者、经营者和职工之间的关系,形成激励和约束相结合的经营机制。

现代企业制度包括多种组织形式,而《决定》指出:国有企业实行公司制,是建立现代企业制度的有益探索,因为它能实现出资者所有权和企业法人财产权的分离,有利于政企分离、转换经营机制。对于公司制的具体实现形式,《决定》指出:国有大中型企业,单一投资主体的可依法改组为独资公司,多个投资主体的可依法改组为有限责任公司或股份有限公司。而对于小型国有企业,则可以实行承包经营、租赁经营,或者改组为股份合作制,也可以出售给集体或个人。

企业改革的同时,还要对国有资产管理体制进行改革,对国有资产实行国家统一所有、政府分级管理、企业自主经营的体制。按照政府的社会

经济管理职能与国有资产所有者职能分开的原则,探索国有资产管理和经营的合理形式。建立中央和地方两级政府专司国有资产管理的机构。此外,坚持公有制为主体、多种经济成分共同发展的方针。在积极促进国有经济和集体经济发展的同时,鼓励个体、私营、外资经济发展。

(二)市场体系建设

《决定》指出:市场机制在资源配置中起基础性作用,因而要建立统一、开放、竞争、有序的大市场。为此应从以下三方面努力。

第一,完善商品市场。要打破地区、部门的分割和封锁,建立大中小相结合、各种经济形式和经营方式并存、功能完备的商品市场网络。为此,要加快推进价格改革:在保持价格总水平相对稳定的前提下,放开竞争性商品和服务的价格,调顺少数由政府定价的商品和服务的价格;尽快取消生产资料价格双轨制;加速生产要素价格市场化进程;建立和完善少数关系国计民生的重要商品的储备制度,平抑市场价格。

第二,培育要素市场,重点发展金融市场、劳动力市场、房地产市场、技术和信息市场。金融市场包括资本市场和货币市场,资本市场要积极稳妥地发展债券、股票融资;货币市场要发展规范的银行同业拆借和票据贴现,中央银行开展国债买卖。劳动力市场上,一方面要广开就业门路,更多吸纳城镇劳动力就业;另一方面要鼓励和引导农村剩余劳动力逐步向非农产业转移和地区间有序流动;要形成用人单位和劳动者双向选择、合理流动的就业机制。房地产市场要由国家垄断城镇土地一级市场,实行土地使用权有偿有限期出让制度;同时发展土地二级市场,建立正常的土地使用权价格的市场形成机制;促进城镇住房商品和住房建设发展。在技术、信息市场建设上,要引入竞争机制,保护知识产权,实行技术成果有偿转让,实现技术产品和信息商品化、产业化。

第三,改善和加强市场管理和监督。建立正常的市场进入、市场竞争和市场交易秩序,保证公平交易,平等竞争,保护经营者和消费者的合法权益。此外,还要发展市场中介组织,发挥其服务、沟通、公证、监督的作用。

(三)转变政府职能,建立健全宏观调控体系

《决定》明确了社会主义市场经济对政府职能的要求:制定和执行宏观调控政策,搞好基础设施建设,创造良好的经济发展环境;培育市场体系,监督市场运行和维护平等竞争,调节社会分配和组织社会保障,控制人口增长,保护自然资源和生态环境,管理国有资产和监督国有资产经营,实现国家的经济和社会发展目标。

在政府的经济管理职能中,最重要的是有效的宏观调控。《决定》对宏观调控的任务做了如下规定:保持经济总量的基本平衡,促进经济结构的优化,引导国民经济持续、快速、健康发展,推动社会全面进步。为了建立健全宏观调控体系,《决定》要求近期对财税、金融、投资和计划体制进行改革,形成计划、金融、财政之间相互配合和制约的机制。首先,计划提出国民经济和社会发展的目标、任务,以及需要配套实施的经济政策。其次,中央银行以稳定币值为首要目标,调节货币供应总量,并保持国际收支平衡。最后,财政运用预算和税收手段,着重调节经济结构和社会分配,运用货币政策和财政政策,调节社会总需求与总供给的基本平衡,并与产业政策相配合,促进经济、社会协调发展。

(四)改革分配制度,建立社会保障

以公有制为主体、多种所有制共同发展的基本经济制度,必然要求建立以按劳分配为主体、多种分配方式并存的分配制度。而要充分调动各种生产要素的积极性,就需要确立效率优先、兼顾公平的分配原则。

实现按劳分配的第一步,是完善工资制度。工资制度的完善要与企业、事业单位和行政机关各自特点相适应:国有企业在职工工资总额增长率低于企业经济效益增长率,职工平均工资增长率低于本企业劳动生产率增长的前提下,根据劳动就业供求变化和国家政策,自主决定工资水平和内部分配方式;行政机关实行国家公务员制度,公务员的工资由国家根据经济发展状况并参照企业平均工资水平确定和调整,形成正常的晋级和工资增长机制;事业单位根据情况实行不同的工资制度和分配方式,有条件的可以实行企业工资制度。

实现多种分配方式并存的关键,是国家依法保护法人和居民的一切合法收入和财产,鼓励城乡居民储蓄和投资,允许属于个人的资本等生产要素参与收益分配。同时建立个人收入应税申报制度,通过分配政策和税收调节,来避免两极分化。

《决定》还提出要建立社会保障体系,它包括社会保险、社会救济、社会福利、优抚安置和社会互助、个人储蓄积累保障等内容。健全的社会保障体系,是使国有企业成为真正的市场主体、建立真正的劳动力市场的前提条件。城市社会保障的重点是完善企业养老和失业保险制度,改革的基本方向是改变原来企业包揽一切的做法,强化社会服务功能以减轻企业负担,保险金由社会、企业、个人共同负担。农村养老则以家庭保障为主,与社区扶持相结合。为提高社会保障事业的管理水平,要建立统一的社会保障管理机构,实现社会保障行政管理和社会保险基金经营分开。

第二节 市场经济下宏观调控体制的建立

1992年之后,中国经济开始高速增长,并再次出现过热势头。对此,政府改变了通过行政手段整顿经济的思路,转而通过加快市场化改革来调控经济:一方面,建立与市场经济相适应的金融体系,来规范资金流动;另一方面,实行分税制改革,加强中央政府的财政权力。这两方面的改革使政府推行货币政策和财政政策有了抓手,从而成功实现了国民经济"软着陆"。而当亚洲金融危机来袭时,中国政府也能够运用积极的财政政策和稳健的货币政策,通过扩大内需来应对危机。

一、经济过热与宏观调控的原则

中共十四大之后,中国加快了经济发展的速度。1993年3月的十四届二中全会通过了《中共中央关于调整"八五"计划若干指标的建议》,对经济增长速度、投资、进出口贸易等指标提出了调整意见,将"八五"时期国民经济平均增速由原计划的6%提高到8%～9%;第一产业年均增速由3.2%提高到3.5%,第二产业年均增速由5.6%提高到10%左右,第三产业年均增速由9%提高到10%以上;"八五"期间全社会投资规模,按1990年价格计算,由原计划的26000亿元提高到34000亿元。①

然而,高速增长再度导致经济过热,投资和信贷膨胀,通货膨胀的势头重新显现出来。1992年的货币发行量由1991年的550亿元猛增至1298亿元,1993年春节前的发行量已达到1200亿元。从1992年10月开始,物价涨幅逐月加大。1993年1—6月,生产资料价格上涨44.7%,全社会零售物价指数上涨10.2%。这一次投资膨胀,具有新旧双重特点。一方面,许多地方重新搞起大量低水平重复建设的加工工业,这一点和80年代中期类似;另一方面,开发区、房地产和股市成为这次投资膨胀的主要原因。由于开发区的审批权下放,各地兴起了房地产、开发区热。据报道,1991年全国有3000多家房地产企业,1992年猛增到1.2万家,1992年商品房投资增加94%,1993年上半年同比增长143%,分别高出全社会国家资产投

---

① 武力主编:《中华人民共和国经济史(增订版)》,中国时代经济出版社2010年版,第856页。

资增幅 60 和 72 个百分点;根据对 25 个省市的统计,全国各类开发区共批准 1993 个,规划面积 9150 平方千米,这还不算未经批准的县乡自定的开发区,不少开发区大量跑马圈地,却引不来项目和资金,致使土地撂荒。①

加工工业和房地产、股市投资过热,对农业、能源、交通等产业形成了挤出效应。以农业为例,1990 年和 1991 年国家基本建设对农业支出资金占同期全部投资的比例分别为 3.9% 和 4%,而 1992 年和 1993 年分别降为 3.7% 和 2.8%。农田水利等基础设施欠账增多,大量土地被开发区和房地产建设占用,农村的资金和劳动力也随着大兴土木而外流,致使粮棉等主要农产品产量在 1993 年出现滑坡。而基础设施、基础产业方面,由于投资不足,能源、原料和交通的瓶颈,产业结构失衡的趋势再度显现。

针对这次经济过热,有两条不同的调控思路。一条思路是重复 80 年代末的做法,通过全面收紧信贷来压缩投资,这种做法的效果立竿见影,但负作用也非常明显,就是会使经济跌入萧条,出现所谓"硬着陆"。而另一条思路是迎难而上,通过加快改革,加快建立与市场经济相适应的宏观调控体系,在保持经济不全面紧缩的前提下,来调整投资结构,降低通货膨胀率,实现所谓"软着陆"。

根据中共十四大精神,中央对这一次经济过热采取了后一条调控思路。1993 年 6 月,朱镕基在国务院总理办公会议上分析了当前的经济形势,指出:"情况已经变化了,社会条件、利益分配的格局、经济管理的手段大不相同了。现在再用计划经济体制下的那套办法已经不灵光了。现在只有走深化改革这条路子。我们应该把解决当前经济的突出问题,变成加快改革、建设社会主义市场经济体制的动力。只有改革动真格的,才能解决当前的问题。"②

经济过热的核心机制在于资金流向的失控。由于各地区、各部门热衷于搞一些"短平快"的加工工业和投机项目,所以在资金的上游造成信贷规模膨胀,在资金的下游造成银行压缩重点建设项目贷款、企业流通资金贷款和农产品收购资金贷款,这又倒逼中央银行扩大信贷规模。整个国民经济中的资金流动,出现了"脱实向虚"的投机化倾向,并造成货币超发,物价上涨。因此,改革的主要着力点有两处:一是通过金融改革,引导资金"脱虚向实",支持农业、基础工业发展和企业技术改造等有助于国民经济持续

---

① 武力主编:《中华人民共和国经济史(增订版)》,中国时代经济出版社 2010 年版,第 895 页。

② 《朱镕基讲话实录 第一卷》,人民出版社 2011 年版,第 291 页。

健康发展的领域;二是通过财政改革,增强中央政府的财权,加强对资金的配置能力。

二、金融体制改革

金融体制改革的滞后,致使稀缺的资金被不当配置,是经济过热的直接原因。资金的不当配置主要表现为流向以下几个领域:一是房地产、开发区和股市,这些资金多以短期投机为目的;二是低水平重复建设的加工工业,这主要是地方政府出于扩大经济规模、解决就业等实际需要,而干预银行投放信贷,虽然这有利于地方短期发展,但从全国角度、从长远角度来看,它会造成产能过剩,最终引发全行业亏损;三是国有企业的借贷需求,此时的国有企业不仅面临着日益激烈的市场竞争,而且背负着沉重的社会负担,亏损面、亏损额不断增加,依赖银行信贷来维持运转,已经呈现出"僵尸企业"的特征。由于这三大领域的资金需求庞大,所以不仅倒逼银行体系扩大信贷规模,而且还催生了大量银行体系外的资金循环,如银行通过拆借渠道使资金流向房地产、开发区和股市投机,更助长了货币发行的失控。

金融体制改革的主要目标就是通过完善金融体系,避免资金流向这三大领域,转而流向有助于国民经济长远健康发展的领域。为此,中国的金融改革是分层次来进行的。

首先,制止资金流向投机领域。1993年7月,朱镕基在全国金融工作会议上要求银行体系严格执行"约法三章":第一,立即停止和认真清理一切违章拆借,已违章拆出的资金要限期收回;第二,任何金融机构不得擅自或变相提高存贷款利率,不得高息揽储或放高利贷;第三,立即停止向银行自己兴办的各种经济实体注入信贷资金,银行要与自己兴办的各种经济实体彻底脱钩。"约法三章"采取的是行政命令的手段,其效果是可以雷厉风行地堵住资金投机的渠道。这在市场发育不成熟、约束机制尚未形成的情况下,是十分必要的。同时,实行投资项目资本金制度,凡需在资金市场融资的经营性项目,各出资者必须用规定资金来源的资金,按项目总投资的一定比例作为对项目的资本金投入,否则,项目不予批准。这就在很大程度上止住了"无本投资"推动信贷规模扩张。

其次,区分政策性银行和商业性银行,以政策性银行来确保重点领域的资金供给。"约法三章"相当于堵住了资金投机的"邪路",使资金流向生产投资领域。但是,它无法保证生产投资的所有领域都能得到资金,尤其是亟须加强的农业、基础设施和基础工业、进出口贸易等领域,仍有可能因为短期回报率低等原因而得不到资金。为此,中国成立了三大政策性银行,专门负责为这些领域提供资金。一是国家开发银行,负责办理政策性国家重点建设贷款;二是中国农业发展银行,负责国家粮棉油储备和农副产品合同收购、农业开发等业务中的政策性贷款;三是中国进出口银行,主要负责为大型机电产品进出口提供买方信贷和卖方信贷。政策性银行的成立,使重点领域的资金有了保证,也使商业银行能够从政策性贷款的任务中解脱出来,按照市场原则来选择贷款客户。

最后,对商业银行实行由信贷规模管理向资产负债比例管理过渡的渐进式改革。从政策性任务中解脱出来的商业银行,并不能完全按照市场原则来从事经营。因为在地方政府的干预下,资金更有可能流向低水平加工工业或"僵尸企业",而且银行在信息不对称的情况下,对优质项目的筛选辨别能力也非常有限,也更有可能将资金贷放给一些"短平快"的项目,而非那些投资周期长、不确定性高的项目。为此,中国采取了渐进式的办法,即保留信贷规模管理,在此基础上通过行政微调的方式来把控资金流向。这是针对当时实际困难的一种无奈之举。一方面,为了防止各级政府、各部门倒逼银行信贷"大放水",中央银行仍保留对商业银行的信贷规模控制,通过行政指令硬约束来防范无度扩张,但这又会导致一些必要的资金需求得不到满足,甚至引发经济衰退"硬着陆";所以另一方面,通过行政手段,针对资金紧张进行具体分析,通过召开资金调度会等形式酌情增加信贷投放。正如朱镕基在1993年10月召开的中央农村工作会议上所说:"我现在差不多一个月要开两次资金调度会。哪个地方喊得凶,我就研究哪个地方的情况,不喊的也照样研究。我们认为问题是不大的,但考虑到大家的情绪,又放了590亿元的基础货币。"① 为了增强银行体系的独立性,减弱各级政府的干预,中央于1997年把金融系统党的关系收到中央,成立独立的党委,以保证金融工作的集中统一领导。但是,这种改革也没有根本实现商业银行的市场化运营,因为当时国企改革面临着严峻的挑战,大量亏损企业承担着就业、养老、医疗等社会责任,如果一味按市场原则停止放贷,就会产生严重的社会问题。所以,尽管"僵尸企业"仍然存在,银行却依然要予以支援,在这种情况下,中央银行只能用"信贷规模控制+行政性微调"的方式来平衡信贷规模与国民经济、经济效益与社会效益之间的关

---

① 《朱镕基讲话实录 第一卷》,人民出版社2011年版,第388页。

系。这种方式一直持续到1998年,在亚洲金融危机冲击下,国有企业产能过剩、亏损严重的问题已经到了不得不解决的地步,中央确立了国有企业"抓大放小"的改革原则之后,国家成立了四大资产管理公司,将国有企业欠国有商业银行的呆坏账分离出来,使国有商业银行甩掉包袱重新上阵,此时,中央银行取消了对商业银行的信贷规模管理,改为国际通行的资产负债比例管理,初步实现了商业银行的市场化。

三、财政体制改革

改革开放以来,中国实行财政包干体制,导致中央政府的财力不足,结果赤字不断,被迫向银行透支,成为通货膨胀的又一重要原因。中央财力不足,还导致农业、基本建设和基础产业投资不足,使产业瓶颈迟迟得不到解决。而地方财政包干,权力过大过分散,使得各种不合理现象频出。因此,有必要对财政税收制度进行改革,规范中央政府、地方政府、企业、个人之间的利益关系。

首先,改革和完善税收制度。改革开放以来,各种经济成分次第出现,国家分别制定了不同的税种、税率、征收办法,予以监管规制,但始终没有形成统一的税制体系。要建立统一的社会主义市场经济,就要对各种经济成分、各种市场主体、各类经济活动,制定统一的税制,从而利于税收征管和公平竞争。1994年,中国对税制进行了大幅度改革,将工商税制中的税种从32个减少为18个,初步实现了税制简化和高效。这次税制改革的突出特点有两个:一是建立了以增值税为主体、以消费税和营业税为补充的流转税制度,对商品生产、批发、零售和进口环节普遍征收增值税,对少数商品征收消费税,对非商品经营行业,如交通运输、金融保险、邮电通信、建筑安装、文化娱乐等行业征收营业税;二是对国有企业的利税上缴进行了规范,取消了原来承包制下包利又包税的做法,恢复征收国有企业所得税,并逐步建立国有资产投资收益按股分红、按资分利或税后利润上交的分配制度。改革虽然为照顾各方利益而采取了许多过渡性办法,如照顾性税率、差别性税率、税收返还等,但总体上统一了税制,并规范了政府和国有企业之间的利税关系。

其次,分税制改革,在统一税制的基础上,对中央和地方的财权事权进行重新划分。分税制是为了提高财政收入占国民收入的比重,以及中央财政收入占全国财政收入的比重。为此,将不同税种和收入划分为以下三类:第一类是中央财政固定税收及收入,指维护国家利益、实施宏观调控所必需的税种,如关税、消费税、中央企业所得税、中央企业上缴利润等;第二类是地方财政固定税收及收入,指来源于第三产业、农业和效益型经济的,与地方政府治理成果直接相关的税收,如营业税(不含铁道部门、各银行总行、各保险总公司交纳部分)、地方企业所得税、地方企业上缴利润、个人所得税、印花税、农牧业税等;第三类是中央与地方共享税收入,这与宏观经济发展水平相关,如增值税(中央、地方按 3∶1 分享)、证券交易税(中央、地方按 1∶1 分享)、资源税(海洋石油资源归中央,其他资源归地方)等。在划分收入的同时,对中央与地方财政的支出范围也进行了划分。中央财政支出包括:国防、武警、外交和援外、中央级行政管理费、中央统管的基本建设投资、中央直属企业技术改造及新产品试制费、地质勘探、由中央负担的国内外债务还本付息支出、由中央财政安排的支农支出、由中央负担的公检法与科教文卫等支出。其他支出主要由地方财政负担。分税制改革使中央财政掌握了国家财政收入的 60%,而支出占国家财政支出的 40%,由此造成的中央财政盈余与地方财政缺口,由中央对地方实行转移支付,从而加强了中央政府的调控能力。

最后,加强预算外资金管理,由建设财政向公共财政转型。计划经济时期,财政预算由中央集中统一管理,为调动地方积极性,允许地方筹集预算外资金。改革开放后,预算外资金规模日益庞大,从 1982 年的 802 亿元增至 1992 年的 3855 亿元,年均增长 17%,高于同期预算内收入增幅近 6 个百分点。① 随着分税制的实行,地方有了固定的财政收入,预算外收入也就失去了存在的合理性。预算外资金主要来自各级、各部门设立的收费项目。据不完全统计,1997 年全国收费、基金总额为 4187 亿元,占当年国民生产总值的 5.6%,相当于财政收入的 48%。② 这些收费自改革开放以来就不断膨胀,分税制所形成的地方财政缺口更助长了收费的势头,既加重了企业、农民的负担,又侵蚀了国家的税基,成为滋生腐败、社会风气恶化的重要源头。因此,国务院于 1996 年发布《关于加强预算外资金管理的决定》,开始将预算外资金逐步纳入预算内管理。管理预算外资金的办法主要有三个:一是从税制上,通过"费改税"使一部分收费规范化,如通过调整农业税实际征收率将乡统筹费、农牧渔业税附加等政府性收费并入农业税,通过开征燃油税来取代交通方面的养路费、公路客运附加费、公路运输

---

① 项怀诚主编:《中国财政通史 当代卷》,中国财政经济出版社 2006 年版,第 169 页。
② 项怀诚主编:《中国财政通史 当代卷》,中国财政经济出版社 2006 年版,第 176 页。

管理费、水路运输管理费等;二是从技术上,实行"收支两条线"管理,一切收入都上缴国库,一切支出都由国库统一发放,严禁坐收坐支,将收支脱钩,从而弱化地方收费的动机;三是从行政上,加强监督执法力度,深入开展反腐败斗争。这些改革与整治措施,无法根除乱收费的行为,但还是推动着财政体制向着法治化的方向发展。

四、亚洲金融危机后的宏观调控

通过财政和金融体制改革,国家一方面基本控制住了信贷膨胀和货币扩张的势头,使通货膨胀率逐年回落;另一方面又有更为充足的财力对重点领域进行投资,以确保增长势头不衰减,从而实现了经济"软着陆"。

1997年,亚洲金融危机爆发,东亚、东南亚各国货币轮番贬值。中国坚持人民币不贬值,为亚洲渡过危机承担了大国责任,但也由此承受了出口下降的压力。为应对难关,中国选择启动内需的方针。1998年初,将全社会固定资产投资增速由原计划的10%提高到15%~20%,总投资增加2200亿元,重点加强农林水利、基础设施和基础工业、高技术产业、城镇居民住宅建设、企业技术改造等方面。然而,危机导致1998年的经济形势进一步恶化,于是,中央在年中决定实施积极的财政政策:由财政部向国有商业银行增发1000亿元国债,同时银行配套发放1000亿元贷款,除继续加大农林水利、交通通信投资外,还重点加强了对环境保护、城乡电网改造、粮食仓库和城市公用事业等需要国家投资的基础设施建设。

财政金融体制的改革,为积极财政政策的实施创造了条件。一方面,分税制使中央的财力大为增强,可以自主选择投资方向。另一方面,金融体制改革使财政政策能够得到资金支持。积极的财政政策,其实质是用财政赤字来搞投资。但这并不会造成经济过热,因为此时的商业银行已经实现了资产负债比例管理,剥离了不良资产,存款有余而贷款不足,通过财政债券将一部分储蓄转化为基础设施投资,不会增发货币。而经济"软着陆"创造了一个低物价的环境,扩大内需也不会引发通货膨胀。

中国不仅利用积极的财政政策来维持经济的持续增长,而且通过资金投向调整了国民经济结构。之前,由于中央财力不足,中央政府只能坐视经济过热,看着经济结构失衡而无力调控;如今,在消费和企业投资增长乏力的情况下,中央政府成为最活跃的投资主体,可以通过资金投放对国民经济进行一次系统性的调整,使之更加健康合理。

一方面,调整投资结构。1998年到2004年,中国共发行长期建设国债

9100亿元,截至2004年末,共安排国债项目资金8643亿元。主要投向是:农林水利和生态建设2596亿元,占30%;交通通信基础设施建设1711亿元,占19.8%;城市基础设施建设1317亿元,约占15%;技术进步和产业升级775亿元,占9%;农网改造688亿元,占8%;教育、文化、卫生、旅游基础设施建设433亿元,占5%;中央直属储备粮库建设352亿元,占4.1%;环境保护投资312亿元,占3.6%;公检法司设施建设180亿元,占2.1%。[①] 整个投资结构向农村、中西部地区、产业结构调整、科教事业、生态环保等方面做了较大倾斜。

另一方面,调整分配结构。首先,调整政府和企业、个人的分配关系。1998年到2004年,中国共取消收费项目1913项,降低了479个项目的收费标准,减轻社会负担1490亿元,让利于民,增强了企业自主投资和居民消费的能力。其次,调整居民收入分配结构。针对国企改革产生的下岗失业问题,政府加速完善社会保障体系。从1999年7月起,将下岗职工基本生活费、失业保险金、城市居民最低生活费"三条保障线"水平提高30%,并先后4次提高了企业离退休人员基本养老金水平。1998年到2004年,全国财政用于企业养老保险基金补助、国有企业下岗职工基本生活保障补助和城市居民最低生活保障费的支出,由123亿元增加到1035亿元,年均增长42.6%,累计安排支出4464亿元。这些支出对稳定社会,增强居民消费能力发挥了重要作用。[②]

总的来看,通过90年代宏观调控体制的建立,中国得以推行积极的财政政策,不仅使国民经济挺过了亚洲金融危机后的萧条,增速从2001年起稳步回升,而且使城乡、区域、产业结构都有很大改善,这也为接下来中国经济的高速增长奠定了更为稳固的基础。

第三节 国有经济的改革攻坚与重大突破

中共十四大之后,国有企业确立了建立现代产权制度的改革目标,在健全国有资本出资人、完善公司治理结构方面迈出重要步伐。然而,单靠产权制度改革仍无法使国有企业摆脱困境。为此,政府转变了改革思路,实行"抓大放小、减员增效":使国有资本退出一般竞争性领域,由"搞活每

---

① 项怀诚主编:《中国财政通史 当代卷》,中国财政经济出版社2006年版,第209页。
② 项怀诚主编:《中国财政通史 当代卷》,中国财政经济出版社2006年版,第210-211页。

家国有企业"变为"搞活整个国有经济";同时,减轻国有企业在养老、医疗、教育等领域担负的社会责任,使之轻装投入市场竞争。经历改革阵痛之后,国有经济终于焕发了新的活力。

一、国有经济改革的困境解析

国有企业效益低下,是改革最大的难点;增强国有企业活力,是改革的核心任务。然而,国有企业面临的困境是多重的,克服不同的困境需要不同的手段,只有将困境的因素展开分析,才能清楚地认识到各种改革手段的成败得失。

国有企业面临的困境主要有三重。

第一重困境来自国有企业的产权结构缺陷。在计划经济体制下,国有企业大多存在着政企不分的问题,企业不是一个独立的经济主体,而是听命于行政指令的一个生产单位,其主要生产计划、原料来源、人事任免和工资福利都由行政指令来安排,企业缺乏自主权,无法自由捕捉市场机会,也无法自主进行投资等重大决策。改革开放初期,国有企业虽然有了越来越大的自主经营权,但另一问题又随之浮现,即国有企业所有权主体缺位的问题。企业的全民所有制性质,使得企业容易陷入"内部人控制"的境地,即厂长经理在企业内权力独大,由此产生道德风险,使企业沦为经营者牟取私利的工具:亏损了,受损的是国家;盈利了,受益的是经营者个人。

第二重困境来自国有企业所处的行业发展低下的水平。新中国的工业化一直实行赶超战略,在工业水平低下、供给普遍短缺的时代,工业发展模式是外延式的,即在原有水平上重复建设,以迅速改变一穷二白的面貌。改革开放之后,随着对地方政府和企业的放权让利,工业投资建设迅速扩张,尤其是低水平的加工工业,产能急剧扩张,使许多行业达到了供求平衡甚至产能过剩。供过于求导致的价格下跌使越来越多的行业面临着利润率下降甚至亏损的境地,而随着对外开放而涌入中国的进口商品,凭借着物美价廉的优势抢占国内市场,更加剧了许多行业的困境。这意味着外延式赶超战略已经走到了终点,转型升级的要求日益迫切。但转型升级如同千军万马过独木桥,而各地仍在积极扩大低水平投资规模,加剧产能过剩和行业亏损。这是国有企业改革面临的宏观困境。

第三重困境来自国有企业过重的社会责任负担。计划经济时期的国有企业不仅是政府的一个"生产车间",而且是协助政府行使社会管理职能的一个基本单元。国有企业对职工实行的是低工资、高福利的待遇模式,职工工资水平仅够维持基本生活,而国有企业通过提供养老、医疗、教育、文化娱乐等福利,来提高职工的整体待遇。随着时间推移,国有企业所承担的养老、医疗等负担日益加重,而且国有企业内部也存在着机构冗余、人浮于事,进而提高了整体运营成本。而改革开放后发展起来的集体、个体、私营和外资经济,没有类似的社会负担,往往在市场竞争中更具优势。

以上三重困境相互交织,随着时间推移,后两重困境日趋严重,这使得国有企业做好做强的难度也日益增大,从而加剧了国企经营管理者的道德风险,使之更倾向于做出"损公肥私"的经营决策。

二、建立现代企业制度

进入 90 年代,国有企业经营绩效进一步下降。1988 年以前,国有企业的亏损面一般不超过 20%;到 90 年代初,国有企业出现了盈亏"三三制",即三分之一亏损,三分之一虚盈实亏,三分之一盈利。从微观角度来看,国有企业内部人控制问题已经相当严重,许多企业缺乏长远发展动机、收入分配严重向个人倾斜、无人关心财产保值增值,有些企业甚至通过挤占流动资金、折旧基金和举债来增加职工收入,导致国有资产严重流失,财务状况恶化,企业负债比例上升,逐渐成为"空壳企业"。据国家国有资产管理局初步分析,从 1982 年到 1992 年,国有资产通过各种方式流失的约有 5000 多亿元。①

之所以会出现国有资产流失,主要是由于承包制在产权设计上的重大缺陷。承包制将国有企业的所有权和经营权分离,国家只保留抽象的所有权,企业则由厂长经理掌握经营权。这种体制下,企业往往将盈利在内部分光吃尽,而将亏损甩给国家来承担无限责任,有的经营者甚至用"自卖自买"的办法来化公为私,出现严重的道德风险。随着道德风险逐渐增加,承包制的弊端已经超过了它的积极作用,成为国企改革的阻碍。

在这种情况下,1993 年《关于建立社会主义市场经济体制若干问题的决定》明确了国企改革的新方向:建立适应市场经济要求,产权清晰、权责明确、政企分开、管理科学的现代企业制度。在现代企业制度下,企业有三个特点。第一,出资人承担有限责任,国家作为企业的出资人,以出资额为限承担有限责任,企业经营所产生的利润和资产增值均归出资人所有。第

---

① 武力主编:《中华人民共和国经济史(增订版)》,中国时代经济出版社 2010 年版,第 876 页。

二,企业拥有法人财产权,国有企业作为独立法人,以全部资产为限承担责任。第三,企业内部建立相互制约的治理结构,即成立董事会、监事会,实行总经理负责制,使企业的权力机构、执行机构、监督机构之间职责明确,相互协调,相互制约。

根据建立现代企业制度的要求,国有企业改革的着力点有两个:一是成立国有资产管理机构,行使出资人的职责;二是在国有企业内部建立现代公司治理结构。而90年代的改革,在两方面均有所推进,而又都有所不足。

在国有资产管理机构建设方面,全国整体改革与地方试点并不同步。从全国整体来看,形成了一种"五龙治水"的管理模式,即由财政部门兼司国有资产管理职能,由经贸委负责审批国有企业的重大投资和技术改革方案,由国家计委行使基本建设投资管理职能,由组织部、大企业工委选择经营者,由劳动部审批企业工资额度。这种分治的模式仍带有计划经济的色彩,一直到2003年国有资产监督管理委员会成立,才将国有资产管理职能统一。而从地方试点来看,一些地方较早实现了国有资产管理职能的统一。这其中的典型代表是深圳,它的国有资产管理分为三个层次。第一个层次是1992年深圳市政府成立的国有资产管理委员会,国资委代表国家履行国有资产所有者职能,全方位管理国有资产。国资委的成立,实现了政府职能的分解,使资产所有权和行政管理权相分离。第二个层次,是国资委之下成立的一批国有控股公司、授权经营国有资产的企业集团公司,它们对国资委负责,以国有资本出资人的身份,全资拥有、控股、参股全市的企业,在这些企业中代表政府行使国有资产出资人权利。第三个层次就是这些市属的全资国有、控股、参股企业,自主经营、自负盈亏,对企业里国有资产的保值增值负责。参照深圳经验,天津、河北、浙江、安徽、海南、青海、陕西、黑龙江、湖北、山东、江苏、内蒙古、福建、广东等省区市都成立了国有资产管理委员会。

在建立现代公司治理结构方面,中央选择了100户不同类型的国有大中型企业,地方也选择了2300多户企业,实行建立现代企业制度的试点,建立科学、规范的公司内部组织管理结构。截至1996年,这些企业多数已按现代企业制度要求改制为不同形式的公司,有的改建为多元股东持股的有限责任公司或股份公司,有的改建为国有独资公司,变国家对企业的无限责任为有限责任,初步形成了企业法人治理结构,内部制衡机制初步形成,规范了企业的决策行为。

三、抓大放小、减员增效

尽管建立现代企业制度找准了国企产权改革的方向,但是单靠建立现代企业制度并不能提高国有企业的整体效益。从1994年到1998年,国有工业企业亏损面逐年扩大,全部国有企业实现利润总额逐年下降,到1998年出现了全年净亏损78亿元(见表8-1)。

表 8-1　全国国有企业盈利亏损情况(1990—1998)[①]

年份	国有工业企业亏损面	国有企业亏损额/亿元	全部国有企业实现利润/亿元
1990	30.3%	932.6	491.5
1991	28.0%	925.9	744.5
1992	22.7%	756.8	955.2
1993	29.8%	479.4	1667.3
1994	32.6%	624.5	1608.0
1995	33.3%	802.1	1470.2
1996	37.5%	1127.0	876.7
1997	43.9%	1420.9	539.8
1998	47.4%	1960.2	−78.0

之所以在建立现代企业制度的同时,国有企业亏损进一步加剧,并非现代企业制度改革的方向有错,而是国有企业面临的困境并非只有产权制度缺陷,其他两个困境——产能过剩与负担过重——在这一时期逐渐加剧。朱镕基在1997年12月召开的中央工作会议上的讲话深刻印证了这一点。他指出,国有企业亏损的主要原因有三个。"第一个原因是重复建设。搞重复建设,产品就没有市场,没有市场价格就下降,项目一投产就亏损,甚至于不能生产。""不要再上项目啦,不要再新建设一般的工业项目啦!我们现在看得见的东西,全是供过于求的,有的甚至几倍地超过市场需要,使得国有企业不能满负荷生产,这是造成当前国有企业困难的最重要的原因。""第二个原因是上项目没有资本金。项目建设资金主要靠银行贷款,有的项目负债率高达80%以上,你再好的效益也难以还得起银行利息。""第三个原因是吃'大锅饭',人多。搞一个新项目就拉一大批人,七大姑八大姨都进来了。一个人的饭三个人吃,本来100人就够了,结果弄300

---

① 吴敬琏:《当代中国经济改革教程》,上海远东出版社2010年版,第133页。

人。这样,哪有不赔本的?"①

基于对这两点困难的认识,中国对国有企业进行了抓大放小和减员增效两项改革。

(一) 抓大放小的改革

1995年到1996年,中央对国有企业改革的思路发生了重大转折。传统的改革思路,将着眼点放在每一个国有企业上,改革目标是将每一个国有企业搞活。但是实践证明这一目标不可能实现,全面着力的结果是全行业产能过剩,普遍亏损。而新的改革思路,将着眼点放在整个国有经济上,改革目标是搞活整个国有经济,而国有经济在国民经济中发挥主导作用,搞活国有经济可以带动整个国民经济向好发展。

贯彻这一改革思路的关键,是对国有企业进行战略性筛选。而筛选的原则可以简单概括为"抓大放小"。中国国有企业中绝大多数是小企业,大中企业数量虽少,但在国民经济中的地位十分重要。据统计,全国500家最大工业企业,资产占国有工业企业总资产的37%,销售收入占46%,实现利润占63%。如果能以有限财力抓好这些"关键少数",使其通过建立现代企业制度、优化资本结构、加速技术改造和加强内部管理,提高企业效益,发挥骨干作用,就可以发挥国有经济的主导作用,并有效带动一大批中小企业发展。

为了贯彻"抓大"原则,国务院决定抓好1000家重点企业,要让这些企业不仅在竞争中脱颖而出,而且鼓励这些企业去控制和调动更多的社会资本。为此,除在这些企业内建立现代企业制度外,对具备条件的国有独资公司和企业集团授权为国有资产投资主体,允许组建财务公司,赋予自营进出口权,有的还可以开展国际化经营;优先发行债券和股票;银行优先给予信贷;优先选择技术改造和科技开发项目,增强自主研发能力。

为了贯彻"放小"原则,鼓励各地积极探索,采取改组、联合、兼并、租赁、承包经营、股份合作制及出售等多种形式放开国有小企业。从1995年到2003年,国有中小企业的产权重组遍及全国各地,国有企业的总数也由22.1万余户下降到14.7万户。②

抓大容易放小难,为了促进国有企业"放小"改革,国家分行业推进去

---

① 《朱镕基讲话实录 第二卷》,人民出版社2011年版,第498页。
② 刘树成、吴太昌主编:《中国经济体制改革30年研究》,经济管理出版社2008年版,第52页。

产能工作。首当其冲的是纺织行业。据统计,1996年底,中国16000户国有大中型工业企业中,有5900户亏损,其中纺织亏损企业有1031户,在各行业中排名第一。1998年底,国务院决定把纺织行业的限产压锭、减员增效作为国有企业改革的突破口,规定用三年时间压缩1000万落后棉纺锭,分流120万人,减亏60亿元。压锭必须报废回炉,使落后设备真正退出生产;保留的纺锭,按规模经济的要求,组成数家国有棉纺基地。随后,国家又对煤炭、钢铁、铁路等部门进行了同样的去产能改革:关闭非法和布局不合理的各类小煤矿2.58万处,压产2.5亿吨左右;重点控制污染严重、能源消耗高、产品质量差的落后设备和连续亏损、扭亏无望的钢铁企业;减少铁路部门的管理层次,撤销多个铁路分局,停办1230个业务量过小的车站,撤销了207个中间小站,到1998年底减亏22亿元,相当于亏损总额的58.5%,减员分流19万人。[①] 在压缩存量的同时,严格控制新建工业项目,一般工业项目原则上不再新上,腾出资金重点用于加快现有企业的技术进步和发展高新技术产业。同时进一步改革投资体制,使企业成为经营性投资的主体,自己筹措资金,自己承担风险;银行根据市场原则,自主决定贷款,从而避免重复建设。

(二) 减员增效的改革

抓大放小的本质是去产能,其最大的困难在于安置下岗分流人员。据粗略估算,到20世纪末,先后约有2000多万职工要从原企业分流,而中国社会保障体系尚不完善,保障水平很低,不能保证职工的基本生活。据统计,下岗职工中可以依靠社会保障救济生活的,只有1.8%。因此,解决好下岗职工基本生活和再就业问题,已成为深化国有企业改革的基础条件。

在保障下岗职工基本生活和再就业工作上,国家的基本方针是把握适度原则,通过梯度保障措施安置下岗人员,积极拓宽就业渠道。第一,坚持减员增效同促进再就业相结合、职工下岗分流同社会承受能力相适应的原则,有步骤地分期分批地加以安置,力争每年实现再就业的人数大于当年新增下岗人数,使已下岗职工和当年新增下岗职工的50%以上实现再就业,而后根据再就业情况安排国企改革力度。第二,建立梯度保障措施。首先,凡有下岗职工的国有企业均建立再就业服务中心,这些职工与企业尚未解除劳动关系,仍为企业的正式职工,企业负责为这些下岗职工发放

[①] 武力主编:《中华人民共和国经济史(增订版)》,中国时代经济出版社2010年版,第978-979页。

基本生活费,代下岗职工缴纳养老、医疗、失业等社会保险费用,组织下岗职工再就业培训,帮助他们再就业;其次,下岗职工在再就业服务中心的期限一般不超过3年,期满仍未再就业的,与企业解除劳动关系,转到社会保险机构领取失业保险金;最后,享受失业保险两年后仍未就业的,转到民政部门领取城镇居民最低生活费。第三,加大政策扶持力度,拓宽分流安置和再就业渠道。鼓励第三产业发展,鼓励个体、私营企业吸收下岗人员,也鼓励下岗职工自谋职业或组织起来就业。第四,加快社会保障制度建设,从1998年起将失业保险金的缴费比例由企业工资总额的1%提高到3%,以提高失业保险金的支付能力;扩大养老保险覆盖面,提高保险基金的收缴率,1998年实现养老保险省级统筹,以确保离退休人员的基本生活;1999年开始逐步施行城镇职工基本医疗保险制度,建立低水平、广覆盖、双方负担、统筹结合的城镇职工基本医疗保险。

抓大放小和减员增效是对国有企业多年来低水平重复扩张的一次集中清理,它让为数众多的国企职工经受了改革的痛楚,但也使国有经济摆脱了产能过剩的束缚。随着国民经济走出低谷,许多下岗职工也重新找到了工作岗位。

第四节 买方市场下的市场建设

社会主义市场经济要求建立包括产品和要素市场在内的统一大市场。为此,90年代的中国着重建立了产品、金融和劳动力三个市场。在产品市场领域,随着买方市场时代的到来,中国完成了价格改革,建立了"开放式、少环节、多渠道"的流通体系,并建立了相关的调控机制。在金融市场领域,中国初步建立在中央银行领导下的金融体系。在劳动力市场领域,中国初步建立了劳动力市场以及与之相配套的社会保障体系。

一、产品市场的改革与调控

1992年之后,国家对产品市场主要从三方面着手进行改革。一是继续放开和调整计划价格,二是建立和完善市场体系,三是建立与市场经济相适应的调控手段。

(一)价格改革

价格改革主要有两大领域:一是竞争性商品,改革手段是逐渐放开;二是基础产业和服务,改革手段是调整。

在竞争性商品领域,国家加大了改革力度。从1992年下半年起,大范围取消了价格管制。在生产资料方面,放开了指导性煤炭、40种化工产品、统配玻璃、机械基础件、部分钢材、部分成品油的价格,取消了原油、成品油、钢材、生铁等计划外生产资料的最高出厂限价,"双轨制"改成单一的市场价格,继续由国家管理的商品缩减为89种。在消费品方面,放开了原来尚未放开的彩电、糖、花布、呢绒、毛线等商品价格。在农产品方面,中央直接管理的商品减少到10种,特别是粮食价格先调后放,彻底解决了购销价格倒挂的问题,结束了几十年的低价供应城镇居民口粮的制度。到1993年,市场价格在社会商品零售总额中的比重,已经由1991年前的50.3%上升到93.8%,在农产品收购总额中由51.6%上升到87.5%,在工业生产资料销售总额中由36.4%上升到81.1%,确立了市场价格在价格体系中的主体地位,基本形成了市场决定商品价格的机制。[①]

所谓基础产业和服务,指那些位于产业链上游、生产较集中或带有自然垄断性质、对国民经济具有重大影响的行业,如粮、棉、煤、原油、运输、水、教育、医疗等领域。这些领域的定价,即使在市场经济发达的国家也由政府予以干预,更何况是在转型时期的中国。80年代经济过热时期的货币增发,基本上是不可逆的,随着国民经济运行,它将带来全行业价格的普遍上涨,相比之下,一些仍由政府定价的行业就面临着亏损的困境。因此,1992年之后政府对这些行业进行了程度不同的提价。1992年到1993年,国家出台了粮、煤、油、运输四大类影响重大产品的调价措施,其调价幅度均比较高,如铁路货运价提高了近一倍,统配煤提高了15%,基础产品价格偏低状况得到了一定改善。为调动农民的积极性,针对粮食、棉花,在1994年一次就调高了51%和40%,调价总金额达到600多亿元。[②] 此外,1995年以后对城市公交、房租、自来水、教育、医疗等方面的价格也进行了调整,主要方向仍是提高价格,以疏导矛盾。总的来看,在90年代经济过热、"软着陆"的背景下,这些行业的调价面临两难境地:既不能对通货膨胀产生过大压力,又要提高价格以缓解行业困境,在国民经济整体与行业局部承受能力之间力求平衡。

---

① 武力主编:《中华人民共和国经济史(增订版)》,中国时代经济出版社2010年版,第861页。

② 武力主编:《中华人民共和国经济史(增订版)》,中国时代经济出版社2010年版,第862页。

(二)市场建设

市场建设的主要任务,是打破"封闭式、多环节、少渠道"的计划流通体制,广泛鼓励各种经济成分、各种市场主体参与流通,建立"开放式、少环节、多渠道"的流通体系。为此,国家从改革国有流通企业和建立现代市场体系两个方面入手。

随着市场经济发展,国有流通企业普遍面临着机构繁复、人员冗余、效率低下的困境,改革方向是抓大放小,转换经营机制。对于大中型企业,按现代企业制度方向进行改制,积极发展多种经营形式,吸收现代商业中的连锁经营、代理制、配送制、公司加农户等新型流通方式,发展超市、便利店、专卖店、仓储式商场、购物中心等多种业态,提高市场竞争力。对于小企业,则实行"改、转、租、包、卖、并"等多种方式,调整国营商业的战略布局。

在现代市场体系建设方面,中国的目标是建立开放式的全国性市场网络,这是一个多层次的体系。首先,在最顶层,建立全国性的批发市场,主要经营粮食、生猪、食糖、蔬菜、金属、木材、石油、化工、机电、煤炭等大宗商品,这是全国市场的龙头。其次,在中间层,建立区域性的批发市场,形成区域性贸易中心,这是全国市场的骨干。最后,在基层,普遍建立地方批发市场,积极发展零售业和城乡集市贸易。此外,探索期货市场,相继建立了郑州批发市场、深圳有色金属交易所、上海金属交易所、苏州物资交易所等期货市场,商品涉及粮食、钢材、木材、食糖、肉类、石油、化工、煤炭等。由此一来,逐步形成一个批发零售相结合、大中小相结合、有形与无形相结合、现货与期货相结合的市场体系。

(三)调控手段的建立

随着一些重要行业的市场化,政府的职能也由直接行政定价转为通过市场化的手段来调节供求,稳定价格。

首先,仍然强调国营商业要掌握重要商品的大多数货源,如粮食,国家必须收购社会商品粮的70%~80%,化肥掌握全社会总量的20%,棉花则暂时实行市场、价格、经营"三不放开"政策,全部由国家掌握。为了掌握多数货源,国营商业仍然控制批发环节。其次,建立重要商品储备制度和农产品风险基金。1993年,制定了粮食风险基金管理暂行办法和粮食收购保护价制度。到1996年,已经有了粮食、棉花、食油、猪肉、食糖、农药、钢材、铜、铝、成品油等商品储备及管理机构,这些机构的主要任务是低买高卖,以维持市场供求平衡。再次,完善了价格指数体系和价格预警系统,全面、准确、及时反映物价总水平变动情况。为了确保人民基本生活,还建立了

"粮袋子"省长负责制和"菜篮子"市长负责制,保留必要时刻以行政手段干预物价的做法。最后,完善市场法治,颁布了《反不正当竞争法》《消费者权益保护法》《经济合同法》《广告法》《商标法》《产品质量法》等法律法规,规范市场行为。

二、金融市场的发展与规制

金融市场,是指经营货币资金贷款、外汇买卖、有价证券交易、债券和股票发行、黄金等贵金属买卖的场所的总称。根据融资期限,可以分为短期金融市场和长期金融市场。短期金融市场也叫货币市场,包括金融机构间的拆借市场、票据贴现市场、短期存贷款市场、短期债券市场等。长期金融市场也叫资本市场,包括长期贷款市场和证券市场。市场经济要求发达的金融市场,它可以将散布于政府、企业和个人等主体手中的资金集中起来用于经济发展,是提高资金使用效率、活跃经济运行的必要条件。

中国的金融市场起步于 80 年代。最早出现的是货币市场,1986 年同业拆借市场和票据市场先后建立,外汇调剂公开市场也于 1988 年后逐步形成。证券市场于 80 年代后期逐步形成,发行较早的国债于 1988 年之后开始流通和交易,企业债券于 1987 年开始发行,股票市场于 1990—1991 年随着上海、深圳两大证券交易所的建立而形成。

90 年代,随着建立社会主义市场经济目标的确立,金融体系开始迅速完善。首先,明确中国人民银行作为中央银行,是国家领导、管理金融业的职能部门,主要职能是制定和实施货币政策,保持币值稳定;对金融机构实行监管,保证金融体系安全有效运行。其次,完善了商业银行体系。将中国银行、中国农业银行、中国工商银行、中国建设银行转为国家独资商业银行,实行商业化经营;成立国家开发银行、中国进出口银行和中国农业发展银行等三家政策性银行;增设了非国有独资的股份制银行,形成了由交通银行、中信实业银行、中国光大银行、深圳发展银行、华夏银行、上海浦东发展银行、招商银行、广东发展银行、福建兴业银行、中国投资银行、中国民生银行、海南发展银行组成的股份制银行体系,这些银行较之国有四大行,独立性更强,更易于进行市场化运营;此外,将各地城市信用社合并组建为城市商业银行,农村信用合作社与农业银行脱离行政隶属关系,向着真正的合作金融组织方向发展,因地制宜从事金融服务。再次,完善了非银行金融体系,形成了由保险公司、信托投资公司、财务公司、融资租赁公司、基金管理公司,以及律师事务所、会计师事务所、投资咨询机构等组成的非银行金融体系。

随着金融体系的完善，金融市场的规模迅速扩张。中国金融市场的发展具有双重动因：一方面，它受国民经济发展的客观需要所推动，满足市场主体调剂资金余缺的正常需求；另一方面，它又受到政府影响而呈现畸形扩张的态势。中国的金融机构背后往往有着政府信誉的背书，而政府具有扩大固定资产投资的强烈冲动，市场上又存在着房地产、开发区、股市等高收益领域，所以金融机构倾向于将有限的资金投向这些领域。而为了避开中央银行的对信贷规模的管制，各类金融机构往往绕开正常信贷，通过拆借、非法集资等手段获取资金。这就使得90年代的金融市场规模急剧扩张，这其中固然有可喜的发展，但更多的是资金脱实向虚、金融风险积累的隐忧。这其中问题最严重的属同业拆借市场，1993年同业拆借市场成交量为4000亿元，1995年即突破了10000亿元，其中违规现象屡见不鲜。例如，中国人民银行规定，拆借利率上限为月息0.6%，但实际利率已高达1.5%，南方一些城市甚至高达2%；还有延长拆借期限，变短期资金为长期资金，将拆借资金转投于房地产、证券市场等行为。相应地，中国股市也随着经济过热和治理整顿而出现剧烈波动。这也体现出中国股市仍面临着法律法规不健全、股民心理不成熟、资金违规进入股市、金融机构参与投机等问题。表8-2所示为1991—2002年中国股票发行情况。

表8-2 1991—2002年中国股票发行情况①

年份	股票发行量/亿股	股票筹资额/亿元	年份	股票发行量/亿股	股票筹资额/亿元
1991	5	5	1997	267.63	1293.82
1992	20.75	94.09	1998	105.56	841.52
1993	95.79	375.47	1999	122.93	944.56
1994	91.26	326.78	2000	512.03	2103.08
1995	31.6	150.32	2001	141.48	1252.34
1996	86.11	425.08	2002	291.74	961.75

面对金融乱象，国家从1994年对金融市场进行治理，而治理的主要目标有两个：一是控制住信贷规模和货币发行量，避免通胀蔓延；二是控制住

---

① 李扬、王国刚等著：《中国金融改革开放30年研究》，经济管理出版社2008年版，第327页。

资金流向,制止资金脱实向虚从事投机,减少低水平重复投资。为了控制信贷规模和货币发行,中国人民银行不断强化其中央银行职能,将货币政策执行由多级调控改为中央一级调控,将分支行改为总行的派出机构,并于1998年撤销了中国人民银行按行政区划设置的31个省级分行,在9个中心城市设立大区分行,从而增强货币政策独立性;对商业银行保持信贷规模管理,直到1998年才改为资产负债比例管理。为控制金融市场上的资金流向,国家采取了多条措施。第一,从资金来源上加强规制,整顿金融机构。要求立即停止和认真清理一切违章拆借,银行不得变相提高存贷款利率,明确界定和规范进入货币市场的主体的资格和行为,整顿企业集资和债券发行。第二,从资金去向上加强管理,防止资金流向房地产和证券市场,要求银行立即与自己兴办的实体经济脱钩,凡银行买卖或参与买卖股票、期货,或给企业和证券经营机构贷款买卖股票、期货,一律严肃处理;贷款人私自挪用贷款从事股票、期货等投机活动,不但立即收回贷款,且停贷一年。第三,完善监督管理制度。1992年,中国证券监督管理委员会成立。1995年,《中国人民银行法》规定了中国人民银行对银行、信托、保险、部分证券经营机构享有监管权。1997年,将中国人民银行对部分证券经营机构的监管权划归中国证监会。1998年,中国保险监督管理委员会成立,专司对中国保险业的监督。初步形成了中国人民银行负责对银行、信托业监管,证监会负责对证券、期货业监管,保监会负责对保险业监管的分业监管格局。此外,《商业银行法》《证券法》《保险法》《票据法》《担保法》等法律和行政法规也陆续颁布,其共同的目的都是规范金融机构行为,防止资金的高风险套利,引导金融市场健康发展。

三、劳动力市场的建立与完善

劳动力市场的概念是十四届三中全会正式提出的,过去称为劳务市场、人才市场或就业市场,这是在改革开放以后逐渐发展起来的市场。

改革开放之前基本不存在劳动力市场,当时农村实行人民公社制,城市实行"统包统配"和知识青年上山下乡的做法,劳动力几乎没有自主择业的权利。改革开放之后,城市多种经济成分的发展带动了劳动力市场的兴起,乡镇企业也催生了农村劳动力市场,于是出现了计划调配体制与劳动力市场并行的状态。

随着中国确立社会主义市场经济的改革目标,并要把国有企业改革成为真正的现代企业,改革计划调配制度,建立企业自主用工、劳动者自主择业的劳动力市场,成为改革的题中之义。建立劳动力市场的关键是全面推行劳动合同制,改革的难点却在劳动合同制之外,它表现为两方面:一是建立和完善农民工劳动力市场;二是建立社会保障制度。这两项工作的成败关系着建设劳动力市场的成败。

中国农村有上亿剩余劳动力,需要向外流动。80年代后期,乡镇企业在治理整顿中趋于衰落,大量剩余劳动力涌向城市,从事重体力劳动和劳动力密集型行业。这为城市发展注入了动力,但也给交通、治安、城市就业带来了较大压力。为了使农民择业与市场需求有效结合,减少流动的盲目性,国家大力发展职业介绍机构,并加快劳动力市场信息网络建设,重点抓好地区性劳动力市场供求信息的收集和发布,同时搞好区域性劳务协作,逐步形成全国性的劳动力区域协作网络,引导农村劳动力流动。但是,由于受到户籍限制,农民工还只能以临时工的身份往返于城乡之间。

建设城市劳动力市场的关键在于建立社会保障制度。计划经济时期,企业承担了社会保障的职责,但这种体制存在着保障水平超前于生产发展、保障费用由国家和企业包揽、企业负担逐年加重、企业间苦乐不均等问题,不适应市场经济要求。因此,十四届三中全会提出,要建立多层次社会保障体系,这标志着社会保障建设全面启动。

社会保障体系包括社会保险、社会救济、社会福利、优抚安置和社会互助、个人储蓄等多个层次。其中以养老、失业、医疗三大保险为核心,而建立社会保险的关键在于资金的来源。从这个角度来看,新型社会保障制度主要有三大特点。第一,在资金来源上由国家、企业、个人合理分担。第二,在保障水平上兼顾公平与效率。失业保险、最低生活保障由国家支付费用,侧重公平;养老、医疗保险实行社会统筹和个人账户相结合,其中社会统筹支出部分体现公平,个人账户按本人工资基数设计,体现效率原则。第三,在社会保障基金的管理上,实行行政管理与基金收缴运营分离,行政管理部门主要管政策、制度,社会保障基金的收缴运营由社会机构经办,并接受政府和社会监督。通过这种方式,到1997年前后,基本建立了由养老、失业、医疗保险和最低生活保障制度等构成的社会保障体系,基本覆盖了多数城镇职工。而有了社会保障体系托底,劳动力市场的建设才得以向前推进。到1997年,全国城镇企业中97%的职工已经签订了劳动合同,城市劳动力市场初步形成。

不可否认,中国的劳动力市场仍有很多问题,如农村户籍改革、农村社会保障体系建设、城市社会保障体系完善、劳动者合法权益保障等诸多问题,仍有待进一步探索。

第五节 加快政府职能转变

从计划经济向市场经济的转型,要求政府由建设型全能政府向服务型效能政府转变。为此,中国政府分别于1993年和1998年进行了两次机构改革,将经济管理部门的职能由过去的微观计划转为宏观规划,撤销了大部分专业经济部门,并完善了负责宏观调控的经济职能部门。经过两次改革,政府从机构设置上基本实现了与社会主义市场经济的对接。

一、政府机构改革的基本方向

社会主义市场经济要求与之相适应的政府机构,而中国在计划经济时期的政府机构以经济建设为主要职能,其中与经济直接相关的部门主要包括三类。

第一类是经济管理部门。在改革开放之前,主要指国家计划委员会(计委)和国家经济委员会(经委);改革开放之后,为了给改革建言献策,国务院于1980年成立体制改革办公室(体改办),直属国务院,但不列入行政序列。当时体改办的定位是改革"智库",只制定规则,不亲自执行。1982年,五届全国人大正式决定将国家经济体制改革委员会列入国务院组成部门,与计委、经委并列为三大经济管理机构。体改委的职能也由改革决策的制定扩展到了一些具体决策的执行。

第二类是专业经济部门,具体负责某一行业的发展与管理,其中以工业专业经济部门的数量为最。这类部门随着历次机构改革而有所增减、合并或分立。但总体上包括农业、工业、交通、商业等国民经济各个领域。在90年代初,这类部门主要包括水利部、农业部、林业部、商业部、物资部、对外经济贸易部、邮电部、铁道部、能源部、地质矿产部、冶金工业部、机械电子工业部、航空航天工业部、化学工业部、纺织工业部、轻工业部等。

第三类是经济职能部门,主要承担政府对经济的管理和调控职能。这类部门包括国务院组成部门中的财政部、人事部、民政部、审计署等,以及直属机构中的国家统计局、海关总署、国家物价局、国家工商行政管理总局等部门。

图8-1所示为1988年国务院组织机构图。

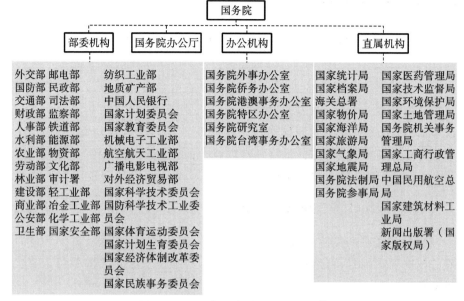

图 8-1　1988 年国务院组织机构图①

从这三类机构的性质来看,前两类机构带有明显的计划经济色彩,是改革的关键。改革的方向如下。第一,将经济管理部门的职能由微观管理、短期计划转向宏观调控、中长期规划,淡化直至取消其计划经济色彩,使其转变为与市场经济相适应的、指导国家宏观经济发展与改革开放的综合性部门。第二,将专业经济部门撤销,让它们所管理的企业与政府分离;对这些部门进行精简合并或撤销,成立新的部门,只专注于制定行业规划、产业政策和标准等职能。第三,对经济职能部门进行调整完善,提高政府的宏观调控能力。

沿着这样的方向,国家于 1993 年和 1998 年进行了两次政府机构改革,在建立与市场经济相适应的政府机构方面取得了很大的突破。

二、1993 年政府机构改革

1993 年 3 月 22 日,第八届全国人大一次会议审议通过了《关于国务院机构改革方案的决定》。根据这一方案改革后,国务院组成部门共 59 个,

---

① 中国网:国务院历次机构改革,http://guoqing.china.com.cn/2013-03/10/content_28191192.htm。

比原有的 86 个减少 27 个,人员减少 20%。①

回顾这次政府机构改革,其核心任务是建立与社会主义市场经济适应的行政管理体制,指导思想是实现政企分开,实现政府的精简、统一和效能。然而总体来看,这一次改革在取得一些突破的同时,也保留了许多计划经济的残余。之所以会出现这样的现象,是因为此时的中国经济刚刚走出治理整顿不久,80 年代末的经济过热迫使我们在许多方面又重新加强了集中统一,使计划经济有所回潮。这种回潮使得 1993 年的政府机构设置呈现出明显的过渡性。这种过渡性体现在以下两方面。

一方面,在经济管理机构的改革上,出现了一定的倒退。1988 年的政府机构改革中,曾经将国家经济委员会撤消。1993 年,经委被重建,并改名为国家经济贸易委员会,主要负责年度计划的执行和协调。而体改委也随着改革的推进而获得了越来越大的权力。例如在股份制改革过程中,体改委有权决定哪家公司可以到交易所上市交易。这就使体改委由智库进一步向着政府机构"异化",并且兼具制定规则与执行规则的双重权力,出现道德风险的可能性开始增大。

另一方面,专业经济部门有增有减,改革不够彻底。改革中撤销的部门有能源部、机械电子工业部、航空航天工业部、轻工业部、纺织工业部、商业部、物资部等 7 个部。这些部门被撤销后,去向不一。一是转为经济实体,这指的是航空航天工业部,被撤销后分别组建航空工业总公司、航天工业总公司。二是改为行业总会,指的是轻工业部和纺织工业部,被撤销后分别组建中国轻工业总会、中国纺织总会。三是合并,指的是商业部、物资部被撤销后,组建国内贸易部,这也结束了长达几十年的商品和物资分别流通的历史。四是拆分为多个部门,指的是能源部被撤销,分别组建电力工业部、煤炭工业部;机械电子工业部被撤销,分别组建机械工业部、电子工业部。由于专业经济部门的改革不彻底,这些部门作为政府与企业之间的"纽带"没有取消,所以政企分离的改革也不可能彻底。

图 8-2 所示为 1994 年国务院组织机构图。

三、1998 年政府机构改革

1998 年 3 月 10 日,九届全国人大一次会议审议通过了《关于国务院机

---

① 中国网:国务院历次机构改革,http://guoqing.china.com.cn/2013-03/10/content_28191192.htm。

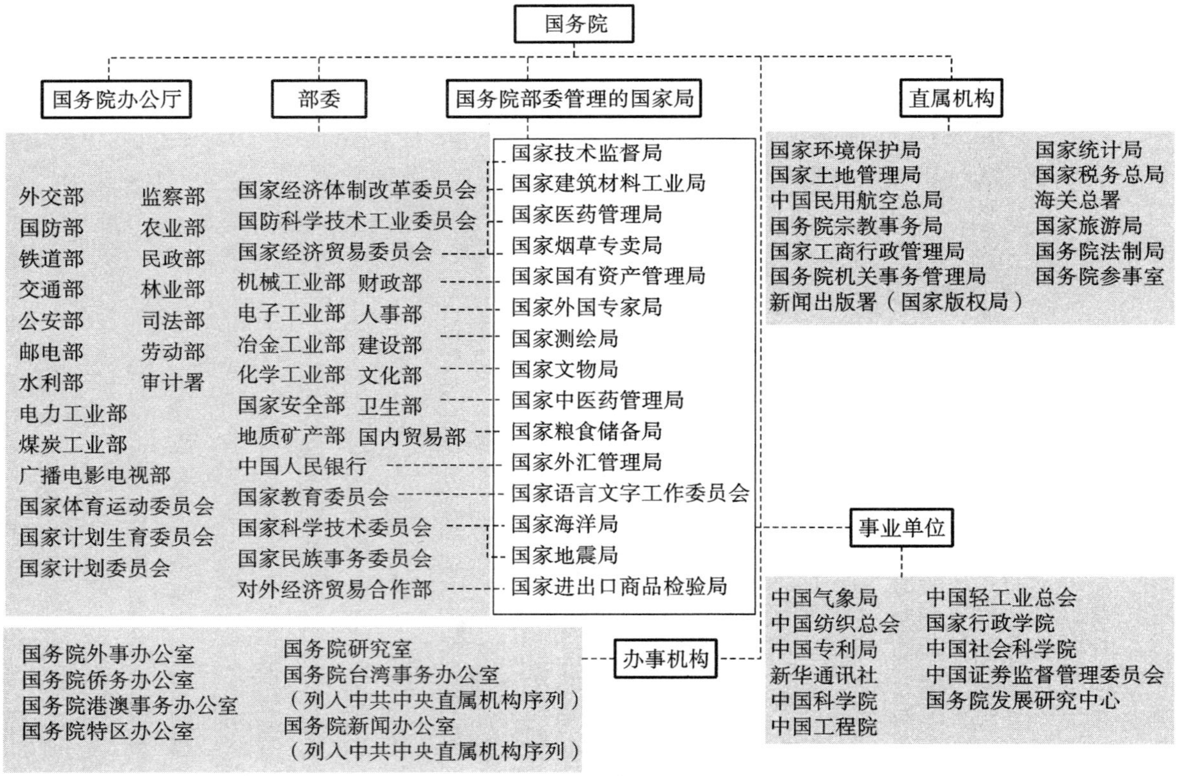

图 8-2 1994 年国务院组织机构图[①]

国务院

国务院办公厅

外交部
国防部
铁道部
交通部
公安部
邮电部
水利部
电力工业部
煤炭工业部
广播电影电视部
国家体育运动委员会
国家计划生育委员会
国家计划委员会
监察部
农业部
民政部
林业部
司法部
劳动部
审计署

部委

国家经济体制改革委员会
国防科学技术工业委员会
国家经济贸易委员会
机械工业部
财政部
人事部
电子工业部
冶金工业部
化学工业部
建设部
文化部
卫生部
国家安全部
地质矿产部
国内贸易部
中国人民银行
国家教育委员会
国家科学技术委员会
国家民族事务委员会
对外经济贸易合作部

国务院部委管理的国家局

国家技术监督局
国家建筑材料工业局
国家医药管理局
国家烟草专卖局
国家国有资产管理局
国家外国专家局
国家测绘局
国家文物局
国家中医药管理局
国家粮食储备局
国家外汇管理局
国家语言文字工作委员会
国家海洋局
国家地震局
国家进出口商品检验局

直属机构

国家环境保护局
国家土地管理局
中国民用航空总局
国务院宗教事务局
国务院工商行政管理局
国务院机关事务管理局
新闻出版署（国家版权局）
国家统计局
国家税务总局
海关总署
国家旅游局
国务院法制局
国务院参事室

办事机构

国务院研究室
国务院台湾事务办公室
国务院侨务办公室
国务院港澳事务办公室
国务院新闻办公室
国务院特区办公室
国务院外事办公室
（列入中共中央直属机构序列）
（列入中共中央直属机构序列）

事业单位

中国气象局
中国纺织总会
中国专利局
新华通讯社
中国科学院
中国工程院
中国工业总会
中国轻工总会
国家行政学院
中国社会科学院
中国证券监督管理委员会
国务院发展研究中心

① 中国网：国务院历次机构改革，http://guoqing.china.com.cn/2013-03/10/content_28191184.htm。

构改革方案的决定》。这次改革的原则与1993年类似,即按照社会主义市场经济的要求,转变政府职能,实现政企分开;按照精简、统一、效能的原则,调整政府组织结构,实行精兵简政;按照权责一致的原则,调整政府部门的职责权限,明确划分部门之间职责分工,完善行政运行机制;按照依法治国、依法行政的要求,加强行政体系的法制建设。这次改革取得了很大的突破,主要表现在以下的两方面。

一方面,经济管理机构更为符合市场经济的要求。一是将国家计划委员会改为国家发展计划委员会,主要职责放在管理有关国民经济全局的事务上,着力制定发展战略,进行宏观经济管理;减少对微观经济活动的干预,创造公平竞争的市场环境,减少行政审批手续。二是将国家经济体制改革委员会改为国务院高层次的议事机构,总理兼主任,有关部长任成员,不再列入国务院组成部门序列,将体改委制定企业性法规和审批央企改制的权力交给经贸委,将股份制公司上市审批的权力移交给新组建的证监会,体改办降低为纯粹的调研和建议机构。三是对国家经济贸易委员会的职能进行大幅度的调整,将工业专业经济部门的职能全部收归国家经济贸易委员会,使其成为总管工业经济的部门。

另一方面,撤销几乎所有工业专业经济部门。被撤销的部门共有10个,包括电力工业部、煤炭工业部、冶金工业部、机械工业部、电子工业部、化学工业部、地质矿产部、林业部、中国轻工业总会、中国纺织总会。相应地,这些部门被改为由国家经济贸易委员会管理的国家局。而这些部门原有的行业管理职能都被划入国家经济贸易委员会。此时的国家经济贸易委员会权力空前巨大,它在宏观上指导和调节国民经济运行,在中观上负责制定大多数行业的发展规划和产业政策,在微观上又管理着各行业的国有企业。但这种情况并不会永远持续下去,它作为一个从计划经济到市场经济过渡阶段的机构,其任务主要是将分散在各部门手中的管理权集中起来,再按照市场经济的要求将这些权力重新分配给新成立的部门。此外,这次改革还撤销了国内贸易部、邮电部、劳动部、广播电影电视部、国家体育运动委员会、国防科学技术工业委员会(组建新的国防科学技术工业委员会)。新组建了信息产业部、劳动和社会保障部、国土资源部,并将国家教育委员会更名为教育部。

通过1998年的改革,国务院组成部门由40个减少为29个。这些部门的设置,体现了市场经济条件下,政府履行公共服务职能的要求。这些部门按职能不同分成以下四类。

一是国家政务部门,有12个:外交部、国防部、文化部、卫生部、国家计划生育委员会、国家民族事务委员会、民政部、司法部、公安部、国家安全部、监察部、审计署。

二是国家宏观调控部门,有4个:国家发展计划委员会、国家经济贸易委员会、财政部、中国人民银行。

三是专业经济管理部门,有8个:建设部、铁道部、交通部、信息产业部、水利部、农业部、对外贸易经济合作部、国防科学技术工业委员会。

四是教育科技文化、社会保障和资源管理部门,有5个:教育部、科学技术部、人事部、劳动和社会保障部、国土资源部。

图8-3所示为1998年国务院组织机构图。

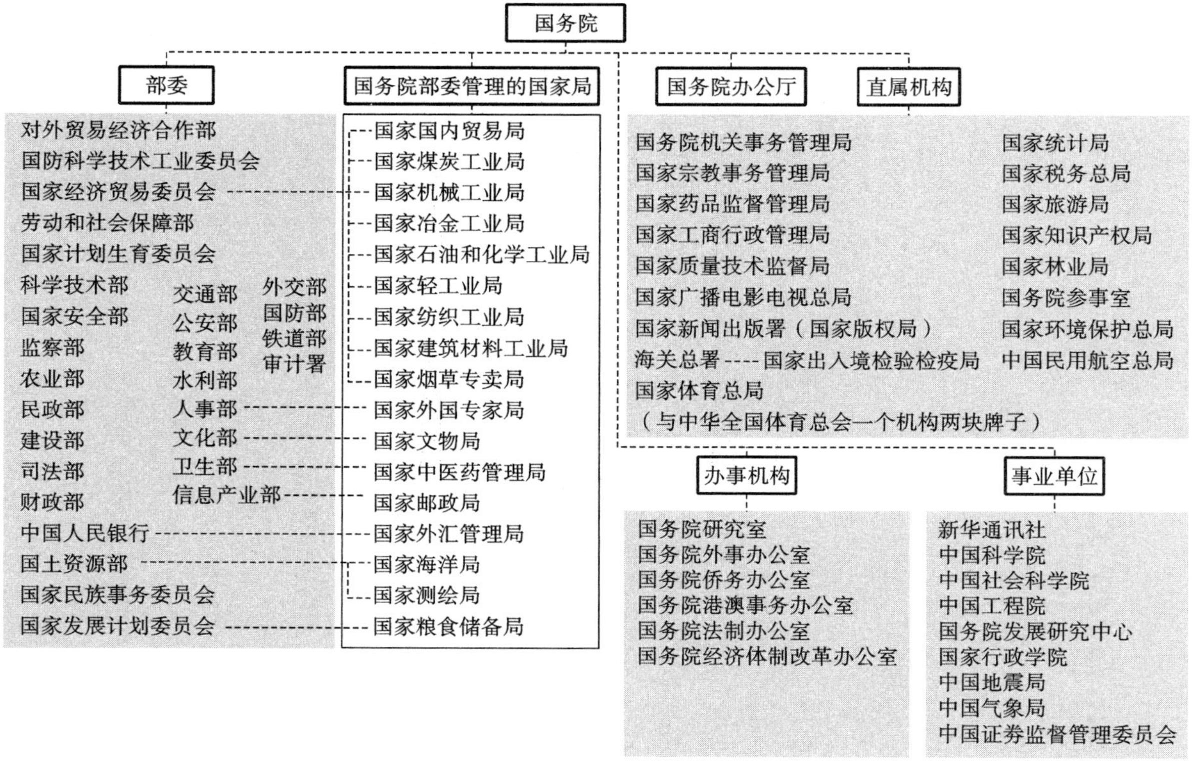

第八章 市场经济体制的确立(1992—2002)

图 8-3 1998 年国务院组织机构图②

国务院

部委
- 对外贸易经济合作部
- 国防科学技术工业委员会
- 国家经济贸易委员会
- 劳动和社会保障部
- 科学技术部
- 国家计划生育委员会
- 国家安全部
- 外交部
- 国防部
- 交通部
- 公安部
- 教育部
- 铁道部
- 水利部
- 审计署
- 监察部
- 农业部
- 人事部
- 民政部
- 文化部
- 建设部
- 卫生部
- 司法部
- 信息产业部
- 财政部
- 中国人民银行
- 国土资源部
- 国家民族事务委员会
- 国家发展计划委员会

国务院部委管理的国家局
- 国家国内贸易局
- 国家煤炭工业局
- 国家机械工业局
- 国家冶金工业局
- 国家石油和化学工业局
- 国家轻工业局
- 国家纺织工业局
- 国家建筑材料工业局
- 国家烟草专卖局
- 国家外国专家局
- 国家文物局
- 国家中医药管理局
- 国家邮政局
- 国家外汇管理局
- 国家海洋局
- 国家测绘局
- 国家粮食储备局

国务院办公厅

直属机构
- 国务院机关事务管理局
- 国家宗教事务管理局
- 国家药品监督管理局
- 国家工商行政管理局
- 国家质量技术监督局
- 国家广播电影电视总局
- 国家新闻出版署（国家版权局）
- 海关总署
- 国家体育总局（与中华全国体育总会一个机构两块牌子）
- 国家统计局
- 国家税务总局
- 国家旅游局
- 国家知识产权局
- 国家林业局
- 国务院参事室
- 国家环境保护总局
- 国家出入境检验检疫局
- 中国民用航空总局

办事机构
- 国务院研究室
- 国务院外事办公室
- 国务院侨务办公室
- 国务院港澳事务办公室
- 国务院法制办公室
- 国务院经济体制改革办公室

事业单位
- 新华通讯社
- 中国科学院
- 中国社会科学院
- 中国工程院
- 国务院发展研究中心
- 中国行政学院
- 中国地震局
- 中国气象局
- 中国证券监督管理委员会

---

① 中国网：国务院历次机构改革，http://guoqing.china.com.cn/2013-03/10/content_28191131.htm。

第九章

市场经济体制改革的深入（2003—2012）

新世纪以来，中国进入工业化加速发展阶段，经济在全球化、城镇化与工业化的合力推动下，实现了十余年的高速增长，创造了举世瞩目的伟大成就。相应地，社会主义市场经济体制也在逐步完善。政府在职能与机构设置上进一步向着公共服务型转变，市场体系进一步发育完善。在市场发育的过程中，政府及时承担起了引导、扶持与规范的责任，使得市场在总体上向着开放统一、竞争有序的方向发展。当然，由于中国正处于经济社会剧烈转型期，在处理政府与市场关系方面仍面临着许多难题，这都需要我们在改革与发展中持续探索。

第一节 政府、国企和宏观调控方式改革

21世纪以来，政府继续完善社会主义市场经济体制：通过深化机构改革，基本消除了计划经济的残留；通过调整国有经济的战略布局，做大做强了国有企业；通过运用财政和货币政策等宏观调控手段，实现了国民经济的持续快速发展。然而，由于市场经济体制尚未健全，政府过度倚重凯恩斯主义的需求管理政策来调控经济，也使得一些结构性矛盾积累增多。

一、政府机构改革与职能转变

社会主义市场经济的框架在20世纪末初步建立起来。进入新世纪，

改革的任务是完善市场经济体制。而政府机构设置上还带有过渡性质,其中残留着计划经济的特点,并且没有实现国有资产监督管理职能的统一。2003年3月10日,十届全国人大一次会议通过了关于国务院机构改革方案的决定。这次改革主要解决了三个问题:一是实现了政府机构从计划经济体制向市场经济体制的转型;二是建立了国有资产管理机构;三是顺应加入世贸组织要求而实现了内外贸易一体化管理。

首先,将国家发展计划委员会改组为国家发展和改革委员会,其任务是研究拟订经济和社会发展政策,进行总量平衡,指导总体经济体制改革。在政府机构名称上消除了"计划"二字,使政府职能的计划色彩进一步淡化。

其次,设立国有资产监督管理委员会,作为国务院的直属机构。将1998年改革之后由国家经济贸易委员会负责的国有资产监督管理职能移交国资委,以指导推进国有企业改革和重组。国资委的成立,在一定程度上解决了国有资产所有者缺位的问题,并且基本结束了原来国有资产管理中"九龙治水"的格局,实现了管人、管事、管资产的结合。

最后,新组建商务部,撤销国家经济贸易委员会和对外贸易经济合作部,将二者对内外贸易的管理职能并入商务部,从而结束了新中国内外贸易分别管理的历史。

此外,为了更好地履行政府在市场经济条件下对市场的监管职能,国家药品监督管理局重组为国家食品药品监督管理局,原属于国家经贸委管理的国家安全生产监督管理局改为国务院直属机构。改革还设立了中国银行业监督管理委员会,以加强金融监管,确保金融机构安全。

图9-1所示为2003年国务院组织机构图。

至此,与市场经济相适应的政府机构大体建立起来,此后虽不断改革,各项职能在各部门间转移调整,但总体格局没有大的改变。而政府接下来要做的,就是不断调整优化各机构运行,使之更好地履行改革与发展的职能。

二、国有企业改革

20世纪末的国企改革,完成了抓大放小、减员增效,使国有企业甩掉包袱,逐渐走出困局。进入21世纪,国有企业改革的主要任务是调整宏观布局和提高微观效率。

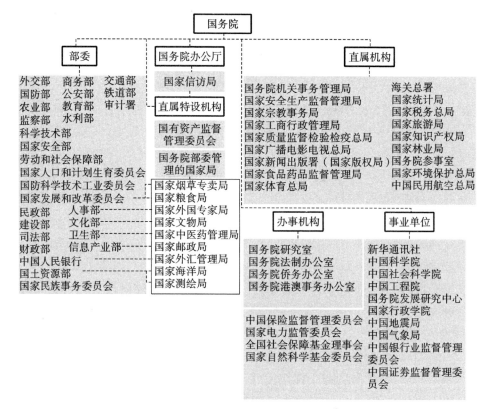

图 9-1 2003 年国务院组织机构图①

从宏观布局上来看,90 年代中后期确立了国企改革的目标要着眼于搞好整个国有经济,十五大报告则进一步指出:国有经济在国民经济中起主导作用,这种主导作用体现在控制力上。为了增强国有经济对国民经济的控制力,国家开始对国有经济在国民经济中的布局进行调整。2003 年,196 户中央企业由原中央企业工委移交新成立的国务院国资委管理。此后,中央企业加快了在国民经济中布局的调整,通过核定主业、主辅分离、合并重组等方式,向着四个领域集中。一是向关系国家安全和国民经济命脉的重要行业和关键领域集中,二是向国有经济具有竞争优势的行业和未来可能形成主导产业的领域集中,三是向具有较强国际竞争力的大公司、大企业集团集中,四是向企业主业集中。截至 2007 年底,中央企业将 80%以上的资产集中到了石油石化、电力、通信、冶金、机械、运输等行业,承担

---

① 中国网:国务院历次机构改革,http://guoqing.china.com.cn/2013-03/10/content_28191119.htm。

了几乎全部的原油、天然气和乙烯生产,提供了全部基础电信服务和大部分增值服务,发电量占全国的50%多,民航运输周转量约占全国的80%,水运货物周转量占全国的89%,汽车产量占全国的48%,生产的高附加值钢材约占全国的60%,生产的水电设备占全国的70%,火电设备占全国的75%。从全国范围来看,国有经济布局和结构也向着基础行业集中,截至2006年底,基础行业的国有资本3.3万亿元,占全部国有企业占用国有资本总量的70.6%,比2003年提高了5.1%。以吉林省为例,省国资委监管企业改制前国有资产分布在20个行业,改制后主要集中在能源、冶金、粮食、森工等10个行业。①

从中观上看,国家对垄断行业内的国有企业进行了拆分,改变一家垄断的局面,目的是形成相互竞争的格局。1998年,石油石化行业率先改革,形成了三家企业集团——中国石油、中国石化、中国海洋石油——各具业务特色、部分竞争的格局。2002年,电力行业按照厂网分开、竞价上网的思路,从原国家电力公司拆分出两大电网和五大发电集团;在民航业,原直属中国民航总局的九家航空公司和四家服务保障企业实施联合重组,与中国民航总局脱钩,形成三大运输公司和三大服务保障公司。电信行业则形成了中国移动、中国联通、中国电信、中国网通、中国卫通、中国铁通等两大两中两小的竞争格局。同时,对铁道部、邮政部门提出政企分开的要求。原国家邮政局所属的经营性资产和部分企事业单位分立后组建了中国邮政集团公司。铁道部的改革相对滞后,最终在2013年被撤销,其拟定铁路发展规划和政策的行政职责被划入交通运输部,组建中国铁路总公司,承担原铁道部的企业职责。

从微观层面,国有企业改革的主要任务是建立和完善现代企业制度。建立现代企业制度的主要目的有两个:一是实现投资主体的多元化,吸引更多资本来充实壮大国有经济的整体规模和实力;二是优化公司治理结构,通过引入股东来倒逼公司提高经营管理水平。前一项改革目标达成得较为顺利。1998年时,全国23.8万家国有及国有控股企业中,国有控股企业只占10%,而90%是完全的国有企业。从1998年到2004年,国有企业进入改制高潮,85%~90%的国有中小企业实现了改制,50%以上国有大型企业实现了改制,多数大中型企业进行了股份制改造,引入了外部投资

---

① 吕政、黄速建:《中国国有企业改革30年研究》,经济管理出版社2008年版,第168-169页。

者。[①] 经过公司制改制的国有企业，经营活动受到《公司法》约束。2006年，新修订的《公司法》施行，各地国有资产监督管理部门纷纷督促国有企业修订公司章程，完善公司治理。不过从总体上来看，仍有很多企业的这项工作停留在形式层面，国有资本出资人缺位和内部人控制问题没有得到根本性解决。

三、政府对经济的宏观调控

经过90年代的财政金融体制改革，中国初步建立了宏观调控体系，但此时的宏观调控体系仍不完善。因此，2003年中共十六届三中全会做出的《关于完善社会主义市场经济体制若干问题的决定》，提出了完善国家宏观调控体系的任务。此时对于宏观调控的理解，包括三个部分：国家计划、财政政策和货币政策。该《决定》提出，要进一步健全国家计划和财政政策、货币政策等相互配合的宏观调控体系。国家计划的作用是明确宏观调控目标和总体要求，它是制定财政政策和货币政策的主要依据；财政政策的作用是促进经济增长、优化结构和调节收入分配；货币政策的作用是保持币值稳定和总量平衡。对于如何完善宏观调控，《决定》提出要完善财政政策的有效实施方式，要健全货币政策的传导机制，同时完善统计体制，健全经济运行监测体系，以提高宏观调控水平。可见，此时对于宏观调控的认识仍带有一定局限性，它一方面仍带有计划经济的色彩，另一方面也没有突破凯恩斯主义财政政策和货币政策的两个药方。

然而，中国的宏观调控体系仍有许多不健全之处，运用这样的体系来调控经济，虽然可以收到短期效果，但从长期来看会加剧国民经济的结构性矛盾。首先，财政体制中存在着中央与地方财权和事权不匹配问题。地方财政的事权比重大于财权比重，导致地方财政入不敷出，依赖中央政府转移支付，同时也迫使地方政府千方百计扩大工业园区以招商引资、鼓励房地产投资以增加土地出让金和相关税费收入、通过各种方式扩大地方债务规模。这些做法导致产能、库存和债务率逐年攀升，而公共服务领域的欠债也逐年累积。其次，货币政策传导机制不畅问题。中国金融体系存在着间接融资比重过高、直接融资比重过低的问题，银行在金融体系中处于绝对的主导地位。而银行在信贷对象选择上更偏重国家重点项目、国有企业、政府担保项目等，对于个体私营企业和农业贷款的积极性不高，由此导

---

① 吕政、黄速建：《中国国有企业改革30年研究》，经济管理出版社2008年版，第173页。

致货币政策传导不畅和政策效果的不对等性。在货币政策宽松时,民营经济得到的资金有限而通胀压力已然高企;在货币政策紧缩时,又会使最需要资金的民营经济最先遭遇挤出效应。在这种传导机制下频繁使用货币政策,其效果会加剧国民经济的失衡。最后,市场改革滞后,政府监管缺位并存。例如,在资源有偿使用、生态环境补偿等方面的制度缺失,实行积极的需求管理政策会导致资源浪费与生态环境破坏;市场准入的不公平,积极的需求管理政策会引发"国进民退",加剧对民营经济的挤出效应;与需求管理政策相配合的产业政策,也往往缺乏市场论证与总体规划,导致全国各地一窝蜂式地上项目,浪费资源,并加剧了产能过剩。

基于对这些问题的认识,中共十七大报告提出,要深化财税金融等体制改革,完善宏观调控体系。围绕推进基本公共服务均等化和主体功能区建设,完善公共财政体系。深化预算制度改革,强化预算管理和监督,健全中央和地方财力与事权相匹配的体制,加快形成统一规范透明的财政转移支付制度,提高一般性转移支付的规模和比例,加大公共服务领域投入。完善省以下财政体制,增强基层政府提供公共服务的能力。实行有利于科学发展的财税制度,建立健全资源有偿使用制度和生态环境补偿机制。推进金融体制改革,发展各类金融市场,形成多种所有制和多种经营形式结构合理、功能完善、高效安全的现代金融体系。提高银行业、证券业、保险业竞争力。优化资本市场结构,多渠道提高直接融资比重。加强和改进金融监管,防范和化解金融风险。完善人民币汇率形成机制,逐步实现资本项目可兑换。深化投资体制改革,健全和严格市场准入制度。完善国家规划体系。发挥国家发展规划、计划、产业政策在宏观调控中的导向作用,综合运用财政、货币政策,提高宏观调控水平。

遗憾的是,2008年爆发的金融危机,使中国经济出现了增速急剧下滑的危险。当时中国在民生、就业等方面面临着巨大压力,在改革、发展和稳定之间更迫切地选择维持发展和维护稳定。为此,中国推出了初步匡算规模为4万亿的经济刺激计划,继续以积极的需求管理政策来推动经济增长。这一选择将高速增长的势头维持了下来,使中国在总体上一跃实现了"富起来",整体经济实力和国际经济地位有了历史性的提升,但也加剧了经济的结构性矛盾,使十八大之后的改革任务变得更加迫切而艰巨。

第二节 第一产业的市场化发展与政府扶持

农业是国民经济的基础。21世纪以来,随着经济快速发展,财政收入持续增加,中国开始实行"工业反哺农业、城市反哺农村"的政策,不仅取消了农业税,而且通过粮食托市收购政策,保障了粮食持续增产和农民持续增收。不过,由于中国的农业生产力仍然较为落后,加之政府对农产品市场的调控仍缺乏经验,也出现农业生产成本上升、流通费用畸高、投机买卖、外国农产品冲击国内市场等问题。

一、"反哺"农业的政策转向

改革开放之初,农村改革的成功为全面改革提供了保障。但自从改革重心从农村转向城市,农村和农业在改革发展全局中一直处于边缘位置,并且承担了改革的负面效应。到了90年代,改革和发展加剧了农村的困境。在经济"软着陆"过程中,国家对资金的控制使乡镇企业在1993年之后开始走下坡路,农民进城务工与国企职工下岗分流产生了冲突,因而受到各地政府的限制。分税制改革之后,地方政府由于财政困难,所以加大了从农村提取税费的力度,各种税收附加、各种名目的收费,乱集资、乱摊派、乱罚款("三乱")现象频出,加重了农民的负担。国家为了保护农民种粮积极性而采取的粮食保护价收购制度,也在执行过程中走了样,一些地方的粮食部门对粮食压级压价收购,甚至和私商联合起来,由私商以低价购粮,而后以保护价卖给国家,从中赚取财政补贴。这一系列原因,致使"三农"的困难加剧,影响经济社会健康发展。

"三农"问题事关全局,引起了党中央的重视,也使党和国家的"三农"政策从2003年起开始转向。2003年1月,中央农村工作会议在北京召开。会议指出,全面建设小康社会,必须统筹城乡经济社会发展,更多地关注农村,关心农民,支持农业,把解决好农业、农村和农民问题作为全党工作的重中之重,放在更加突出的位置。从2003年起,中央每年的一号文件都有关于"三农"的内容,而所有这些政策的核心,在于取消对"三农"的"提取",建立对"三农"的"反哺",即"多予少取放活"的政策。

解决"三农"问题的关键有三点:一是减轻农民负担;二是提高农民特别是粮农的收入,保护生产积极性;三是加大农业投入,提高农业生产力水平。实现这三个目标需要政府与市场协同发力,其中政府的作用更为重要。

二、减轻农民负担

政府对于农村的税费政策,经历了一个从减轻规范到彻底取消的过程。

减轻农民负担的改革无法一蹴而就,最初的改革是进行变费为税、减轻税负的试点,并治理整顿乱收费。从1995年起,湖南省武冈市等地进行了农村费改税试点,将村级对农民收取的三项提留和乡镇对农民收取的五项统筹收费等改为统一征收的"农村公益事业建设税",其税负不得超过农民上年纯收入的5%。实行费改税之后,乡镇任何部门和单位不得再向农民无偿收取费用,农民也有权拒缴并对税外乱收费行为提起行政诉讼。自1995年以来,全国有7个省的50多个县进行了类似的费改税试点。在进行试点工作的同时,全国范围内开展了治理整顿"三乱"的行动。仅1999年,全国共查结7507起涉及农民负担的案件,对4800名干部进行了党纪政纪处分,这一年各地至少取消了7831个不合理的涉农收费项目,减轻农民负担37.7亿元。[1]

从2000年开始,费改税试点推广扩大工作正式启动。2000年初,中央决定在农业大省安徽进行费改税全省试点。新一轮税费改革,基本上把农业税税率定为7%,附加上限定为20%,农业税费负担总水平为8.4%。2001年,国家在安徽和江苏扩大试点。2002年,中央财政对黑龙江、吉林、内蒙古、河北等16个省区市发放农村税费改革专项转移支付资金,用以进行税费改革。从2003年起,税费改革在全国范围内铺开,当年减轻农民负担137亿元。

改革的第三个阶段是全面取消农业税。这是彻底减轻农民负担、防止地方巧立名目变相增加农民负担的根本举措。2004年3月,中国政府宣布在五年内取消农业税。2003年,上海率先实行农业税免征政策,使上海农民直接减轻负担1.43亿元。2005年,27个省区市提前实现免征农业税。2005年12月,十届全国人大常委会第十九次会议通过了《关于废止〈中华人民共和国农业税条例〉的决定》。从2006年开始,9亿农民彻底告别农业税,也结束了农业税在中国长达2600多年的历史。在取消农业税的同时,国家还在研究推进乡镇机构改革、农村义务教育改革、县乡财政管理体制改革,以期建立农民负担不反弹的长效机制。

农业税的取消,标志着政府和农民的关系进入了新阶段。而要真正实现"反哺"三农,还要从"少取"向"多予"迈进。

---

[1] 项怀诚主编:《中国财政通史 当代卷》,中国财政经济出版社2006年版,第181-182页。

三、政府对农产品市场的直接参与

统购统销制度取消后,政府对粮食流通仍进行着积极的干预。

90年代,粮食实行保护价收购政策,粮食部门按保护价敞开收购。当时受国际粮价下行压力影响,保护价收购使得财政补贴成本上升,并且也不利于鼓励粮农改良品种。1995年国有粮食企业亏损挂账增加额为44亿元,而1996年增加额达到197亿元,1997年的增加额又比1996年翻了一番还多。到1998年,仅前三个月的新增额就将近300亿元①,财政负担空前沉重。于是,政府开始逐年缩小保护价收购政策覆盖的品种范围,并逐步放开粮食购销市场。1998年,湖南、湖北、广东、广西和山东等省区调减了定购任务;1999年,又有多省调减了定购任务,从而减轻国有粮企按保护价收购的负担。从2000年新粮上市起,北方春小麦、南方早籼稻、江南小麦、长江流域及其以南地区的玉米,开始不再以保护价收购。2001,浙江、上海、广东、福建、海南、江苏、北京、天津等8个粮食主销区及部分产销平衡区放开粮食收购市场,一些主产区也放开了部分粮食品种的收购。1998—2003年,国有粮食企业数量从53240个减少到39495个,其中购销企业从30434个减少到22345个,国有粮企职工人数从3305658人减少到2050871人②。

缩小保护收购价范围和放开粮食购销的改革,倒逼农民减少播种面积,调整种植结构。从1999年开始,粮食播种面积和产量逐年下降,到2003年粮食播种面积降至新中国历史上的最低点,产量也降至1990年以来的最低水平,这一年也成为挖库存最多的一年。粮食供求关系在1999年告别"短缺"之后,再度紧张起来,粮食价格也因此从2003年下半年开始全面回升。

粮价重回上行周期为国家改革保护价收购制度提供了契机,加之国有粮食企业连年消化"三老"(老人、老粮、老账)负担,已基本渡过了最困难时期,粮食流通市场化改革时机成熟。因此,2004年成为粮改力度最大的年份。2004年5月,国务院《关于进一步深化粮食流通体制改革的意见》决定:放开粮食收购市场,实现粮食购销市场化和市场主体多元化。由市场供求关系决定粮食价格,保护价收购制度退出历史舞台。原来发放给购销

---

① 成致平主编:《中国物价五十年(1949—1998)》,中国物价出版社1998年,第738页。
② 聂振邦主编:《2005中国粮食发展报告》,经济管理出版社2005年,第111-113页。

企业的补贴,相当于国家对种粮农民的"间接补贴";而从 2004 年开始,国家直接对种粮农民发放补贴,补贴内容不断完善,最终形成包括粮食直补、良种推广补贴、农机具购置补贴、农资增支综合直补在内的四项补贴。在市场主体方面,2004 年各地审核批准了一批新的粮食市场主体。而国有粮食企业也在转换经营机制,增加收购网点,健全收购网络,并采取订单收购、上门收购等多种方式,扩大国有粮企在粮食流通中的主导作用。

2004 年的补贴政策和税费改革调动了农民的种粮积极性,粮食种植每亩净利润从 2003 年的 42.9 元增至 2004 年的 196.5 元[①],这促使 2004 年粮食播种面积增加 220 万公顷,结束了自 1999 年起播种面积连年下降的趋势,粮食产量增加 3877 万吨,成为新中国粮食增产最多的年份。

改革促进增产的同时,也造成了新的"谷贱伤农"的危险。为确保粮食增产和农民增收,国家从生产和收购两方面进行制度完善。在生产端,持续增强减负和补贴力度,农业税收及各种附加取消后,全国农民每年减负约 1250 亿元[②];从 2004 年到 2012 年,"四项补贴"合计由 145.2 亿元增至 1643 亿元[③],在很大程度上保护了农民的种粮积极性。在收购端,国家建立了托市收购制度,它主要由针对稻谷和小麦的最低价收购和针对玉米、大豆等的临时收储两项制度构成。国家在 2004 年启动了稻谷最低价收购,在 2006 年又启动了小麦最低价收购。最低价收购政策的核心是让市场定价,只有市场价格低于国家事先确定的最低价格时,才由指定企业入市收购,一旦市场价格回升到最低价以上,即停止入市收购。它与保护价收购的最大不同是,将国家定价敞开收购变为市场定价、国家收购为市场价格托底。2008 年,国家又对玉米、大豆启动了临时收储和中央储备计划,由此建立了完备的托市收购制度。从 2004 年到 2014 年,国家每年都提高托市收购价格,早稻、中晚稻和粳稻的最低收购价从每百斤 70 元、72 元、75 元增至 135 元、138 元、155 元,白麦、红麦和混合麦的最低收购价从每百斤 74.6 元增至 102 元。在直接补贴和托市收购政策的支持下,粮食出售价格逐年上涨,种粮利润在总体上也呈上升趋势,粮食生产受到空前鼓舞,年产量彻底走出了过去"两丰两欠一平"的周期,实现了从 2004 年到 2015 年的十二连增。

除粮食外,政府对棉花和油料这两种曾经实行统购统销的农产品,采

---

① 国家粮食局主编:《2014 中国粮食发展报告》,经济管理出版社 2014 年,第 158 页。
② 聂振邦主编:《2007 中国粮食发展报告》,经济管理出版社 2007 年,第 13 页。
③ 数据来自 Wind 资讯。

取了更为开放的态度。在棉花方面,国务院于 2001 年 7 月发布《关于进一步深化棉花流通体制改革的意见》,提出打破垄断经营、鼓励公平竞争、规范市场秩序、提高调控效率的要求。放开了棉花收购,实现多渠道经营。同时,组建国家储备棉管理公司,综合运用进出口和储备吞吐等调控手段,调节棉花供求关系和价格水平,稳定国内棉花市场。在油料方面,从 1992 年起,除花生油和菜籽油继续实行国家指导价外,其他油料价格和购销放开。1993 年全部放开了油料市场和价格,实行多渠道流通。然而,放开流通也带来了不利后果,即中国的棉花、大豆等农产品在国际竞争中均处于劣势。以大豆为例,从 1995 年开始,中国从大豆净出口国变为净进口国,时至今日,对进口大豆的依赖度已经超过 80%。

四、政府对农产品市场的培育和调节

从 90 年代开始,农产品流通市场化的进程逐渐加快。1990 年,在社会农副产品消费量中,集贸市场提供了肉禽蛋的 68.2%,水产品的 89.1%,干鲜果的 80.3%,干鲜菜的 75.8%。① 1991 年,农产品流通大致分为三种类型:第一类是粮食由国家定购、棉花及部分中药材由国家专营;第二类是由国家提出指导性价格;第三类是市场经营,包括大多数农产品。1991 年 10 月,国务院《关于进一步搞活农产品流通的通知》提出,农产品流通体制改革的总的要求,是适当缩小指令性计划,完善指导性计划,更多地发挥市场机制的作用。

进入 21 世纪以来,除粮食、部分中药材等少数农产品仍由政府干预外,绝大多数农产品流通已经实现了市场化,而政府也建立了粮食、棉花、食油、猪肉、食糖、农药等重要农产品和农业生产资料的储备及管理机构。

国家对农产品市场采取培育和调节的基本做法。在培育农产品市场方面,重点完善农村流通网络。2004 年,国务院办公厅发布《关于进一步做好农村商品流通工作的意见》,要求加快发展农产品批发、零售市场和物流等,搞活农产品流通;改革农村消费环境,建立健全农村消费品流通网络等,培育农村消费品市场,促进城乡之间、工农业产品之间的交流。另一方面,重点培育和加强农民的市场主体地位,鼓励和支持农民按照自愿、民主的原则,发展多种形式的农村专业合作组织,提高农民在市场中的谈判地位。

---

① 张晓山、李周主编:《中国农村改革 30 年研究》,经济管理出版社 2008 年版,第 80 页。

不过,农民在农产品市场中的谈判地位仍处于弱势,随着农产品流通的放开,农产品市场中出现了流通成本过高和市场投机等问题。流通成本过高是困扰农产品流通的首要问题,表现为农产品在田间批发价格过低,以致农民无法回收生产成本;而农产品的终端零售价格又过高,抬高了城镇居民的生活成本。究其原因,主要是因为流通过程中的运输费用、批发商的谈判优势和"最后一公里"的税费过重。其中运输费用主要来自各地普遍收取的养路费和逐年提高的燃油成本。

2008年之后,由于货币发行量增加,而实体经济投资回报率下降等原因,大量热钱流向农产品投机领域。这些热钱通过低位建仓、对敲抬价、制造舆论等方式抬升物价,在市场上造成许多农产品价格暴涨,如大蒜、生姜、绿豆、猪肉等产品都成为其炒作对象。对于此,政府虽有能力平抑物价,但没有能够阻止投机资本赚取超额利润。

第三节 政府对产品市场的调控和权力收缩

2002年至2012年是中国经济走出低迷、持续高速增长的时期。随着经济的快速增长,产品市场也获得了程度空前的迅速发展。各类主体不断壮大,各类商品大量涌流,使得市场空前繁荣。在这种情况下,过去计划经济条件下因为商品短缺而采取的许多政府管制措施,也随着供给的日渐充裕而逐步取消,政府不仅对许多商品流通的经营资格予以放宽,而且减少了政府定价的商品种类。在放宽经营限制的同时,政府建立健全了流通管理体制,从领导机构、法律法规、市场监管和市场调控等方面进行了较为完备的制度建设。而随着资本规模的壮大,市场上也出现了投机资本的身影,这对政府调控提出了更高要求,也促使政府进一步完善了市场监管和调控的长效机制,并启发我们从宏观经济政策和微观经营环境等多方面着力,引导资本从商业投机转向产业结构升级,以促进经济持续健康发展和市场平稳有序运行。

一、产品市场快速发展与政府权力收缩

中国经济从2002年开始逐渐走出亚洲金融危机和国企改革阵痛所导致的低迷时期,进入了高速增长的阶段。与经济高增长相伴随的,是产品市场的快速发展,通过GDP(国内生产总值)与社会消费品零售总额的增速来看,二者呈高度的正相关关系(如图9-2)。而且,产品流通的市场化程度

也大大增强，政府干预显著减少，这种变化突出地体现为两方面：一是经营主体多元化，二是价格制定市场化。

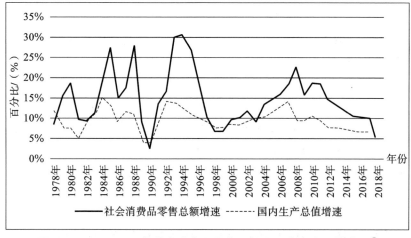

图 9-2　1978—2018 年社会消费品零售总额和国内生产总值增速①

（一）经营主体多元化

计划经济时期，几乎所有的行业都由国营企业或集体企业专营。改革开放后，许多行业向民营经济和外资开放，尤其是 90 年代末国企改革确立国有经济从一般竞争性行业退出的改革战略后，越来越多的行业取消或降低了资本准入门槛。2001 年中国加入 WTO，在一些关系国计民生的重要行业中保留了国营贸易的权利，包括粮食、植物油、食糖、烟草、棉花、化肥、原油、成品油等 8 大类共 84 项商品的进口，以及茶、大米、玉米、大豆、钨矿砂、仲钨酸铵、钨制品、煤炭、原油、成品油、丝、未漂白丝、棉花、棉纱线、棉机织物、锑矿砂、氧化锑、锑制品、白银等 19 大类 134 项商品的出口。除上述实行国营贸易的商品外，中国还对天然橡胶、木材、胶合板、羊毛、腈纶、钢材等商品实行指定经营，但指定经营的期限仅为入世后的 3 年，此后将取消这一制度。这些商品的进出口由国有企业或被指定的私营企业专门从事，而这些商品的国内流通，则由政府进一步颁布相应的经营资格认定办法，符合条件的主体即可从事经营。例如，国务院于 2004 年颁布《粮食流通管理条例》，随后，国家粮食局和国家工商总局联合发布了《粮食收购

---

① 根据国家统计局网站"年度数据"计算得出。

资格审核管理暂行办法》。该《办法》规定：国家粮食行政管理部门负责全国粮食收购资格审核的管理和监督检查工作，地方粮食行政管理部门负责本辖区内的粮食收购资格审核的管理和监督检查工作。凡常年收购粮食并以营利为目的，或年收购量达到50吨以上的个体工商户，必须取得粮食收购资格。年收购量低于50吨的个体工商户从事粮食收购活动，无须申请粮食收购资格。申请从事粮食收购的法人和其他经济组织，应具备经营资金筹措能力、必要的粮食仓储设施、相应的粮食质量检验、保管能力。这样一来，重要商品的进出口及国内流通，就形成由国有企业主导、具备相应资格的私营经济辅助的流通体系；而对于其他一般竞争性商品，则放开限制，自由流通。

（二）价格制定市场化

除经营资格审核外，政府对于产品市场的规制还体现在定价权方面。价格可以分为三种，1998年5月实施的《价格法》规定，"大多数商品和服务价格实行市场调节价，极少数商品和服务价格实行政府指导价或者政府定价"。市场调节价，是指由经营者自主制定，通过市场竞争形成的价格。政府指导价，是指依照《价格法》规定，由政府价格主管部门或者其他有关部门，按照定价权限和范围规定基准价及其浮动幅度，指导经营者制定的价格。政府定价，是指依照《价格法》规定，由政府价格主管部门或者其他有关部门，按照定价权限和范围制定的价格。根据《价格法》，政府可以在必要时对下列商品和服务实行政府指导价或者政府定价：一是与国民经济发展和人民生活关系重大的极少数商品价格，二是资源稀缺的少数商品价格，三是自然垄断经营的商品价格，四是重要的公用事业价格，五是重要的公益性服务价格。

为了明确政府指导价、政府定价的定价权限和具体适用范围，中央和地方政府均颁布了各自的定价目录。政府定价的商品和服务往往带有自然垄断性质或供不应求，因而需要限制最高价格以稳定市场和保障民生。而随着中国经济和国内市场的迅速发展，商品和服务的供给数量极大增加，随着供求平衡甚至出现供过于求，政府定价的范围自然逐步缩小。从2001年到2015年，国务院先后批准了两个定价目录，对比这两个定价目录，就可以看出政府权力在价格领域的收缩。

2001年7月4日，国务院批准了《国家计委和国务院有关部门定价目录》（见表9-1），于2001年8月1日开始实行。

表 9-1　2001 年国家计委和国务院有关部门定价目录

编号	品名	定价内容	定价部门
1	重要的中央储备物资	储备粮食、食用植物油(料)、棉花的收购价格和销售价格,储备食糖竞卖底价,储备石油的出厂价格和出库价格,储备化肥入库和出库价格,储备厂丝收购价格和销售价格	国家计委会同有关部门
2	国家专营烟叶、食盐和民爆器材	烟叶收购价格,食盐出厂价格、批发价格,民爆器材出厂基准价格及浮动幅度	国家计委会同有关部门
3	部分化肥	出厂基准价格及浮动幅度,港口结算价格	国家计委
4	部分重要药品	麻醉药品、一类精神药品、国家统一收购的预防免疫药品和避孕药具的出厂价格(口岸价格),其他药品的零售价格	国家计委
5	教材	印张单价及浮动幅度	国家计委
6	天然气	出厂价格	国家计委
7	中央直属及跨省水利工程供水	出库(渠首)价格	国家计委
8	电力	未实行竞价的上网电价	国家计委
		销售电价	国家计委
9	军品	出厂价格	国家计委
10	重要交通运输	管道运输及杂项收费,港口收费,民航运输价格及折扣幅度(含机场收费),铁路客货运输价格及杂项作业收费标准	国家计委会同有关部门
11	邮政基本业务	资费	国家计委
12	电信基本业务	资费	信息产业部
13	重要专业服务	金融结算和交易服务 基准价格及浮动幅度	国家计委
		工程勘察设计服务 基准价格及浮动幅度	国家计委会同有关部门
		部分中介服务 收费标准	国家计委

2015年10月,国家发改委公布了重新修订的《中央定价目录》(见表9-2),将定价种类由13种(类)减少为7个种(类),减少46%;具体定价项目由100项左右减少到20项,约减少80%。在保留的20项中,以发改委为主管理的有13项,以行业主管部门为主管理的有7项。新目录于2016年1月1日起施行。

表9-2　2015年中央定价目录

序号	定价项目		定价内容	定价部门
1	天然气		各省(自治区、直辖市)天然气门站价格	国务院价格主管部门
2	水利工程供水		中央直属及跨省(自治区、直辖市)水利工程供水价格	国务院价格主管部门
3	电力		省及省以上电网输配电价	国务院价格主管部门
4	特殊药品及血液		麻醉药品和第一类精神药品最高出厂价格和最高零售价格	国务院价格主管部门
			公民临床用血的血站供应价格	国务院卫生计生部门会同国务院价格主管部门
5	重要交通运输服务	铁路运输服务	中央管理企业全资及控股铁路普通旅客列车票价率	国务院价格主管部门
			中央管理企业全资及控股铁路货物、行李运价率	
		民航运输服务	民航国内航线及国际航线国内段旅客票价率	国务院民用航空主管部门会同国务院价格主管部门
			民用机场、军民合用机场垄断环节服务收费	国务院民用航空主管部门
			民航飞行校验服务收费	
			民航空管服务收费	
		港口服务	渔港收费	国务院农业主管部门会同国务院价格主管部门
			沿海、长江干线主要港口及其他所有对外开放港口的垄断服务收费	国务院交通运输主管部门会同国务院价格主管部门
			跨省(自治区、直辖市)长途管道运输价格	国务院价格主管部门

续表

序号	定价项目	定价内容	定价部门
6	重要邮政业务	信函寄递资费	国务院价格主管部门会同国务院财政部门、国务院邮政管理部门
		邮政汇兑资费	
		机要通信资费	
		国家规定报刊发行资费	
		单件重量不超过10千克的包裹寄递资费	
7	重要专业服务	商业银行服务收费	国务院价格主管部门会同中国人民银行、国务院银行业监管机构（具体根据职责分工确定）
		银行卡刷卡手续费	
		全国性证券交易场所收费	国务院证券监管机构
		征信服务收费	
		学历学位认证收费	国务院价格主管部门
		公民身份认证收费	

二、建立规范的流通体制

为规范产品流通，政府在减少行政干预的同时，建立了较为完备的流通管理体制。这其中最首要的工作是组建商务部。随着中国加入 WTO，原本内外贸易分隔的行政管理体制已不再适用。2003 年 3 月，十届全国人大一次会议通过了国务院机构改革方案，撤销了国家经贸委、外经贸部，组建了商务部，统一管理国内国际贸易与国际经济合作。同时，各地方政府也相应成立了商务厅（局）。从商务部的职能来看，它负责管理国内国际贸易和国际经济合作。其中仅就国内贸易来看，商务部的职责有四个方面。

首先，商务部要负责推进流通产业结构调整，指导流通企业改革、商贸服务业和社区商业发展，提出促进商贸中小企业发展的政策建议，推动流通标准化和连锁经营、商业特许经营、物流配送、电子商务等现代流通方式的发展。例如，商务部于 2004 年发布《全国商品市场体系建设纲要》，提出到 2010 年基本形成布局合理、结构优化、功能齐备、制度完善、现代化水平较高的商品市场体系。从市场发展水平来看,短短几年内,国内市场已经具备了现代商业的所有业态,包括便利店、超市、购物中心、仓储式商场、百货店、直销中心等,并且呈现出传统商业与电子商务并存、现货交易与期货交易并存的局面。

其次,商务部要负责拟订国内贸易发展规划,促进城乡市场发展,研究提出引导国内外资金投向市场体系建设的政策,指导大宗产品批发市场规划和城市商业网点规划、商业体系建设工作,推进农村市场体系建设,组织实施农村现代流通网络工程。例如,2005年,商务部组织实施了以发展农村现代流通网络为主要内容的"万村千乡市场工程";2006年,商务部在全国组织实施"双百市场工程",提高农产品流通企业的现代化水平,升级改造农村批发市场;2006年,商务部批准《农家店建设与改造规范》,以促进和加强农村现代流通体系建设。商务部还与国家开发银行签订协议,为农村市场体系建设提供融资便利。

再次,商务部承担牵头协调整顿和规范市场经济秩序工作的责任,拟订规范市场运行、流通秩序的政策,推动商务领域信用建设,指导商业信用销售,建立市场诚信公共服务平台,按有关规定对特殊流通行业进行监督管理。商务部从成立之初就开始全面清理流通法规,清理了1988年以来原商业部、物资部、国内贸易部(局)、国家经贸委等部门发布的涉及市场流通的法律文件1000余件,重点清理1993年以来发布的法律文件495件,废止不适应当前市场流通形式的法律文件110件。[①] 同时,商务部还组织专家学者,研究建立健全流通法律法规体系的框架方案,该框架包括市场主体、市场行为、市场秩序、市场调控和市场管理等五个方面的法律法规。根据这一框架方案,我国逐步完善立法工作,发布了一批重点法律法规,如基础性的《反垄断法》《期货交易所管理办法》等,与商业企业经营管理相关的《商业特许经营管理办法》《直销管理条例》等,与具体行业相关的《拍卖管理办法》《典当管理办法》《酒类流通管理办法》《二手车流通管理办法》《原油市场管理办法》等。

最后,商务部还要承担组织实施重要消费品市场调控和重要生产资料流通管理的责任,负责建立健全生活必需品市场供应应急管理机制,监测分析市场运行、商品供求状况,调查分析商品价格信息,进行预测预警和信

---

① 裴长洪主编:《中国对外开放与流通体制改革30年研究》,经济管理出版社2008年版,第373页。

息引导，按分工负责重要消费品储备管理和市场调控工作，按有关规定对成品油流通进行监督管理。例如，2005年，商务部组织完善了生活必需品、重要生产资料、重点流通企业和特殊内贸行业管理4个直报监测系统；新建了社会信息搜索、专项调查、专家评估3个间接监测系统和全国商品流通数据库。到2006年，直接监测的样本企业达到5000多家，监测的商品包括600种消费品和300种生产资料，形成了覆盖较为完整的市场监测网络，并在此基础上创立了市场动态分析、市场专题分析、市场综合分析、商品供求分析、市场预警分析和宏观经济分析，及时向社会公布市场供求信息，引导生产和消费。[①] 除监测分析外，政府还建立起多种商品的市场应急管理系统，实施了《生活必需品市场供应应急管理办法》《中央储备肉管理办法》《中央储备糖管理办法》《全国生活必需品市场供应应急预案》，通过对重要商品的收储与投放平抑市场波动。

三、政府对产品市场的调控

政府在调控市场时，最理想的状态是放开大多数商品的流通，使各主体自由交易、公平竞争，商品有序流动。然而，随着市场上各路资本规模的壮大，有些资本开始专门从事商业投机，这给政府调控市场提出了新的要求。

在市场经济环境下，不仅有为生产和消费用途而进行交易的主体，而且存在着以投机为目的的商业资本。早在新中国成立之初，陈云主持财经工作时就与投机资本展开过较量，并将其成功"驯服"。改革开放之后，随着社会财富的增长，实体经济领域，尤其是制造业积累了越来越多的资本。这些资本如果能够善加引导，其最理想的去处应当是用于技术研发和扩大再生产，从而推动产业结构升级，进入高技术、高附加值领域。然而，这对于企业是一条艰辛的道路，而对于多数投资者来说，如果能找到更便捷、利润率更高的投资渠道，是不愿意从事技术研发的。

遗憾的是，中国经济的发展的确为资本创造了投机的空间，也使得一些资本从实体经济中退出，转而从事投机活动，不仅恶化了整个宏观经济环境，也给政府的调控带来了新的困扰。

加入WTO之后，中国企业在全球产业链中从事的多为加工制造环节，

---

① 裴长洪主编：《中国对外开放与流通体制改革30年研究》，经济管理出版社2008年版，第374页。

利润率极低,对成本变动的敏感性极高。从 2002 年到 2007 年,中国的经济增速一路走高,通胀率也随之高企,一些企业的利润空间收窄。而与此同时,房地产价格攀升,房地产投资的利润率相比制造业更为可观,这就使得一些资本从实体经济中退出,转而从事房地产投资。

2008 年国际金融危机之后,中国推出了 4 万亿的投资刺激计划,在拉动经济增长的同时,也导致了信贷规模急剧膨胀,进而引发了原料价格的普遍上涨,进一步抬升了制造业的成本,从而把更多的资本从实体经济"赶"入投机领域。这些资本除了追逐房地产、古董、艺术品等高价值商品外,还将投机目标锁定在了一些看似不起眼的商品上,如农副产品。由于粮食这种关系国计民生的商品受到政府的严格监管,所以资本很难投机粮食,因而选择了小杂粮、蔬菜、水果等商品。2010 年上半年,农副产品价格普遍大幅上涨,其中大蒜一马当先,仅半年时间价格涨幅就超过了 10 倍。绿豆零售价也由 2009 年的每公斤 7 元左右涨到了每公斤 20 元左右。陕西红富士苹果批发价格由 2009 年的 2.8 元一斤涨到 2010 年的 4 元一斤。据农业部农产品批发市场信息网监测,从 2009 年 12 月到 2010 年 4 月,全国"菜篮子"批发价格指数一直在 160 点以上高位运行;重点监测的 28 种蔬菜平均价格每公斤 3.51 元,同比高出 0.84 元,上涨 31.5%。据国家统计局发布的数据,2010 年 4 月,鲜菜价格上涨 24.9%,鲜果价格上涨 16.4%。[①] 多种农副产品价格普遍上涨,也创造出一些令人啼笑皆非的新词汇,如"蒜你狠""豆你玩""姜你军""糖高宗""油它去""苹什么",等等。

农副产品价格上涨与新中国成立之初的情况有许多相似之处:一是宏观经济中货币发行量过多,形成了一个价格普遍上涨的大环境;二是大量投机资本存在,伺机建仓;三是投机资本利用自然灾害、动物瘟疫、国际市场波动,甚至是健康养生类节目等题材,借机炒作商品,抬高价格,择机出货离场,赚取投机利润。

可见,随着市场经济的发展,曾经困扰过中国经济的商业投机活动再度出现,从而对政府提出了更高的监管和调控要求。2010 年 5 月 26 日,国务院总理温家宝主持召开国务院常务会议,指出要严厉打击囤积居奇、哄抬炒作农产品价格等违法行为。经国务院批准,国家发改委、商务部、国家工商总局联合下发通知,要求地方各级人民政府切实加强农产品市场监管,严厉打击农产品投机行为,坚决维护正常市场秩序,促进价格总水平基

---

① 薛志伟、冯其予:《4月份物价结构性温和上涨》,《经济日报》2010 年 5 月 12 日。

本稳定;同时,国家发改委还派出了十几个调研组到各地进行调研,从支持建设蔬菜生产基地、大型农产品批发市场和高效物流体系等入手,研究稳定农产品生产和价格的长效机制。

逐利是资本的天性,在监管漏洞中谋求投机利润是市场经济的必然现象。2010年的农副产品价格暴涨,至少给了我们政府两点启示:一是要建立稳定生产和价格的长效机制,消除投机空间,从而改变与资本玩"猫捉老鼠"游戏的被动监管模式;二是要稳定宏观经济环境,稳定物价,降低成本,创造一个有利于资本长期投资实业、从事技术研发的环境。这样才能保证市场的持续健康运行。

第四节 金融市场的发育和政府调控

中国的金融市场不是在市场中自发形成的,而是脱胎于计划经济时期大一统的金融体制,在政府主导下建立起来的。这就决定了中国的金融市场以间接融资为主、直接融资为辅的基本特点。20世纪八九十年代的金融体制改革奠定了中国金融市场的基本框架,进入21世纪以来,政府对银行进行了一系列改革,完善了以银行为主导的间接融资渠道;同时,政府还主导建立了多层次的资本市场体系,加快了直接融资市场的发展。

一、改革开放初期金融市场的初步形成

中国金融市场的特点是以银行主导的间接融资为主,以股票、债券等有价证券为媒介的直接融资为辅。

20世纪80年代,银行体系初步建立,形成了以中国人民银行为中央银行,以工商银行、农业银行、建设银行、中国银行四大国有专业银行为主体,同时包括交通银行、招商银行、中信实业银行、广东发展银行、深圳发展银行等股份制银行,及城市和农村信用合作社在内的银行体系。银行体系作为间接融资渠道成为金融市场的主体,并通过试办信托业务来突破计划信贷体制。此外,银行间也开始进行一些同业拆借、票据贴现业务,货币市场由此起步,尽管此时尚未建立统一的银行间拆借市场。

同时,直接融资市场也在80年代开始起步。股票、国债、企业债开始发行,并日益向着可转让的方向发展。随着有价证券的流通,中国的资本市场开始起步。起初,有价证券的交易为私下进行;后来,为满足证券交易需求并规范交易秩序,银行开始办理柜台交易。证券流通也催生了最早的

证券公司,证券公司也开始办理柜台交易。这样一来,在上海、深圳等地就形成了最早的柜台交易中心,到 1990 年,上海共有 16 个股票交易柜台,深圳有 10 个,成为资本市场的雏形。①

90 年代,中国建立了金融市场的基本框架。从间接融资渠道来看,银行体系正式成型:由中国人民银行专门行使中央银行职能,成立三大政策性银行,而将国有专业银行定位为商业银行,同时增加股份制银行数量,将城市信用社转变为城市商业银行,将农村信用社与农业银行脱钩,形成了完备的银行体系。同时,中国人民银行成立了"中国外汇交易中心暨全国银行间同业拆借中心",成为银行及非银行金融机构进行外汇交易和同业拆借的市场。

在直接融资市场上,中国分别于 1990 年和 1991 年成立了上海和深圳两个证券交易所,从而建立了正式的场内交易(原有的柜台交易属于场外交易),各金融机构和股票、债券等金融资产开始转向交易所交易。1997年,为防止银行资金以国债交易为媒介从国债市场流向股票市场,中国人民银行要求银行间的国债交易退出交易所,改在银行间同业拆借市场上进行,形成了在交易所外的银行间债券市场。随后,中国人民银行不断增加银行间债券市场的成员,批准保险公司、城乡信用社、证券公司、证券投资基金和财务公司等金融机构进入银行间债券市场进行交易,从而使银行间债券市场规模超过交易所,成为债券的主要市场。

在步入 21 世纪之前,中国的金融市场的大体格局是这样的:银行体系作为间接融资渠道,是中国金融体系的主体;直接融资领域,以两大交易所(场内市场)为主体,其中进行股票、债券等金融资产交易,而在交易所之外,还存在着场外市场,主要包括银行间债券市场,以及区域性的股权交易市场(为特定区域内的企业提供股权、债券转让、融资服务的市场,一般由省级人民政府监管)等。这一格局,成为 21 世纪中国金融市场进一步发展的起点。

二、间接融资渠道的发展

银行是间接融资渠道中的主体,其中中国工商银行、中国建设银行、中国农业银行、中国银行、中国交通银行等五大商业银行是主体中的主体,也

---

① 注:金融市场按交易标的物可以划分为货币市场、资本市场、外汇市场、金融衍生品市场、保险市场、黄金市场和其他投资品市场。

是政府扶持和改革的重点。20世纪末,原中国工商银行、中国建设银行、中国农业银行、中国银行等四大国有商业银行积累了大量不良资产,甚至陷入技术性破产。因此,政府开始对四大国有商业银行进行财务重组和体制改革,使之由国有独资银行转变为具备现代企业制度的股份制银行。改革的第一步是财务重组,1998年,财政部定向发行2700亿元特别国债,用于补充银行资本金;1999年,政府将1.4万亿元不良资产(其中9800亿元归属四大国有银行)从国有金融机构的资产负债表中剥离出去,并成立四家金融资产管理公司,专门负责承接和处置这些不良资产。第二步是改革银行管理体制,取消信贷分配制,改为对银行实行资产负债比例管理,同时建立健全内部管理,将经营效益和资产质量纳入对四家银行管理者的考核内容,实现了由行政评价向经济评价的转变。第三步是对国有商业银行进行股份制改革。2002年,第二次全国金融会议召开,明确了国有独资商业银行改革是中国金融改革的重中之重,改革的方向是股份制。此后,按照"一行一策"的原则,各大行开始进行新一轮财务重组和公司治理结构改革。2003年,中央汇金投资有限责任公司成立,它是国有独资投资控股公司,代表国家行使对重点金融企业的出资人的权利和义务。此外,各大银行开始在境内外寻找战略投资人。以中国建设银行为例,它于2005年与美国银行和淡马锡控股有限公司签署了认购协议,两家战略投资人分别持有中国建设银行9%和5.1%的股份;再如中国工商银行,它引入了高盛投资集团和全国社会保障基金理事会作为战略投资人。随着战略投资人的资金到位,各大银行的私募引资工作宣告完成。改革随即进入第四步,即到证券交易所挂牌上市。从2005年到2007年,四大商业银行,以及交通银行[①],先后在上海证券交易所、香港联合证券交易所上市,实现了内地和香港同步交易。至此,五大商业银行的改革宣布"收官",间接融资的最主要渠道建成。

除五大商业银行外,中国还有12家股份制商业银行,它们分别是中信实业银行、招商银行、深圳发展银行、兴业银行、广东发展银行、中国光大银行、华夏银行、中国民生银行、浙商银行、渤海银行、浦发银行、恒丰银行,这些银行作为五大商业银行的补充,在引入市场竞争、丰富金融服务方面起到了积极作用。从20世纪八九十年代到21世纪初,这些股份制商业银行

---

① 1987年,重新组建后的交通银行正式对外营业,成为中国第一家全国性的国有股份制商业银行。

也大多完成引入境内外战略投资人和公开上市的工作,成为五大商业银行以外最重要的银行业机构。

第三类重要的银行业机构是城市商业银行。这些银行起源于20世纪的城市信用社,1995年开始陆续组建为城市商业银行。从20世纪末到21世纪初,这些城市商业银行积极完善机构、化解风险,成为一支重要的力量。截至2010年底,全国共有城市商业银行147家。[①]

除城市商业银行外,农村金融体系也在迅速发展。农村最初的金融机构主要是农村信用社,它曾经隶属于中国农业银行。1996年8月,《国务院关于农村金融体制改革的决定》提出,农村信用社要与中国农业银行脱离行政隶属关系,在此基础上把农村信用社办成农民入股、社员民主管理、主要为入股社员服务的、真正的合作金融组织。2004年8月,国务院决定深化农村信用社改革,将中国原有的3万多家农村信用社法人机构,逐渐分别改为农村商业银行、农村合作银行和农村信用社三种不同的法人机构,组成中国农村银行机构的主体。截至2010年底,全国共有农村商业银行85家,农村合作银行223家,农村信用社2646家。[②] 同时,为了促进农村金融体系建设,政府还鼓励农村发展新型金融机构,如村镇银行、贷款公司、农村资金互助社、小额贷款公司等,成为资金融通的"毛细血管"。

除了上述银行金融机构之外,银监会还在2007年批准邮政储蓄银行挂牌成立,利用其点多面广的优势从事资金融通。同时,20世纪90年代建立了三家政策性银行,也开始逐渐涉足商业银行业务,成为兼具政策性金融与商业性金融功能的银行机构。此外,外资银行也随着中国加入WTO的五年过渡期满而在中国加速布局,到2012年底,中国的外资法人金融机构已经达到40家。除银行机构外,截至2012年底,中国还有63家信托公司、107家企业财务集团、17家金融租赁公司、4家货币经纪公司、13家汽车金融公司、4家消费融资公司。这些机构共同组成了中国的间接融资渠道。

三、直接融资市场的发展

中国的直接融资市场按不同的标准可以进行多种分类,本书按场内市

[①] 《中国银行业监督管理委员会2010年报》。
[②] 《中国银行业监督管理委员会2010年报》。

场和场外市场的分类标准来分别予以研究。

(一)场内市场的发展与政府调控

场内市场包括主板市场(包括中小板市场)和创业板市场(又称为二板市场),它们的由来要从20世纪末的沪、深两大证券交易所说起。

20世纪末,中国的场内市场只有沪、深两大交易所,即所谓的主板市场,市场类型单一。这就产生了一个问题,即交易所内的上市公司都是大型企业,上市标准较高,但广大中小企业,尤其是具有高成长性的中小企业和高科技企业往往很难企及,因而无法上市融资。而且,这些上市的大型企业基本都是国有企业,它们在上市之初就存在着"先天"问题,即这些国有企业只将一部分股份上市流通,而还有大量的股份尚未上市流通,这就造成了同股不同权的扭曲问题。而要让这些股份上市,无疑会极大增加股票供给,从而导致股价下跌,损害股民利益。破解这两个难题,是发展场内市场的主要任务。

为解决中小企业上市融资问题,深圳证券交易所从2000年开始着手准备。2004年5月,经国务院批准,中国证监会批复同意深圳证券交易所在主板市场内设立中小企业板块市场。设立中小企业板块市场的目的,是为主业突出、具有成长性和科技含量的中小企业提供直接融资平台。相比主板市场,中小板市场具有"两个不变"和"四个独立"的特点。"两个不变"指中小企业板块运行所遵循的法律法规和部门规章与主板市场相同,中小企业板块的上市公司必须符合主板市场的发行上市条件和信息披露要求;"四个独立"指中小企业板块虽是主板市场的组成部分,但实行独立运行、独立监察、独立代码和独立指数。这就相当于在主板市场内,将其中的中小企业集中到一起,形成一个"子板块",而之所以要这样做,是为了对接另一个新的市场——创业板市场。

2009年10月,经国务院同意,中国证监会批准,创业板市场在深圳证券交易所正式启动。创业板市场主要面向那些市场前景好、带动能力强、就业机会多的成长型创业企业,重点支持自主创新企业,特别支持新能源、新材料、电子信息、生物医药、环保节能、现代服务等新兴产业。公司可以在创业板上市直接融资,而创业板对公司的上市要求低于主板。建立创业板的主要目的,是将创业板与中小板、主板衔接起来,使公司能够以较低的要求上市融资,并随着其发展壮大,通过进入中小板而转入主板市场,因而创业板相对于主板市场而言又被称为二板市场。创业板的建立,也标志着中国多层次资本市场的基本形成。

在筹备创业板的同时,主板市场进行了股权分置改革,解决了非流通股上市流通问题。非流通股主要是国有股和法人股,早在2001年6月,国务院颁布了《减持国有股筹集社会保障资金管理暂行办法》,尝试减持国有股,但造成了股市剧烈震荡和随后持续多年的熊市。2004年1月,国务院发布《关于推进资本市场改革开放和稳定发展的若干意见》,明确提出"积极稳妥解决股权分置问题",将改革再次提上日程。2005年4月,中国证监会发布了《关于上市公司股权分置改革试点有关问题的通知》,标志着股权分置改革正式启动。三一重工、紫江企业、清华同方和金牛能源四家上市公司成为首批股权分置改革的试点公司。以三一重工为例,股东表决通过的方案为:流通股股东每持有10股流通股获得3.5股股票和8元现金,由三一重工非流通股股东向流通股股东共支付2100万股股票和4800万元现金对价,同时大股东主动提高减持门槛,增加两项重要的减持条件的承诺。这次试点除清华同方外,三一重工等三家上市公司顺利通过股权分置改革,实现全流通。2005年9月,中国证监会颁布了《上市公司股权分置改革管理办法》,将股权分置改革全面铺开,各上市公司纷纷根据自身情况制定和实施改革方案。截至2006年底,累计完成或进入股改程序的公司数已达1303家,总市值约为60504.47亿元,约占沪深A股总市值的98.55%,股权分置改革取得决定性胜利。[①]

(二)场外市场的发展与政府调控

场外市场指沪、深两市之外的金融资产交易市场,在中国主要包括银行间市场、全国中小企业股份转让系统、区域性股权交易市场、券商柜台市场、私募基金市场、机构间私募产品报价与服务系统等几个部分。

银行间市场是一个比较特殊的市场,其名称虽为银行间市场,但交易主体从20世纪末开始逐渐多元化,包括银行、非银行金融机构,乃至非金融企业;交易对象包括外汇、同业拆借、债券和商业票据等。尤其值得注意的是,债券的交易场所包括证券交易所、银行间市场和其他场外交易场所,但银行间市场已经成为债券交易的主要市场。之所以会出现这种情况,是由于中国债券市场存在着多头监管竞争,这种竞争生动体现了在金融体系的完善过程中,政府与市场的关系。

自1997年银行退出证券交易所的债券交易之后,债券交易的主要场

---

① 证券业从业人员一般从业资格考试辅导教材编委会:《金融市场基础知识》,中国财政经济出版社2015年版,第181页。

所有两个：证券交易所和银行间债券市场。当时交易的品种非常有限，主要包括国债、央行票据、政策性金融债以及企业债，其中的企业债由国家计委（2003年后为国家发改委）监管审批，在发行上实行计划规模管理和实质性审批，并且要求有担保人。这种带有计划经济色彩的严苛发行条件导致企业债发行规模有限，从2002年到2004年的发行规模维持在300亿元左右，2004年底存量仅为1200多亿元。这一时期，股市低迷，而债券市场又徘徊不前，使得中国的直接融资市场发展滞后。2003年10月，十六届三中全会通过的《关于完善社会主义市场经济体制若干重大问题的决定》提出，要大力发展资本市场，积极拓展债券市场；2004年，国务院出台《关于推进资本市场改革开放和稳定发展的若干意见》，提出鼓励符合条件的企业发行企业债券筹集资金，改变债券融资发展相对滞后的状况。2004年，改革试水，银行、保险、券商等金融机构开始在银行间债券市场发行次级债。2005年，中国人民银行发布《短期融资券管理办法》，允许符合条件的企业在银行间债券市场发行短期融资券，相比发改委审批监管的企业债，短融期限不超过1年，放开了发行主体限制，取消了额度审批，无须担保，并且利率由企业和承销机构协商确定，受到了企业的欢迎，也为长期沉闷的债券市场注入了活力。

短期融资券的问世，使得发改委主管的企业债面临着被边缘化的危险，银行间债券市场的火爆也使得交易所债券市场趋于萎缩，这就引发了证监会、发改委、中国人民银行等部门的监管竞争。证监会于2007年推出了公司债试点，在交易所进行交易。发改委于2008年颁布了《关于推进企业债券市场发展、简化发行核准程序有关事项的通知》，将先核定规模、后核准发行两个环节，简化为直接核准发行一个环节；票面利率则由企业根据市场情况确定，取消了不得超过存款利率40%的规定；并且正式放行企业发行无担保债券。而中国人民银行在推出短期融资券之后，曾因为以货币当局的身份直接管理债券市场而受到质疑，因此，原先负责管理债券市场的央行金融市场司的一批骨干，于2007年9月创立了"中国银行间市场交易商协会"，作为市场自律组织。2008年4月，中国人民银行颁布《银行间债券市场非金融企业债务融资工具管理办法》，根据该《办法》的规定，企业可以在交易商协会注册发行债务融资工具，这工具既包括之前的短期融资券，也包括其他中长期的债券。2008年4月15日，交易商协会接受了7家企业中期票据注册，注册额度1190亿元，首期发行392亿元中期票据，超过了同期由发改委主管的企业债和证监会主管的公司债的发行额。于是,债券市场形成了发改委主管的企业债、证监会主管的公司债、交易商协会主管的短期融资券和中期票据三足鼎立的局面;而在交易场所上,除了公司债主要在交易所流通外,企业债、短期融资券和中期票据都主要在银行间市场上流通。

在监管竞争下,各部门都加大了改革力度,不断推出新品种、放宽发行限制,短短几年内,债券品种极大丰富,包括次级债、券商短期融资券、企业短期融资券、熊猫债券、信贷资产支持证券、境内美元债券、可分离债、中小企业集合债券、公司债、中票、地方政府债券、中小企业集合票据、政府支持机构债券、信用风险缓释工具、超短期融资券、定向工具、小微企业专项金融债、中小企业私募债、资产支持票据等近20个新品种,极大满足了企业和政府的融资需求。从2002年到2012年,中国债券市场的债券托管量由2.83万亿元增至26万亿元,超过沪深两市股票总市值,成为最主要的直接融资渠道;企业债券净融资占社会融资总量的比重也由1.8%升至10.6%,仅次于银行贷款。

全国中小企业股份转让系统,俗称"新三板"市场,是一个比较特殊的交易市场,它是由"老"三板市场升级而来,而这一过程要从90年代说起。沪、深两市的建立,为上市公司提供了股权交易场所。但是,还有广大的非上市公众公司,也需要进行股权交易。为满足它们的需求,90年代初,国家建立了全国证券交易自动报价系统(STAQ)和全国证券交易系统(NET),这成为中国最早的法人股场外交易市场。1999年,为防范亚洲金融危机,整合中国证券市场多头管理,国家关闭了STAQ和NET系统,停止代办股份转让。为了解决原STAQ和NET系统中挂牌公司流通股转让的问题,中国证监会于2001年6月批准启动"代办股份转让系统",该系统又被俗称为"三板市场",主要负责原STAQ、NET挂牌公司的股份转让。2002年8月29日起,从沪、深两市退市的公司也被纳入该系统进行股份转让。2006年,中关村科技园区非上市股份有限公司也进入了该系统进行股份转让。这样一来,在代办股份转让系统中,就存在着三类公司的股权交易——原STAQ和NET的挂牌公司、两市的退市公司、中关村科技园区非上市股份有限公司。2012年9月20日,全国中小企业股份转让系统有限责任公司成立,公司的主要业务是运营管理"全国中小企业股份转让系统",该系统就是俗称的"新三板"。新三板相当于老三板的升级,但其中交易的除了原三类公司的股权外,越来越偏重于创新型、创业型、成长型中小微企业的股权,并且企业的范围也不再局限于中关村科技园区的非上市股份有限公司,而是全国的非上市股份有限公司。相比中小板和创业板,新三板属于场外市场,其中交易的公司为非上市公众公司,并且更加偏重于创业、创新型企业。

区域性股权交易市场,俗称"四板"市场,它是为特定区域内的企业提供股权、债券转让和融资服务的私募市场。早在90年代,中国就存在着区域性股权交易市场。2008年以后,随着中央对区域经济改革和金融创新的支持,区域性股权交易掀起热潮。2008年,天津股权交易所成立,成为这次浪潮的起点。到2015年4月,根据已经公开的信息统计,全国共有29家区域性股权交易中心。挂牌的企业共计1.88万家,覆盖资产约2万亿元,挂牌企业平均资产规模为1.28亿元。相比主板、创业板和新三板市场,区域性股权交易市场的融资方式更为灵活多样,几乎所有的市场都能同时提供股权融资和债券融资,其中股权融资除定向增发外,还包括股权质押融资。而从企业的行业类别来看,区域性股权交易市场所覆盖的行业主要包括资本、货物、材料、食品、饮料与烟草、耐用消费品与服装、软件与服务等,而不仅仅限于科技型、创新型企业。

综上所述,主板(包括中小板)、创业板(俗称二板)、全国中小企业股份转让系统(俗称新三板)、区域性股权交易市场(俗称四板),共同组成了中国多层次资本市场的主体。此外,场外市场还包括券商柜台市场、私募基金市场、机构间私募产品报价与服务系统等,在此不一一赘述。

第五节 对外经济中的政府与市场关系

2001年12月,中国加入世界贸易组织,开始以空前的速度融入世界。这对中国政府提出了以下三方面的要求。第一,调整国内经济体制。中国国内的经济体制开始与国际接轨,国际规则倒逼中国加速经济体制改革。第二,管理国内市场。外国商品和资本涌入中国,对国内市场和产业造成冲击,迫使政府进一步探索开放环境下,如何应对外来冲击,合理规制进口和外商投资。第三,协助中国企业走向国际市场。中国产品和资本"走出去",面对贸易摩擦和投资壁垒,在不违反国际规则的情况下,中国政府有责任引导和支持中国产品和资本增强国际竞争力。从加入WTO至今,中国政府在对外经济方面所做的工作数量庞大而种类繁杂,但归结起来基本是围绕这三方面展开的。

一、入世后的国内体制调整

中国加入WTO的根本目的是为了促进国内的改革与发展。开放形成了倒逼机制，国外高水平商品和服务的涌入，可以促进国内企业提高产品和服务质量，提高竞争力；而外资对市场环境的要求，也可以促进国内经济体制深化改革。

中国的贸易体制在计划经济时期处于内外贸易分隔的状态，当时为了恢复和发展国民经济，中国采取了统制贸易体制，组建统一的国营外贸企业，专营进出口贸易。当时外贸企业采取出口收购制和进口拨交制与国内贸易发生联系，即外贸企业预先向供货部门或生产单位购进出口商品，生产单位同国际市场不发生直接联系；外贸企业与外商签订进口合同，完成进口后调拨转交给国内用货部门。

改革开放后，这种分隔局面被逐渐打破。一是外商投资企业，它们既是制造企业，又有从国内外采购原料和零配件、从事进出口的权利。二是经济特区和沿海开放城市设立后，其中的生产企业也开始拥有外贸权限。三是全国范围内对生产企业的外贸经营权逐步放宽，允许一部分生产企业拥有进出口经营权，到20世纪90年代进一步放开外贸经营权，允许绝大多数国有大中型企业、一部分优秀乡镇企业和有条件的科研院所拥有外贸经营权。这些措施逐步打破了内外贸的界限，同时也在客观上要求对原有的内外贸分治的管理体制进行相应调整。

2001年加入WTO后，统一内外贸管理体制的要求更加迫切，国家对于贸易管理机构和贸易规则体系进行了一次较大的改革。

一方面，组建统一的商业管理机构。2003年3月，十届全国人大一次会议决定撤销国家经贸委和对外贸易经济合作部，成立商务部。商务部整合了原三部门的职能，包括：原国家经贸委的内贸管理，对外经济协调和重要工业品、原材料进出口计划组织实施等职能，原国家计委的农产品进出口计划组织实施等职能，原对外贸易经济合作部的职能。新成立的商务部的主要职责有：拟订国内外贸易和国际经济合作的发展战略、方针和政策，起草国内外贸易、国际经济合作和外商投资的法律法规；促进国内贸易发展，建立健全统一、开放、竞争、有序的市场体系，监测分析市场运行和商品供求状况，调控市场和商品流通；组织开展国际经贸合作，管理商品和技术的进出口，指导外商投资和对外投资，组织协调反倾销、反补贴等公平贸易工作。

另一方面,制定和修改贸易法律法规。为了与国际经济接轨,中国制定和修改了许多法律法规,并大量清理了与国际多边贸易体系规则不相符的法规和管理条例。这项工作主要分三方面进行。一是制定和修改基础性法律法规,使其中具体条款与国际接轨,这项工作早在入世之前就在加紧进行,如《公司法》《合同法》《商标法》《产品质量法》等;二是制定和修改对外经济领域的法律法规,如《对外贸易法》《中外合资经营企业法》《中外合作经营企业法》《外商投资企业法》《货物进出口管理条例》等;三是在知识产权保护领域,为基本上达到与世贸组织《与贸易有关的知识产权协定》(TRIPS)的规定相一致,中国制定和修改了《专利法》《商标法》《著作权法》《计算机软件保护条例》等相关法律法规。据统计,从2001年加入WTO到2011年入世十周年间,中央政府共清理法律法规和部门规章2300多件,地方政府共清理地方性政策和法规19万多件。中国对外开放政策的稳定性、透明度、可预见性不断提高。

二、应对外来冲击

中国加入WTO,允许外国商品和外国资本以更大规模进入国内市场,这在激发国内改革动力和产业活力的同时,也带来了竞争风险。从整体发展水平上看,中国的工业化尚未完成,和已经步入后工业化时代的发达国家相比,产业竞争力普遍处于较低水平,这不仅体现在工业领域,在农业和服务业领域体现得更为显著。加之跨国资本往往呈现金融资本与产业资本高度融合的状态,所以它们的综合竞争力要远高于中国企业。因此,从中国政府的角度来看,一方面要履行入世之初的承诺,不断扩大开放程度,另一方面也要应对外国商品和资本涌入所带来的国内企业市场份额下降、产业控制权旁落等问题。政府既要不断地扩大开放,不断深化改革,促进产业优胜劣汰;又要对重要产业给予必要保护,避免关系国计民生的重要领域被外资垄断,或是国内产业竞争力萎缩等局面。

在扩大开放方面,中国不仅基本履行了入世承诺,而且主动提前开放了一些领域,或是扩大一些行业的开放程度。中国作为一个发展中的社会主义国家,加入WTO时带有一定特殊性,即可以在关税和非关税措施、国营贸易、政府定价等领域保留一定的权利,在某些领域设置一些过渡期限。而为了确保中国在过渡期内能够按承诺履行开放义务,WTO对中国设置了"过渡性审议机制",规定中国在加入WTO后的前八年里每年接受审议实施《WTO协定》的情况,并在第十年或总理事会决定的较早日期进行最终审议。于是,从2002年起,每年的9月到12月,WTO的各个机构都要对中国履行WTO协议和加入承诺进行审议,审议的内容多是关于中国开放的"敏感问题",如农产品贸易、贸易权和分销服务、贸易体制及法律法规制定过程中的透明度、服务贸易领域的市场准入、增值税政策、补贴问题、知识产权保护问题等。这些问题促使中国不断扩大开放。到2011年,中国入世十周年,时任WTO总干事拉米公开表示,中国入世后的表现是A+(A plus),他同时表示中国履行了规则,虽然并没有做到100%。其中"未履行"部分多是由于对规则的理解存在争议,而这一点上,没有任何一个WTO的成员是尽善尽美的。

履行承诺的同时,中国也面临着激烈的国际竞争,甚至是严峻的外部压力。2006年,国务院发展研究中心发表的一份研究报告表明,中国已开放的产业中,每个产业排名前五位的企业几乎都被外资控制,外资在21个主要产业中拥有多数资产控制权。例如,玻璃行业中最大的5家企业已全部合资,20%的医药行业在外资手中,汽车行业销售额的90%来自国外品牌,占全国产量80%以上的最大的5家电梯生产企业被外资控股,化妆品行业被150家外资企业控制。外资从商业连锁、食品、饮料等行业向着上游工程机械、钢铁、水泥、大豆等行业纵深扩张。不仅在实业领域,金融领域也出现了外资身影:新桥资本成功控股深圳发展银行,凯雷投资集团收购中国太平洋寿险公司24.975%的股份,高盛领导的投资基金联合德国安联公司购买工行9.9%的股份,亚洲金融控股私人有限公司淡马锡购买建行5.1%的股份,新加坡磐石基金收购华夏银行2.89亿股。①

在对外开放过程中,我们不应固守民粹主义,完全封闭国内市场和产业,但是外国商品和资本的涌入的确给国内造成了很多冲击,并且这种涌入经常以"擦边球"的方式进行。例如,中国对轿车整车征收关税25%,零部件征收关税10%,但外资把汽车拆成零件运进国内,使整车关税成为摆设。于是中国政府规定零部件价值占到整车60%差不多能拼成一辆车的,按25%征收关税。但是,结果中国被告到世贸组织,结果被裁决败诉,被迫修改规则。类似的案例有很多,都反映出中国对于外部冲击缺乏必要的准备和有效的应对措施。

为此,中国开始进一步完善法律法规,以应对不合理的贸易和投资冲击。2004年,国务院颁布了新修订的《反倾销条例》《反补贴条例》和《保障

---

① 彭化英:《民营VS外资:国企改制"鸿门宴"》,《新财经》2006年第10期。

措施条例》;同时,商务部成立进出口公平贸易局、产业损害调查局等相应主管机构,颁布了配套的部门规章,分别就立案、问卷调查、实地核查、听证会等各项程序和内容进行了规范,基本奠定了国内公平贸易措施体系,为运用这三种贸易救济措施保护国内产业奠定了法律和制度基础。从 2002 年至 2012 年,中国共发起 186 起对外贸易救济案件,其中排名前五的被诉国家/地区分别为:美国 36 起,日本 31 起,韩国 24 起,欧盟 22 起,中国台湾 17 起。①

除贸易救济外,政府也开始着手应对外资垄断问题。2007 年,全国人大常委会颁布了《反垄断法》,这对于应对外资垄断国内产业起到了关键作用。例如 2009 年,可口可乐收购汇源的消息传出,多家国内饮料企业准备联名上书商务部反对此次收购,理由是可口可乐和汇源合并后,将垄断一半以上的饮料销售渠道,加之可口可乐的财力支持,国内饮料行业将丧失生存空间。2009 年 3 月,商务部表态,否决可口可乐收购汇源,这成为《反垄断法》颁布后第一例遭否决的并购案例。

应当指出的是,在国内体制改革方面,中国仍有很多需要进一步完善的地方。在国内市场上,国有经济、民营经济和外资经济是三个主要的博弈主体,但对于三者的关系和界限,我们的认识仍然不够彻底。有的国有经济强势进入一般竞争性领域,有的地方政府为了吸引境外资本不惜给出"超国民待遇",导致民营经济受到歧视。在政府和市场关系上,我们的法治化建设也还不到位,政府在对一些重大事件进行规制和裁决时,出发点往往是平衡各方利益关系而非固定的规则,由此导致市场扭曲和预期不稳定,不利于经济的持续健康发展。总之,国内市场要想融入国际市场,需要我们在所有制结构、政府和市场关系等方面做出进一步探索,并不断加强法治建设。

三、助力出口与对外投资

加入 WTO 之后,中国以空前的速度走向世界经济,这其中既包括产品出口,也包括对外投资。

在产品出口方面,入世为中国低廉的土地、资源和劳动力比较优势找到了突破口,中国制造的商品迅速抢占国际市场,出口总额从 2001 年的 2661 亿美元跃升至 2012 年的 20487.1 亿美元,增长 6.7 倍,年均增

---

① 中国贸易救济信息网,http://cacs.mofcom.gov.cn/cacscms/view/statistics/ckajtj。

速20.4%。

图9-3所示为2000—2012年中国出口、进口总额及差额。

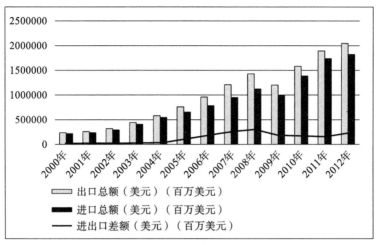

图9-3　2000—2012年中国出口、进口总额及差额①

在对外出口中,中国政府的主要工作是帮助中国企业应对国际贸易摩擦。中国商品强大的竞争力令许多国家和地区的企业深为忌惮,针对中国的贸易摩擦也不断增加。从2002年到2012年,全球针对中国发起了976件贸易救济案,其中反倾销653起,占比66.91%;反补贴173起,占比17.73%;保障措施87起,占比8.91%;特别保障措施63起,占比6.45%。② 对此,政府根据WTO有关规则,一方面充分利用WTO组织争端解决机制和平台,加大谈判力度,努力为外贸发展营造良好的外部环境;另一方面通过行业协会组织建立多层次、多渠道应诉机制,有效维护企业的合法权益。

需要指出的是,中国政府对外贸出口的管理也是在试错过程中摸索前行的。以稀土出口为例,中国在入世时承诺只对84种原材料征出口税,其他出口限制措施原则上不允许。但是,随着国内工业发展对稀土的需求日益庞大,中国希望减少出口而增加留用,于是对稀土出口采取配额管理。2012年3月,美、日、欧将中国稀土、钨、钼相关产品的出口关税、出口配额及出口配额管理和分配措施诉诸WTO争端解决机制。2014年3月,WTO最终裁定中国实行的稀土出口管理措施不符合相关世贸规则和中国

---

① 根据国家统计局网站"年度数据"绘制。
② 中国贸易救济信息网,http://cacs.mofcom.gov.cn/cacscms/view/statistics/ckajtj。

加入WTO时的承诺。① 2015年,商务部、海关总署公布《2015年出口许可证管理货物目录》,将稀土移出配额管理范畴,列为实行出口许可证管理的货物,也就是说,今后稀土只需凭出口合同即可申领出口许可证,无须提供批文。回顾这起争端,中国政府采取稀土配额管理也属于被迫之举,因为国内稀土开采一度存在小、散、乱的现象,无序开采与过度竞争使宝贵的稀土资源被贱卖。而近年来,国内6大稀土集团开始整合市场,增强了定价权,这就为国家取消配额管理,放开出口市场奠定了基础。由此可见,政府在外贸出口中作用的发挥,有一个熟悉和适应国际规则的过程,而究竟以何种程度融入世界,又在很大程度上取决于国内产业发展水平。

除产品出口外,日益壮大的中国资本也在入世后积极"走出去"。政府对此给予了积极的引导。首先,改革中国对外直接投资管理体制。过去中国对外直接投资采取个案审批制;2004年7月,国务院发布了《关于投资体制改革的决定》,提出落实企业投资自主权,对于企业不使用政府投资建设的项目,不再实行审批制,改行核准备案制。中方投资3000万美元及以上的资源开发类境外投资项目、中方投资1000万美元及以上的非资源类境外投资项目由国家发改委核准,此外的境外投资项目,央企投资的项目报国家发改委和商务部备案,其他企业投资的项目由地方政府核准,从而简化了投资程序。其次,政府在资金、信贷和外汇管理方面给予支持。2005年12月,商务部、财政部出台《对外经济技术合作专项资金管理办法》,对境外投资、境外高新技术研发、境外农林和渔业合作、对外承包工程、对外设计咨询、对外劳务合作等业务采取直接补助或贴息等方式予以支持。2004年10月,国家发改委、中国进出口银行等部门颁布《关于对国家鼓励的境外投资重点项目给予信贷支持政策的通知》,共同建立境外投资信贷支持机制,每年安排"境外投资专项贷款",享受出口信贷优惠利率。2006年7月,国家外汇管理局发布《关于调整部分境外投资外汇管理政策的通知》,取消境外投资购汇额度的限制。再次,对于境外投资方向予以引导。2004—2005年,商务部与外交部联合制定了《对外投资国别产业导向目录(一)》和《对外投资国别产业导向目录(二)》,分别列入了67个和95个国家有投资潜力的领域,涉及农业、林业、交通、通信、制造、矿山、能源等诸多行业。从2003年起,商务部还缩写《国别贸易投资环境报告》,介绍中国贸

---

① 值得注意的是,美国从1975年开始就违反WTO规则实行石油出口禁令,直到特朗普上台后才予以取消。

易伙伴的贸易投资管理体制等信息。最后,政府还逐步建立起一套完备的对外投资监督制度,包括对外直接投资统计制度、对外投资联合年检制度、对外投资综合绩效评价制度、境外并购报告制度等。

此外,中国政府积极推动双边和区域性经济合作。2003年,中国内地与香港、澳门分别签署了自由贸易协议;此后到2012年,中国先后与巴基斯坦、智利、新西兰、新加坡、秘鲁、哥斯达黎加等签订自由贸易协议。在这些自由贸易协议内,签署国家和地区给予彼此高于WTO标准的优惠待遇,从而进一步增强双边经济合作,这无疑为中国的出口和对外投资提供了更好的国际环境。

第十章

加快政府职能转变与市场经济体制完善
（2013—2018）

中共十八大以来，中国经济进入新旧增长模式交替的新常态。经济体制改革的目标进一步深化为"使市场在资源配置中发挥决定性作用和更好发挥政府作用"。然而，当前错综复杂的利益关系，使得市场出现扭曲，因此，要使市场发挥决定性作用，更加需要党和政府在改革中的顶层设计。中共十八大之后，政府一方面加大简政放权、职能转变和机构改革力度，加快向服务型政府转型，以壮士断腕之决心向市场让渡权利；另一方面，在促进市场出清，完善市场监管，补齐创新、社会、生态等领域短板，制定宏观经济规划等领域，都发挥了更为积极的作用。

第一节 中共十八大以来对政府和市场关系认识的深化

中国的经济发展模式过于依赖投资和出口，而消费需求不足。这种模式有着深刻的历史原因，而1998年和2008年两次金融危机的冲击，迫使中国在应对经济下行的过程中强化了这种发展模式，并由此导致供需失衡和产业结构失衡，并引发诸多社会问题。中共十八大以来，传统经济增长模式已难持续，经济步入新常态。转变经济发展方式已经到了背水一战的历史时刻，改革也进入了攻坚阶段。此时更需要政府坚定决心，在改革中发挥主导作用，破除束缚市场发展的体制障碍，完善社会主义市场经济，从而实现"市场在资源配置中发挥决定性作用和更好发挥政府作用"，为中国经济的持续健康发展提供"双轮"支撑。

一、中国经济发展模式的形成

一国经济要持续健康发展,离不开一个合理的增长模式,这种模式应具备如下特点:经济具有内生的增长动力,产业门类比较齐全,生产资料和生活资料两大部类协调发展,市场广阔,可以在内部实现供求的基本平衡,虽然依赖国际市场和国际资源,但程度并不为过,可以较好抵御外部环境变化的冲击。在此基础上,国内供给与需求相互促进,激发产业结构不断升级,并以其正外部性在全球产业链中占据高端地位,跻身发达国家行列。

以这个标准来衡量,中国经济发展模式不够合理。我们的经济增长过度依赖投资,而消费占比不足,消费内需对经济增长的拉动不够,导致生产资料部门过度发展,且出现产能过剩问题;同时,我们的经济过度依赖国际市场和国际资源,且处于全球产业链中利润最薄的加工制造环节,对原料价格波动、国际需求变动太过敏感,易受到外部冲击。

中国之所以形成这种发展模式,有着很深的历史根源。要理清这种模式的由来,要把研究的视野回溯到1998年亚洲金融危机时期。当时,中国的出口急剧下滑,外需低迷不振。从国内需求来看,当时正值国企改革最艰难时期,"抓大放小、减员增效"使城镇职工大批下岗失业,农村剩余劳动力进城务工也因此受到限制,城乡居民收入增长都遇到阻碍,消费需求难以启动。而投资领域,由于中国在90年代中后期由卖方市场转入买方市场,大多数产业都存在着供过于求、产能过剩的问题,所以工业投资也一时难以启动。从宏观经济学中"总产出＝消费＋投资＋政府购买支出＋净出口"的基本公式来看,此时能够依靠的,只有"政府购买支出"这一项了。于是,中国在危机时刻选择了凯恩斯主义的需求刺激政策,以积极的财政政策推动基础设施建设投资,从而遏制了经济增速持续下行的势头,使中国经济渡过了最为艰难的一段时期。这种政策也使得中国在能源、原料、建材、建筑等领域的产能开始扩张,这些主要服务于基建的产业有一个特点,就是需求具有"一次性",一项基础设施的完工意味着该地域内很长时间都不会再产生新的需求,这就迫使供给方不断寻找新的项目。对于当时基础设施面貌仍很落后的中国来说,这似乎并不困难,但这种模式持续下去,终将遇到需求饱和的问题。

在大规模基建投资的同时,中国加快了住房商品化改革的步伐,将房地产确立为支柱产业。这在很长一段时间内,为所有经济主体带来共赢的结果:政府通过出让土地获取租金收入,银行获得利息收入,房地产和建材、建筑行业获得利润,汽车、家电、家具、装修等相关行业也被带动发展起来,经济呈现一派热火朝天的繁荣景象。然而,这种模式也具有不可持续性。从城市开发角度来看,政府在土地出让过程中征收几十项税费,使得地价和房价上涨,而房价上涨又会拉高同一地段的地价,从而形成土地轮番涨价的泡沫经济。但这种涨价并不是无休止的,地价和房价上涨以企业和居民为最终承担者,一旦企业和居民的积蓄用尽、债务负担达到上限,涨价即告终止,甚至出现地价下跌,即所谓房地产泡沫破裂。但价格高昂的土地和房屋此时已是社会信贷的基础,信用体系中的大量金融工具都以其作为抵押物,泡沫破裂意味着债务违约和金融风险。而另一方面,高昂且持续上涨的地价和房价对制造业和消费也产生了釜底抽薪般的破坏作用。一方面,租金上涨提高了制造业企业的成本,并抑制了居民消费需求,使一些本就利润微薄的企业不得不退出市场;另一方面,房价的不断上涨与制造业利润萎缩形成鲜明对比,诱使产业资本转向投机领域。此外,房地产开发热潮与基建热潮共同拉动了产能扩张,加速着产能过剩的到来。

中国经济模式在倚重基础设施和房地产投资的同时,对世界经济的依赖也越来越大。2001年中国加入WTO,价格低廉的"中国制造"势不可当地涌向突然打开的国际市场,国内经济尤其是东部沿海地区的经济朝着出口导向型发展,加工制造业的蓬勃发展与东西部地区之间的民工潮形成一道独特的景观。中国一跃成为世界第一大出口国、第一大外汇储备国。然而,这种出口导向型经济也存在着一定问题。在全球产业链的"微笑曲线"中,利润最丰厚的是上游的研发、设计、原料采购和下游的品牌、渠道、物流,而中游的加工、组装、制造环节,不仅对土地、劳动力占用最多,对资源消耗最多,对环境污染最甚,而且利润最薄,而中国的制造业多集中在这一领域。有的企业甚至将利润形容为"薄如刀片",在这种情况下,一旦世界经济出现波动,如大宗原料价格上涨或进口需求下降,中国企业都很容易陷入亏损境地。而出口的不稳定,使中国经济更容易出现加速下行的风险,转而更为倚重国内投资扩张,并加剧前述的产业结构失衡问题。

二、中国经济发展模式的强化与经济新常态

2008年全球金融危机强化了中国的传统发展模式。随着金融海啸来袭,海外订单锐减,中国出口负增长,经济面临下行压力。当时中国为了稳定增长,主要有三条路径可以选择:一是将外汇储备贷放给国外,尤其是亚

非发展中国家，使其增加对中国的进口，并输出国内产能到这些国家进行基础设施建设和资源开发，这类似于美国在二战后推行的"马歇尔计划"；二是增加居民收入以拉动国内消费需求；三是增加政府投资的基础设施建设，扶持支柱性产业。从当时的决策来看，由于担心投资国的政治风险，所以中国版"马歇尔计划"未被采纳；而第二种措施要增加居民收入在国民经济中的占比，就意味着要降低企业和政府收入的占比，要么增加企业负担，要么降低政府收入，推行的阻力都过大；所以，最终中国选择了第三种措施，即政府主导进行基础设施投资和产业振兴计划。于是，初步匡算规模为4万亿经济刺激计划由此出台。

从正面效果来看，经济刺激计划避免了中国经济增速骤降，使中国经济规模在主要经济体出现衰退的环境下逆势增长，并超过日本成为世界第二大经济体，综合国力显著提升，在国际经济中的话语权也明显增强。而且，国内基础设施进一步完善，为日后经济的发展铺就了更便利的平台，与基础设施建设相关行业的技术水平也上了一个台阶，为日后中国在重要领域兴建超级工程，以及中国资本走出去承接"一带一路"沿线国家的工程项目，都奠定了坚实的基础。这些是需要给予充分肯定的。

但另一方面，经济刺激计划也加剧了中国经济结构的失衡，使旧有经济发展模式的弊端日渐明显地暴露出来。

首先，从政府的角度来看，地方政府开始受困于土地财政和债务负担。经济刺激计划推行过程中，对于中央政府下达的投资资金，地方政府要筹措配套资金，为此通过地方融资平台公司扩张债务规模。然而，这一轮投资也存在着边际效应递减的问题，项目收益率得不到保证，为了确保能够偿还到期债务，地方政府加大了土地出让力度，继续通过地价和房价的轮番上涨来维持债务链条，一些地方政府的财政收入中约有70%以上是与土地相关的收入。但是，随着房地产供求总量趋于平衡，除热门城市外，许多三四线城市已经难以维持高房价，出现房屋有价无市、土地流拍等现象，这标志着土地财政已经到了强弩之末，一些地方政府将面临财政困难。

其次，从企业的角度来看，主要的三类企业在这一轮刺激中都出现了一定问题。一是与基建相关的行业，如钢铁、水泥、平板玻璃、电解铝等行业，都出现了产能过剩。这一轮产能过剩是相对于全中国当前的建设需求而言的，也就是说这种产能过剩在国内现有发展水平下很难自我消化，中国产能之庞大，在原料一端造成了"中国买什么，什么国际价格就上涨"的局面，而中国对于铁矿石、原油等大宗商品又缺乏定价权，导致成本上涨；

而在产品一端又因为产能过剩而价格下跌,出现了"钢铁卖出白菜价""炼钢不如养猪"的困境。二是新兴产业面临瓶颈。中国在经济刺激计划中确立了装备制造、纺织、船舶、电子信息、轻工业、石化、有色金属、物流等十大产业振兴计划,但从实施效果来看,并不尽如人意。究其原因,要从中国的工业化历史来说,中国一直在奉行赶超战略,这种战略在早期阶段,由于可供模仿的技术较为成熟,所以只需要加大投资以实现规模经济就可以在国际竞争中获得成本优势。而随着中国产业逼近世界领先水平,更多的是要与他国进行核心技术比拼,这是真正"硬碰硬"的较量,而我们过去的产业政策偏重于鼓励"量"的扩张而非"质"的突破,因而这一轮产业振兴政策没有完全实现预期目标。相反的,有的投资者甚至以新兴产业的"概念"套取政策优惠,转而从事房地产投资。以中国政府大力扶持的光伏产业为例,由于核心原料依靠进口、市场依赖出口,所以当欧美对中国光伏产品发动"反倾销反补贴"调查时,中国光伏产业立即进入了寒冬。三是传统制造业企业面临着更为严峻的成本压力。由于信贷规模膨胀,加之大量资金流入了房地产和商品投机,成本上涨势头非常明显,迫使越来越多的企业放弃制造业,或从事房地产投机,或移民海外。而由此产生的就业压力只能更多地依靠建筑业来吸纳,从而加剧了产业结构的恶化。

最后,从居民消费来看,房价的上涨极大抑制了居民消费。据测算,居民每年用于购房首付和还本付息的支出,正逐年逼近居民收入和消费支出的差额,这意味着居民年收入中除了用于基本生活的开支外,余下的大部分收入都用于购房支出,这就使消费升级受到抑制。而且除了购房支出外,由于政府在教育和医疗领域的托底保障功能发挥尚不到位,所以居民的消费动力更加不足。一旦居民消费升级不畅,则会加剧供给侧库存增加、产能闲置、利润下降等问题,产业结构升级将更为艰难。

此外,在政府主导的基础设施投资和房地产开发过程中,也出现了权力滥用、寻租腐败等社会问题,加剧了贫富分化和社会矛盾。而在生态环境和资源能源领域,由于制度建设相对滞后,所以出现了较为严重的生态破坏和污染浪费问题。

三、转变经济发展方式中政府和市场的作用

中共十八大以来,中国经济步入了新常态。从中国经济发展史来看,新常态其实是传统经济发展模式即将走到尽头,而新发展模式正在构建的交替阶段,也是一个非常艰难的阶段。从新中国的工业化历程来看,我们

过去一直以量的扩张为主,而在核心技术等质的领域尚未取得全面突破。在这种量的扩张过程中,由于国内消费需求不足而出口又屡受国际环境冲击,导致我们的经济增长越来越偏重于基础设施和房地产投资,结果导致国内产业结构失衡,消费需求进一步受挫,且财政收入越来越倚重土地而非经济的综合发展与各产业的普遍繁荣。

总的来看,中国的经济既存在着供求两侧的结构失衡,又在供给侧存在着产业结构失衡。在这种情况下,如果单纯依靠市场来纠正失衡的话,那么供给侧就要承受漫长的去产能、去库存过程,这其中又会引发债务违约、失业增加等问题,这对产业结构升级将更为不利。因此,我们不能单纯依靠市场来完成经济结构调整,而必须辅之以政府的力量。另一方面,政府也要改变以往大规模投资、大撒手借贷的粗放式政策手段,必须顺应经济结构调整的规律施政,给予市场以更大的活力,才能避免"政府调控越积极、市场活力越下降、经济结构越扭曲"的误区。

综合这两方面的基本认识,十八届三中全会通过的《关于全面深化改革若干重大问题的决定》提出:经济体制改革的核心问题是处理好政府和市场的关系,使市场在资源配置中起决定性作用,并更好发挥政府作用。尽管要让市场发挥"决定性作用",但是从当前中国经济面临的结构性问题来看,政府在结构调整中承担着主要职责,并需要在以下领域发挥主要作用。

第一,产业结构调整。产业结构调整的目的是产业升级,即所谓"除旧布新",这个过程需要政府发挥积极作用。"除旧"指的是那些低端落后的过剩产能要有序退出。在一个完善的市场经济里,产能的退出本应由市场竞争机制来完成,但由于中国的市场经济体制尚不完善,所以许多产能过剩的企业在项目上马之初就受到了地方政府的支持,尤其是在资源性的城市中,地方政府依赖这些企业提供财政收入和解决就业问题,所以即使这些企业出现了亏损等问题,也受到了地方政府的过度保护,结果不仅占用了信贷等资源,而且加剧了全行业的供给过剩,拉低了价格,成为所谓的"僵尸企业"和"害群之马"。而在去产能的过程中,如何清理债务、安置职工、保障地方政府的财政收入、预防内部人侵吞国有资产等,均需要从中央到地方政府的统筹安排。所以,中国的去产能工作不能完全依靠市场,而必须采取政府推动与市场引导相结合的方式。"布新"指的是要对新兴产业予以科学扶持,即符合现代产业发展规律,改变过去那种单纯给地给政策的粗放式扶持。从原则上来看,发展新产业应遵循市场主导、政府引导的原则,政府的主要精力应放在为企业营造利于创新的环境上。不过在产业升级路径和关键点的选择上,政府仍需要给出战略规划。而且在重点领域,政府应当发挥中国的制度优势,整合资源以实现重点突破。而且现代产业是一个有机整体,产业结构升级需要统筹谋划,尤其是在军民融合等领域,更需要政府的统一引导。

第二,转变发展方式,化解金融风险。这里的发展方式主要指地方政府的土地财政模式,政府必须对其进行改革。在这种模式下,政府或通过土地出让来获得出让金收入,或通过低价转让工业用地来招商引资以增加税收,或通过商业开发与城市扩张来增加税收,或通过融资平台以土地为抵押来获得银行信贷。无论途径如何,最终的结果是城市中房地产库存增加,且房地产企业和地方融资平台背负的杠杆率上升。随着房地产供求总量平衡的到来,开发商的入市意愿下降,多地出现土地流拍,这给地方政府的财政收入带来很大压力,而且增加了债务违约风险。可以看出,高库存是表层问题,高杠杆率与金融风险是深层问题,而土地财政是一切问题的根源。在这种情况下,当务之急是推动库存销售,实现资金回流以降低杠杆率,并通过债务置换等方式推迟和化解金融风险,这需要政府的引导;而治本之策在于改革财政体制,切断政府与土地财政的关联,重构财政收入的基础,这更需要政府推行根本性的改革措施。

第三,改善营商环境。持续健康的经济发展需要一个公平自由的营商环境,而这也需要政府主动营造。首先,政府应推动自然垄断行业的改革,以降低能源、电力、通信等行业的价格水平,并适度放宽这些行业的市场准入,从而降低下游行业的成本负担。其次,政府应继续加大减税降费的改革力度,降低企业的税费负担。最后,政府应加大简政放权的力度,减少不必要的行政审批,简化投资流程,并且要减少政府对市场的不当干预,减少行政人员通过干预市场来变相寻租的空间,释放市场活力。从任务性质来看,以上这三方面的工作,都离不开政府的决心与作为,政府唯有以壮士断腕的自我革命精神,才有可能推进这三方面的改革。此外,对于市场经济中可能出现的不正当竞争、操纵市场、假冒伪劣、侵犯知识产权等问题,也需要政府完善立法与执法,以弥补市场失灵,确保自由平等竞争。

第四,补齐社会与生态建设短板。政府应当在民生和社会保障领域更有作为。一方面,中国发展的根本目的是为了满足人民对美好生活的向往;另一方面,产业结构升级离不开内需的有效扩大,去产能中的下岗失业人员也需要更为完备的社会保障体系予以承接。因此,保障民生、提高居民收入和消费水平既是发展的目的,也是发展的手段。客观来看,中国在经济体制改革过程中,政府在养老、医疗、教育、住房等领域承担的责任不足,从而使居民不敢大胆消费。政府不仅要承担起更大的责任,而且要对这些领域进行体制改革,以破解困扰民生的诸多问题,这需要政府与市场的共同作用,但无疑政府的作用更为主要。在生态领域,政府需要"补课"的地方更多,如何建立有效的生态保护制度和生态修复制度,如何建立可持续的资源开发制度,这些都不是市场能够独立解决的问题,必须依靠政府的力量来完成。

第五,政府要对经济社会发展进行战略规划,并为发展创造和平稳定的国内外环境。中国正在沿着改革开放总设计师邓小平的"三步走"战略奔向全面小康社会,从2020年全面建成小康社会到2050年实现中华民族伟大复兴的三十年间,应当如何分阶段前进,需要党和国家的统一规划。而从产业演进的角度,中国应如何抓住新一轮技术革命的契机,完成工业现代化,也需要党和国家制定科学的产业规划,这一点不仅在中国如此,美国、德国等资本主义国家也同样有着国家级的战略规划。同时,中国的现代化建设,离不开政府提供一个安全稳定的国际国内环境,这需要党和国家加强军队和国防建设,也需要政府制定和实施正确的外交政策。尤其是对于中国这样一个领土尚未统一、与周边国家仍存在领土争议的社会主义发展中大国来说,国家安全和睦邻友好格外重要。

综上所述,中国正处于发展方式转型的关键时期,需要政府和市场的"双轮驱动"。在这两个驱动因素中,我们强调市场要在资源配置中发挥决定性作用,但当前仍存在着阻碍市场运行的体制障碍,因而在改革攻坚阶段,我们格外需要政府更好地发挥作用,以政府之"有为"促进市场之"有为",实现政府之"无为",最终完善政府和市场相辅相成的社会主义市场经济体制,这就是改革的辩证法。

第二节 政府加大改革的力度和加快改革的速度

十八届三中全会提出,使市场在资源配置中发挥决定性作用并更好发挥政府作用。当前改革进入深水区,利益关系错综复杂,格外需要党和政府在攻坚克难、打破利益固化藩篱方面发挥主导作用。这一方面需要党全面加强自身建设,这是一切工作的核心和根本保证;另一方面需要政府由全能型建设政府向效能型服务政府转型,以壮士断腕之决心自我改革,以简政放权为突破口,向市场让渡权利,并更好地担负起市场监管职责,解决过去越位、缺位、错位的问题。

一、全面从严治党

中国共产党是中国特色社会主义事业的领导核心,中国共产党在中国特色社会主义事业中处于总揽全局、协调各方的领导核心地位,只有中国共产党有资格、有能力担负起中国特色社会主义事业的领导责任。因而在中国,政府有狭义和广义之分,狭义的政府仅指担负行政职能的各级人民政府,而广义的政府则包括中国共产党领导下的整个中国特色社会主义上层建筑体系。所以,政府的改革,就是在坚持中国特色社会主义制度的基础上,改革其中不利于生产力发展的部分,使我们的政治制度更加适应经济发展方式转型和产业结构升级的要求,实现国家治理体系和治理能力的现代化。而这其中,党的建设是一切改革的根本。

办好中国的事情,关键在党。中共十八大以来,中央推动全面从严治党,取得了显著成效,改变了过去管党治党宽、松、软的状况,使党员队伍更为廉洁高效,成为中国特色社会主义事业的坚强领导核心。从全面从严治党以来,中国经历了一个从治标为主向标本兼治的过程。

全面从严治党始于反腐败斗争,这是整肃纲纪、取信于民的切入点。2012年12月4日,中共中央政治局会议审议通过《关于改进工作作风、密切联系群众的八项规定》,这是中共十八大以后制定的第一部重要党内法规。中央率先垂范,各地区各部门陆续制定相应规定、细则并严格贯彻落实八项规定精神。至2017年8月底,全国累计查处违反中央八项规定精神的问题18.4万起,处理党员干部25万人,给予党纪政纪处分13.6万人,其中含省部级干部20人。2012年12月6日,中央纪委公布四川省委副书记李春城涉嫌严重违纪接受组织调查,拉开了中共十八大以来查处腐败大案要案的序幕。至2017年6月底,共立案审查中管干部280多人、厅局级干部8600多人、县处级干部6.6万人。从2013年5月开始,十八届中央巡视工作启动,共开展12轮巡视,巡视277个地方、单位党组织,对16个省区市开展"回头看",对4个单位进行"机动式"巡视,实现对省区市和新疆生产建设兵团、中央和国家机关、国有重要骨干企业、中央金融单位和中管高校的巡视全覆盖。2013年9月2日,中共中央纪委监察部网站正式开通,并开设全国纪检监察机关12388举报窗口。中共十八大至今,反腐斗争力度不减,已经形成了压倒性态势,初步实现了"不敢腐"的目标,并正在完善"不能腐""不想腐"的制度构建,党内政治生活、党和群众关系呈现出新气象。

反腐斗争为党的组织和制度建设创造了更多有利条件。2013年1月23日,中央纪委书记王岐山在十八届中央纪委委员学习贯彻中共十八大精神研讨班上指出,反腐要坚持标本兼治,当前要以治标为主,为治本赢得时间。治本的首要任务就是加强党的组织和制度建设。要发挥党总揽全局的作用,首先要完善各领域党组织的建设。2015年1月16日,中央政治局常委会召开会议,专门听取全国人大常委会、国务院、全国政协、最高人民法院、最高人民检察院党组工作汇报,此后,这成为党中央集中统一领导的一项制度安排。2015年7月,中央党的群团工作会议举行,习近平强调工会、共青团、妇联等群团组织要切实保持和增强党的群团工作和群团组织的政治性、先进性、群众性。2015年9月,中共中央办公厅印发《关于加强社会组织党的建设工作的意见(试行)》,要求加大党组织组建力度,推进社会组织中党的组织和党的工作有效覆盖,切实发挥好社会组织中党组织的政治核心作用。党组织的完善离不开制度的约束,十八届中央高度重视制度建设,强调要把权力关进制度的笼子,建立起了以"1+4"为基本框架的党内法规制度体系,即在党章下分为党的组织法规制度、党的领导法规制度、党的自身建设法规制度、党的监督保障法规制度四大板块。在当前,中央特别强调严格党内纪律、规范党内政治生活和完善党内监督机制。2015年10月18日,中共中央印发《中国共产党廉洁自律准则》和《中国共产党纪律处分条例》,坚持纪严于法、纪在法前,为党员树立了高标准。2016年,十八届六中全会通过了《关于新形势下党内政治生活的若干准则》和《中国共产党党内监督条例》。通过这些党内法规制度的确立,全面从严治党的成果被转化成为制度。

同时,中央高度重视党的思想建设和作风建设,并强调加强学习,增强治国理政的本领。思想和作风建设始于党的群众路线教育实践活动。2013年5月9日,中共中央印发《关于在全党深入开展党的群众路线教育实践活动的意见》,以为民、务实、清廉为主要内容,从2013年6月开始,自上而下分两批开展,至2014年9月底基本结束。同时,中央从2014年3月开始在领导干部中进行"三严三实"专题教育活动,强调各级领导干部要树立和发扬好的作风,既严以修身、严以用权、严以律己,又谋事要实、创业要实、做人要实。为了将党内教育从领导干部这个"关键少数"向广大党员拓展,从集中教育向经常教育延伸,2016年2月24日,中央办公厅印发《关于在全体党员中开展"学党章党规、学系列讲话,做合格党员"学习教育方案》,开展"两学一做"学习教育;2017年3月20日,中央办公厅又印发《关于推进"两学一做"学习教育常态化制度化的意见》,使全党理想信念更加坚定,党性更加坚强。信念与本领如同党的两翼,不断学习、增强本领是刻不容缓的重要任务。2013年3月,习近平在中央党校建校80周年庆祝大会上引用了毛泽东的著名论述:"我们的队伍里有一种恐慌,不是经济恐慌,也不是政治恐慌,而是本领恐慌。"面对日新月异的知识经济时代,面对层出不穷的新事物、新问题,十八届中央特别重视加强学习。十八届中央政治局共开展了43次集体学习活动,内容涵盖经济、政治、社会、生态、文化、军事、外交等多个方面;截至2018年9月,十九届中央政治局进行了8次集体学习。

随着党的建设不断取得新突破,中央的领导能力也在不断增强。为了发挥总揽全局、协调各方的作用,中央在重要工作领域采取成立"领导小组"的方式来开展工作,这类领导小组一般由党的高级领导干部担任成员,作为议事协调机构,拥有跨部门的协调权力。这种做法始于"一五"时期,当时有财经、政法、外事、科学、文教等6个小组。十八大以后,中央在多个领域沿用了这种做法,成立了中央全面深化改革领导小组、中央网络安全和信息化领导小组、中央军委深化国防和军队改革领导小组等。十九大之后,中央将领导小组"升级"。根据《中共中央关于深化党和国家机构改革的决定》,将中央全面深化改革领导小组、中央网络安全和信息化领导小组、中央财经领导小组、中央外事工作领导小组分别改为中央全面深化改革委员会、中央网络安全和信息化委员会、中央财经委员会、中央外事工作委员会;同时,新组建中央全面依法治国委员会、中央审计委员会、中央教育工作领导小组,作为中央决策议事协调机构。从"领导小组"升级为"委员会",实现了由任务型组织向常规型组织的转型,强化了决策职能。相比于领导小组,委员会的职能范围更广、机构设置更规范、参与成员更多元、统筹协调更有力、决策议事权威性更高,有利于完善党对重大工作的科学领导和决策,形成有效管理和执行的体制机制。

综上所述,党作为各项事业的领导核心,在中共十八大以来全面加强建设,这成为中国一切事业成功的根本保证。

二、政府机构改革

除了党的建设外,中国从中共十八大以来进行了两次大规模的政府机构改革。2013年,中国进行了一次国务院机构改革。2018年,中国又进行了一次力度空前的党和国家机构改革。两次改革,从党和国家机构设置的角度,为推动改革和发展、实现国家治理体系和治理能力现代化奠定了重要基础。

(一)2013年国务院机构改革

2013年的改革延续了大部制改革的思路,主要内容有以下六项。

一是实行铁路政企分开。不再保留铁道部,将铁道部的行政职能划入交通部,组建由交通部管理的国家铁路局;同时组建中国铁路总公司,承担企业职能。

二是组建国家卫生和计划生育委员会,整合卫生部的职能、国家人口和计划生育委员会的计划生育管理和服务职能,并将国家人口和计划生育委员会研究拟定人口发展战略、规划人口政策的职责划入国家发改委。

三是组建国家食品药品监督管理总局,将国务院食品安全委员会办公室的职责、国家食品药品监督管理局的职责、国家质量监督检验检疫总局的生产环节食品安全监督管理职责、国家工商行政管理总局的流通环节食品安全监督管理职责整合起来。

四是组建国家新闻出版广电总局,将国家新闻出版总署、国家广播电影电视总局的职责整合起来。

五是重新组建国家海洋局,将原国家海洋局及其中国海监、公安部边防海警、农业部中国渔政、海关总署海上缉私警察的队伍和职责整合起来,国家海洋局由国土资源部管理。

六是重新组建国家能源局,将原国家能源局、国家电力监管委员会的职责整合起来,国家能源局由国家发改委管理。

这次改革,使国务院正部级机构减少4个,其中组成部门减少2个,副部级机构增减相抵数量不变。这次改革在一定程度上将一些领域分散的管理权集中了起来,但是仍然不够彻底,而且各级政府合并的大部门仅对其综合管理的内设机构进行了合并,如办公室、财务、信息、人事等,较少针对职能机构加强重组,导致一些机构在合并后仍然无法真正打通职能交叉、重叠乃至矛盾之处。

(二)2018年党和国家机构改革

十九大的召开标志着中国特色社会主义进入了新时代,为适应新时代党和国家各项事业需要,十九届三中全会于2018年2月28日审议通过了《中共中央关于深化党和国家机构改革的决定》。2018年3月17日,第十三届全国人民代表大会第一次会议通过了《关于国务院机构改革方案的决定》,改革中涉及国务院的方案率先出炉。2018年3月,中共中央印发了《深化党和国家机构改革方案》,并发出通知,要求各地区各部门结合实际认真贯彻执行。根据该《方案》,党、政府、人大、政协、群团、跨军地、地方机构均要进行改革,"全面变革""前所未有""深刻重构"等关键词成为海内外对这次改革的一致评价。本书在这里只重点分析这次国务院机构改革。

国务院机构改革的目的,是转变政府职能,使市场在资源配置中起决定性作用,并更好发挥政府作用。改革内容主要表现在以下几个方面。首先,在国务院组成部门中,组建自然资源部、生态环境部、农业农村部、文化和旅游部、国家卫生和健康委员会、退役军人服务部、应急管理部,重新组建科学技术部、司法部,并优化审计署的职责。其次,在国务院直属机构和直属事业单位中,组建国家市场监督管理总局、国家药品监督管理局、国家广播电视总局、中央广播电视总台、中国银行保险监督管理委员会、国家国际发展合作署、国家医疗保障局。最后,在部委管理的国家局中,组建国家粮食和物资储备局、国家移民管理局、国家林业和草原局、国家知识产权局。此外,还调整了全国社会保障基金理事会的隶属关系,改革了国税地税征管体制。这次组建或重组的部门,突破了以往单纯合并综合管理内设机构、而无法对职能机构进行重组的局限,围绕职能进行了彻底的重构。新组建的部门,都是将原来分属于各部门的职权整合过来,从而以职责为导向进行自身重构,这是这次改革与以往最大的不同点。

第一,资源与生态环境领域的职能整合。新组建的自然资源部,将国土资源部的职责,以及国家发改委的组织编制主体功能区规划职责、住建部的城乡规划管理职责、水利部的水资源调查和确权登记管理职责、农业部的草原资源调查和确权登记管理职责、国家林业局的森林和湿地等资源调查和确权登记管理职责、国家海洋局的职责、国家测绘地理信息局的职责都整合在一起,实现了资源管理全覆盖。新组建的生态环境部,将环境保护部的职责、国家发改委的应对气候变化和减排职责、国土资源部的监督防止地下水污染职责、水利部的编制水功能区划和排污口设置管理以及流域水环境保护职责、农业部的监督指导农业面源污染治理职责、国家海洋局的海洋环境保护职责、国务院南水北调工程建设委员会办公室的南水北调工程项目区环境保护职责整合在一起,实现了生态环境保护全覆盖。

第二,产业发展领域的职能整合。新组建的农业农村部,将中央农村工作领导小组办公室的职责、农业部的职责,以及国家发改委的农业投资项目、财政部的农业综合开发项目、国土资源部的农田整治项目、水利部的农田水利建设项目等管理职责整合在一起,实现了"三农"工作全覆盖;同时将农业部的渔船检验和监督管理职责划入交通运输部,进一步理顺了双方的职责。新组建的文化和旅游部,将文化部、国家旅游局的职责整合起来,顺应了文化事业、文化产业与旅游事业、旅游产业内在性质相近的规律。重新组建的科学技术部,将科学技术部、国家外国专家局的职责整合起来,并管理国家自然科学基金委员会,使科学技术部可以对人、事、资金等进行统筹管理。

第三,市场监管领域的职能整合。新组建的国家市场监督管理总局,将国家工商行政管理总局的职责、国家质量监督检验检疫总局的职责、国家食品药品监督管理总局的职责、国家发改委价格监督检查与反垄断执法职责、商务部的经营者集中反垄断执法以及国务院反垄断委员会办公室等职责整合起来,对市场经济中的主体管理、综合执法、反垄断、市场秩序、产品质量、食品安全等所有工作,实行统一管理,改变了以往"九龙治水"所造成的交叉和漏洞问题。尤其值得注意的是,国家发改委曾经既有制定价格的权力,又有监督价格的权力,兼"运动员"与"裁判员"于一身,而这次改革将价格监督检查与反垄断执法的职责从国家发改委划入国家市场监督管理总局,实现了价格制定与监管的两权分立。此外,国家市场监督管理总局还负责管理重新组建的国家知识产权局,新的国家知识产权局将原国家知识产权局的职责、国家工商行政管理总局的商标管理职责、国家质量监督检验检疫总局的原产地地理标志管理职责整合到了一起,这顺应了加强知识产权保护的大势。

第四,金融和财政领域的职能整合。在金融领域,新组建的中国银行保险监督管理委员会,将中国银行业监督管理委员会和中国保险监督管理委员会的职责整合起来,并将银监会与保监会拟订银行业、保险业重要法律法规草案和审慎监管基本制度的职责划入中国人民银行。这就顺应了金融混业经营趋势下,原银监会、保监会、中国人民银行之间的监管交叉与漏洞问题,从而实现了对资金从来源到流向穿透式全监管,以更有效防范金融风险,并实现了规则制定与规则执行的两权分立。在财政领域,一是将全国社会保障基金理事会由国务院管理调整为由财政部管理,承担基金安全和保值增值的主体责任,作为基金投资运营机构,不再明确行政级别;二是改革国税地税征管体制,将省级和省级以下国税地税机构合并,并将基本养老保险费、基本医疗保险费、失业保险费等各项社会保险费交由税务部门统一征收,这将有助于构建和优化高效统一的税收征管体系。此外,改革还优化了审计署的职责,将国家发改委的重大项目稽查、财政部的中央预算执行情况和其他财政收支情况的监督检查、国务院国有资产监督管理委员会的国有企业领导干部经济责任审计和国有重点大型企业监事会的职责划入审计署,使之具有更独立的审计监督权。

第五,民生领域的职能整合。一是组建国家卫生健康委员会,作为国务院的组成机构,将国家卫生和计划生育委员会、国务院深化医药卫生体制改革领导小组办公室、全国老龄工作委员会办公室的职责,以及工业和信息化部牵头《烟草控制框架公约》履约的工作职责、国家安全生产监督管理总局的职业安全健康监督管理职责整合起来。二是组建国家医疗保障局,作为国务院的直属机构,将人力资源和社会保障部的城镇职工和城镇居民基本医疗保险、生育保险职责,国家卫生和计划生育委员会的新型农村合作医疗职责,国家发改委的药品和医疗服务价格管理职责,民政部的医疗救助职责整合起来。

第六,对外经济合作领域的职能整合。一是组建国际发展合作署,将商务部对外援助工作有关职责、外交部对外援助协调等职责整合起来,以更好服务国家外交总体布局和"一带一路"建设。二是组建国家移民管理局,将公安部的出入境管理、边防检查职责整合起来,以适应来华工作外国人不断增加、出入境规模日益庞大的新形势。

第七,物资储备领域的职能整合。新组建的国家粮食和物资储备局,将原国家粮食局的职责,国家发改委的组织实施国家战略物资收储、轮换和管理,管理国家粮食、棉花和食糖储备等职责,以及民政部、商务部、国家能源局等部门的组织实施国家战略和应急储备物资收储、轮换和日常管理职责整合在一起。国家粮食和物资储备局将致力于构建统一的国家物资储备体系,它由国家发改委管理。

此外,为确保贯彻落实,《深化党和国家机构改革方案》强调:中央和国家机关机构改革要在 2018 年底前落实到位;省级党政机构改革方案要在 2018 年 9 月底前报党中央审批,2018 年底前机构调整基本到位;省以下党政机构改革由省级党委统一领导,在 2018 年底前报党中央备案。所有地方党政机构改革任务在 2019 年 3 月底前基本完成。实施机构改革方案需要制定或修改法律的,要及时启动相关程序;依法依规完善党和国家机构职能,依法履行职责,依法管理机构和编制,确保改革在法治轨道上运行。而另一方面,这次改革不像过去那样过分强调"职责同构",改变了过去下级机构必须"照抄"上级部门机构设置的做法,给了地方政府更多因地制宜的空间。

三、简政放权,转变政府职能

市场经济发展要求政府转变职能,由原来的全能型、建设型政府转向效能型、服务型政府。转变政府职能的目的是为了让市场在资源配置中发挥决定性作用并更好发挥政府作用。在当前形势下,改革的重点在于政府自我革命,以壮士断腕之决心将权力和利益让渡给市场。正如李克强总理所说,改革"要相忍为国、让利于民,用政府减权限权和监管改革,换来市场活力和社会创造力释放"。新一届政府,把简政放权作为转变政府职能的突破口,简政放权的改革主要体现在以下四个方面。

第一,行政审批制度改革。行政审批是行政机关根据自然人、法人或其他组织依法提出的申请,经依法审查,准予其从事特定活动,认可其资格资质,确认特定民事关系或特定民事权利能力和行为能力的行为。为避免市场失灵,任何国家的政府都掌握着一定的行政审批权,而中国政府由于尚未完全摆脱计划经济时期全能型政府的痕迹,所以过多地保有行政审批权力,并抑制了市场发挥决定性作用。2001 年 9 月,国务院办公厅曾下发《关于成立国务院行政审批制度改革工作领导小组的通知》,开始推进行政审批制度改革。到 2013 年新一届政府成立之前,国务院分六批将审批事项削减了近 70%,然而剩下的 30% 是更加重要、更为核心的权力,改革难度加大。在削减行政审批事项的同时,政府努力将行政审批纳入法制轨道。2003 年 8 月,《行政许可法》公布,将部分行政审批纳入行政许可的范畴予以规制,同时又规定了不适用《行政许可法》的其他审批。2004 年 8 月,国务院发布《关于保留部分非行政许可审批项目的通知》,从而形成了行政许可与非行政许可审批并存的局面,而非行政许可审批的存在也成为"制度后门"和"灰色地带"。新一届政府成立之初,李克强总理曾在记者招待会上公开承诺:对国务院各部门现存的 1700 多项行政审批事项,本届政府任期内要削减三分之一以上。但实际的改革力度远超承诺,到 2014 年底就完成了削减三分之一的目标,于是改革继续"加码"。从 2013 年到 2017 年 2 月,国务院分 9 批取消和下放行政审批事项共 618 项,其中取消 491 项、下放 127 项。同时,为了贯彻全面依法治国,让权力在阳光下运行,政府进一步清理非行政许可审批。到 2015 年 5 月 14 日,国务院正式发布决定,在前期大幅减少部门非行政许可审批事项的基础上,再取消 49 项非行政许可审批事项,将84项非行政许可审批事项调整为政府内部审批事项,今后不再保留"非行政许可审批"这一审批类别。

第二,商事制度改革。商事制度是规范市场主体和商事活动的法律规章和政策的总和,是规定市场主体准入、交易和退出等市场活动的制度。中国过去的商事制度带有较强的计划经济色彩,重审批而轻监管,不利于形成自由宽松、规范平等的营商环境。2013年2月,十八届二中全会决定改革工商登记制度,放宽工商登记条件,加强对市场主体、市场活动的监督管理。十八届三中全会进一步提出推进工商注册制度便利化,改革市场监管体系,实行统一的市场监管,由此拉开了商事制度改革的序幕。首先,改革登记制度,降低进入门槛。2013年12月,全国人大审议修改了《公司法》,明确将公司注册资本实缴登记制改为认缴登记制,取消公司注册资本最低限额制度;2014年2月,国务院决定修改《公司登记管理条例》《企业法人登记管理条例》等8部行政法规,废止2部行政法规,确保改革依法推进。其次,放宽市场准入,简化商事登记。截至2017年底,政府已将全部226项工商登记前置审批事项中的87%先后分四批改为后置审批或取消。2015年10月,全国范围内对企业工商营业执照、组织机构代码证和税务登记证这三个本由工商、质检、税务三部门分别核发的证照实行"三证合一、一照一码"的登记制度改革;2016年10月,在"三证合一"的基础上,又整合了社会保险登记证和统计登记证,实现了"五证合一、一照一码"。2016年12月,对个体工商户营业执照和税务登记证也实行了"两证整合"。在退出制度上,2017年3月,全国范围实施企业简易注销登记改革,推动市场准入和退出全程便利化。最后,强化事中事后监管。2014年3月,全国企业信用公示系统上线运行;2014年10月,《企业信息公示暂行条例》正式施行,确立了企业信息公示制度。为了解决监管工作中存在的检查任性、执法扰民、选择性执法等问题,工商总局于2016年9月制发文件,要求工商行政管理和市场监管部门全面施行"双随机、一公开"的监管制度,即监管过程中随机抽取检查对象、随机选派执法检查人员、抽查情况及查处结果及时向社会公开。通过上述商事制度改革,政府的权力由事前审批向着事中事后监管转移,向市场主体让渡了更多权力,在很大程度上解决了政府职能"错位"的问题。

第三,减轻企业税费负担。首先,营业税改增值税降低了整体税负水平。过去营业税与增值税并存,导致重复征税。政府从2012年开始在上海对交通运输、部分现代服务业进行营改增试点,并分批次向其他省市扩大试点;从2013年8月开始,试点推广到全国范围;2014年,试点范围扩大到铁路运输业、邮政业和电信业;从2016年5月开始,试点范围扩大到建筑业、房地产业、金融业、生活服务业;2017年10月30日,国务院常务会议通过了《关于废止〈中华人民共和国营业税暂行条例〉和修改〈中华人民共和国增值税暂行条例〉的决定》,标志着实施了60多年的营业税正式退出历史舞台。截至2017年底,营改增累计减税近2万亿元,并实现了所有行业税负只减不增。其次,降低小微企业和创新创业企业的税负。截至2017年7月,政府针对创业主要环节和关键领域陆续推出了83项税收优惠措施,尤其是2013年以来,新出台了73项税收优惠,覆盖企业整个生命周期。以2017年为例,全国支持"大众创业、万众创新"税收优惠政策的减税规模超过5000亿元。其中,符合条件的小型微利企业减半征收企业所得税、月销售额3万元以下小微企业免征增值税等支持小微企业发展的税收优惠政策共减税超过1600亿元,惠及纳税人超过3600万户;高新技术企业减按15%税率缴纳所得税,促进软件产业健康发展、支持集成电路产业发展减免增值税和企业所得税等税收优惠政策共减税2400多亿元。最后,减免、清理涉企收费。全国清理规范各级涉企行政事业性收费、政府性基金和经营服务性收费;取消城市公用事业附加费;取消工业企业结构调整专项资金;全面取消手机国内长途和漫游费,降低中小企业互联网专线接入资费;适当降低"五险一金"有关缴费比例;暂免征收银行业和保险业监管费;下调建设工程质量保证金预留比例。同时,公布中央和地方政府性基金及行政事业性收费目录清单,以及政府定价经营服务性收费目录清单,清单之外一律不得收费;新设收费项目必须依法严格审批。政府还加大对已出台减负措施落实情况的督促检查,与各方协同构建信息发布、投诉举报和查处机制,惩处违法违规收费行为,防止不合理收费死灰复燃。

第四,便利居民工作和生活。在工作方面,为减少对居民从事专业工作的限制,政府取消了大量职业资格认证。截至2017年7月,政府共分七批取消了434项国务院部门设置的职业资格,削减比例达到70%;政府还制定了国家职业资格目录,实行清单式管理。同时,为了便利人才流动,政府加快了人力资源市场整合,将原人才市场和劳动力市场的业务统一纳入服务大厅,实行"一条龙"式办理,取消了重复填表、接续证明等烦琐程序。在生活方面,行政服务也以便民利民为导向,简化办事环节,优化办事流程,取消各类"奇葩证明""循环证明",力争让群众办事"只跑一趟""办事不求人",实实在在增强居民的获得感。

第三节　政府对市场的完善与规制

十八届三中全会提出让市场在资源配置中发挥决定性作用,但是,由于市场在一定程度上存在着扭曲,而消除这种扭曲需要对利益关系进行调整,所以必须由政府主导深化改革,才能让市场重新发挥作用。同时,在市场失灵领域,更好发挥政府作用,尤其是发挥中国特色社会主义制度集中力量办大事的独特优越性,形成市场和政府的双轮驱动,可以更好地促进中国经济发展。

一、促进市场出清

一个健康运行的市场,应保证供求在总量和结构上基本平衡。然而,中国的消费需求始终无法完全释放,总需求过度倚重投资和出口,而出口又因为利润率微薄而无力抵抗外部冲击,每每面临国际市场波动都会出现出口骤降。从1998年亚洲金融危机到2008年全球金融海啸,出口暴跌使得中国不得不倚重政府主导的大规模基础设施投资和房地产行业。然而,这在稳定中国经济增长的同时,也加剧了中国经济结构的失衡。在产业结构升级未取得全面突破之前,资本缺乏高回报率的投资机会。而政府主导的基础设施投资及房地产投资,存在着边际回报率递减的趋势,这就引发了一系列问题。首先,以基础设施和房地产为主的投资带动了上游原材料工业的过度扩张,引发了严重的产能过剩问题。其次,经济刺激计划中,地方政府为了筹集配套资金而通过地方融资平台举借了大量债务,房地产业的发展也使得房地产企业、居民部门的杠杆率上升。最后,在广大的三、四线城市,地方政府财政收入过度依赖房地产,结果导致房地产业无度发展,形成库存大量积压与高房价并存的局面,一面是高房价阻碍了农民进城,也抬升了实体经济的经营成本;一面是房价骑虎难下,因为一旦房价下跌会引发抵押资产价值缩水,从而加剧债务风险。总之,产能过剩、债务攀升、库存积压,遏制了中国经济的健康发展。

可见,中国经济在需求侧存在着重投资、出口而轻消费的问题,并由此引发了供给侧的高产能、高库存、高杠杆问题。从长期来看,调节中国经济需要释放消费需求,改善需求结构;而从短期来看,中国经济改革不仅要扩大消费需求,而且要对已经失衡的供给侧进行结构性调整。尽管我们强调市场在资源配置中发挥决定性作用,但如果单纯依靠市场自身实现出清,则可能产生债务违约、企业破产和长期萧条,这将阻碍中国实现全面建成小康社会的奋斗目标。所以,要在增长稳定、风险可控的条件下实现市场出清,就需要政府的合理调控。因此,2015年,中央提出了供给侧结构性改革,它包括五项任务:去产能、去库存、去杠杆、降成本、补短板,其中前三项的目的就是实现市场出清。

第一,去产能。2013年10月,国务院下发《关于化解产能严重过剩矛盾的指导意见》指出,2012年底,钢铁、水泥、电解铝、平板玻璃、船舶产能利用率均明显低于国际通常水平,是产能严重过剩行业,政府要采取各种措施化解产能过剩问题,坚决遏制产能盲目扩张。第一阶段的去产能工作由此开始,其特征主要是市场自发调整,去产能以民企为主,国企动作较慢。随着2015年末中央提出供给侧结构性改革,第二阶段去产能工作开始。中央政府提出了明确的分阶段压减目标,并且制定了控制新增产能,淘汰和退出落后产能,推进企业改革重组来调整转型等重点政策措施;各地出台了各种督查和问责制度。去产能是一项系统工程,在强力压减产能的同时,为确保经济社会稳定,政府也出台了一系列配套政策措施。一是政府通过融资支持、财政补助、税收优惠等方式向去产能企业提供补偿;二是妥善处置银行不良资产,降低金融风险;三是妥善处理就业问题,降低失业风险;四是鼓励企业"多兼并重组,少破产清算",提高行业集中度;五是提高技术、环保、能耗等行业标准,关停不达标企业,阻止上马不达标的新项目;六是探索建立设备注册制,建立过剩行业产能预警体系和监督机制。在政府强力推动和多种措施的保障配合下,去产能取得了明显的成效。需要指出的是,政府主导去产能并非要由政府完全替代市场,而是要使市场更好发挥作用。比如理顺价格,打破行业垄断、地区封锁,制定必要的政策鼓励创新,从而使市场竞争更充分。

第二,去库存。去库存的主要对象是房地产库存。截至2015年底,中国商品住房总库存为39.96亿平方米,其中现房库存约4.26亿平方米,去化周期23个月;期房库存约35.7亿平方米,需要4.5年来消化。① 高库存导致房地产投资增速下滑,并拖累经济增长。为此,政府推出一系列去库存政策措施,从供求两侧双向发力。在供给侧,在库存压力大的城市减少甚至限制新的土地供应,降低新房开工规模,鼓励开发商降价销售,并通过企业并购重组等形式减少烂尾项目。在需求侧,除少数一线热门城市外,

---

① 《中央经济工作会议精神解读:去库存成为"国家任务"》,《人民日报》2015年12月25日。

多数城市取消限购,央行降准降息,信贷全面宽松,房贷首付比例和按揭利率下降,交易契税降低;加快户籍改革,提高户籍人口城镇化率来鼓励购房;更重要的是对棚改实行货币化安置,对棚改拆迁户予以货币补偿和购房补贴,鼓励其购买商品住房。在政策推动下,库存明显减少,至2018年7月末,商品房待售面积降至5.44亿平方米,库存数据已经降至50个月来最低水平,全国性的去库存周期基本完成。然而,去库存尤其是货币化棚改也造成了三四线城市房价快速上涨、一些城市商品房供不应求等问题,为此政府及时调整了政策方向。2018年7月31日,中央政治局会议提出,下决心解决好房地产市场问题,坚持因城施策,促进供求平衡,合理引导预期,整治市场秩序,坚决遏制房价上涨。随后,一些完成去库存的城市开始调整政策,增加土地供给和新房开工,同时取消购房鼓励政策。如呼和浩特市在8月提出,全面停止房地产去库存调控措施,停止发放购房补贴,棚改回迁安置比例控制在70%左右;长春市则取消了货币化安置购房奖励政策。在房地产市场整体实现出清的同时,城市间的分化趋势明显,人口和产业成为支撑未来房价的根本因素。在这种情况下,各地政府的主要精力开始由土地财政逐渐转向吸引人才、优化营商环境,这是中国经济步入健康持续发展的新开端。

第三,去杠杆。经济危机后的刺激政策,推升了中国的杠杆率,截至2017年底,中国非金融部门总债务占GDP的比例为255.7%,高于新兴经济体194%的平均水平,以及美国(251%)、德国(177%)等主要发达国家。考察中国的杠杆结构可以发现,非金融企业部门(不含地方融资平台公司和城投公司)的杠杆率从2013年起呈下降趋势,而债务主要集中于地方政府,以及与地方政府关系密切的地方融资平台公司、城投公司。因而后者成为去杠杆的主要对象,而这些部门去杠杆离不开中央政府的行政干预。一方面,中央政府通过一系列文件封堵地方政府的违规融资渠道。2014年10月,国务院出台了《关于加强地方政府性债务管理的意见》(国发43号文);2017年4月和6月,财政部相继印发了《关于进一步规范地方政府举债融资行为的通知》(财预50号文)和《关于坚决制止地方以政府购买服务名义违法违规融资的通知》(财预87号文)。这些措施基本堵住了地方政府违规融资的渠道。同时,按照"开前门、堵后门"的原则,2015年开始实施新的《预算法》,允许地方政府在满足限制性条件的情况下依法举借债务。另一方面,针对金融体系中出现的不当创新、空转套利等现象,政府改革了金融监管体制,其目的是将金融系统中空转套利的资金挤出来,使其流向实体经济,并处于监管视线之内。2018年4月8日,中国银行保险监督管理委员会正式挂牌,对金融机构进行混业监管,对资金流向实行穿透式监管;2018年4月27日,《关于规范金融机构资产管理业务的指导意见》(俗称"资管新规")出台,重点打破刚性兑付、抑制多层嵌套和通道业务、禁止资金池业务等,这些措施的目的是遏制资金在金融系统内从事高风险的投机活动,减少资金空转,降低杠杆率,并促使资金流向实体经济,回归金融服务实体的本质。随着金融管理体制的规范,政府针对实体经济在去杠杆过程中遇到的融资困难问题,又采取了一些更有针对性的措施,如央行从2017年开始进行多次定向降准,通过公开市场操作释放一定流动性,增强对实体经济尤其是民营经济的信贷支持等,使得去杠杆工作日益精细化。

二、加强民生建设

市场经济有效运行,需要减轻企业的不合理社会负担,并要在竞争中优胜劣汰。这就需要政府主导建立公平合理的分配体系与完善的社会保障体系,并在医疗、教育等领域更好发挥作用,以最大限度地消除群众的后顾之忧。

第一,实施脱贫攻坚。当前中国最主要的任务是全面建成小康社会,不使一人掉队。党和政府一直高度重视脱贫工作,对此给予了大量的资金和政策支持。然而,随着贫困人口的减少,脱贫的难度也在加大,因为剩下的多为生态环境恶劣、资源匮乏、交通不便的老大难地区。到2012年末,全国农村尚有贫困人口9899万人。对此,党和政府提出到2020年实现现行标准下农村贫困人口脱贫、贫困县全部摘帽、解决区域性整体贫困、共享小康的庄严承诺。2013年11月,习近平总书记在湘西考察时首次提出了"精准扶贫"的概念,即对象要精准、项目安排要精准、资金使用要精准、措施到位要精准、因村派人要精准、脱贫成效要精准。为贯彻精准扶贫理念,完成全面脱贫任务,政府在措施上提出了因人因地施策的办法,分类扶持贫困地区和贫困家庭,对基础设施条件落后的地区解决通路、通水、通电、通网络的问题,对"一方水土养不起一方人"的地区实施扶贫搬迁,对生态特别重要和脆弱的地区实行生态保护扶贫,对有劳动能力的家庭支持发展特色产业和转移就业,对丧失劳动能力的家庭实施兜底性保障政策,对因病致贫的家庭提供医疗救助保障。为确保政策落实,政府还建立了脱贫攻坚的制度体系,包括责任体系、政策体系、投入体系、动员体系、监督体系、考核体系。同时,党和政府还发挥自身在组织上的优越性,将党员干部派驻到扶贫一线,责任到人。中西部22个省的党政主要领导向中央签署脱贫攻坚责任书,立下"军令状",进行严格的考核评估;832个县的县委书记、县长,从2015年开始到2020年,要保持稳定。从中央、省、市、县四级党政机关和国有企事业单位抽调"第一书记"和驻村工作队员,在岗近百万人,累计下派近300万人。2013年至2017年,贫困地区农村居民人均可支配收入年均名义增长12.4%,扣除价格因素,年均实际增长10.4%,实际增速比全国农村平均水平高2.5个百分点。2017年贫困地区农村居民人均可支配收入是全国农村平均水平的69.8%,比2012年提高7.7个百分点,与全国农村平均水平的差距进一步缩小。截至2017年末,全国农村贫困人口从2012年末的9899万人减少至3046万人,贫困发生率从2012年的10.2%下降至3.1%。

第二,完善社会保障制度。中国的社会保障制度主要由五部分构成,根据2010年通过的《中华人民共和国社会保险法》,国家建立了基本养老保险、基本医疗保险、工伤保险、失业保险、生育保险等社会保障制度。其中,基本养老保险包括职工基本养老保险、新型农村社会养老保险和城镇居民社会养老保险。从社会保险基金的收支情况来看,基本养老保险的收支规模在五项社保收支中的占比约为70%,是整个社保制度的核心。中共十八大以来,政府重点对养老保险制度进行了改革和完善。首先,打破养老保险的城乡分割和行业分割局面。一方面,打破城乡分割。2014年,新型农村社会养老保险和城镇居民社会养老保险统一为城乡居民基本养老保险制度,由中央统筹安排补助,地方统筹制定缴费、补贴、支付、服务的政策和标准,向城乡社保统筹迈出了一大步。另一方面,打破行业分割,改革机关事业单位养老保险制度。2014年底,中央决定机关事业单位实行与企业同样的社会统筹与个人账户结合的基本制度模式,突破了被批评多年的养老金"双轨制"困局。其次,完善养老金的筹资与投资管理。在养老金的资金来源和投资渠道上,划转部分国有资本充实社保基金,为社保基金长期储备开辟新的筹资渠道,启动基本养老保险基金市场化、多元化投资运营,促进保值增值。最后,顺应人口流动的趋势,改革养老金管理模式。市场经济要求包括人口在内的生产要素自由流动,这就与养老金分省运营的模式发生了冲突。为此,政府从2013年至2017年为近千万人办理了职工养老保险跨省转续手续,发行了10.56亿张全国统一的社保卡,数量较5年前增长了2.7倍。从2018年开始,政府对养老金实行全国统筹、中央调剂制度。把全国各地的养老金统一管理,一起投资运营,再统一发放,从而解决了省与省之间的不平衡问题。这将解决由于人口结构特别是人口流动导致的抚养比差异过大带来的负担不均问题,进一步在全国范围发挥养老保险互助共济的作用。

第三,深化医疗领域改革。医疗行业健康发展离不开政府的干预,因为该行业具有极强的信息不对称性,容易产生服务价格虚高、滥用高价药和高价耗材、增加检查项目等问题,导致群众看病难、看病贵。因此,政府从中共十八大以来加大了医疗领域改革力度。一是理顺医疗服务比价关系,使公立医院由"卖药"向"卖服务"转变。为破除"以药养医"的弊病,取消公立医疗机构的药品加成,并降低大型医用设备检查治疗和检验价格;同时调整医疗服务价格,重点提高诊疗、手术、护理、康复、中医等体现医务人员技术劳务价值的项目价格。二是改革医疗服务项目管理,规范服务,控制收费。由中央制定全国医疗服务项目技术规范,指导医疗机构规范开展服务;由地方负责确定和调整本地区医疗服务的具体项目及价格水平。同时全面推进按病种收费改革,公布病种目录,规定收费标准,以收费上限来倒逼医院减少使用高价药品。三是鼓励社会资本办医。2014年3月,政府出台了放开非公立医疗机构服务价格、鼓励社会办医的政策措施,明确非公立医疗机构提供的医疗服务价格由市场调节。这项改革不仅有助于在普通医疗服务领域形成与公立医院的竞争,而且有助于提供多层次、多样化服务。

第四,加强教育事业建设。教育尤其是义务教育具有明显的公共产品属性,所以政府的作用体现得更为明显。党和国家将教育作为优先发展的事业,从2012年起财政性教育经费支出占当年GDP的比重超过4%,突破2万亿,并一直保持在4%以上,2017年国家财政性教育经费达到3.42亿元。而从国际社会的经验来看,一般在财政收入占GDP比例达到30%~40%时,财政性教育经费占GDP的比重才会达到4%;而中国在财政收入占GDP的比例不到30%的情况下,财政性教育经费占GDP的比重就达到了4%,可见对教育的重视程度。中共十八大以来,政府主要从四个方面完善教育事业。一是改善教育基础设施。2013年,政府启动"全面改善贫困地区义务教育薄弱学校基本办学条件"工程,截至2018年9月,共规划新建、改扩建校舍约2.2亿平方米,购置教育视频设备约1066亿元,惠及全国2600多个县的近22万所义务教育学校。同时,为了更好地利用互联网技术促进教育发展,政府从2012年起进行"三通两平台"建设,即宽带网络校校通、优质资源班班通、网络学习空间人人通、建设教育资源公共服务平台和教育管理公共服务平台。从2012年到2018年9月,全国中小学互联网接入率从25%上升到94%,多媒体教室比例从不到40%增加到87%。二是保障贫困地区、困难人群的受教育权利。中共十八大以来,政府已经建立起覆盖学前教育至研究生教育的学生资助政策体系,五年累计资助学生达到4.25亿人次,比上一个五年增加约7500万人次;资助金额达到6981亿元(不含免费教科书和营养膳食补助),比上一个五年增加了3560亿元。对农村义务教育阶段贫困家庭学生实施的"两免一补"(免杂费、免书本费、逐步补助寄宿生生活费)政策,从2016年春季学期开始将全国1400万农民工随迁子女也纳入了政策范围,从2017年春季学期开始对城乡统一实施该政策。2017年,政府还对农村留守儿童辍学情况进行排查,学生基本都已复学。三是加强教师队伍建设。2015年,政府启动了"乡村教师支持计划(2015—2020年)",采取切实措施加强老少边穷岛等边远贫困地区乡村教师队伍建设,明显缩小城乡师资水平差距,让每个乡村孩子都能接受公平、有质量的教育。同年,政府还在全国范围内推行中小学教师职称制度改革,打破中小学教师职业"天花板",使中小学教师也有资格评教授,并在职称评定中更注重师德和教育水平。此外,政府在发展职业教育和特殊教育、改革高考制度、便利就近入学、整治课外补习等方面,也都推出了许多政策措施。

三、加强生态建设

马克思曾说:资本"要从一切方面去探索地球,以便发现新的有用物体和原有物体的新的使用属性"。然而资本的这种冲动会导致生态破坏和资源过度开发,产生严重的负外部性。因此,市场经济需要政府在生态环境保护、资源可持续开发等方面建立完备的制度。尤其是在中国,生态建设在加速工业化的过程中相对滞后,致使一些地方走上了西方"先污染、后治理"的老路,或者面临着资源耗竭的困境。在产业结构升级、经济发展方式转型的历史时期,政府必须对生态建设提出完整的顶层设计,以保障国家生态安全,改善环境质量,提高资源利用效率,形成人与自然和谐发展的现代化建设新格局,让市场的运行走上资源节约和环境友好的良性发展轨道。

新一届政府从执政伊始就致力于树立绿色发展理念,使"绿水青山就是金山银山"的理念深入人心;同时,新一届政府格外强调要从顶层设计完善生态文明建设。2015年9月,中央审议通过了《生态文明体制改革总体方案》,提出到2020年,构建起由自然资源资产产权制度、国土空间开发保护制度、空间规划体系、资源总量管理和全面节约制度、资源有偿使用和生态补偿制度、环境治理体系、环境治理和生态保护市场体系、生态文明绩效评价考核和责任追究制度等8项制度构成的生态文明制度体系,推进生态文明领域国家治理体系和治理能力现代化,努力走向社会主义生态文明新时代。截至目前,各领域四梁八柱的改革措施已经到位,生态文明制度体系初步建立起来,这其中政府的作用主要体现在以下四个方面。

第一,明确自然资源产权归属,统一国土资源开发。长期以来,中国的自然资源和生态环境产权归属不明,各级各地政府为了加速经济发展而无序开发、过度开发、分散开发,导致优质耕地和生态空间占用过多、生态破坏、环境污染等问题。新形势下,国家要对资源环境进行统一规划利用,从宏观上划分出不同的主体功能区,包括城市化地区、农产品主产区、生态功能区等不同定位,逐步建立全国统一、相互衔接、分级管理的空间规划体系,结束过去分散开发的历史,进入全国一盘棋、统一规划、有序开发的新时代;在微观上对矿藏、水流、森林、山岭、荒地、海域、滩涂等自然资源进行统一的确权登记,明确所有权主体,从而为资源开发和生态保护的一系列制度奠定产权基础。

第二,建立资源节约、生态补偿的机制。由于缺乏严格的总量控制与合理的补偿机制,资源过度开发且浪费严重的问题一直存在。对此,政府开始完善资源总量管理和全面节约的制度,针对耕地、水资源、能源、矿产、天然林、草原、湿地、海洋等资源,严格控制总量,对重要资源要确保总量不减,在此基础上集约利用,循环使用。例如:对耕地实行占一补一、先补后占、占优补优的严格管理,对水资源实行统筹分配、定额管理,对天然林终止商业砍伐,对基本草原要确保面积不减少、质量不下降、用途不改变。同时,政府开始健全资源有偿使用和生态补偿机制。一方面,加快自然资源及其产品价格改革,建立土地、矿产、海域海岛等资源的有偿使用制度;另一方面,完善生态补偿机制,建立专门用于生态保护修复的资金,用于补偿因资源开发而受到生态破坏的地区、为保护环境而牺牲发展的地区以及农业主产区。

第三,建立严格的生态环境保护制度,并调动多方主体共同参与。在环保领域,一直存在着污染防治能力弱、监管职能交叉、权责不一致、违法成本过低等问题,这就需要政府的强力干预,以消除该领域的负外部性。

首先,政府完善了环保管理制度,组建了生态环境部,将原本分散于各部门的环保职能整合起来,为建立权威统一的环境执法体制奠定了组织基础。其次,健全了环保立法,2015年1月1日,号称"史上最严"的《环境保护法》开始实施;从2015年到2018年,《大气污染防治法》《水污染防治法》《环境影响评价法》完成修订,《环境保护税法》《核安全法》《土壤污染防治法》也获得通过。再次,政府开展了大量环保行动,增强环保督察力度。从2013年到2016年,国务院先后出台了大气、水、土壤污染防治三大行动计划,俗称"大气十条""水十条""土十条"。为监督各地污染防治工作,中央从2016年起向各地派驻环保督察组,成员由环保部、中纪委和中组部相关领导组成,代表党中央和国务院对各地党委和政府开展环保督察。最后,健全环境治理和生态保护的市场体系。环保不能只依靠政府,而是要利用市场机制因势利导。为此,政府推行用能权、碳排放权、排污权和水权交易制度,同时鼓励各类投资进入市场,探索由第三方治理、政府购买服务来治理污染的模式,形成政府主导、多方参与的合力。

第四,转变观念,对各级政府建立科学的评价体系与严格的责任追究制度。过去的政绩考核过于偏重经济,并且对生态环境损害责任缺乏追究机制,在一定程度上纵容了生态污染和资源浪费。为了将资源消耗、环境损害、生态效益纳入评价体系,政府开始探索编制自然资源资产负债表,并对领导干部实行自然资源资产离任审计,建立生态环境损害终身追究制。同时,针对不同区域的主体功能定位,制定差异化的绩效评价考核标准。

第四节 政府对经济社会发展的宏观规划

我们强调市场在资源配置中发挥决定性作用的同时,也需要政府在宏观层面对经济社会发展制定战略规划。中国作为一个实行赶超型工业化战略的后发国家,政府有必要结合国情对工业化提供路径指引和前进助推,尤其是在新一轮科技和工业革命方兴未艾的今天,各主要国家都在引导和扶持本国产业,中国更应发挥社会主义制度的举国体制优势,加快关键领域核心技术突破,制定和实施面向未来的经济发展和科技进步规划。同时,中国的工业化自起步时就面临着城乡和区域发展不平衡的问题,而市场经济的马太效应有可能加剧这种不平衡,这就需要政府制定均衡发展战略,推动区域、城乡协调发展,推动经济与政治、文化、社会、生态均衡发展,这样才能最终建成富强民主文明和谐美丽的社会主义现代化中国。

第十章 加快政府职能转变与市场经济体制完善(2013—2018)

一、政府对中国发展的时间规划

中国实行赶超型工业化战略,一直有着极强的目标意识。这种目标意识,主要表现为中国共产党始终为中国发展制定长期战略,并将其分解为中期目标和短期计划,形成一个滚动向前的战略目标体系。这是中国特色社会主义制度的一个显著特征,也是制度优越性的重要体现。

新中国的发展战略经历了一段探索时期。1964年,周恩来在第三届全国人大一次会议上提出:"今后发展国民经济的主要任务,总的说来,就是要在不太长的历史时期内,把我国建设成为一个具有现代农业、现代工业、现代国防和现代科学技术的社会主义强国,赶上和超过世界先进水平。为了实现这个伟大的历史任务,从第三个五年计划开始,我国的国民经济发展,可以按两步来考虑:第一步,建立一个独立的比较完整的工业体系和国民经济体系;第二步,全面实现农业、工业、国防和科学技术的现代化,使我国经济走在世界的前列。"①这就是著名的"四个现代化"目标。"四化"目标极大地激发了全国人民投身祖国建设的热情,起到了积极的历史作用;然而,"四化"目标要求过高,在落实过程中易产生急于求成的问题。因此,邓小平在改革开放后开始对"四化"的内涵进行调整,于1979年提出了"小康"的概念,即到20世纪末达到小康水平。这个务实的目标解决了长期以来目标过高的问题。随后,邓小平开始思考长远战略,提出了"三步走"设想,即到21世纪中叶,中国达到世界中等发达国家水平。根据邓小平的建议和全党的认真思考,中共十二大对"三步走"的前两步给出了明确标准,即从1981年到20世纪末的20年,在不断提高经济效益的前提下,力争使工农业的年总产值翻两番,国民收入总额和主要工农业产品的产量居于世界前列,人均国民收入800美元左右。中共十三大则确立了"三步走"战略,即在分两步实现小康目标后,到21世纪中叶,实现人均国民生产总值达到中等发达国家水平,人民生活比较富裕,基本实现现代化。

"三步走"战略的前两步提前完成,中共十五大对21世纪的发展进行了战略部署:第一个十年实现国民生产总值比2000年翻一番,使人民的小康生活更加宽裕,形成比较完善的社会主义市场经济体制;再经过十年的努力,到建党一百年时,使国民经济更加发展,各项制度更加完善;到21世

---

① 《周恩来选集 下卷》,人民出版社1984年版,第439页。

纪中叶即建国一百年时,基本实现现代化,建成富强民主文明的社会主义国家。这就确立了"两个一百年"的战略目标。此后,中国全力以赴完成第一个百年目标,对全面小康社会的认识也逐渐丰富,形成了经济、政治、社会、文化、生态五位一体的整体布局,推动中国特色社会主义事业进入了新时代。

中共十八大以来,中国向着全面建成小康社会的目标发起了冲刺。党和国家为此做出了从短期到中长期的战略部署。在短期规划方面,2016年3月16日,十二届全国人大四次会议审查通过了《中华人民共和国国民经济和社会发展第十三个五年规划纲要》,提出了全面建成小康社会的目标要求和工作举措,并在发展战略、制度建设等方面着眼未来,为2020年之后的发展奠定基础。

在中长期规划方面,2017年召开的十九大绘制了从2020年到2050年的发展蓝图。十九大审时度势,提出中国社会的主要矛盾已经转化为人民日益增长的美好生活需要和不平衡不充分发展之间的矛盾,而未来三十年里党和国家的主要任务就是实现平衡而充分的发展,让人民过上美好幸福生活。基于这一目标,十九大将2020年之后的三十年划分为两个阶段:从2020年到2035年为第一阶段,在全面建成小康社会的基础上,基本实现社会主义现代化,经济和科技实力大幅跃升,跻身创新型国家前列;人民平等参与、平等发展权利得到充分保障,法治国家、法治政府、法治社会基本建成,各方面制度更加完善,国家治理体系和治理能力现代化基本实现;社会文明程度达到新的高度,国家文化软实力显著增强,中华文化影响更加广泛深入;人民生活更为宽裕,中等收入群体比例明显提高,城乡区域发展差距和居民生活水平差距显著缩小,基本公共服务均等化基本实现,全体人民共同富裕迈出坚实步伐;现代社会治理格局基本形成,社会充满活力又和谐有序;生态环境根本好转,美丽中国目标基本实现。从2035年到21世纪中叶为第二阶段,在基本实现现代化的基础上,把中国建成富强民主文明和谐美丽的社会主义现代化强国,物质文明、政治文明、精神文明、社会文明、生态文明全面提升,实现国家治理体系和治理能力现代化,成为综合国力和国际影响力领先的国家,全体人民共同富裕基本实现,人民享有更加幸福安康的生活,中华民族以更加昂扬的姿态屹立于世界民族之林。

可见,在现代化建设的道路上,一张蓝图绘到底,一代接着一代干,是中国共产党治国理政的一大特点,也是政府和市场"双轮驱动"的社会主义市场经济的特有优势。这种优势使中国能够排除一切干扰,矢志不渝地向着目标前进,并能够通过中期目标和短期规划将长远目标分解落实,积跬步以致千里,实现滚动式发展。

二、政府对中国发展的空间规划

空间发展不均衡始终是困扰中国的一个难题。中国拥有广袤的领土,各地发展起点不同,资源禀赋迥异。改革开放以来,我们在事实上遵循着效率优先的发展原则,使得一部分资源禀赋好的地区率先发展了起来,形成了区域之间、城乡之间发展不平衡的局面。总体来看,资源呈现出向东部集中的趋势,而广大中西部地区和东北地区的发展则相对落后;同时,随着城镇化的加速扩张,粗放的发展也导致资源由农村向城市集中,形成了城乡发展不均衡、大中小城市发展不均衡的态势。

中国特色社会主义新时代下,我们应当追求平衡而充分的发展。这就需要我们改变以往过度偏重效率的做法,对区域间、城乡间的发展定位重新进行一次统筹规划。同时,随着中国经济规模的不断壮大,国内的市场和资源约束日益明显,如何统筹国内国际两个市场、两种资源,也成为新时代下的重要任务。因此,中国的区域发展战略还要突破国内的限制,将中国置于全球视野下进行重新定位。基于这种思路,中共十八大以来,新一届领导集体对中国的空间发展战略进行了一次全方位的变革。

(一) 区域发展战略

新一届政府高度重视区域协调发展问题,其对中国区域经济的规划可以用"四三三"战略部署来概括。

所谓"四",指的是东部、中部、西部和东北四大板块,划分四大板块的目的是显示和调控区域差距。"十一五"和"十二五"时期,中国对四大板块分别实施东部率先发展、中部崛起、西部大开发和东北振兴战略,但这种战略规划较粗,没有充分体现各地区的自然条件和发展基础的差异。因此,从"十三五"规划开始,中国虽然继续坚持四大板块的发展战略,但更加注重各战略板块的差异性。

第一个"三"指的是区域经济的三个支撑带,即"长三角"支撑长江经济带,"环渤海"支撑东北、华北和西北经济带,"泛珠三角"支撑西南和中南经济带。除了这三个经济带之外,还要发挥其他地区城市群的辐射带动作用,发展东北地区、中原地区、关中平原地区、成渝地区和长江中游地区等城市群,强化区域合作和互助。

第二个"三"指的是三个重点区域工程,即京津冀协同发展、长江流域经济带和"一带一路"建设。京津冀协同发展,其主要任务是优化区域分工和产业布局,构建现代化交通网络体系,扩大环境容量生态空间,推动市场一体化和公共服务共建共享,打造现代化首都经济圈,从而疏解北京的非首都功能,解决北京的"大城市病"以及华北地区的大气污染等问题。长江流域经济带,覆盖了上海、江苏、浙江、安徽、江西、湖北、湖南、重庆、四川、云南、贵州等11个省市,面积约205万平方公里,人口和生产总值均超过全国的40%。长江流域经济带将成为综合实力最强、战略支撑作用最大的经济带,它将为探索东西部协调发展路径提供经验,而且还将成为生态优先、绿色发展的全国示范带。"一带一路"包括陆上丝绸之路经济带和海上丝绸之路,其主要目的是建立全球一体化的开放体系,它将国内的区域发展战略与国际舞台对接,盘活了全中国的区域发展:西部地区成为内外联通通道和区域性枢纽,战略地位和开放程度都将大大提升;中部地区成为贯通南北、连接东西、承接产业转移和能源产业转型的重要战略支撑区;东北地区成为面向俄日韩等国家的合作平台;东部地区则向着有国际影响力的创新高地挺进。为了推动"一带一路"建设,为其提供融资支持,中国还主导设立了亚洲基础设施投资银行、丝路基金、中国-中欧合作基金、中国-欧亚经济合作基金、亚洲区域合作专项资金、中国-东盟海上基金、中国-东盟合作基金+周边友好交流专业基金。

除"四三三"战略部署外,新一届中国政府还高度重视海洋空间。在"十三五"规划中,专设了"拓展蓝色经济空间"一章,提出中国要建设海洋强国。在党和国家的恢宏擘画下,中国的区域发展与对外开放步入了内外一体、陆海统筹的新阶段。

(二) 城乡发展战略

中国特殊的国情,决定了我们必须走城乡均衡发展的道路。尽管城镇化是经济现代化的必由之路,但中国城镇化水平尤其是户籍人口城镇化水平仍然较低,而且中国是一个拥有十多亿人口的发展中大国,即使未来城镇化水平达到了70%,仍然有四五亿人生活在农村。正如习近平总书记强调的:在人口城镇化问题上,我们要有足够的历史耐心。而在当下,我们要在坚持新型城镇化的同时,继续推进社会主义新农村建设,为农民建设幸福家园和美丽乡村。

十九大报告首次提出了乡村振兴战略。2018年1月2日,中共中央、国务院发布《关于实施乡村振兴战略的意见》;2018年9月21日,中共中央政治局就实施乡村振兴战略进行了集体学习,习近平在主持学习时强调,解决好"三农"问题始终是全党工作的重中之重,而乡村振兴战略是新时代"三农"工作的总抓手,要明确思路,深化认识,切实把工作做好,促进农业全面升级、农村全面进步、农民全面发展。

根据党和政府的规划,乡村振兴战略将分三步实现。第一步是到2020年,乡村取得重要进展,基本形成制度框架和政策体系。农业综合生产能力稳步提升,农业供给体系质量明显提高,农村一二三产业整合发展水平进一步提升;农民增收渠道进一步拓宽,城乡居民生活水平差距持续缩小;现行标准下农村贫困人口实现脱贫,贫困县全部摘帽,解决区域性整体贫困;农村基础设施建设深入推进,农村人居环境明显改善,美丽宜居乡村建设扎实推进;农村对人才吸引力逐步增强;农村生态环境明显好转,农业生态服务能力进一步提高;以党组织为核心的农村基层组织建设进一步加强,乡村治理体系进一步完善;党的农村工作领导体制机制进一步健全;各地区各部门推进乡村振兴的思路举措得以确立。第二步是到2035年,乡村振兴取得决定性进展,农业农村现代化基本实现。农业结构得到根本性改善,农民就业质量显著提高,相对贫困进一步缓解,共同富裕迈出坚实步伐;城乡基本公共服务均等化基本实现,城乡整合发展体制机制更加完善;乡风文明达到新高度,乡村治理体系更加完善;农村生态环境根本好转,美丽宜居乡村基本实现。第三步是到2050年,乡村全面振兴,农业强、农村美、农民富全面实现。

乡村振兴战略的提出标志着党的"三农"工作进入了新时代。21世纪以来,中国尽管已经开始实施工业反哺农业、城市反哺农村的战略,但是在加速推进的城镇化进程中,城市在事实上仍是发展的重点,而对"三农"的反哺投入虽然不断增加,但相关政策措施存在着短板,没有形成系统性的顶层设计。乡村振兴战略提出了坚持农业农村优先发展、坚持农民主体地位、坚持乡村全面振兴等基本原则,表明中国将开启城乡融合发展的新局面。在这项战略中,党和政府的作用主要体现在以下三个方面。

第一,加强和完善党在乡村振兴工作中的领导,在制定战略规划和深化制度改革方面发挥基础性作用。在组织建设方面,由于乡村振兴是全党的共同意志,所以实行中央统筹、省负总责、市县抓落实的工作机制,以党政一把手为第一责任人,五级书记共抓乡村振兴,而且中国共产党农村工作条例也正在研究制定中。在战略规划方面,2018年5月31日,中共中央政治局会议审议了《国家乡村振兴战略规划(2018—2022年)》,计划推进超过50项战略行动和工程。在制度安排方面,巩固和完善农村基本经营制度,在第二轮土地承包到期后再延长30年,在稳定承包经营权的基础上,完善承包地"三权分置"制度;深化农村土地制度改革,稳步扩大农村土地征收、集体经营性建设用地入市、宅基地制度改革试点;深入推进农村集体产权制度改革,全面开展农村集体资产清产核资、集体成员身份确认,加快推进集体经营性资产股份合作制改革。

第二,促进农业和农村现代化发展,促进一二三产业融合和城乡融合,引导人才、资金等要素流动,为乡村振兴提供支持。产业兴旺是乡村振兴的重点,而质量兴农、绿色兴农是中国农业的唯一出路。要实现这一目标,需要多方努力,包括夯实农业生产能力基础、实施质量兴农战略、构建农村一二三产业整合发展体系、构建农业对外开放新格局、促进小农户和现代农业发展有机衔接等。在这些工作中,政府要在基础设施建设、优化产业布局、动植物品种改良、疫病防控、引导产业融合、健全评价体系等方面发挥积极作用。同时,政府还要在培育人才、引导人才和资金等要素上多方面发挥主导作用。

第三,促进乡村的文化、社会、生态全面发展进步。乡村振兴战略以"全面振兴"为基本原则,这不仅包括经济发展,而且包括政治、文化、社会、生态的全面发展。在乡村治理上要把加强农村基层党组织建设和村民自治实践相结合,探索构建乡村治理新体系。在文化上要加强农村思想道德和科学文化建设,繁荣农村文化,焕发乡风文明新气象。在民生方面要提高村民的保障水平,加强农村社会保障体系建设,打好精准脱贫攻坚战,优先发展农村教育事业,推进健康乡村建设。在生态领域要坚持人与自然和谐共生的基本原则,统筹山水林田湖草系统治理,建立市场化多元化生态补偿机制,并加强农村突出环境问题综合治理,增加农业生态产品和服务供给,始终把生态宜居作为乡村振兴的基本目标。

三、政府对产业和科技的规划

中共十八大以来,国际和国内形势要求中国政府对产业和科技发展制定长远规划。从国际形势来看,新一轮科技和产业革命方兴未艾,它有可能带来生产方式、产业形态、商业模式的全方位变革,各国都在加大科技创新力度,推动移动互联网、云计算、大数据、生物工程、新能源、新材料等领域取得新突破,错失了前几次产业革命机遇的中国终于迎来了新一轮的机遇期。从国内形势来看,中国正面临着传统产业比较优势减弱、利润率下降的困境,产业转型升级处于瓶颈阶段,迫切需要实现核心技术突破,培育新的经济增长点。

顺应这一形势,中共十八大提出了创新驱动发展战略,将科技创新摆在国家发展全局的核心位置。随后的几年里,党和国家围绕这一战略制定了一系列重大规划,其中最重要的是国务院于2015年5月发布的《中国制造2025》和中共中央、国务院于2016年5月发布的《国家创新驱动发展战略纲要》。这两份规划的基本精神是一致的,都是为了贯彻落实创新驱动发展战略。其中《中国制造2025》的目标更为集中,即推动中国制造业转型升级,由制造业大国迈向制造业强国;而《国家创新驱动发展战略纲要》的目标更为全面,即推动整个国家的创新能力在未来三十多年里实现质的飞跃,成为科技创新强国。

《中国制造2025》对中国制造业提出了"三步走"的战略。第一步是力争用十年时间,迈入制造业强国行列。到2020年,基本实现工业化,制造业大国地位进一步巩固,制造业信息化水平大幅提升;掌握一批重点领域关键核心技术,优势领域效力进一步增强,产品质量有较大提高。到2025年,制造业整体素质大幅提升,创新能力显著增强,全员劳动生产率明显提高,两化(工业化和信息化)融合迈入新台阶。第二步是到2035年,制造业整体达到世界制造业强国阵营中等水平。创新能力大幅提升,重点领域发展取得重大突破,整体效力明显增强,优势行业形成全球创新引领能力,全面实现工业化。第三步是到新中国成立一百年时,制造业大国地位更加巩固,综合实力进入世界制造业强国前列。制造业主要领域具有创新引领能力和明显竞争优势,建成全球领先的技术体系和产业体系。为了贯彻落实《中国制造2025》,政府还制定了一系列阶段性、行业性的规划,如工业和信息化部于2015年9月发布了《〈中国制造2025〉重点领域技术路线图(2015年版)》,围绕经济社会发展和国家安全重大需求,选择了十大优势和战略产业实现重点突破,包括新一代信息通信技术产业、高档数控机床和机器人、航空航天装备、海洋工程装备及高技术船舶、先进轨道交通装备、节能与新能源汽车、电力装备、农业装备、新材料、生物医药及高性能医疗器械等,路线图对这些领域未来十年的发展趋势、发展重点和目标等进行了研究,提出了各自的发展方向和路径,并将其汇编成册。路线图包括23个重点方向,每个重点方向又分了若干重点产品。

无独有偶,《国家创新驱动发展战略纲要》对中国的创新能力提升也提出了"三步走"战略。第一步是到2020年,进入创新型国家行列,基本建成中国特色国家创新体系,有力支撑全面建成小康社会目标的实现。创新型经济格局初步形成,自主创新能力大幅提升,创新体系协同高效,创新环境更加优化。第二步是到2030年跻身创新型国家前列,发展驱动力实现根本转换,经济社会发展水平和国际竞争力大幅提升,为建成经济强国和共同富裕社会奠定坚实基础。主要产业进入全球价值链中高端,总体上扭转科技创新以跟跑为主的局面,国家创新体系更加完备,创新文化氛围浓厚。第三步是到2050年建成世界科技创新强国,成为世界主要科学中心和创新高地,为中国建成富强民主文明和谐的社会主义现代化国家、实现中华民族伟大复兴的中国梦提供强大支撑。

两大规划都提出了多项战略保障措施,而这些措施也在很大程度上具有相通之处。概括起来,政府在推动创新驱动发展战略中的作用主要有以下的五个方面。

一是改革体制机制。在市场主导、政府引导的基本原则下,政府加快转变职能,深化改革开放,破除阻碍创新的制度约束,构建有利于激发创新活力的体制机制,形成由企业、大学、科研院所、研究机构和创新服务机构所组成的创新体系。二是提供政策支持,包括积极的财税政策支持和多渠道的金融扶持政策。三是营造创新环境。一方面是营造自由公平竞争的市场环境,另一方面是继续加强知识产权保护和品牌建设,形成尊重知识、尊重创新的社会氛围。四是培育人才队伍,完善从研发、转化、生产到经营管理的人才体系。五是发展重点工程,在关系国家安全和长远发展的重点领域,部署一批重大科技项目和工程,发挥中国特色社会主义的举国体制优势,集中力量,协同攻关,持久发力,加快突破重大核心技术,开发重大战略性产品,在国家战略优先领域率先实现跨越。

参考文献
REFERENCES

[1] 毛泽东年谱(1949—1976):第1-6卷[M].北京:中央文献出版社,2013.

[2] 毛泽东选集:1-4卷[M].北京:人民出版社,1991.

[3] 建国以来毛泽东文稿:第1-13册[M].北京:中央文献出版社,1987—1998.

[4] 周恩来年谱(1949—1976):上中下[M].北京:人民出版社,1999.

[5] 建国以来周恩来文稿:1-3册[M].北京:中央文献出版社,2008.

[6] 刘少奇年谱:上下[M].北京:中央文献出版社,1996.

[7] 刘少奇选集:上下[M].北京:人民出版社,1981.

[8] 陈云年谱(修订版):上中下[M].北京:中央文献出版社,2015.

[9] 陈云文集:第1-3卷[M].北京:中央文献出版社,2005.

[10] 陈云传:上下[M].北京:中央文献出版社,2005.

[11] 邓小平年谱:上中下[M].北京:中央文献出版社,1996.

[12] 邓小平文选:第1-3卷[M].北京:人民出版社,1994.

[13] 薄一波.若干重大决策与事件的回顾:上下[M].北京:中共党史出版社,2008.

[14] 李先念.李先念论财政金融贸易(1950—1991)[M].北京:中国财政经济出版社,1992.

[15] 习近平谈治国理政:第一卷[M].北京:外文出版社,2018.

[16] 习近平谈治国理政:第二卷[M].北京:外文出版社,2017.

[17] 中共中央文献研究室.建国以来重要文献选编[M].北京:中央文献出版社,1993.

[18] 中国社会科学院,中央档案馆.1949—1952中华人民共和国经济档案资料选编:综合卷[M].北京:中国物资出版

社,1990.

[19] 中国社会科学院,中央档案馆.1953—1957 中华人民共和国经济档案资料选编:综合卷[M].北京:中国物价出版社,2000.

[20] 中国社会科学院,中央档案馆.1958—1965 中华人民共和国经济档案资料选编:综合卷[M].北京:中国财政经济出版社,2011.

[21] 国家统计局国民经济综合统计司.新中国六十年统计资料汇编[M].北京:中国统计出版社,2010.

[22] 新华通讯社国内资料组.中华人民共和国大事记 1949—1980[M].北京:新华出版社,1983.

[23] 中华人民共和国经济管理大事记[M].北京:中国经济出版社,1986.

[24] 中国社会科学院经济研究所.改革开放以来经济大事辑要(1978—1998)[M].北京:经济科学出版社,2000.

[25] 中共中央党史研究室.中国共产党历史第二卷(1949—1978)[M].北京:中共党史出版社,2011.

[26] 当代中国研究所.中华人民共和国史稿:全 5 卷[M].北京:朝华出版社,2012.

[27] 武力.中华人民共和国经济史(增订版)[M].北京:中国时代经济出版社,2010.

[28] 董志凯.1949—1952 年中国经济分析[M].北京:中国社会科学出版社,1995.

[29] 郑有贵.中华人民共和国经济史:1949—2012[M].北京:当代中国出版社,2016.

[30] 刘国光.中国十个五年计划研究报告[M].北京:人民出版社,2006.

[31] 武力.中国共产党与当代中国经济发展研究(1949—2006)[M].北京:中共党史出版社,2008.

[32] 武力,肜新春.中国共产党治国经济方略研究[M].北京:中国人民大学出版社,2009.

[33] 周太和.当代中国的经济体制改革[M].北京:中国社会科学出版社,1984.

[34] 陈如龙.当代中国财政:上下[M].北京:当代中国出版社,1988.

[35] 尚明.当代中国的金融事业[M].北京:中国社会科学出版社,1989.

[36] 卢汉川.当代中国的信用合作事业[M].北京:当代中国出版

社,1998.
- [37] 郭今吾.当代中国商业[M].北京:中国社会科学出版社,1987.
- [38] 李定.当代中国物资流通[M].北京:当代中国出版社,1993.
- [39] 程宏毅.当代中国的供销合作事业[M].北京:中国社会科学出版社,1990.
- [40] 赵发生.当代中国的粮食工作[M].北京:中国社会科学出版社,1988.
- [41] 沈觉人.当代中国对外贸易:上下[M].北京:当代中国出版社,1992.
- [42] 万典武.当代中国商业简史[M].北京:中国商业出版社,1998.
- [43] 胡邦定.当代的中国物价[M].北京:中国社会科学出版社,1989.
- [44] 成致平.中国物价五十年(1949—1998)[M].北京:中国物价出版社,1998.
- [45] (美)罗德里克·麦克法夸尔,费正清.剑桥中华人民共和国史:上下卷[M].北京:中国社会科学出版社,2007.
- [46] (美)莫里斯·迈斯纳.毛泽东的中国及后毛泽东的中国[M].杜蒲,李玉玲,译.成都:四川人民出版社,1992.
- [47] (美)德隆·阿西莫格鲁,詹姆斯·罗宾逊.国家为什么会失败[M].李增刚,译.长沙:湖南科学技术出版社,2014.
- [48] (意)杰奥瓦尼·阿瑞基.漫长的20世纪[M].姚乃强,严维明,韩振荣,译.南京:凤凰传媒集团,江苏人民出版社,2011.

后 记
POSTSCRIPT

"生于忧患,死于安乐"是中华民族的古老信条。从鸦片战争的炮火惊醒天朝上国的迷梦至今,中国人民一刻也未停歇追赶世界的脚步。为加快工业化步伐,中国开始了波澜壮阔的制度变革。1949年,毛泽东主席庄严宣告中华人民共和国成立。变革经济体制、不断促进生产力发展的历史使命从此落在了中国共产党人的肩头。邓小平说过:改革也是一场革命,"这场革命既要大幅度地改变目前落后的生产力,就必然要多方面地改变生产关系,改变上层建筑"。回首新中国的风雨历程,我们看到的是一个与时俱进的伟大政党带领亿万中华儿女,七十年如一日地不懈探索,最终走出了一条中国特色社会主义发展道路。这段艰辛而辉煌的探索历程值得我们详细记录,它所留下的经验教训更值得我们深入研究,它是中华民族伟大复兴的制度基石,也凝结着中华儿女改革创新的时代精神。这正是本书写作的根本原因。

本书力图解析每一个历史时期的经济体制。然而,中国经济体制的演变包罗万象,气势恢宏,常令我们有力不从心之感,不惟难以尽数分析经济体制变革中的大事,更觉难以展现中国在探索中崛起的磅礴气势。最终呈现在各位读者眼前的,较之新中国的发展历程,难免挂一漏万,甚至多有曲解误读之处。作者对此承担责任,并虚心求教于各位老师,愿与大家一同学习新中国栉风沐雨的奋斗历程,并一同见证中华民族伟大复兴的美好明天。

感谢中国社会科学院当代中国研究所的各位老师,这本书的写作得到了各位老师很多的指导和帮助。感谢华中科技大学出版社的各位编辑老师,尤其是章红编辑,是你们的辛勤付出才让这本书得以面世。

仅以此书向伟大祖国70周年华诞献礼,愿书中内容能为当前改革实践与理论研究贡献绵薄之力。